Julia Thöle

Unterlassungsverfügungen im Immaterialgüterrecht

Unter Berücksichtigung der ökonomischen Analyse des Rechts

PL ACADEMIC RESEARCH

Bibliografische Information der Deutschen Nationalbibliothek
Die Deutsche Nationalbibliothek verzeichnet diese Publikation in der Deutschen Nationalbibliografie; detaillierte bibliografische Daten sind im Internet über http://dnb.d-nb.de abrufbar.

Zugl.: Berlin, Humboldt-Univ., Diss., 2016

11
ISSN 0531-7312
ISBN 978-3-631-71356-3 (Print)
E-ISBN 978-3-631-71364-8 (E-PDF)
E-ISBN 978-3-631-71365-5 (EPUB)
E-ISBN 978-3-631-71366-2 (MOBI)
DOI 10.3726/b10541

PL Academic Research ist ein Imprint der Peter Lang GmbH.
Peter Lang – Frankfurt am Main · Bern · Bruxelles · New York · Oxford · Warszawa · Wien

Diese Publikation wurde begutachtet.

www.peterlang.com

Unterlassungsverfügungen im Immaterialgüterrecht

Europäische Hochschulschriften

European University Studies

Publications Universitaires Européennes

Reihe II **Rechtswissenschaft**

Series II Law

Série II Droit

Band/Volume **5896**

Meinen Eltern

Vorwort

Die vorliegende Arbeit wurde von der juristischen Fakultät der Humboldt-Universität zu Berlin im Sommersemester 2016 als Dissertation angenommen. Die Literatur befindet sich auf dem Stand Mai 2015.

Ganz herzlich danken möchte ich Herrn Prof. Dr. Axel Metzger, LL.M. für die hervorragende Betreuung bei der Erstellung dieser Arbeit. Seine wertvollen Ratschläge und konstruktiven Anmerkungen haben ganz wesentlich zum Gelingen beigetragen. Mein Dank gilt ebenfalls Herrn Prof. Dr. Theo Bodewig für die Erstellung des Zweitgutachtens.

Mein ganz besonderer Dank gilt meiner Familie, die mich auf meinem bisherigen Lebensweg stets unterstützt hat. Meinen Eltern danke ich im Besonderen dafür, dass sie mir meine Ausbildung ermöglicht haben. Durch ihren Rückhalt und steten Zuspruch haben sie in wesentlichem Maße zum Gelingen dieser Arbeit beigetragen. Diese Arbeit ist Ihnen gewidmet.

Düsseldorf, im September 2016
Julia Thöle

Inhaltsverzeichnis

A. Einleitung

I. Einführung

Apple, Samsung, Motorola, Microsoft ... – Die großen internationalen Technologiekonzerne streiten sich in den letzten Jahren verstärkt vor deutschen Gerichten um Immaterialgüterrechte, mit dem Ziel Unterlassungsverfügungen gegen die Konkurrenten zu erlangen.[1]

Vielfach werden dabei zunächst einstweilige Unterlassungsverfügungen beantragt. Für den Antragsteller sind sie ein kostengünstiges und zeitsparendes Instrument, seine Rechte – zumindest vorübergehend – durchzusetzen. Sie können ohne mündliche Verhandlung durch Beschluss erlassen werden, der Antragsteller muss den Sachverhalt lediglich glaubhaft machen und er erhält sofort einen vollstreckbaren Titel.

Einstweilige Unterlassungsverfügungen wurden in der Vergangenheit bei einigen Immaterialgüterrechten aber äußerst selten oder nie erlassen, während ihr Erlass bei anderen Immaterialgüterrechten auf der Tagesordnung stand. Es stellt sich die Frage, welche Gründe für die unterschiedliche Behandlung der einzelnen Immaterialgüterrechte bestanden und wie sich die Rechtsprechung zum Erlass einstweiliger Unterlassungsverfügungen entwickelt hat.

Um nach dem Erlass einer einstweiligen Unterlassungsverfügung eine endgültige Entscheidung zu erhalten, hat der Antragsteller die Möglichkeit, eine Abschlusserklärung zu erlangen oder ein Hauptsacheverfahren einzuleiten. Die einstweilige Unterlassungsverfügung sichert seine Rechte, bis eine endgültige Entscheidung vorliegt.

Abgesehen von den rechtlichen Voraussetzungen und Folgen von einstweiligen und endgültigen Unterlassungsverfügungen bleiben die wirtschaftlichen Folgen bisher vielfach unberücksichtigt.

Gerade die andauernden Rechtsstreitigkeiten zwischen Samsung und Apple verdeutlichen beispielhaft, welch einschneidende ökonomische Folgen der Erlass von Unterlassungsverfügungen nach sich ziehen kann.

Apple und Samsung streiten seit Jahren nicht nur um Marktanteile im Handy- und Tabletgeschäft, sondern auch vor verschiedenen Gerichten weltweit über die

---

1 vgl. Kreindler, Frankfurter Allgemeine Zeitung vom 01.08.2012, S. 19; beck-aktuell, becklink 1021536, abrufbar unter: https://beck-online.beck.de/Dokument?vpath=bibdata%2Freddok%2Fbecklink%2F1021536.htm&showParallelFundstellenReadable=False (zuletzt besucht: 30. September 2016).

Verletzung von Immaterialgüterrechten. Vor dem LG und dem OLG Düsseldorf führten beide Konzerne einen Rechtsstreit um ein Geschmacksmuster.[2] Apple warf seinem Konkurrenten Samsung vor, das geschmacksmusterrechtlich geschützte Design des IPad durch die äußere Gestaltung des Galaxy Tab 10.1 zu verletzen. Das LG Düsseldorf erließ die beantragte einstweilige Verfügung und belegte Samsung zunächst mit einem europaweiten (Ausnahme: Niederlande), später mit einem deutschlandweiten Verkaufsverbot. Berücksichtigt man, dass im Jahr 2011 nach Angaben der BITKOM allein in Deutschland 2,1 Millionen und im Jahr 2012 4,4 Millionen Tablets verkauft wurden, mit denen ein Umsatz von 1,1 Milliarden Euro (2011) bzw. 2,1 Milliarden Euro (2012) erreicht wurde, wird deutlich welch gravierenden wirtschaftlichen Schaden das erlassene Verkaufs- und Vertriebsverbot für Samsung nach sich gezogen haben wird.[3] Dies insbesondere auch vor dem Hintergrund, dass Apple und Samsung auf dem Tablet Markt mit einem Marktanteil von zusammen knapp 70% die absoluten Marktführer sind.[4]

Angesichts der umfassenden ökonomischen Folgen für die gegnerische Partei stellt sich die Frage, wie Unterlassungsverfügungen aus dem Blickwinkel der ökonomischen Analyse des Rechts zu bewerten sind. In welchen Fällen ist der Erlass einer Unterlassungsverfügung effizient und in welchen Fällen sind andere rechtliche Lösungen wirtschaftlich sinnvoller? Eine Alternative zu den Unterlassungsansprüchen könnten möglicherweise Haftungsregeln darstellen, die eine Kompensation des Rechtsinhabers für tatsächlich eingetretene Verletzungen nach sich ziehen.

---

2 LG Düsseldorf, Beschluss vom 09.08.2011, 14c O 194/11, (= BeckRS 2011, 20778) = GRUR-RR 2011, 361 ff.; OLG Düsseldorf, Urteil vom 31.01.2012, I-20 U 175/11, GRUR-RR 2012, 200 ff. – *Tablet PC;* vgl. auch: beck-aktuell, becklink 1021536, abrufbar unter: https://beck-online.beck.de/Dokument?vpath=bibdata%2Freddok%2Fbecklink%2F1021536.htm&showParallelFundstellenReadable=False (zuletzt besucht: 30. September 2016); OLG Düsseldorf, Urteil vom 24.07.2012, I-20 U 35/12, 31.01.2012, GRUR-RR 2012, 352 ff. – *Tablet PC II.*

3 http://www.bitkom.org/de/presse/74532_73853.aspx (zuletzt besucht: 9. Juni 2014); http://www.heise.de/newsticker/meldung/Bitkom-Tablets-entwickelten-sich-2012-zum-Umsatztreiber-1808350.html (zuletzt besucht: 30. September 2016).

4 http://www.notebookcheck.com/Tablets-Apple-verliert-Marktanteile-Android-Tablets-von-Samsung-und-Co-holen-auf.83877.0.html (zuletzt besucht: 30. September 2016): danach lag der Marktanteil von Apple im Q3 2012 bei 50,4%, der von Samsung im Q3 2012 bei 18,4%.

II. Ziele und Gang der Arbeit

Ziel der Arbeit ist es, die Erlasspraxis deutscher Gerichte zu Unterlassungsverfügungen im Bereich der Immaterialgüterrechte zu analysieren und einen Weg für eine optimale Ausgestaltung von Entscheidungen anhand von Kriterien aus der ökonomischen Analyse des Rechts zu entwickeln.

Dabei wird von der Grundthese ausgegangen, dass der Erlass einstweiliger Unterlassungsverfügungen in den letzten Jahrzehnten uneinheitlich und aus ökonomischer Sicht nicht immer effizient gehandhabt wurde. Gleiches gilt auch für den Erlass endgültiger Unterlassungsverfügungen. Dies könnte damit zusammenhängen, dass der deutsche Gesetzeswortlaut von einer gebundenen Entscheidung ausgeht, die, insbesondere in Missbrauchskonstellationen, möglicherweise nicht immer effizient erscheint, was näher untersucht wird.

In Kapitel B soll zunächst ein Grundverständnis für die Thematik und ihre Zusammenhänge geschaffen werden, indem die rechtlichen und theoretischen Grundlagen dargestellt werden. Die Arbeit geht zunächst auf die internationalen und europarechtlichen Rechtsgrundlagen für den Erlass von Unterlassungsverfügungen in Deutschland ein, da diese für die Auslegung der nationalen Vorschriften von Bedeutung sind. Der Schwerpunkt liegt auf dem TRIPS-Abkommen als der maßgeblichen Rechtsgrundlage für die Durchsetzung von Immaterialgüterrechten auf völkerrechtlicher Ebene. Im Bereich der gemeinschaftsrechtlichen Rechtsgrundlagen liegt der Schwerpunkt auf der Richtlinie 2004/48/EG, der sog. Durchsetzungsrichtlinie. Sie war Auslöser der wohl umfassendsten Neuerungen im Immaterialgüterrecht in den letzten Jahren und beinhaltet auch wichtige Regelungen im Zusammenhang mit Unterlassungsverfügungen. Diese sind von den deutschen Gerichten beim Erlass von Unterlassungsverfügungen zu berücksichtigen, so dass die Durchsetzungsrichtlinie unmittelbaren Einfluss auf die aktuelle Rechtsprechung hat. Im Anschluss an diese Darstellung der wesentlichen rechtlichen Grundlagen werden die theoretischen Grundlagen erläutert. Ausgehend von der Geschichte über die Begrifflichkeiten bis hin zu den ökonomischen Verhaltensmodellen und Bewertungskriterien, werden die Grundzüge der Theorie der ökonomischen Analyse des Rechts vorgestellt. Schließlich werden Immaterialgüterrechte und Unterlassungsverfügungen nach den dargestellten ökonomischen Kriterien analysiert und bewertet.

Kapitel C stellt die nationalen, materiell-rechtlichen Voraussetzungen der einzelnen Unterlassungsansprüche in den verschiedenen gewerblichen Schutzrechten dar. Diese Ansprüche sind Grundlage für die prozessuale Durchsetzung der Unterlassungsansprüche.

Die genaue Analyse und Bewertung der prozessualen Durchsetzung stellt den Schwerpunkt des Kapitels D dar. Die Arbeit differenziert zwischen den beiden Möglichkeiten der Durchsetzung – einmal über das einstweilige Verfügungsverfahren, zum anderen über die Einleitung eines Hauptsacheverfahrens. Zunächst werden die prozessualen Voraussetzungen für den Erlass einstweiliger Unterlassungsverfügungen dargelegt, da ein Schutzrechtsinhaber typischerweise zuerst in Erwägung zieht, auf diesem Weg einen vollstreckbaren Titel zu erlangen. In diesem Rahmen werden das eingangs erläuterte TRIPS-Abkommen und die Änderungen durch die Durchsetzungsrichtlinie wieder aufgegriffen, da sie bei der Auslegung zu berücksichtigen sind. Der Schwerpunkt liegt hier schließlich in der eingehenden Analyse und Bewertung der Rechtsprechung zum Erlass einstweiliger Unterlassungsverfügungen.

Schließlich werden die Voraussetzungen für den Erlass von Unterlassungsverfügungen im Hauptsacheverfahren dargestellt. Der Fokus liegt hier auf möglichen weiteren Voraussetzungen für den Verfügungserlass. In diesem Zusammenhang wird auch die Diskussion über Patent-Trolle aufgegriffen und die Übertragbarkeit der US-amerikanischen Rechtsprechung zu Patent-Trollen auf Deutschland geprüft.

Der Schlussteil der Arbeit befasst sich mit den Folgen einstweiliger und endgültiger Unterlassungsverfügungen. Es werden die Reichweite der Verfügung und deren Vollziehung sowie Gefahren durch mögliche Schadensersatzansprüche dargestellt. Besonders die Möglichkeiten zur Vollziehung der Unterlassungsverfügungen sind für die Schutzrechtsinhaber von entscheidender Bedeutung, da ihnen der Titel ohne eine reelle Durchsetzungsmöglichkeit höchstens als Druckmittel nutzt. Schließlich werden die bestehenden Rechtsbehelfe gegen Unterlassungsverfügungen dargestellt.

B. Rechtliche und theoretische Grundlagen

I. Internationale Regelungen

Im Bereich der Immaterialgüterrechte bestand schon früh das Bedürfnis nach länderübergreifenden rechtlichen Regelungen. Dies resultierte daraus, dass die Rechte des geistigen Eigentums ubiquitär sind. Ihre Schutzgegenstände können beliebig vervielfältigt und ohne großen technischen Aufwand über Landesgrenzen hinweg weltweit verbreitet werden.[5] Insbesondere im Zeitalter des Internets sind Grenzen vielfach nicht mehr existent; urheberrechtlich geschützte Werke können von jedem Ort weltweit heruntergeladen werden und Marken von Firmen mit Hilfe einer Homepage in vielen Ländern der Welt gleichzeitig benutzt werden. Hinzu kommt, dass nationale Schutzrechte aufgrund des Territorialitätsprinzips im Immaterialgüterrecht nur im Inland und für Inländer gelten.[6] Dies erleichtert Unberechtigten eine Umgehung der Schutzrechte und zeigt die Unzulänglichkeiten eines nur nationalen Schutzes.[7] Um die Folgen der territorialen Aufspaltung der Rechte des geistigen Eigentums abzumildern und das Schutzniveau zu erhöhen, strebte man die Harmonisierung der materiellen und verfahrensrechtlichen Regelungen im Immaterialgüterrecht an.[8] Dies geschah anfangs durch internationale Abkommen, später in Europa auch durch Richtlinien und Verordnungen der EU. Die, bezogen auf die Rechtsdurchsetzung, wichtigsten internationalen Abkommen sollen im Folgenden näher dargestellt werden, da sie Grundlage unserer nationalen Regelungen sind.

1. Die PVÜ

Die ersten internationalen Übereinkommen im Bereich des geistigen Eigentums wurden daher schon gegen Ende des 19. Jahrhunderts abgeschlossen.[9] 1883 schlossen zunächst 11 Staaten die Pariser Verbandsübereinkunft zum Schutz des

5 Pierson, in: Pierson/Ahrens/Fischer, Recht des geistigen Eigentums, S. 14.
6 Ilzhöfer/Engels, Patent-, Marken- und Urheberrecht, Rn. 21.
7 Ilzhöfer/Engels, Patent-, Marken- und Urheberrecht, Rn. 21.
8 Hye-Knudsen, Marken-, Patent- und Urheberrechtsverletzungen im europäischen Internationalen Zivilprozessrecht, S. 9.
9 Götting, Gewerblicher Rechtsschutz, § 3 Rn. 5; Pierson, in: Pierson/Ahrens/Fischer, Recht des geistigen Eigentums, S. 16.

gewerblichen Eigentums (PVÜ)[10] ab.[11] Das Abkommen ist noch heute in Kraft und hat mittlerweile 173 Mitgliedsstaaten.[12] Es gilt als eines der bedeutendsten internationalen Abkommen auf dem Gebiet des gewerblichen Rechtsschutzes.[13] Gemäß Art. 1 PVÜ umfasst die PVÜ den Schutz von Erfindungen, Gebrauchsmustern, gewerblichen Mustern und Modellen, von Fabrik- und Handelsmarken sowie Handelsnamen und die Unterdrückung des unlauteren Wettbewerbs. Der wichtigste Grundsatz, der durch die PVÜ eingeführt wurde, ist das Prinzip der Inländerbehandlung (Art. 2 Abs. 1 Satz 1).[14] Danach werden alle Angehörigen eines Mitgliedsstaates in jedem anderen Mitgliedsstaat so behandelt wie die eigenen Staatsangehörigen. Sie genießen den gleichen Schutz wie diese und haben die gleichen Rechtsbehelfe gegen jeden Eingriff in ihre Rechte (Art. 2 Abs. 1 S. 2). In Art. 10ter Abs. 1 PVÜ wird auch erstmals zumindest ansatzweise Bezug genommen auf die erforderlichen Verfahren zur Durchsetzung der geschützten Rechte. Die Mitglieder verpflichten sich Maßnahmen zur Bekämpfung von Verletzungen des geistigen Eigentums zu ergreifen. Die Durchführung, Auswahl und Ausgestaltung von geeigneten Rechtsbehelfen wird jedoch den einzelnen Verbandsstaaten selbst überlassen.[15]

2. Das TRIPS- Abkommen

Konkretere Regelungen über Möglichkeiten der Durchsetzung von Immaterialgüterrechten im Wege des einstweiligen Rechtsschutzes wurden erstmals in den Artt. 41 des TRIPS- Abkommens aufgenommen.[16]

Das Übereinkommen über handelsbezogene Aspekte des geistigen Eigentums (kurz TRIPS)[17] wurde 1994 in Marrakesch abgeschlossen und trat zum 01.01.1995

10 Pariser Verbandsübereinkunft (PVÜ) zum Schutz des gewerblichen Eigentums vom 20.03.1883, revidiert in Stockholm am 14.03.1967 (BGBL. 1970 II, 293), abrufbar unter www.wipo.int/treaties/en/ip/paris/ (zuletzt besucht: 30. September 2016).

11 Götting, Gewerblicher Rechtsschutz, § 3 Rn. 7.

12 Mitgliedsstaaten: 173 (Stand: Mai 2011), eine aktuelle Liste ist unter www.wipo.int abrufbar.

13 Yong-d'Hervé, in: Intellectual Property & International Trade, S. 8.

14 Pierson, in: Pierson/Ahrens/Fischer, Recht des geistigen Eigentums, S. 17; Götting, Gewerblicher Rechtsschutz, § 7 Rn. 12.

15 Vander/Steigüber, in Busche/Stoll/Wiebe, TRIPs, Vor Art. 41–61, Rn. 7.

16 Cavelier, in: Intellectual Property & International Trade, S. 65; Cordray, GATT v. WIPO, in: JPTOS Vol. 76 (1994), 121, 135.

17 BGBL. 1994 II, 1730 ff.

in Kraft.[18] Die Regelungen des TRIPS wurden als Bestandteil der Schlussakte der Uruguay-Runde gemeinsam mit dem WTO-Abkommen unterzeichnet.[19] Die Mitglieder des WTO-Abkommens waren daher von Beginn an auch Vertragsparteien des TRIPS-Übereinkommens.[20] Das TRIPS-Abkommen ist neben dem GATT (Allgemeines Zoll- und Handelsabkommen) und dem GATS (Allgemeines Abkommen über den Handel mit Dienstleistungen) die dritte Säule des WTO Systems.[21] Ziel des TRIPS-Abkommens ist es, ausweislich seiner Präambel, Verzerrungen und Behinderungen des Handels zu verringern, indem der angemessene und wirksame Schutz der Rechte des geistigen Eigentums gefördert wird. Die Herausforderung bei der Abfassung des TRIPS-Übereinkommens bestand darin, dass die Maßnahmen und Verfahren zur Durchsetzung der Immaterialgüterrechte nicht selbst zu einer Behinderung für den rechtmäßigen Handel werden durften.[22] Das TRIPS-Abkommen umfasst Bestimmungen über die Verfügbarkeit, den Umfang und die Ausübung von Urheberrechten und verwandten Schutzrechten (Art. 9–14), Marken (Art. 15–21), geographischen Angaben (Art. 22–24), gewerblichen Mustern und Modellen (Art. 25–26), Patenten (Art. 27–34), Layout-Designs integrierter Schaltkreise (Art. 35–38), des Schutzes nicht offenbarter Informationen (Art. 39) und die Kontrolle wettbewerbswidriger Praktiken in vertraglichen Lizenzen (Art. 40).[23]

a) Artt. 41 TRIPS- Abkommen

Im Gegensatz zu allen vorhergehenden Abkommen, wie der PVÜ, wurden im TRIPS- Abkommen erstmals auch detailliertere Regelungen zur Durchsetzung der Rechte des geistigen Eigentums aufgenommen.[24] Dies folgte aus der gewonnenen Erkenntnis, dass der durch die bereits vorhandenen Abkommen gewährleistete materielle Schutz nur sein Ziel erreicht, wenn er durch entsprechende

18 Götting, Gewerblicher Rechtsschutz, § 7 Rn. 26.

19 Hermes, TRIPS im Gemeinschaftsrecht, S. 28.

20 Hermes, TRIPS im Gemeinschaftsrecht, S. 29.

21 Schloemann, in: Ehlers/Wolffgang/Pünder, Rechtsfragen des internationalen Schutzes geistigen Eigentums, S. 189; Kreibich, Das TRIPs-Abkommen in der Gemeinschaftsordnung, S. 18 f.

22 vgl. Pansch, Die einstweilige Verfügung zum Schutze des geistigen Eigentums im grenzüberschreitenden Verkehr, S. 12; Ilzhöfer/Engels, Patent-, Marken- und Urheberrecht, Rn. 41.

23 vgl. Ilzhöfer/Engels, Patent-, Marken- und Urheberrecht, Rn. 41.

24 Dreier, GRUR Int. 1996, 205; Cordray, GATT v. WIPO, in: JPTOS Vol. 76 (1994), 121, 135.

Instrumente durchgesetzt werden kann.[25] Diese Regelungen zur Rechtsdurchsetzung finden sich im dritten Abschnitt, in den Artt. 41 TRIPS. Teil III des TRIPS-Abkommens hat daher eine herausragende Bedeutung und wird als Meilenstein in der Geschichte des Schutzes geistiger Eigentumsrechte angesehen.[26]

aa) Art. 41 TRIPS

Art. 41 TRIPS statuiert allgemein die Pflicht der Mitglieder, die Verfahren zur Rechtsdurchsetzung aus diesem Abschnitt in ihr Landesrecht umzusetzen. Verfahren des einstweiligen Rechtsschutzes werden dabei in Art. 41 Abs. 1 TRIPS ausdrücklich hervorgehoben und in Art. 50 TRIPS näher konkretisiert. Art. 41 TRIPS stellt dabei ganz grundlegende Verfahrensregelungen auf, die bereits vor Inkrafttreten des TRIPS- Abkommens in den meisten Industrieländern selbstverständlich waren.[27] Viele Schwellen- und Entwicklungsländer hatten hier jedoch in der Vergangenheit Defizite.[28] Nach Art. 41 Abs. 2 TRIPS müssen die Verfahren zur Durchsetzung der geistigen Eigentumsrechte fair und gerecht sein. Sie dürfen weder unnötig kompliziert noch kostspielig sein und keine unangemessenen Fristen oder Verzögerungen mit sich bringen (Art. 41 Abs. 2). Die Formulierung ist leider sehr weit und unbestimmt. Nirgendwo findet sich ein Anhaltspunkt, wann eine Frist „unangemessen“ oder ein Verfahren „unnötig kompliziert“ ist. Dies führt zu großen Unterschieden in den einzelnen Mitgliedsstaaten und einer geringen Bedeutung der Vorschrift.[29]

Art. 41 Abs. 3 TRIPS schreibt vor, dass Sachentscheidungen schriftlich und mit einer Begründung zu ergehen haben. Des Weiteren dürfen sich Sachentscheidungen nur auf Beweise stützen, zu denen sich die Parteien äußern konnten. Abs. 3 soll damit die Verteidigungsmöglichkeiten der Parteien stärken und ein gerechtes Verfahren mit einer nachvollziehbaren, überprüfbaren Sachentscheidung gewährleisten.[30] Abs. 3 gilt gerade nicht im einstweiligen Rechtsschutzverfahren,

---

25 Dreier, GRUR Int. 1996, 205; Vander/Steigüber, in Busche/Stoll/Wiebe, TRIPs, Vor Art. 41–61, Rn. 1; Faupel, GRUR Int.1990, 255 , 263.

26 Hermes, TRIPS im Gemeinschaftsrecht, S. 261; Cordray, GATT v. WIPO, in: JPTOS Vol. 76 (1994), 121, 135; Reinbothe in: Trade-Related Aspects of Copyright, S. 41.

27 Dreier, GRUR Int. 1996, 205, 208 f.

28 Vander/Steigüber, in: Busche/Stoll/Wiebe, TRIPs, Vor Art. 41–61 Rn. 4; Kreibich, Das TRIPs-Abkommen in der Gemeinschaftsordnung, S. 20.

29 Dreier, GRUR Int. 1996, 205, 210; Vander/Steigüber, in: Busche/Stoll/Wiebe, TRIPs, Art. 41, Rn. 9.

30 Gervais, The TRIPS Agreement, Art. 41, Rn. 2.377 f.; Vander/Steigüber, in: Busche/Stoll/Wiebe, TRIPs, Art. 41, Rn. 11 ff.

was sich bereits aus der verwendeten Wortwahl „Sachentscheidungen“ ergibt.[31] Insbesondere die Verpflichtung zur Durchführung von Anhörungen aus Art. 41 Abs. 3 Satz 3 würde sogar den Sinn und Zweck des einstweiligen Rechtsschutzverfahrens konterkarieren, da Anhörungen zum einen zu Verzögerungen führen und zum anderen regelmäßig eine Vereitelung des klägerischen Vorgehens durch die Möglichkeit zur Beweisvernichtung befürchten ließen.[32]

Art. 41 Abs. 4 TRIPS gewährleistet schließlich das Bestehen eines Rechtsweges für Endentscheidungen der Verwaltungsbehörden und die Rechtskontrolle von erstinstanzlichen Sachentscheidungen von Gerichten.

Art. 41 Abs. 5 TRIPS schwächt die Verpflichtungen der Mitglieder deutlich ab. So besteht danach zum einen keine Pflicht zur Schaffung eines neuen gerichtlichen Systems für den Bereich des geistigen Eigentums außerhalb des bereits bestehenden Systems zur Rechtsdurchsetzung. Zum anderen besteht auch keine Verpflichtung hinsichtlich der Aufteilung von Mitteln für die Rechtsdurchsetzung (Art. 41 Abs. 5 S. 2). Diese Regelung wurde insbesondere von den Schwellen- und Entwicklungsländern gefordert, die befürchteten, dass die Errichtung spezieller Gerichtssysteme ihre finanzielle Leistungsfähigkeit übersteigen würde oder dass ansonsten die Durchsetzung des allgemeinen Rechts leiden könnte.[33] Zwar hat sich in vielen Industrieländern, wie auch in Deutschland, gezeigt, dass besondere Gerichte im Bereich des Immaterialgüterrechts fachkundiger urteilen und so ein höheres Maß an Rechtssicherheit gewährleisten können; aufgrund der begrenzten finanziellen Mittel vieler Schwellen- und Entwicklungsländer ist die Regelung jedoch durchaus nachvollziehbar und zweckmäßig.[34]

bb) Art. 42 TRIPS

Art. 42 TRIPS konkretisiert den Grundsatz des fairen Verfahrens aus Art. 41 Abs. 2 S. 1 TRIPS. Er verpflichtet die Mitglieder zur Einrichtung zivilprozessualer Verfahren für die Durchsetzung geistiger Eigentumsrechte (S. 1). Er gewährleistet gem. S. 2 dem Klagegegner einen Benachrichtigungs- und Informationsanspruch und ein Recht auf einen unabhängigen Prozessvertreter (S. 3). Des Weiteren ist die in Satz 5 geregelte Möglichkeit der Feststellung und des Schutzes vertraulicher Informationen von besonderer Bedeutung für

---

31 Vander/Steigüber, in: Busche/Stoll/Wiebe, TRIPs, Art. 41, Rn. 10.

32 Vander/Steigüber, in: Busche/Stoll/Wiebe, TRIPs, Art. 41, Rn. 14.

33 Hermes, TRIPS im Gemeinschaftsrecht, S. 262; Vander/Steigüber, in: Busche/Stoll/Wiebe, TRIPs, Art. 41, Rn. 19.

34 vgl. Ibbeken, Beweishilfe, S. 300; Vander/Steigüber, in: Busche/Stoll/Wiebe, TRIPs, Art. 41, Rn. 19; Reinbothe in: Trade-Related Aspects of Copyright, S. 45.

die Rechtsdurchsetzung im Bereich des geistigen Eigentums.[35] Vertrauliche Informationen werden beispielsweise für die Berechnung von Schadensersatzansprüchen oder für Sachverständigengutachten benötigt.[36] Es ist für den Kläger gleichzeitig aber wichtig, derartige Informationen zu schützen, da es sich um Geschäftsgeheimnisse handelt, die nicht an die Öffentlichkeit gelangen dürfen.[37]

cc) Art. 44 TRIPS

Von Bedeutung für Unterlassungsverfügungen ist Art. 44 TRIPS. Dieser gibt den Gerichten der Mitgliedsstaaten die Befugnis, die Unterlassung einer Rechtsverletzung anzuordnen. Er ist damit auf völkerrechtlicher Ebene die materiellrechtliche Grundlage für den Erlass von Unterlassungsverfügungen im Bereich der Immaterialgüterrechte. Art. 44 Abs. 1 S. 2 schränkt die Befugnis der Gerichte aber dahingehend ein, dass die Mitglieder nicht verpflichtet sind, Unterlassungsanordnungen in Fällen zu ermöglichen, in denen ein Erwerber oder Besteller gutgläubig einen geschützten Gegenstand erworben hat.

dd) Art. 50 TRIPS

Art. 50 TRIPS ist die prozessrechtliche Grundlage für den Erlass einstweiliger Unterlassungsverfügungen und ergänzt Art. 44 TRIPS, der die grundsätzliche Möglichkeit des Erlasses von Unterlassungsverfügungen vorsieht.[38] Er ist aus Sicht von Praktikern von herausragender Bedeutung, da effektiver einstweiliger Rechtsschutz in Fällen der Verletzung geistiger Eigentumsrechte wichtig ist.[39] Zugleich versucht er, eine Balance zu erreichen zwischen dem Interesse des Rechtsinhabers, sofortige Abhilfe zu schaffen und irreparable Schäden zu vermeiden, und dem Interesse des Antragsgegners, den Antrag des Rechtsinhabers abwehren zu können.[40] Die Auslegung von Art. 50 TRIPS war bereits Gegenstand mehrerer Urteile des EuGH.[41] Aufgrund seiner Bedeutung für die Praxis und für die Auslegung der deutschen Normen soll er im Folgenden eingehender besprochen werden.

---

35 Vander/Steigüber, in: Busche/Stoll/Wiebe, TRIPs, Art. 42, Rn. 8.
36 Vander/Steigüber, in: Busche/Stoll/Wiebe, TRIPs, Art. 42, Rn. 8.
37 Vander/Steigüber, in: Busche/Stoll/Wiebe, TRIPs, Art. 42, Rn. 8.
38 Vander/Steigüber, in: Busche/Stoll/Wiebe, TRIPs, Art. 50, Rn. 1.
39 Schloemann, in: Ehlers/Wolffgang/Pünder, Rechtsfragen des internationalen Schutzes geistigen Eigentums, S. 191.
40 Reinbothe in: Trade-Related Aspects of Copyright, S. 47.
41 vgl. Kapitel B. I. 2. a) dd) (6).

(1) Art. 50 Abs. 1

Nach Art. 50 Abs. 1 TRIPS sind Gerichte befugt, schnelle einstweilige Maßnahmen anzuordnen, um eine Rechtsverletzung zu verhindern oder Beweise zu sichern. Art. 50 Abs. 1 TRIPS begründet damit die Pflicht der Mitglieder, ein einstweiliges Rechtsschutzverfahren einzurichten, und konkretisiert die Zielvorgabe des Art. 41 Abs. 1 TRIPS, wonach die Rechtsordnungen der Mitglieder Eilverfahren zur Verhinderung von Verletzungshandlungen vorsehen müssen.[42] Die Möglichkeit, einstweiligen Rechtsschutz in Anspruch nehmen zu können, entspricht auch dem Gebot der Vermeidung ungerechtfertigter Verzögerungen aus Art. 41 Abs. 2 S. 2 TRIPS.[43] Was in diesem Zusammenhang ausreichend für die Schnelligkeit und Wirksamkeit der gerichtlichen Anordnung ist und wann eine ungerechtfertigte Verzögerung vorliegt, lässt sich dabei nicht anhand starrer Fristen beurteilen.[44] Die Begriffe müssen vielmehr ausgelegt werden, wobei sich die Auslegung an bestimmten Fallgruppen orientiert, die je nach Dringlichkeit zu bestimmen sind und zu unterschiedlichen Bewertungsmaßstäben führen können.[45]

(2) Art. 50 Abs. 2

Gemäß Art. 50 Abs. 2 TRIPS sind die Gerichte befugt, einstweilige Maßnahmen ohne eine Anhörung der anderen Seite zu treffen, und zwar insbesondere dann, wenn durch eine Verzögerung dem Rechtsinhaber ein nicht wiedergutzumachender Schaden droht oder wenn nachweislich die Gefahr besteht, dass Beweise vernichtet werden. Die Möglichkeit, Maßnahmen auch ohne Anhörung oder anderweitige vorherige Information der gegnerischen Partei treffen zu können, ist wichtig in Fällen, in denen die Maßnahme sonst keinen Erfolg verspricht, zum Beispiel weil das verletzende Produkt ansonsten entfernt würde und/oder Beweise verloren gingen oder vernichtet würden.[46] Da das rechtliche Gehör aber eines der grundlegenden prozessualen Rechte und Voraussetzung für ein faires Verfahren im Sinne des Art. 6 Abs. 1 S. 1 EMRK ist, müssen für die Anordnung

---

42 Vander/Steigüber, in: Busche/Stoll/Wiebe, TRIPs, Art. 50, Rn. 3.

43 Vander/Steigüber, in: Busche/Stoll/Wiebe, TRIPs, Art. 50, Rn. 3 f.

44 vgl. Ibbeken, Beweishilfe, S. 314 f.; Vander/Steigüber, in: Busche/Stoll/Wiebe, TRIPs, Art. 50, Rn. 4.

45 vgl. Ibbeken, Beweishilfe, S. 315; Vander/Steigüber, in: Busche/Stoll/Wiebe, TRIPs, Art. 50, Rn. 4.

46 Gervais, The TRIPS Agreement, Art. 50, Rn. 2.423; Hermes, TRIPS im Gemeinschaftsrecht, S. 265.

einer einstweiligen Maßnahme ohne Anhörung immer besondere Gründe vorliegen.[47]

Ein entsprechendes Verfahren zur Beweissicherung mittels einstweiliger Maßnahmen, wie es Art. 50 Abs. 2 i.V.m. Art. 50 Abs. 1 lit. b TRIPS verlangen, ist im deutschen Prozessrecht nicht ausdrücklich festgeschrieben.[48] Aufgrund der Stellung der §§ 935 ff. ZPO im achten Buch der ZPO ergibt sich, dass diese Normen dem Schutz der Zwangsvollstreckung aus dem Urteil des Hauptsacheverfahrens dienen.[49] Sie sind gerade kein Mittel der Beweissicherung, da sonst das selbstständige Beweissicherungsverfahren gem. §§ 485 ff. ZPO überflüssig wäre.[50] Auch das selbstständige Beweisverfahren nach §§ 485 ff. ZPO ist nicht geeignet, den Anforderungen des TRIPS gerecht zu werden, da es auf die Beweisaufnahme durch Zeugen, Sachverständige und Augenschein begrenzt ist, einen Antrag mit dem Inhalt des § 487 ZPO voraussetzt und da es keine Möglichkeit vorsieht, die Anordnung zwangsweise durchzusetzen, was Art. 41 Abs. 1 S. 1 TRIPS entgegensteht.[51] Es besteht aber die Möglichkeit, die deutschen Verfahrensvorschriften entsprechend den Anforderungen des TRIPS-Abkommens auszulegen.[52] Darüber hinaus hat der deutsche Gesetzgeber im Rahmen der Umsetzung der Durchsetzungsrichtlinie in den immaterialgüterrechtlichen Spezialgesetzen entsprechende Regelungen getroffen (§ 19a MarkenG, § 140c PatG, § 24c GebrMG, § 101a UrhG).

(3) Art. 50 Abs. 3

Nach Art. 50 Abs. 3 TRIPS können die Gerichte dem Antragsteller auferlegen, alle Beweise vorzulegen, um nachzuweisen, dass er der Rechtsinhaber ist und eine Rechtsverletzung vorliegt oder droht. Diese Beweisvorlagepflicht verfolgt dabei den Zweck, dass das Gericht sich von der Rechtsinhaberschaft des Antragstellers und der Rechtsverletzung überzeugen kann.[53] Allerdings verlangt Art. 50 Abs. 3 TRIPS vom Antragsteller nicht, dass er den Vollbeweis erbringt, sondern lediglich die Glaubhaftmachung von Rechtsinhaberschaft und

47 Vander/Steigüber, in: Busche/Stoll/Wiebe, TRIPs, Art. 50, Rn. 13.
48 v.Falck, Mitt. 2002, 429, 437.
49 Karg, ZUM 2000, 934, 941.
50 Karg, ZUM 2000, 934, 941.
51 Karg, ZUM 2000, 934, 942.
52 v.Falck, Mitt. 2002, 429, 437; Tilman/Schreibauer, GRUR 2002, 1015, 1017 f.; Karg, ZUM 2000, 934, 942 ff.; Berneke, Die einstweilige Verfügung in Wettbewerbssachen, Rn. 95.
53 Vander/Steigüber, in: Busche/Stoll/Wiebe, TRIPs, Art. 50, Rn. 16.

Rechtsverletzung.[54] Des Weiteren sind die Gerichte nach Art. 50 Abs. 3 TRIPS befugt, eine Sicherheitsleistung anzuordnen, um Missbrauch zu verhindern und den Antragsgegner zu schützen.[55] Die Vorschrift konkretisiert damit das allgemeine Missbrauchsverbot aus Art. 41 Abs. 1 S. 2 TRIPS.[56] Eine Sicherheit wird das Gericht dabei vom Antragsteller besonders dann verlangen, wenn die Rechtsverletzung unklar und ungewiss ist, wohingegen sie in offensichtlichen Fällen von Schutzrechtsverletzungen großen Umfangs selten erforderlich ist.[57] Die Höhe der Sicherheit muss dabei zum einen so bemessen werden, dass mögliche Schäden des Antragsgegners kompensiert werden können, und zum anderen so, dass sie von einer missbräuchlichen Verwendung des einstweiligen Rechtsschutzes abschreckt.[58]

(4) Art. 50 Abs. 4

Art. 50 Abs. 4 TRIPS ist im Zusammenhang mit Abs. 2 zu sehen, nach dem einstweilige Maßnahmen ohne Anhörung der Gegenseite getroffen werden können.[59] Die von derartigen Maßnahmen betroffenen Parteien sind dann gemäß Art. 50 Abs. 4 S. 1 TRIPS unmittelbar nach Vollziehung einer solchen einstweiligen Maßnahme zu informieren. Die Verletzung des Grundrechts auf rechtliches Gehör soll durch diese nachträgliche Information kompensiert werden, um dem Grundsatz auf ein faires Verfahren gerecht zu werden.[60] Auf Antrag des Antragsgegners kann innerhalb einer angemessenen Frist nach Mitteilung der Maßnahmen darüber entschieden werden, ob die Maßnahme aufgehoben, abgeändert oder bestätigt werden soll, Art. 50 Abs. 4 S. 1 TRIPS. Diese erneute Entscheidung muss zeitnah, normalerweise innerhalb weniger Tage, erfolgen[61], so dass mögliche Schäden des Antragsgegners gering gehalten werden, dem Grundsatz rechtlichen Gehörs bestmöglich entsprochen und schnell für Rechtssicherheit gesorgt wird. Eine Abs. 4 entsprechende Regelung existierte in der deutschen

---

54 Dreier, GRUR Int. 1996, S. 205, 212; Vander/Steigüber, in Busche/Stoll/Wiebe, TRIPs, Art. 50, Rn. 18.

55 Blakeney, TRIPS, S. 126, Rn. 13.08.

56 Vander/Steigüber, in: Busche/Stoll/Wiebe, TRIPs, Art. 50, Rn. 19.

57 Gervais, The TRIPS Agreement, 2003, Art. 50, Rn. 2.423.

58 Vander/Steigüber, in: Busche/Stoll/Wiebe, TRIPs, Art. 50, Rn. 21.

59 Pansch, Die einstweilige Verfügung zum Schutze des geistigen Eigentums im grenzüberschreitenden Verkehr, S. 115; Staehelin, TRIPS, S. 114.

60 Gervais, The TRIPS Agreement, Art. 50, Rn. 2.424.

61 vgl. Dreier, GRUR Int. 1996, 205, 212; Grosheide, GRUR Int. 2000, 310, 317; Gervais, The TRIPS Agreement, Art. 50, Rn. 2.424.

ZPO bereits vor dem TRIPS-Abkommen in § 924 ZPO in der Form des Widerspruchsverfahrens, so dass es hier keinen spezifischen Umsetzungsbedarf gab.[62]

(5) Art. 50 Abs. 5

Art. 50 Abs. 5 TRIPS ist im Zusammenhang mit Art. 50 Abs. 3 TRIPS zu sehen. Während der Antragsteller gem. Abs. 3 zur Vorlage aller vernünftigerweise verfügbaren Beweise verpflichtet ist, kann er nach Abs. 5 darüber hinaus vom Gericht aufgefordert werden, weitere Informationen vorzulegen, die für die Identifikation des streitgegenständlichen, rechtsverletzenden Produkts durch die vollziehende Behörde notwendig sind. Diese Regelung erlangt Bedeutung in Fällen, in denen die einstweilige Maßnahme von einer Behörde und nicht vom zuständigen Gericht durchgesetzt wird, zum Beispiel wenn die Zollbehörde am Hafen in einem Lagerhaus bestimmte schutzrechtsverletzende Waren beschlagnahmen soll, die dort zusammen mit zahlreichen anderen Waren verschiedener Personen eingelagert sind.[63]

(6) Art. 50 Abs. 6

Von besonderer Bedeutung ist Art. 50 Abs. 6 TRIPS. Zu diesem ergingen bereits einige wichtige Gerichtsentscheidungen des EuGH, insbesondere hinsichtlich der Frage seiner unmittelbaren Anwendbarkeit.[64] Danach kann auf Antrag des Antragsgegners eine zuvor angeordnete einstweilige Maßnahme aufgehoben oder außer Kraft gesetzt werden, wenn nicht innerhalb einer angemessenen Frist das Verfahren, das zur Sachentscheidung führt, eingeleitet wird. Die Frist wird dabei entweder vom Gericht bestimmt oder, falls es nicht zu einer Festlegung kommt, darf sie 20 Arbeitstage oder 31 Kalendertage nicht überschreiten. Die Vorschrift dient dazu, einem Missbrauch von einstweiligen Maßnahmen vorzubeugen und so den Antragsgegner zu schützen.[65] Die entscheidende Frist wird

---

62 vgl. auch Schloemann, in: Ehlers/Wolffgang/Pünder, Rechtsfragen des internationalen Schutzes geistigen Eigentums, S. 194.

63 Gervais, The TRIPS Agreement, Art. 50, Rn. 2.425; Vander/Steigüber, in: Busche/Stoll/Wiebe, TRIPs, Art. 50, Rn. 27.

64 EuGH, Urteil vom 16.06.1998, C-53/96 – Hermés international./.FHT Marketing Choice BV, NJW 1999, 2103, 2105, Rn. 35 ff.; EuGH, Urteil vom 14.12.2000, C- 300/98 – Dior./.Tuk Consultancy und C-392/98 – Assco./.Layher , GRUR Int. 2001, 327, 329 f., Rn. 41 ff.; EuGH, Urteil vom 13.09.2001, C-89/99 – Schieving-Nijstad vof u. a. ./. Robert Groeneveld, GRUR Int. 2002, 41, 45 f., Rn. 51 ff.

65 Gervais, The TRIPS Agreement, Art. 50, Rn. 2.425; Grosheide, GRUR Int. 2000, 310, 317.

vom Gericht bestimmt, wenn das innerstaatliche Recht diese Möglichkeit vorsieht. In allen anderen Fällen gilt die Höchstgrenze von 20 Werktagen oder 31 Kalendertagen, wobei der längere der beiden Zeiträume gilt. In diesem Zusammenhang ist in der Literatur umstritten, ob diese Höchstgrenze der Frist auch für die nationalen Gerichte im Rahmen der Fristsetzung gilt. Teilweise wird vertreten, dass die Höchstfrist von 20 Arbeitstagen oder 31 Kalendertagen auch für eine vom Gericht nach innerstaatlichem Recht zu setzende Frist gelte.[66] Dies wird damit begründet, dass das TRIPS- Abkommen das Ziel verfolge, ein schnelles und gleichzeitig faires Verfahren zu gewährleisten, was dazu führe, dass die genannte Fristgrenze auch von den Gerichten als Obergrenze zu beachten sei. Andererseits wird vertreten, dass Art. 50 Abs. 6 TRIPS keine Höchstgrenzen vorgebe, wenn die Gerichte nach dem jeweiligen innerstaatlichen Recht zur Bestimmung einer Frist befugt sind.[67] Eine Beschränkung dieser Frist ergebe sich lediglich aus dem Erfordernis der Angemessenheit aus Art. 50 Abs. 6 TRIPS, was jedoch dazu führe, dass die Gerichte sich an der festgelegten Frist von 20 Arbeits- oder 31 Kalendertagen zumindest zu orientieren haben.[68]

Die letztere Auffassung erscheint vorzugswürdig. Dafür spricht bereits der Wortlaut des Abs. 6, der klar zwischen der gerichtlich festgesetzten Frist und der anderenfalls festgelegten Frist von 20 Arbeitstagen oder 31 Kalendertagen unterscheidet und diese in ein Alternativverhältnis stellt: „[…] Frist […], die *entweder* von dem […] Gericht festgelegt […] *oder* 20 Arbeits – oder 31 Kalendertage nicht überschreitet“. Auch ist zu berücksichtigen, welch weitreichende Folgen die Fristüberschreitung und damit indirekt auch die Dauer der Frist für den Antragsteller haben kann. Wenn er die Frist versäumt, ohne das Hauptsacheverfahren einzuleiten, wird die einstweilige Maßnahme ohne jegliche Sachprüfung des Falles aufgehoben, und er macht sich schadensersatzpflichtig nach Art. 50 Abs. 7 TRIPS.[69] Daher muss das Gericht, zumindest in Ausnahmefällen, berechtigt sein, eine Frist zu bestimmen, die die besonderen Umstände des Einzelfalles berücksichtigen kann.[70] Dem steht auch nicht entgegen, dass das TRIPS nach seinem Schutzzweck ein schnelles und faires Verfahren gewährleisten will.[71] So kann die

66 Dreier, GRUR Int. 1996, 205, 212; Karg, ZUM 2000, 934, 935; Groh/Wündisch, GRUR Int. 2001, 497, 506.

67 Vander/Steigüber, in: Busche/Stoll/Wiebe, TRIPs, Art. 50, Rn. 31; im Ergebnis so wohl auch Ibbeken, Beweishilfe, S. 323; Groh/Wündisch, GRUR Int. 2001, 497, 506 (Fn. 95).

68 Vander/Steigüber, in: Busche/Stoll/Wiebe, TRIPs, Art. 50, Rn. 31.

69 Vander/Steigüber, in: Busche/Stoll/Wiebe, TRIPs, Art. 50, Rn. 31.

70 Vander/Steigüber, in: Busche/Stoll/Wiebe, TRIPs, Art. 50, Rn. 31.

71 i. Erg. so auch: Vander/Steigüber, in: Busche/Stoll/Wiebe, TRIPs, Art. 50, Rn. 31.

festgelegte Frist von 20 Arbeits- oder 31 Kalendertagen den Gerichten immer zumindest als Orientierung dienen.[72]

Obwohl die Bundesregierung bei Inkrafttreten des TRIPS davon ausging, dass die deutschen Regelungen der ZPO voll und ganz mit den Anforderungen des TRIPS konform sind, muss im Hinblick auf Art. 50 Abs. 6 TRIPS festgestellt werden, dass es eine dementsprechende Regelung im deutschen Recht nicht gibt.[73] Zwar enthält das Verfahren nach § 926 ZPO wesentliche Gemeinsamkeiten mit dem nach Art. 50 Abs. 6 TRIPS, es ist aber dennoch nicht ausreichend, um alle Anforderungen des Art. 50 Abs. 6 TRIPS zu erfüllen.[74] § 926 ZPO unterscheidet sich in der Hinsicht deutlich von den Anforderungen des Art. 50 Abs. 6 TRIPS, da er den Antragsgegner verpflichtet, einen Antrag bei Gericht zu stellen, um zu erreichen, dass dem Antragsteller eine Frist gesetzt wird zur Einleitung des Hauptsacheverfahrens. Nach Art. 50 Abs. 6 TRIPS ist ein derartiger Antrag jedoch nicht erforderlich, da die Frist entweder vom Gericht mit Erlass der Maßnahme festgesetzt wird oder automatisch zu laufen beginnt.[75] Demnach ist die Regelung im deutschen Recht für den Antragsgegner ungünstiger als im TRIPS und erfüllt nicht die Mindestvoraussetzungen, die das TRIPS setzt.[76]

(7) Art. 50 Abs. 7

Art. 50 Abs. 7 TRIPS gewährt dem Antragsgegner im Falle der Aufhebung einer Maßnahme Schadensersatz. Der Schadensersatzanspruch umfasst dabei die Schäden, die unmittelbar durch die Maßnahme verursacht wurden. Kosten oder Anwaltshonorare fallen nach der überwiegenden Auffassung in der Literatur nicht darunter.[77] Eine entsprechende Regelung war bereits vor dem TRIPS Abkommen im deutschen Recht in § 945 ZPO enthalten.

72 Vander/Steigüber, in: Busche/Stoll/Wiebe, TRIPs, Art. 50, Rn. 31.

73 vgl. auch Groh/Wündisch, GRUR Int. 2001, 497, 506; Karg, ZUM 2000, 934, 939.

74 Karg, ZUM 2000, 934, 939.

75 Wann die Frist genau zu laufen beginnt, ergibt sich nicht aus Art. 50 Abs. 6 TRIPS, vgl. Vander/Steigüber, in: Busche/Stoll/Wiebe, TRIPs, Art. 50, Rn. 32; als frühester Zeitpunkt wird allgemein nicht der Erlass, sondern die Zustellung angesehen (so Groh/Wündisch, GRUR Int. 2001, 497, 506); andere wollen die Frist erst mit Beendigung der Vollziehung der Maßnahme beginnen lassen (so Ibbeken, Beweishilfe, S. 323) oder die Bestimmung des Fristbeginns ganz den einzelnen Mitgliedern überlassen (Vander/Steigüber, in: Busche/Stoll/Wiebe, TRIPs, Art. 50, Rn. 32).

76 Groh/Wündisch, GRUR Int. 2001, 497, 506.

77 Gervais, The Trips Agreement, 2003, Art. 50 Rn. 2.426; Vander/Steigüber, in: Busche/Stoll/Wiebe, TRIPs, Art. 50, Rn. 36.

(8) Art. 50 Abs. 8

Nach Art. 50 Abs. 8 TRIPS müssen auch einstweilige Maßnahmen, die aufgrund von Verwaltungsverfahren angeordnet werden, den Grundsätzen des Art. 50 TRIPS entsprechen. Abs. 8 stimmt damit mit Art. 49 TRIPS überein, der anordnet, dass Verwaltungsverfahren den TRIPS Grundsätzen entsprechen müssen, soweit dort zivilrechtliche Ansprüche zuerkannt werden können. Die Formulierung des Absatzes („Soweit einstweilige Maßnahmen [...] angeordnet werden können, ...") macht gleichzeitig deutlich, dass die Mitgliedstaaten nicht verpflichtet sind, einstweilige Maßnahmen im Verwaltungsverfahren zur Verfügung zu stellen.[78]

b) Die unmittelbare Anwendbarkeit

Der EuGH hat in mehreren Entscheidungen zu dem streitigen Punkt der unmittelbaren Anwendung des TRIPS- Abkommens, insbesondere der Regelungen zur Rechtsdurchsetzung, Stellung genommen. Nach Ansicht des EuGH sind sämtliche WTO-Übereinkünfte und damit auch die Regelungen des TRIPS-Abkommens nicht unmittelbar anwendbar.[79] Zwar bejahte der Gerichtshof seine Zuständigkeit zur Auslegung selbst in Fällen mit rein innerstaatlichen Sachverhalten, er ging aber davon aus, dass WTO-Übereinkünfte, damit auch das TRIPS- Abkommen, generell wegen ihrer Natur und Struktur nicht unmittelbar anwendbar seien.[80]

c) Fazit

Art. 44 und Art. 50 TRIPS sind als völkerrechtliche Basis der Regelungen zu einstweiligen und endgültigen Unterlassungsverfügungen in der deutschen ZPO zu sehen. Die deutschen Regelungen erfüllen ganz überwiegend die durch das TRIPS gesetzten Mindeststandards, nur in einigen Ausnahmen, wie in Art. 50 Abs. 6 TRIPS, bleiben sie hinter den geforderten Standards zurück.

II. Europarechtliche Regelungen

Das folgende Kapitel soll die europarechtlichen Grundlagen von Unterlassungsverfügungen im Bereich der Immaterialgüterrechte beleuchten. Der Schwerpunkt liegt auf der Richtlinie 2004/48/EG, dem bedeutendsten Rechtssetzungsakt der

---

78 Vander/Steigüber, in: Busche/Stoll/Wiebe, TRIPs, Art. 50 Rn. 38.

79 Hermes, TRIPS im Gemeinschaftsrecht, S. 209, 213 f.

80 EuGH – Portugal/Rat, C-149/96, (Slg. 1999, I-8395 (8438), Rn. 27, 42), EuR 2000, S. 62, 65, 67; Hermes, TRIPS im Gemeinschaftsrecht, S. 209;

Europäischen Union im Immaterialgüterrecht in den letzten Jahren. Die Richtlinie wird jedoch nur punktuell im Hinblick auf die für Unterlassungsverfügungen relevanten Artikel beleuchtet. Die Kenntnis dieser rechtlichen Grundlagen ist Voraussetzung für ein zusammenhängendes Verständnis der nationalen deutschen Regelungen über den Erlass von Unterlassungsverfügungen im Bereich des geistigen Eigentums.

Neben den völkerrechtlichen Verträgen hat das Europarecht im Bereich des Schutzes der Immaterialgüterrechte immer mehr an Bedeutung gewonnen.[81] In den letzten Jahren traf man viele Maßnahmen, um die verschiedenen nationalen Schutzgesetze zu harmonisieren und gemeinschaftsweite, einheitliche Schutzrechte, wie die Gemeinschaftsmarke, zu schaffen.[82] Die Zuständigkeit für die Europäische Union zur Rechtssetzung im Immaterialgüterrecht ergibt sich aus der Aufgabe der EU, einen einheitlichen Binnenmarkt zu schaffen, Art. 114, 115 AEUV.[83] Die verabschiedeten Richtlinien in diesem Bereich zielten daher insbesondere darauf ab, Hindernisse für den freien Waren- und Dienstleistungsverkehr zu beseitigen, Art. 14 AEUV.[84]

1. Die Informationsrichtlinie 2001/29/EG

Die Richtlinie zur Harmonierung des Urheberrechts und der verwandten Schutzrechte in der Informationsgesellschaft verfolgte den Zweck, das Urheberrecht in den verschiedenen Mitgliedstaaten zu harmonisieren, um die Schaffung eines einheitlichen Binnenmarktes zu fördern.[85] Die Harmonisierung des Rechtsrahmens sollte dabei zu einem erhöhten Schutzniveau des geistigen Eigentums beitragen und dadurch Investitionen in Innovation und Kreativität fördern.[86] Als Folge erhoffte man sich Wachstum und erhöhte Wettbewerbsfähigkeit der europäischen Industrie.[87]

Daneben diente die Richtlinie der Umsetzung des WIPO- Copyright Treaty (WCT) und des WIPO- Performances and Phonograms Treaty (WPPT).[88] Der WCT und der WPPT brachten den Schutz des Urheberrechts und der verwandten Schutzrechte im Hinblick auf die zunehmende Digitalisierung auf

81 Pierson in: Pierson/Ahrens/Fischer, Recht des geistigen Eigentums, S. 22.
82 Pierson in: Pierson/Ahrens/Fischer, Recht des geistigen Eigentums, S. 22.
83 Pierson in: Pierson/Ahrens/Fischer, Recht des geistigen Eigentums, S. 22.
84 Pierson in: Pierson/Ahrens/Fischer, Recht des geistigen Eigentums, S. 22.
85 vgl. RL 2001/29/EG, Erwägungsgrund 1.
86 vgl. RL 2001/29/EG, Erwägungsgrund 4.
87 vgl. RL 2001/29/EG, Erwägungsgrund 4.
88 vgl. RL 2001/29/EG, Erwägungsgrund 15.

den neuesten Stand und verbesserten die Möglichkeiten der Bekämpfung der Piraterie.[89] Die Richtlinie setzte dabei nicht nur die Anforderungen der beiden Abkommen um, sondern geht in einigen Bereichen sogar über diese hinaus.[90] Die Richtlinie harmonisiert das Vervielfältigungsrecht, das Recht zur öffentlichen Wiedergabe und Zugänglichmachung sowie das Verbreitungsrecht, Art. 2–4. Art. 5 enthält einen abschließenden Schrankenkatalog, der jedoch nur teilweise verpflichtend ist. Art. 6 und 7 regeln den Schutz durch technische Maßnahmen und bilden damit die Grundlage für das Digital Rights Management.[91] Art. 8 RL 2001/29/EG enthält schließlich Regelungen zur Rechtsdurchsetzung. Gemäß Art. 8 Abs. 1 S. 1 sind die Mitgliedstaaten verpflichtet, für Fälle von Rechtsverletzungen den Rechtsinhabern Sanktionen und Rechtsbehelfe zur Verfügung zu stellen und deren Anwendung sicher zu stellen. Diese Sanktionen müssen nach Art. 8 Abs. 1 S. 2 außerdem wirksam, verhältnismäßig und abschreckend sein. Diese Regelung geht auf Art. 41 Abs. 1 TRIPS zurück.[92] Insbesondere durch die Anforderung, dass die Sanktionen „abschreckend" sein müssen, wird neben dem Aspekt der bloßen Kompensation von Schäden der Aspekt der Prävention mit in das Sanktionenrecht aufgenommen.[93] Im Hinblick auf die Umsetzung von Art. 8 Abs. 1 der Richtlinie ist es im deutschen Recht fraglich, ob der Forderung nach „abschreckenden Sanktionen" ausreichend Rechnung getragen worden ist.[94] Selbst bei vorsätzlicher oder grob fahrlässiger Rechtsverletzung muss der Verletzer nur den üblichen Schadensersatz zahlen, der sich im Wege der dreifachen Schadensberechnung berechnen lässt. Bei der Schadensberechnung im Wege der Lizenzanalogie muss der Verletzer Schadensersatz in Höhe einer angemessenen Lizenzgebühr leisten. Da er diese jedoch auch hätte zahlen müssen, wenn er sich rechtmäßig verhalten hätte, geht zumindest von einem derartigen Schadensersatz keine abschreckende Wirkung aus.[95] Daher wird in der Literatur zum Teil vorgeschlagen, den zu zahlenden Schadensersatz bei vorsätzlicher oder grob fahrlässiger Verursachung der Rechtsverletzung zu verdoppeln.[96] Dadurch könnte der Forderung nach einer abschreckenden Sanktion ausreichend

89 RL 2001/29/EG, Erwägungsgrund 15.
90 Mayer, EuZW 2002, 325; Amschewitz, Durchsetzungsrichtlinie, S. 45.
91 Mayer, EuZW 2002, 325.
92 Dreier, ZUM 2002, 28, 40; Amschewitz, Durchsetzungsrichtlinie, S. 47.
93 Dreier, ZUM 2002, 28, 40.
94 Dreier, ZUM 2002, 28, 40.
95 Dreier, ZUM 2002, 28, 40.
96 Dreier, ZUM 2002, 28, 40; Bodewig/Wandtke, GRUR 2008, 220, 225 ff.

Rechnung getragen werden.[97] Andere Stimmen in der Literatur halten hingegen die bereits bestehenden deutschen Regelungen im Hinblick auf die Forderungen der Richtlinie für ausreichend.[98]

Nach Art. 8 Abs. 2 ermöglicht jeder Mitgliedsstaat Rechtsinhabern im Falle einer Rechtsverletzung eine Schadensersatzklage, eine gerichtliche Anordnung und die Stellung eines Antrages zur Beschlagnahme. Das deutsche Urheberrechtsgesetz entsprach diesen Anforderungen im Wesentlichen bereits vor der Umsetzung der Richtlinie.[99] Lediglich die Beschlagnahme von Umgehungsmitteln i.S.v. Art. 6 Abs. 2 ist in dieser Form im deutschen Gesetz nicht zu finden.[100] Der deutsche Gesetzgeber erachtete aber die bestehenden Regelungen als ausreichend und setzte die Regelung nicht gesondert im UrhG um.

Schließlich haben die Mitgliedsstaaten aufgrund von Art. 8 Abs. 3 der Informationsrichtlinie sicher zu stellen, dass Rechtsinhaber gerichtliche Anordnungen gegen Provider beantragen können, wenn Dritte dessen Dienste dazu nutzen, Urheberrechte oder verwandte Schutzrechte zu verletzen. Dieser Absatz gewährleistet damit die Störerhaftung der Provider in der EU.[101] Sie ermöglicht Rechtsinhabern, Unterlassungsverfügungen gegen Vermittler, also Provider, durchzusetzen, wenn über deren Netze Raubkopien verbreitet oder veröffentlicht werden.[102] Dies gilt sogar in den Fällen, in denen die Handlungen des Providers nach Art. 5 freigestellt sind.[103] Die Vorschrift ist damit eine Klarstellung, die verhindern soll, dass sich Provider, denen selbst keine Urheberrechtsverletzung zur Last fällt oder die sich auf die Schranken des Art. 5 der Richtlinie 2001/29/EG berufen, einer Haftung auf Unterlassung entziehen können.[104] Hintergrund ist, dass in der digitalen Technik die Providerdienste immer mehr von Dritten für Rechtsverstöße genutzt werden und die Provider selbst die besten Möglichkeiten haben, diese Verstöße zu stoppen.[105]

---

97 Dreier, ZUM 2002, 28, 40.

98 Flechsig, ZUM 2002, 1, 18; i.Erg. so wohl auch Spindler, GRUR 2002, 105, 119.

99 vgl. Amschewitz, Durchsetzungsrichtlinie, S. 49 f.

100 vgl. Dreier, ZUM 2002, 28, 40 f.

101 Dreier, ZUM 2002, 28, 41; Amschewitz, Durchsetzungsrichtlinie, S. 47.

102 Amschewitz, Durchsetzungsrichtlinie, S. 47.

103 vgl. RL 2001/29/EG, Erwägungsgrund 59.

104 Flechsig, ZUM 2002, 1, 18; Reinbothe, ZUM 2002, 43, 46; Amschewitz, Durchsetzungsrichtlinie, S. 48.

105 vgl. RL 2001/29/EG, Erwägungsgrund 59; Flechsig, ZUM 2002, 1, 18.

Der deutsche Gesetzgeber hat es im nationalen Gesetzgebungsverfahren nicht als erforderlich angesehen, den Art. 8 der Richtlinie 2001/29/EG umzusetzen.[106] Er erachtete die bestehenden Regelungen als ausreichend. Dies ist jedoch, wie dargelegt, insbesondere hinsichtlich der Anforderungen an den abschreckenden Charakter der Höhe des Schadensersatzes zweifelhaft.

2. Die Durchsetzungsrichtlinie RL 2004/48/EG

Die Richtlinie 2004/48/EG wurde am 26.04.2004 im EU-Ministerrat verabschiedet und stellt einen der bedeutendsten Rechtsakte der EU im Immaterialgüterrecht dar.[107] Die sog. Durchsetzungsrichtlinie (DRL) basiert auf den vom TRIPS-Abkommen aufgestellten Mindeststandards und dient deren Umsetzung.[108] Sie geht aber noch über diese hinaus und schafft so ein höheres Schutzniveau und eine größere Vereinheitlichung des Rechts in der EU (sog. TRIPS- Plus- Ansatz).[109]

Die Richtlinie umfasst einen sehr weiten Anwendungsbereich, da sie gemäß Art. 1 Abs. 1 auf jede Verletzung von Rechten des geistigen Eigentums Anwendung findet. Anders als viele andere Richtlinien, die sich nur auf ein Schutzrecht, zum Beispiel Richtlinie 89/104/EWG auf das Markenrecht oder Richtlinie 98/44/EG auf das Patentrecht, beziehen, findet die Durchsetzungsrichtlinie damit auf alle Immaterialgüterrechte Anwendung.[110] Sie ist die erste Richtlinie, die die Vorschriften verschiedener Schutzrechte über Ansprüche und Verfahren bei Rechtsverletzungen vereinheitlicht.[111] Die Richtlinie gilt nach Art. 1 DRL für die Rechte des geistigen Eigentums, zu denen nach Art. 1 S. 2 DRL auch die gewerblichen Schutzrechte zählen. Eine Aufzählung, welche Rechte des geistigen Eigentums konkret von der Richtlinie erfasst werden, gibt es nicht. In Art. 2 DRL heißt es dazu nur, dass die Richtlinie auf jede Verletzung von Rechten des geistigen Eigentums Anwendung findet, die im Gemeinschaftsrecht oder im innerstaatlichen Recht vorgesehen sind. Nach einer von der Kommission veröffentlichten Erklärung zu Art. 2 der Richtlinie fallen zumindest die folgenden Schutzrechte in den Anwendungsbereich: Urheberrechte und dem Urheberrecht verwandte Schutzrechte, Schutzrechte sui generis der Hersteller von Datenbanken,

---

106 vgl. Amschewitz, Durchsetzungsrichtlinie, S. 49 f.; BT-Drucks. 15/38, S. 15.
107 Amschewitz, Durchsetzungsrichtlinie, S. 1.
108 Pierson in: Pierson/Ahrens/Fischer, Recht des geistigen Eigentums, S. 424.
109 Amschewitz, Durchsetzungsrichtlinie, S. 1 f.
110 vgl. Metzger/Wurmnest, ZUM 2003, 922.
111 Metzger/Wurmnest, ZUM 2003, 922.

Schutzrechte der Schöpfer der Topografien von Halbleitererzeugnissen, Markenrechte, Schutzrechte an Geschmacksmustern, Patenrechte, einschließlich der aus ergänzenden Schutzzertifikaten abgeleiteten Rechte, geografische Herkunftsangaben, Gebrauchsmusterrechte, Sortenschutzrechte und Handelsnamen, soweit es sich dabei nach dem Recht des betreffenden Mitgliedstaates um ausschließliche Rechte handelt.[112]

Gegenstand der Richtlinie sind gemäß Art. 1 Abs. 1 DRL Maßnahmen, Verfahren und Rechtsbehelfe, die zur Durchsetzung der Immaterialgüterrechte erforderlich sind.

Wie Art. 2 Abs. 3 DRL aber klarstellt, beinhalten die getroffenen Regelungen zu den Maßnahmen, Verfahren und Rechtsbehelfen nur Regelungen der zivilrechtlichen Durchsetzung von Rechten des geistigen Eigentums.[113] Die Strafverfolgung hingegen richtet sich weiterhin nach dem TRIPS Übereinkommen oder nach dem Recht der Mitgliedstaaten, Art. 2 Abs. 3 b, c DRL.[114]

Diese Maßnahmen, Verfahren und Rechtsbehelfe müssen gemäß Art. 3 Abs. 2 DRL wirksam, verhältnismäßig und abschreckend sein. Damit übernimmt die Durchsetzungsrichtlinie die Formulierung aus Art. 8 Abs. 1 der Informationsrichtlinie. Das Verhältnismäßigkeitsprinzip ist damit als allgemein verbindlicher Grundsatz an den Anfang der Richtlinie gestellt und gilt für alle Maßnahmen und Rechtsbehelfe der Richtlinie.[115] Der Verhältnismäßigkeitsgrundsatz stellt daher eine Schranke zur Verhinderung schwerwiegender Grundrechtseingriffe bei Durchsetzungsmaßnahmen dar.[116] Diese allgemeine Geltung des Verhältnismäßigkeitsgrundsatzes hat besonders da Bedeutung, wo Bestimmungen der Richtlinie nicht explizit unter dem Vorbehalt der Verhältnismäßigkeit stehen, wie zum Beispiel Art. 6 DRL (Vorlage von Beweisen), Art. 7 DRL (Maßnahmen zur Beweissicherung) und Art. 9 DRL (Einstweilige Maßnahmen und Sicherungsmaßnahmen).[117]

Von besonderer Bedeutung für das Verständnis der Richtlinie ist das Günstigkeitsprinzip aus Art. 2 Abs. 1 DRL, nach dem die Richtlinie unbeschadet von für den Rechtsinhaber günstigeren EU-rechtlichen oder nationalen Rechtsvorschriften

---

112 Erklärung der Kommission zu Art. 2 der Richtlinie 2004/48/EG vom 13. April 2005 (2005/295/EG).

113 vgl. BT-Drucks. 16/5048, S. 25.

114 BT-Drucks. 16/5048, S. 25; Frey, Rudolph, ZUM 2004, 522, 524.

115 Amschewitz, Durchsetzungsrichtlinie, S. 107.

116 Amschewitz, Durchsetzungsrichtlinie, S. 107.

117 Amschewitz, Durchsetzungsrichtlinie, S. 107.

gilt.[118] Die Richtlinie nimmt also nur eine Mindestharmonisierung vor; die Mitgliedstaaten können in ihren Regelungen hingegen über dieses Schutzniveau hinausgehen und dem Rechtsinhaber weitergehende Rechte einräumen.[119]

In den folgenden Artt. 3 bis 15 DRL regelt die Richtlinie Maßnahmen, Verfahren und Rechtsbehelfe, die zur Durchsetzung der Rechte des geistigen Eigentums erforderlich sind, Art. 3 DRL.

Die folgenden Artt. 16 bis 19 DRL treffen Regelungen zu Sanktionen, Verhaltenskodizes und Verwaltungszusammenarbeit, wobei insoweit kein gesetzlicher Umsetzungsbedarf besteht.[120]

Schließlich enthalten die Schlussbestimmungen in den Artt. 20 bis 22 DRL Regelungen über die Umsetzung, das Inkrafttreten und die Adressaten.

a) Art. 9 Einstweilige Maßnahmen und Sicherungsmaßnahmen

Im Zusammenhang mit Unterlassungsverfügungen ist insbesondere Art. 9 der Durchsetzungsrichtlinie relevant. Danach müssen die Mitgliedstaaten sicherstellen, dass die Gerichte auf Antrag einstweilige Anordnungen treffen können. Diese können sich gegen den vermeintlichen Verletzer richten, entweder um drohende Verletzungen geistiger Eigentumsrechte zu verhindern, um die Fortdauer von Verletzungen zu untersagen oder die Fortdauer an die Stellung von Sicherheiten zu knüpfen, Art. 9 Abs. 1 a DRL. Die Durchsetzungsrichtlinie lehnt sich damit an Art. 50 Abs. 1 a) TRIPS an, regelt die Materie aber wesentlich detaillierter als dieser.[121] Alle drei Fälle, in denen einstweilige Anordnungen getroffen werden können, sind in Art. 9 Abs. 1 a DRL in einem Satz geregelt. Dies macht die Vorschrift unübersichtlich.[122] Der Unterschied zwischen Art. 9 DRL und Art. 7 DRL liegt darin, dass Art. 7 DRL der Sicherung von Beweismitteln und nicht der Sicherung materiell-rechtlicher Ansprüche dient.[123] Die drei Fälle von Unterlassungsverfügungen in Art. 9 Abs. 1 a DRL sind trotz der missverständlichen Formulierung nicht fakultativ, sondern allesamt von den Mitgliedstaaten verpflichtend umzusetzen.[124] Fakultativ ist nur die Verhängung von Zwangsgeldern

---

118 vgl. BT-Drucks. 16/5048, S. 25; Amschewitz, Durchsetzungsrichtlinie, S. 99.

119 BT-Drucks. 16/5048, S. 25; Fezer, Markenrecht, § 19a, Rn. 6; Harte-Bavendamm/Henning-Bodewig/Glöckner, UWG, Einleitung B. Europäisches Lauterkeitsrecht, Rn. 477; Amschewitz, Durchsetzungsrichtlinie, S. 99.

120 BT-Drucks. 16/5048, S. 25 f.

121 Amschewitz, Durchsetzungsrichtlinie, S. 169.

122 Amschewitz, Durchsetzungsrichtlinie, S. 171.

123 BT-Drucks. 16/5048, S. 30.

124 Amschewitz, Durchsetzungsrichtlinie, S. 171.

in Fällen des Verstoßes gegen Unterlassungsverfügungen gegen die Fortsetzung von Rechtsverletzungen.[125] Dass die Verhängung von Zwangsgeldern nur im 2. Fall des Art. 9 Abs. 1 a DRL möglich sein soll, wird als inhaltlicher Fehler der Richtlinie angesehen, da eine Zwangsgeldandrohung auch in den Fällen einer erstmals drohenden Rechtsverletzung möglich sein muss, Art. 9 Abs. 1 a, 1. Fall DRL.[126] Die Unterlassungsverfügung verliert ohne die Zwangsgeldandrohung leicht ihre Wirksamkeit.[127] Da die Möglichkeit einer Zwangsgeldandrohung auch in den Fällen der erstmalig drohenden Rechtsverletzung für den Rechtsinhaber vorteilhaft ist, können die Mitgliedstaaten aber entsprechend dem Günstigkeitsprinzip aus Art. 2 Abs. 1 DRL eine derartige Regelung in ihren Umsetzungsgesetzen vorsehen.

Weiterhin bestimmt Art. 9 Abs. 1 a, 2. HS DRL, dass einstweilige Anordnungen auch möglich sein müssen gegen Mittelspersonen, deren Dienste von Dritten zur Verletzung geistiger Eigentumsrechte in Anspruch genommen werden. Art. 9 Abs. 1 DRL dehnt damit die Passivlegitimation weiter aus.[128] Unter dem Begriff Mittelspersonen im Sinne der Vorschrift sind nicht nur Vermittler oder Diensteanbieter zu verstehen, sondern umfassend alle Personen, deren Dienstleistung von Dritten zur Begehung einer Schutzrechtsverletzung in Anspruch genommen wird.[129] Die genauen Einzelheiten der Voraussetzungen und Verfahren dieser Anordnungen gegen die Mittelspersonen sollen gemäß dem Erwägungsgrund 23 der Gesetzgebung der Mitgliedstaaten vorbehalten sein. Ihnen steht also ein weiter Spielraum bei der Umsetzung dieser Vorschrift zu.[130] Ausdrücklich ausgenommen aus dem Anwendungsbereich der Vorschrift sind Anordnungen gegen Mittelspersonen wegen der Verletzung eines Urheberrechts oder eines verwandten Schutzrechts. Diese fallen unter die Richtlinie 2001/29/EG (Informationsrichtlinie), insbesondere unter deren Art. 8 Abs. 3.

Art. 9 Abs. 1 b) DRL verpflichtet die Mitgliedstaaten, die Anordnung der Herausgabe und Beschlagnahme von Waren durch die Gerichte zu ermöglichen, wenn diese im Verdacht stehen, ein Recht des geistigen Eigentums zu verletzen. Dies ist notwendig, um ein Inverkehrbringen und den Umlauf der Produkte auf den Vertriebswegen zu verhindern. Die Vorschrift ist angelehnt an Art. 50

125 Amschewitz, Durchsetzungsrichtlinie, S. 171.
126 Amschewitz, Durchsetzungsrichtlinie, S. 172.
127 Amschewitz, Durchsetzungsrichtlinie, S. 172.
128 Knaak, GRUR Int. 2004, 745, 750.
129 Amschewitz, Durchsetzungsrichtlinie, S. 172.
130 vgl. Amschewitz, Durchsetzungsrichtlinie, S. 173.

Abs. 1 a) TRIPS.[131] Nach dieser Regelung sollen die Gerichte befugt sein, schnelle Maßnahmen anzuordnen, um eine Rechtsverletzung zu verhindern und insbesondere um das Inverkehrbringen von Waren unmittelbar nach der Zollfreigabe in die Vertriebswege zu verhindern.[132] Da Herausgabe- und Beschlagnahme-Anordnungen die einzig wirksamen Mittel sind, um das Inverkehrbringen von rechtsverletzenden Waren zu verhindern, konkretisiert die Richtlinie mit der Regelung in Art. 9 Abs. 1 b) DRL also die Vorgaben des TRIPS Abkommens. Die Vorschrift ermöglicht damit den zuständigen Behörden, potentiell rechtsverletzende Waren unabhängig von zollrechtlichen Aufgreiftatbeständen zu beschlagnahmen und im Falle der positiven Feststellung der Rechtsverletzung nach Art. 10 Abs. 1 c) DRL zu vernichten.[133] Die Regelung in Art. 9 Abs. 1 b) DRL schafft damit zusammen mit den Regelungen in den Art. 9 Abs. 3 bis Abs. 7 DRL ein gerichtliches Beschlagnahmeverfahren, das die Rahmenregelung in der Grenzbeschlagnahmeverordnung VO Nr. 608/2013 zum Sachentscheidungsverfahren weiterführt.[134] Die Möglichkeit, eine Beschlagnahmeanordnung zu erlangen, besteht dabei nach dem Wortlaut der Richtlinie bereits bei dem bloßen Verdacht einer Rechtsverletzung. Dies ist auch erforderlich, um effektiv gegen Produktpiraten vorgehen zu können. Ansonsten wären die rechtsverletzenden Waren schon oft längst in Verkehr gebracht, bis die Rechtsverletzung feststeht. Eingeschränkt wird diese weitreichende Beschlagnahmemöglichkeit aber durch Art. 9 Abs. 3 der Durchsetzungsrichtlinie, der bestimmt, dass dem Antragsteller eine Darlegungs- und Beweislast in Bezug auf die Rechtsverletzung auferlegt werden kann.[135]

Art. 9 Abs. 3 der Durchsetzungsrichtlinie greift die im englischen Recht bestehende Möglichkeit einer freezing order, im Englischen auch als „Mareva injunction" bezeichnet, auf und regelt diese auf europäischer Ebene.[136] Danach müssen die zuständigen Gerichte im Falle von Rechtsverletzungen gewerblichen Ausmaßes die Möglichkeit haben, Vermögen des angeblichen Verletzers zu beschlagnahmen. Die Beschlagnahme kann sich dabei ausdrücklich auch auf die Sperrung von Bankkonten beziehen. Voraussetzung für diese weitgehende Beschlagnahmemöglichkeit ist, dass der geschädigte Rechtsinhaber glaubhaft machen kann, dass die Erfüllung einer bestehenden Schadensersatzforderung

131 BT-Drucks. 16/5048, S. 30; Amschewitz, Durchsetzungsrichtlinie, S. 173.
132 vgl. Markfort, Geistiges Eigentum im Zivilprozess, S. 123 ff.
133 Knaak, GRUR Int. 2004, 745, 750; Amschewitz, Durchsetzungsrichtlinie, S. 174.
134 Knaak, GRUR Int. 2004, 745, 750.
135 vgl. Knaak, GRUR Int. 2004, 745, 750.
136 Amschewitz, Durchsetzungsrichtlinie, S. 174; Knaak, GRUR Int. 2004, 745, 750.

fraglich ist. Die Behörden können dafür die Übermittlung oder das Zugänglichmachen von relevanten Unterlagen anordnen. Das besondere Merkmal dieser Regelung ist das Erfordernis einer Rechtsverletzung gewerblichen Ausmaßes. Entsprechend dem Erwägungsgrund 14 können die Mitgliedstaaten die Vermögensbeschlagnahme aber auch generell ohne das Erfordernis der Rechtsverletzung in gewerblichem Ausmaß in ihren nationalen Gesetzen vorsehen. Zugleich definiert der Erwägungsgrund 14, was konkret unter dem Begriff der gewerblichen Rechtsverletzung zu verstehen ist. Demnach ist eine Rechtsverletzung dann in gewerblichem Ausmaß begangen worden, wenn sie zur Erlangung eines unmittelbaren oder mittelbaren wirtschaftlichen oder kommerziellen Vorteils vorgenommen wurde. Darunter fallen in der Regel keine Handlungen, die gutgläubig von Endverbrauchern vorgenommen wurden.[137] Daraus ergibt sich, dass die Regelung also speziell aufgenommen wurde, um die Produktpiraterie zu bekämpfen.[138] Weitere Voraussetzung der Vermögensbeschlagnahme ist, dass der Geschädigte glaubhaft machen kann, dass die Erfüllung eines bestehenden Schadensersatzanspruches fraglich ist. Der Begriff „fraglich" ist dabei vor dem Hintergrund der Voraussetzungen der englischen „Mareva injunction" auszulegen.[139] Bei dieser ist ein drohender Vollstreckungsentzug erforderlich, nicht ausreichend ist hingegen, wenn lediglich die Insolvenz beim Anspruchsgegner droht und deshalb die Realisierbarkeit des Schadensersatzanspruches unsicher ist.[140] Dies würde andernfalls im Ergebnis dazu führen, dass der Gläubiger eines Schadensersatzanspruches aufgrund eines Immaterialgüterrechtes gegenüber allen anderen Gläubigern bevorzugt behandelt würde, was aber nicht gerechtfertigt erscheint.[141]

Rechtsfolge einer Verfügung nach Art. 9 Abs. 2 DRL ist die Beschlagnahme von Vermögenswerten aller Art und die Sperrung von Bankkonten.[142] Diese Folge kann für den Anspruchsgegner extrem weitreichende und belastende Auswirkungen haben.[143] So hat er zum Beispiel keinen Zugriff mehr auf seine Konten und er darf über die beschlagnahmten Vermögensgegenstände nicht mehr frei verfügen.[144]

---

137 Erwägungsgrund 14, S. 3, 2.HS.
138 Amschewitz, Durchsetzungsrichtlinie, S. 178.
139 Amschewitz, Durchsetzungsrichtlinie, S. 178.
140 Amschewitz, Durchsetzungsrichtlinie, S. 178.
141 BT-Drucks. 16/5048, S. 31; Amschewitz, Durchsetzungsrichtlinie, S. 178.
142 Amschewitz, Durchsetzungsrichtlinie, S. 179.
143 Amschewitz, Durchsetzungsrichtlinie, S. 177.
144 Amschewitz, Durchsetzungsrichtlinie, S. 177.

Hinsichtlich der Sanktionen für den Fall der Missachtung einer Anordnung nach Art. 9 Abs. 2 der Durchsetzungsrichtlinie macht die Richtlinie selbst keine Vorgaben.[145] Um die Wirksamkeit der Anordnung zu stärken, sollten die Mitgliedsstaaten aber derartige Sanktionen in ihren Gesetzen vorsehen.[146] Bei der konkreten Ausgestaltung der Sanktionsmöglichkeiten sollte außerdem beachtet werden, dass ein zusätzlicher Schadensersatz dem Geschädigten womöglich wenig weiter hilft, weshalb zusätzlich die Möglichkeit der Verhängung einer Freiheitsstrafe für den Fall der Zuwiderhandlung in Betracht gezogen werden sollte.[147] Dies würde dann auch den im englischen Recht vorgesehenen Folgen der „Mareva injunction" entsprechen, da dort die Bestrafung bei Verstößen in Form des sog. „contempt of court" ebenfalls die Verhängung einer Freiheitsstrafe ermöglicht.

Die Möglichkeit der Behörden nach Art. 9 Abs. 2 DRL, die Übermittlung von Unterlagen anzuordnen, soll zum einen dazu dienen, die Vermögenssituation des Antragsgegners ermitteln zu können, zum anderen soll sie den Gerichten die Möglichkeit geben, zu entscheiden, welche Vermögensgegenstände von der Beschlagnahme erfasst sein sollen.[148] Der Anspruch kann dabei die Vorlage von Bank-, Finanz- oder Handelsunterlagen umfassen.[149] Der Rechtsinhaber muss bei der Geltendmachung des Anspruchs die vorzulegenden Unterlagen so genau wie möglich bezeichnen.[150] Überzogene Anforderungen dürfen daran jedoch auch nicht gestellt werden, vielmehr sollte die Bezeichnung so bestimmt sein, dass der Anspruchsgegner die vorzulegenden Unterlagen eindeutig identifizieren kann.[151] Über den Verhältnismäßigkeitsgrundsatz aus Art. 3 Abs. 2 DRL sind im Rahmen der Anordnung nach Art. 9 Abs. 2 S. 2 DRL die Geheimhaltungsinteressen der Antragsgegner zu berücksichtigen,[152] da die herauszugebenden Unterlagen vertrauliche Informationen enthalten können.[153] Es steht den Mitgliedstaaten dabei frei, wie sie die Interessen des Antragsgegners schützen.[154] Eine zuverlässige Möglichkeit wird dabei regelmäßig sein, die Informationen nicht gegenüber

145 vgl. Amschewitz, Durchsetzungsrichtlinie, S. 179.
146 Amschewitz, Durchsetzungsrichtlinie, S. 179.
147 Amschewitz, Durchsetzungsrichtlinie, S. 179.
148 Amschewitz, Durchsetzungsrichtlinie, S. 180.
149 Heydn, in: Heydn/Schmid-Petersen/Vassilaki, Durchsetzung, Rn. 324, 335.
150 Heydn, in: Heydn/Schmid-Petersen/Vassilaki, Durchsetzung, Rn. 324, 335.
151 Heydn, in: Heydn/Schmid-Petersen/Vassilaki, Durchsetzung, Rn. 324, 335.
152 Amschewitz, Durchsetzungsrichtlinie, S. 181.
153 Heydn, in: Heydn/Schmid-Petersen/Vassilaki, Durchsetzung, Rn. 325, 335.
154 Amschewitz, Durchsetzungsrichtlinie, S. 181 f.

dem Anspruchsinhaber zu offenbaren, sondern einen unabhängigen Dritten dazwischen zu schalten, der zur Verschwiegenheit verpflichtet ist.[155]

Art. 9 Abs. 3 und 4 der Durchsetzungsrichtlinie beinhalten Vorschriften, die bei jeder einstweiligen Maßnahme anwendbar sind. So sind gem. Art. 9 Abs. 3 DRL die Gerichte befugt, dem Antragsteller aufzugeben, alle Beweise vorzulegen, um sich mit ausreichender Sicherheit von der Rechtsinhaberschaft und der Rechtsverletzung überzeugen zu können. Bei Abs. 3 stellt sich die Frage, wie der Begriff „ausreichende Sicherheit" zu verstehen ist und ob er anders auszulegen ist als der Begriff der „hinreichenden Begründung" in Art. 6 der Durchsetzungsrichtlinie.[156] Der deutsche Gesetzgeber geht offensichtlich davon aus, dass durch den Begriff der „ausreichenden Sicherheit" höhere Anforderungen an die Darlegung der Verletzung gestellt werden müssen als an das Erfordernis der „hinreichenden Begründung" in Art. 6 DRL.[157] Dieses Verständnis der Vorschriften ist jedoch zweifelhaft.[158] Die Adjektive „hinreichend" und „ausreichend" sind letztlich nur Synonyme und beide im Sinne von „genügend" zu verstehen. Die unterschiedliche Wortwahl, in Art. 6 DRL „Begründung", in Art. 9 DRL „Sicherheit", ist letztlich aus dem Zusammenhang zu erklären. So geht es in Art. 6 DRL um die „hinreichende Begründung eines Anspruches", in Art. 9 DRL geht es darum, dass sich die Gerichte mit ausreichender Sicherheit von der Rechtsinhaberschaft und der Rechtsverletzung überzeugen können sollen. Der Begriff „ausreichende Sicherheit" dürfte darüber hinaus gewählt worden sein, da Art. 9 Abs. 3 DRL wortgleich ist mit Art. 50 Abs. 3 TRIPS und die dortige Regelung umsetzt. Art. 6 Abs. 1 DRL setzt dagegen wortgetreu Art. 43 TRIPS um, der ebenfalls von „hinreichender Sicherheit" spricht. Bei einem Blick in die englische Originalfassung der beiden Vorschriften des TRIPS fällt darüber hinaus auf, dass an beiden Stellen von „reasonably available evidence" die Rede ist und im Folgenden von „sufficient to support its claims" bzw. „...to satisfy themselves with a sufficient degree of certainty...". Es wird also in beiden Vorschriften „sufficient" benutzt. Im Ergebnis soll daher diese unterschiedliche Wortwahl nicht auf unterschiedliche Anforderungen bezüglich der Glaubhaftmachung hinweisen.[159]

---

155 BT-Drucks. 16/5048, S. 41; Heydn, in: Heydn/Schmid-Petersen/Vassilaki, Durchsetzung, Rn. 325 f., 335.; Amschewitz, Durchsetzungsrichtlinie, S. 181 f.

156 Amschewitz, Durchsetzungsrichtlinie, S. 170.

157 BT-Drucks. 16/5048, S. 31.

158 vgl. auch Amschewitz, Durchsetzungsrichtlinie, S. 170.

159 im Erg. so auch Amschewitz, Durchsetzungsrichtlinie, S. 170.

Gemäß Art. 9 Abs. 4 DRL muss es in den Rechtssystemen der Mitgliedstaaten immer die Möglichkeit einer einstweiligen Anordnung ohne vorherige Anhörung des Antragsgegners geben, insbesondere in den Fällen, in denen ansonsten irreparable Schäden drohen.[160] Die Parteien sind aber spätestens unverzüglich nach Vollziehung der Maßnahme davon in Kenntnis zu setzen, Art. 9 Abs. 4 S. 2 DRL. Die Möglichkeit eines Erlasses ohne Anhörung der gegnerischen Partei ist im Bereich der Bekämpfung der Produktpiraterie besonders wichtig, da es hier auf ein schnelles Handeln ohne Kenntnis des Gegners ankommt; anderenfalls ist die rechtsverletzende Ware in der Regel bereits verbreitet.[161] In den Fällen des Art. 9 Abs. 1 a) 2. HS DRL wird eine einstweilige Verfügung immer erst nach einer Anhörung der gegnerischen Partei erlassen werden, da in diesen Fällen eine Verfügung erwirkt werden soll, die die Fortsetzung der vermeintlich rechtsverletzenden Handlung an Sicherheiten knüpft.[162]

Art. 9 Abs. 4 S. 2 Durchsetzungsrichtlinie enthält eine Regelung zum Schutz des Antragsgegners, die die Vorgaben aus Art. 50 Abs. 4 S. 2 TRIPS wortgleich übernimmt. Danach findet nach Erlass der einstweiligen Anordnung auf Antrag des Antragsgegners eine Prüfung statt, die das Recht zur Stellungnahme einschließt und das Ziel verfolgt, innerhalb einer angemessenen Frist über die Aufhebung, Abänderung oder Bestätigung der Maßnahme zu entscheiden.

Art. 9 Abs. 5 der Durchsetzungsrichtlinie lehnt sich an Art. 50 Abs. 6 TRIPS an und bestimmt, dass auf Antrag des Antragsgegners einstweilige Maßnahmen aufgehoben oder sonst außer Kraft gesetzt werden, wenn der Antragsteller nicht innerhalb einer angemessenen Frist das Hauptsacheverfahren einleitet. Die Frist wird dabei entweder vom Gericht festgelegt oder darf 20 Arbeitstage oder 31 Kalendertage nicht überschreiten, wobei der längere der beiden Zeiträume gilt.

Der Erlass der einstweiligen Anordnungen nach Art. 9 Abs. 1 und 2 DRL kann gemäß Art. 9 Abs. 6 DRL an eine Sicherheitsleistung geknüpft werden, um eine eventuelle Entschädigung des Antragsgegners zu gewährleisten.

Eine derartige Verpflichtung zur Entschädigung kann den Antragsteller nach Art. 9 Abs. 7 DRL treffen, wenn die angeordnete Maßnahme nachträglich aufgehoben oder hinfällig wird oder wenn festgestellt wird, dass keine (drohende) Rechtsverletzung vorlag.

160 Mayer/Linnenborn, K&R 2003, 313, 317.

161 Amschewitz, Durchsetzungsrichtlinie, S. 171.

162 Mayer/Linnenborn, K&R 2003, 313, 317; Amschewitz, Durchsetzungsrichtlinie, S. 171.

b) Art. 11 Gerichtliche Anordnungen

Nach Art. 11 der Durchsetzungsrichtlinie müssen die Gerichte die Möglichkeit haben, gegenüber dem Verletzer eines Rechts des geistigen Eigentums Unterlassungsanordnungen zu erlassen. Art. 11 S. 2 DRL gewährt den Mitgliedsstaaten außerdem die Möglichkeit im nationalen Recht die Verhängung von Zwangsgeldern bei Missachtung von Unterlassungsanordnungen vorzusehen. Art. 11 S. 3 DRL stellt klar, dass die Mitgliedstaaten dafür Sorge zu tragen haben, dass Rechtsinhaber auch Anordnungen gegen Mittelspersonen erlangen können, deren Dienste von Dritten zur Verletzung geistiger Eigentumsrechte benutzt werden.

Art. 11 der Durchsetzungsrichtlinie basiert inhaltlich auf Art. 44 TRIPS, der sich jedoch vom Wortlaut her unterscheidet. Art. 11 S. 3 DRL geht über die Vorgaben aus Art. 44 TRIPS hinaus, indem er Anordnungen auch gegen Mittelspersonen ermöglicht.[163] Art. 11 DRL unterscheidet sich dadurch von Art. 9 DRL, dass er die Grundlage der materiell-rechtlichen Unterlassungsansprüche bildet, während Art. 9 DRL eine prozessrechtliche Regelung zu einstweiligen Anordnungen beinhaltet.[164] Obwohl die beiden Vorschriften ansonsten inhaltlich vergleichbar sind, schließt Art. 11 DRL im Gegensatz zu Art. 9 DRL nicht die Fälle mit ein, in denen noch keine Rechtsverletzung vorliegt, sondern erstmals droht.[165] Da für die Umsetzung der Richtlinie durch die Mitgliedsstaaten aber das Günstigkeitsprinzip aus Art. 2 Abs. 1 DRL gilt, können die Mitgliedsstaaten selbst Unterlassungsanordnungen durch die Gerichte auch in Fällen der Erstbegehungsgefahr vorsehen, denn eine solche Regelung wäre für den Rechtsinhaber immer vorteilhaft.[166]

Art. 11 S. 3 DRL regelt die Haftung der Mittelspersonen im Hauptsacheverfahren. Art. 9 Abs. 1 a) DRL ist die gleichlautende Vorschrift für die Haftung im einstweiligen Rechtsschutz. Wie dort auch richtet sich die Haftung der Mittelspersonen im Urheberrecht weiterhin nach Art. 8 Abs. 3 der Informationsrichtlinie.

c) Die Umsetzung der Richtlinie in das deutsche Recht

Die Durchsetzungsrichtlinie wurde durch das Gesetz zur Verbesserung der Durchsetzung von Rechten des geistigen Eigentums umgesetzt und trat zum 1. September 2008 in Kraft.[167] Das Umsetzungsgesetz diente nicht nur der Umsetzung

163 BT-Drucks. 16/5048, S. 32; Amschewitz, Durchsetzungsrichtlinie, S. 193.

164 Amschewitz, Durchsetzungsrichtlinie, S. 193.

165 Kunz-Hallstein/Loschelder, GRUR 2003, 682, 684.

166 Amschewitz, Durchsetzungsrichtlinie, S. 194.

167 BT-Drucks. 16/5048 S. 1; BGBl. I 2008 (Nr. 28), 1191, 1211 (Art. 10).

der Durchsetzungsrichtlinie, sondern gleichzeitig der Anpassung des deutschen Rechts an die Grenzbeschlagnahmeverordnung (VO Nr. 1383/2003) und an die Verordnung zum Schutz von geographischen Angaben und Ursprungsbezeichnungen für Agrarerzeugnisse und Lebensmittel (VO Nr. 510/2006).[168]

Der deutsche Gesetzgeber hat für Art. 9 der Durchsetzungsrichtlinie nur die Regelung zur Übermittlung von Unterlagen in Fällen von Rechtsverletzungen gewerblichen Ausmaßes in Art. 9 Abs. 2 S. 2 DRL als umsetzungsbedürftig angesehen.[169] Die Umsetzung ist in den jeweiligen Spezialgesetzen, nicht im Zwangsvollstreckungsrecht, durch parallele Vorschriften umgesetzt worden. Der Gesetzgeber war der Ansicht, dass die Umsetzung im Zwangsvollstreckungsrecht einen Systembruch bedeutet hätte, da der Schuldner im deutschen Zwangsvollstreckungsrecht erst bei Abgabe einer eidesstattlichen Versicherung über seine Vermögensverhältnisse aufzuklären hat.[170] Die Umsetzung ist daher in § 140 d PatG, § 24 d GebrMG, §§ 19 b, 128 Abs. 2, 135 Abs. 2 MarkenG, § 9 Abs. 2 HalblSchG, § 101 b UrhG und § 46 b GeschmMG erfolgt. Der Anspruch ist dabei als materiell-rechtlicher Vorlageanspruch ausgestaltet worden.[171] In Abs. 1 S. 2 des Umsetzungsgesetzes hat der Gesetzgeber dem Umstand Rechnung getragen, dass möglicherweise Geheimhaltungsinteressen des zur Vorlage Verpflichteten beeinträchtigt werden könnten.[172] Das Gericht kann, um dies zu verhindern, die erforderlichen Maßnahmen treffen, um den im Einzelfall gebotenen Schutz zu gewährleisten. Den Gerichten ist bei der Auswahl der Maßnahme also ein Ermessensspielraum eingeräumt.[173] Bei der Umsetzung der Vorschrift ist der Verhältnismäßigkeitsgrundsatz aus Art. 3 Abs. 2 der Durchsetzungsrichtlinie berücksichtigt worden, indem in den Absatz 2 der Vorschriften eine Regelung aufgenommen wurde, wonach der Anspruch ausgeschlossen ist, wenn die Inanspruchnahme im Einzelfall unverhältnismäßig ist. Dadurch soll vermieden werden, dass bei geringfügigen Verletzungen umfangreiche Vorlageansprüche geltend gemacht werden.[174] Gemäß dem Absatz 3 der jeweiligen Vorschriften kann der Anspruch auf Übermittlung der Unterlagen außerdem auch im einstweiligen Rechtsschutz durchgesetzt werden, ohne dass das Verbot

---

168 BT-Drucks.16/5048, S. 1, 25.

169 vgl. BT-Drucks. 16/5048, S. 31.; s.a. Amschewitz, Durchsetzungsrichtlinie, S. 374.

170 BT-Drucks. 16/5048, S. 31.

171 BT-Drucks. 16/5048, S. 31.

172 Heydn, in: Heydn/Schmid-Petersen/Vassilaki, Durchsetzung, Rn. 326, 335.

173 Heydn, in: Heydn/Schmid-Petersen/Vassilaki, Durchsetzung, Rn. 326, 335.

174 BT-Drucks. 16/5048, S. 42.

der Vorwegnahme der Hauptsache entgegenstünde.[175] Dies ist notwendig, um die Vorgaben aus Art. 9 Abs. 2 S. 2 DRL richtlinienkonform umzusetzen.[176] Der Vorlageanspruch würde ohne die Möglichkeit des einstweiligen Rechtsschutzes in vielen Fällen leerlaufen, da während des Rechtsstreits der Verletzer den Zugriff auf die Unterlagen verwehren könnte.[177] Nach Absatz 4 sind § 811 BGB und § 140 b Abs. 8 PatG entsprechend anzuwenden. Daher ist eine Verwertung von Informationen im Strafverfahren nicht zulässig. Aufgrund des Verweises auf § 811 BGB erfolgt die Vorlage an dem Ort, an dem sich die Unterlagen im Zeitpunkt der Anordnung befinden.[178] Gemäß § 811 Abs. 2 BGB kann sie auch von der Hinterlegung einer Sicherheit durch den Verletzten abhängig sein.[179]

Der in Art. 11 der Durchsetzungsrichtline geregelte Unterlassungsanspruch ist einer der bedeutendsten Abwehransprüche des Rechtsinhabers im Bereich der Immaterialgüterrechte.[180]

Nach Ansicht des Gesetzgebers besteht für das deutsche Recht kein Umsetzungsbedarf hinsichtlich des Unterlassungsanspruchs gegen den Verletzer nach Art. 11 der Durchsetzungsrichtlinie.[181] Dieser ist bereits in den einzelnen Gesetzen der gewerblichen Schutzrechte geregelt, und zwar in § 139 PatG, § 24 GebrMG, §§ 14, 15, 128, 135 MarkenG, § 97 UrhG und § 42 GeschmMG. Die Umsetzung der Durchsetzungsrichtlinie wurde aber zum Anlass genommen, den Unterlassungsanspruch in den einzelnen Gesetzen neu zu formulieren.[182] Dadurch wurde nun zum einen das Tatbestandsmerkmal der Wiederholungsgefahr in den Gesetzestext aufgenommen[183], zum anderen wurde auch ausdrücklich die Möglichkeit aufgenommen, schon bei einer Erstbegehungsgefahr einer Verletzungshandlung eine Unterlassungsverfügung zu erlangen.[184] Die erforderliche Erstbegehungsgefahr ist nach dem Verständnis des Gesetzgebers dann gegeben, wenn die drohende Verletzungshandlung in tatsächlicher Hinsicht so

175 BT-Drucks. 16/5048, S. 42.
176 BT-Drucks. 16/5048, S. 42; vgl. auch Amschewitz, a.a.O., S. 376 f.
177 BT-Drucks. 16/5048, S. 42.
178 vgl. Vassilaki/Czernik, in: Heydn/Schmid-Petersen/Vassilaki, Durchsetzung, Rn. 16.
179 vgl. Vassilaki/Czernik, in: Heydn/Schmid-Petersen/Vassilaki, Durchsetzung, Rn. 16.
180 vgl. Schmidt-Petersen, in: Heydn/Schmid-Petersen/Vassilaki, Durchsetzung, Rn. 164.
181 BT-Drucks. 16/5048, S. 32.
182 Amschewitz, a.a.O., S. 383; Vassilaki/Czernik, in: Heydn/Schmid-Petersen/Vassilaki, Durchsetzung, Rn. 3; BT-Drucks. 16/5048, S. 37.
183 vgl. § 139 Abs. 1 PatG a.F. und § 139 Abs. 1 S. 1 PatG n.F.
184 vgl. § 139 Abs. 1 PatG a.F. und 3 139 Abs. 1 S. 2 PatG n.F.; s.a. BT-Drucks. 16/5048, S. 37; Amschewitz, Durchsetzungsrichtlinie, S. 383.

greifbar ist, dass eine zuverlässige rechtliche Beurteilung möglich erscheint.[185] Dies soll vor allem dann der Fall sein, „wenn der potentielle Verletzer sich des Rechts zur Vornahme einer Handlung berühmt“.[186] Eine Änderung der bestehenden Rechtslage ging damit aber nicht einher, da der Rechtsinhaber auch bereits vor Inkrafttreten des Umsetzungsgesetzes über die zu § 1004 BGB entwickelten Grundsätze schon bei einer drohenden Rechtsverletzung einen Unterlassungsanspruch hatte.[187] Im Hinblick auf den Anspruch gegen Mittelspersonen sieht der Gesetzgeber die Grundsätze der Störerhaftung als ausreichend an, so dass auch hier kein Umsetzungsbedarf nach der Durchsetzungsrichtlinie bestehe.[188] Er begründet diese Entscheidung damit, dass die Frage der Verantwortlichkeit des Störers nur schwer zu abstrahieren sei und es bei der Bewertung immer auf die Umstände des Einzelfalles ankomme.[189]

III. Ausblick und Fazit

Im Bereich der Rechtsdurchsetzung der Immaterialgüterrechte haben in den letzten Jahren Beratungen zu einem weiteren Abkommen, dem sog. Anti-Counterfeiting Trade Agreement (ACTA), zwischen den Industrienationen, den asiatischen Ländern und den Entwicklungsländern stattgefunden. Ziel war es, die Produktpiraterie, die insbesondere im asiatischen Raum große Ausmaße angenommen hat, besser und wirksamer bekämpfen zu können. Nach großen Protesten in mehreren EU-Ländern lehnte das EU-Parlament im Juli 2012 die Ratifizierung des ACTA-Abkommens ab.[190] Damit kann das Abkommen weder in der EU noch in den Mitgliedsstaaten in Kraft treten. Zurzeit ist unklar, ob eventuell einzelne Teil-Bereiche des Abkommens in anderen Abkommen geregelt werden.[191]

---

185 BT-Drucks. 16/5048, S. 37.

186 BT-Drucks. 16/5048, S. 37.

187 Baldus in: MüKo BGB, § 1004, Rn. 289 ff.; Jauerning/Berger, BGB, § 1004, Rn. 11; Amschewitz, Durchsetzungsrichtlinie, S. 383.

188 BT-Drucks. 16/5048, S. 32.

189 BT-Drucks. 16/5048, S. 30.

190 Redaktion beck-aktuell, Meldung vom 04.07.2012, becklink 1021189, abrufbar unter: http://beck-online.beck.de/Default.aspx?vpath=bibdata\reddok\becklink\1021189.htm&pos=0&hlwords=ACTA%C3%90+acta+#xhlhit (zuletzt besucht: 30. September 2016).

191 Tagesschau Meldung vom 04.07.2012, "Aus für ACTA-Abkommen", abrufbar unter: http://www.tagesschau.de/ausland/acta228.html, (zuletzt besucht: 30. September 2016).

Wie die Ausführungen zu den bereits bestehenden internationalen und europarechtlichen Regelungen und deren Umsetzung in das deutsche Recht gezeigt haben, ist im Bereich der Rechtsdurchsetzung der deutsche Standard bereits sehr hoch. Es ist daher davon auszugehen, dass zumindest im Bereich der Unterlassungsverfügungen auch ein neues, auf ACTA basierendes, Abkommen keine großen gesetzlichen Veränderungen erfordern wird.

IV. Theoretische Grundlagen: Die Ökonomische Analyse des Rechts

Zur Bewertung der Rechtsprechung zu Unterlassungsverfügungen im weiteren Verlauf wird das Modell der ökonomischen Analyse des Rechts herangezogen. Für ein Grundverständnis soll das gewählte Modell vorweg erläutert werden.

Zu den Zielen dieser Arbeit gehört es, mögliche Schwächen der Rechtsprechung aufzuzeigen und Verbesserungsvorschläge zu entwickeln. Die ökonomische Analyse des Rechts ist dafür ein geeignetes Bewertungsmodell, da es auf Steigerung der Effizienz von Recht und Rechtsverfolgung abzielt.[192] Im Vordergrund der ökonomischen Analyse des Rechts stehen die wirtschaftliche Rationalität des Handelns der Parteien, die rationale Gestaltung der Institutionen und damit die effektive Nutzung bereits vorhandener Ressourcen.[193] Die von ihren Vertretern entwickelten Theorien und Modelle können auch eingesetzt werden, um die mit einem Gerichtsverfahren verfolgten Ziele und Zwecke ökonomisch effektiver zu erreichen.[194]

V. Die ökonomische Analyse als Bewertungsmaßstab

Die Rechtsprechung zu Unterlassungsverfügungen soll mit Hilfe der ökonomischen Analyse des Rechts bewertet werden. Die ökonomische Analyse des Rechts ist eine juristische Theorie, die die Folgen rechtlicher Regelungen untersucht, aufgrund der so gewonnenen Erkenntnisse die Effizienz dieser Regelungen im Hinblick auf das Gemeinwohl bewertet und schließlich Möglichkeiten

192 Assmann in: Assmann/Kirchner/Schanze, Ökonomische Analyse des Rechts, S. 21, 38 f., 43; Rauscher in: MüKo ZPO, Einleitung, Rn. 15; Lehmann, S. 28.

193 Eidenmüller, Effizienz als Rechtsprinzip, S. 4 ff., 169 f.; Eisenmenger, Privatisierung der Justiz aus rechtlicher und ökonomischer Sicht, S. 129; Posner, Economic Analysis of Law, S. 3 ff.; Rauscher in: MüKo ZPO, Einleitung, Rn. 15 m.w.N.; Schäfer/Ott, Lehrbuch der ökonomischen Analyse des Zivilrechts, S. 1.

194 Eisenmenger, Privatisierung der Justiz aus rechtlicher und ökonomischer Sicht, S. 129; Rauscher in: MüKo ZPO, Einleitung, Rn. 15.

einer optimaleren Gestaltung aufzeigt.[195] Es ist auch in Deutschland mittlerweile anerkannt, dass der Gesetzgeber die Folgen rechtlicher Regelungen mit Hilfe der Kriterien der ökonomischen Analyse des Rechts beurteilen und Regelungen gegebenenfalls anhand der so gewonnenen Erkenntnisse ändern sollte.[196] Es ist aber umstritten, ob die ökonomische Analyse des Rechts auch von den Gerichten bei der Entscheidungsfindung herangezogen werden kann.[197] Sicherlich kann die Rechtsprechung unter Verweis auf die Kriterien der ökonomischen Analyse keine Entscheidungen treffen, die nicht mit den bestehenden Gesetzen vereinbar sind. Es ist Aufgabe des Gesetzgebers, Normen zu ändern, idealerweise auch unter Berücksichtigung der ökonomischen Analyse des Rechts. Die ökonomische Analyse kann und sollte von den Richtern aber dann berücksichtigt werden, wenn mehrere Entscheidungen möglich sind, zum Beispiel aufgrund eines eingeräumten Ermessensspielraumes.[198] Jeder Richter sollte bei der Entscheidungsfindung die Folgen eines bestimmten Urteils – auch die ökonomischen – bedenken.[199]

Die ökonomische Analyse des Rechts ist im Bereich der Immaterialgüterrechte ein passender Bewertungsmaßstab, da Gedanken der Wirtschaftlichkeit und Effizienz seit jeher die geistigen Eigentumsrechte mit geprägt haben. Die ersten Gesetze zum Schutz geistigen Eigentums wurden in Deutschland im 19. Jahrhundert aus wirtschaftlichen Gründen eingeführt.[200] Beispielsweise wollte man den Erfinder belohnen und so neue Innovationen fördern, was wiederum der Allgemeinheit und der gesamten Wirtschaft zugutekommen sollte.[201] Die Schaffung von Immaterialgüterrechten verwandelte Wissen außerdem in ein handelbares Wirtschaftsgut.[202] Demnach dienten die Immaterialgüterrechte dazu, die Generierung neuen Wissens und den Umgang mit diesem effizienter zu gestalten und

---

195 vgl. Mathis, Effizienz statt Gerechtigkeit?, S. 65; Schäfer/Ott, Lehrbuch der ökonomischen Analyse des Zivilrechts, S. 1.

196 Eidenmüller, Effizienz als Rechtsprinzip, S. 414 ff.; Schmidtchen, Die ökonomische Analyse des Rechts, S. 29 f.; Rühl, Statut und Effizienz, S. 130.

197 Eidenmüller, Effizienz als Rechtsprinzip, S. 414 ff.; Rühl, Statut und Effizienz, S. 132.

198 vgl. Schäfer/Ott, Lehrbuch der ökonomischen Analyse des Zivilrechts, S. 4.

199 van Aaken, Rational Choice, S. 150 ff.; Schmidtchen, Die ökonomische Analyse des Rechts, S. 30.

200 Benkard/Rogge, PatG, Einleitung, Rn. 5; Götting, Gewerblicher Rechtsschutz, § 2 Rn. 34 ff.; Ahrens, Gewerblicher Rechtsschutz, S. 6.

201 Götting, Gewerblicher Rechtsschutz, § 2 Rn. 15, 41; Benkard/Rogge, PatG, Einleitung, Rn. 1.

202 Heinemann, Immaterialgüterschutz in der Wettbewerbsordnung, S. 17.

zu optimieren. Hinzu kommt, dass bereits in unserem Grundgesetz dem Wirtschaftlichkeitsprinzip in Art. 114 Abs. 2 GG Verfassungsrang eingeräumt wird.[203]

1. Die Ökonomische Analyse des Rechts

Unsere Gesetze bezwecken allesamt das menschliche Handeln zu lenken und dadurch das Zusammenleben in unserer Gesellschaft zu vereinfachen und zu ordnen.[204] Rechtliche Regelungen schränken die uns zur Verfügung stehenden Handlungsalternativen durch Ge- und Verbote ein.[205] Die ökonomische Analyse des Rechts ist eine Methode, die die Folgen rechtlicher Regelungen untersucht, um die Regelungen im Hinblick auf ihre Effizienz zu bewerten und schließlich Möglichkeiten aufzuzeigen, sie zu optimieren.[206] Im Mittelpunkt der ökonomischen Analyse steht demnach die Vermeidung der Verschwendung von Ressourcen als sinnvolles und wichtiges gesamtgesellschaftliches Ziel.[207] Ausschlaggebendes Kriterium für die Bewertung von Normen nach der ökonomischen Analyse ist daher, inwieweit diese die Verschwendung verhindern und damit die gesamtgesellschaftliche Wohlfahrt steigern.[208]

a) Geschichtliche Entwicklung

Die ökonomische Analyse des Rechts hat ihre Ursprünge – abgesehen von den ersten Ansätzen bei Adam Smith im Großbritannien des 18. Jahrhunderts – in den USA.[209] Die ersten grundlegenden Arbeiten entstanden in den 1960er und 1970er Jahren durch Coase[210] und Posner[211]. Gerade in den USA hat sich die ökonomische Analyse des Rechts seitdem dann auch zu einem eigenständigen und angesehenen Bereich entwickelt.[212] Diese Entwicklung ist vor allem

203 vgl. Maunz/Dürig/Kube, GG, Art. 114, Rn. 100 ff.

204 Schröder, Recht als Wissenschaft, S. 9; Rühl in: Krüper (Hrsg.), Grundlagen des Rechts, § 11, Rn. 1.

205 Rühl in: Krüper (Hrsg.), Grundlagen des Rechts, § 11, Rn. 3.

206 Schäfer/Ott, Lehrbuch der ökonomischen Analyse des Zivilrechts, S. 1; Mathis, Effizienz statt Gerechtigkeit?, S. 65; Assmann in: Assmann/Kirchner/Schanze, Ökonomische Analyse des Rechts, S. 21, 38 f., 43.

207 Schäfer/Ott, Lehrbuch der ökonomischen Analyse des Zivilrechts, S. 1.

208 Towfigh, Ökonomische Methoden im Recht, S. 31; Schäfer/Ott, Lehrbuch der ökonomischen Analyse des Zivilrechts, S. 1; Mathis, Effizienz statt Gerechtigkeit?, S. 43 f.

209 Rühl in: Krüper (Hrsg.), Grundlagen des Rechts, § 11, Rn. 2.

210 Coase, The Problem of Social Cost, in: Journal of Law & Economics (1960), S. 1–44.

211 Posner, Economic Analysis of Law.

212 Bechtold, GRUR Int. 2008, 484.

Posner geschuldet, der nach seiner anfänglichen Tätigkeit als Professor in den USA Bundesrichter wurde und in vielen Urteilen ökonomische Erwägungen anstellte, um juristische Probleme zu lösen.[213] In Deutschland hingegen wurden derartige Ansätze der Untersuchung und Bewertung von Rechtsnormen lange Zeit kritisiert.[214] Fezer[215] argumentierte, dass einziger normativer Maßstab der ökonomischen Analyse die Nutzenmaximierung sei.[216] Die Multifunktionalität des Rechtswesens werde durch diese Einseitigkeit der ökonomischen Analyse verkürzt.[217] Er führt des Weiteren gegen die ökonomische Analyse an, dass sie eine realitätsferne Modelltheorie sei, was die Verwertbarkeit ihrer Ergebnisse für die Gestaltung des Rechts als einer „Handelnsordnung" erschwere.[218] Daraus schlussfolgert Fezer letztlich, dass ökonomische Rechtsanalyse und freiheitliches Rechtsdenken nicht miteinander vereinbar seien und bezeichnet die ökonomische Rechtstheorie als einen Irrweg, den das Recht nicht beschreiten sollte.[219] Die Vertreter der ökonomischen Analyse des Rechts setzten sich gegen diese massive Kritik zur Wehr und versuchten zu zeigen, dass die ökonomische Analyse des Rechts sehr wohl ihre Daseinsberechtigung hat und wertvolle Denkansätze für die Gestaltung des Rechts geben kann.[220] Sie legten auch dar, dass sich die verschiedenen Ziele des Rechts und das Streben nach Effizienz bzw. Allokationseffizienz nicht unbedingt widersprechen müssten.[221] Trotz aller Kritik hat die ökonomische Analyse des Rechts in den letzten Jahren auch in Deutschland immer weiter an Bedeutung gewonnen.[222] Von einer ähnlich starken Stellung wie in den USA ist sie hierzulande aber immer noch weit entfernt.

---

213 Eidenmüller, Effizienz als Rechtsprinzip, S. 19.

214 Fezer, JZ 1986, 817, 818, 821 ff.; Fezer, JZ 1988, 223, 224 f.; Canaris, JZ 1993, 377, 384.; vgl. auch Kübler, FS Steindorff, S. 690 ff.; Petersen/Towfigh, Ökonomische Methoden im Recht, § 1 II; s. auch die Erwiderung auf die Kritik von Fezer durch Ott/Schäfer in JZ 1988, 213 ff.; vgl. a. die weitergehenden kritischen Ausführungen von Polinsky in: Assmann/Kirchner/Schanze, Ökonomische Analyse des Rechts, S. 113 ff.

215 Fezer, JZ 1986, 817 ff.; Fezer, JZ 1988, 223 ff.

216 Fezer, JZ 1986, 817, 822.

217 Fezer, JZ 1986, 817, 823; Fezer, JZ 1988, 223, 224.

218 Fezer, 1986, 817, 820; Fezer, JZ 1988, 223, 224.

219 Fezer, JZ 1986, 817, 823, 824.

220 vgl. die Erwiderung auf die Kritik von Fezer durch Schäfer/Ott in JZ 1988, 213 ff.

221 Schäfer/Ott, JZ 1988, 213, 219 f.; Van der Bergh/Lehmann, GRUR Int.1992, 588, 589.

222 s.a. Rühl in: Krüper (Hrsg.), Grundlagen des Rechts, § 11, Rn. 2.

b) Grundlagen und Grundbegriffe der ökonomischen Analyse

Ronald Coase und Guido Calabresi leisteten wichtige Grundlagenarbeit im Bereich der ökonomischen Analyse.[223] Ronald Coase stellte in seinem Aufsatz „The Problem of Social Cost" einige wegweisende Überlegungen zur Wirkung rechtlicher Regelungen an und entwickelte das sogenannte Coase Theorem, das den grundlegenden Lehrsatz der ökonomischen Analyse des Rechts darstellt.[224] Das Coase Theorem besagt, dass sich in einer Gesellschaft, in der Verfügungsrechte eindeutig zugeteilt sind und in der keine Transaktionskosten bestehen, auf dem Markt ein Tausch von Verfügungsrechten vollzieht, der dazu führt, dass die Allokation der ökonomischen Ressourcen unabhängig von ihrer originären Verteilung effizient sein wird.[225] Vereinfacht ausgedrückt führen private Verhandlungen zwischen den Parteien ohne Transaktionskosten zu einer effizienten Verteilung der Ressourcen, ohne dass es staatlicher Eingriffe bedarf.[226]

Eine Grundvoraussetzung des Coase Theorem ist also, dass keine Transaktionskosten zwischen den Akteuren auf dem Markt entstehen. Der Begriff der Transaktionskosten ist ganz wesentlich in der ökonomischen Analyse des Rechts. Gemeint sind damit die Kosten der Information, Koordination bei der Übertragung von Rechten und die Kosten der Durchsetzung von Rechten.[227] Coase erkannte jedoch, dass die Annahme unrealistisch ist, dass keine Transaktionskosten entstehen, weshalb es sich bei dieser Voraussetzung lediglich um eine Idealvorstellung handelt.[228] Ziel muss es aber in der Realität zumindest sein, die Transaktionskosten möglichst gering zu halten, da prohibitiv hohe Transaktionskosten Markttransaktionen verhindern können, die eigentlich für beide Vertragspartner nützlich sein würden.[229]

---

223 vgl. Posner, Economic Analysis of Law, S. 29.

224 Coase, Journal of Law & Economics (1960), S. 6, 10; Posner, Economic Analysis of Law, S. 10; Kötz/Schäfer, Judex oeconomicus, S. 21; Mathis, Effizienz statt Gerechtigkeit?, S. 69; Eidenmüller, Effizienz als Rechtsprinzip, S. 58.

225 Coase, Das Problem der sozialen Kosten, S. 149 ff., 154 ff.; Schäfer/Ott, Lehrbuch der ökonomischen Analyse des Zivilrechts, S. 73; Mathis, Effizienz statt Gerechtigkeit?, S. 71, 76; vgl. auch Posner, Economic Analysis of Law, S. 10.

226 Eidenmüller, Effizienz als Rechtsprinzip, S. 59 ff.; vgl. auch Cooter/Ulen Law& Economics, S. 85; Coase, Das Problem der sozialen Kosten, S. 149 ff., 154 ff.

227 Schäfer/Ott, Lehrbuch der ökonomischen Analyse des Zivilrechts, S. 73.

228 Coase, Das Problem der sozialen Kosten, S. 164; Rowley in: Parisi/Rowley, The Origins of Law and Economics, S. 16; Mathis, Effizienz statt Gerechtigkeit?, S. 71, 77.

229 Eidenmüller, Effizienz als Rechtsprinzip, S. 64; Coase, Das Problem der sozialen Kosten, S. 165.

Weitere Grundvoraussetzung ist, dass die Verfügungsrechte klar den einzelnen Akteuren am Markt zugeteilt sind.[230] Der Begriff der Verfügungsrechte – im englischen „property rights" – beschreibt alle Handlungsmöglichkeiten, die in Bezug auf eine Ressource möglich sind.[231] Mögliche Handlungen sind zum Beispiel die Nutzung der Ressource, die Aneignung des Ertrages aus der Nutzung oder das Recht der Veränderung, Vernichtung, Übertragung oder Veräußerung der Ressource.[232] Der Begriff Verfügungsrechte umfasst dabei nicht nur das Privateigentum, sondern auch das Staatseigentum, beschränkte dingliche Rechte und Immaterialgüterrechte.[233] Der Begriff der Verfügungsrechte kann daher dahingehend verallgemeinert werden, dass er alle Rechtsformen umfasst, die die Kompetenzverteilung bei der Ressourcennutzung regeln.[234] Verfügungsrechte werden geschützt durch „property rules", „liability rules" oder „rules of inalienability".[235] Der Begriff „property rules" (sachenrechtliche Abwehransprüche) bezeichnet Regelungen, die jedem Eigentümer die Abwehr von Eingriffen Dritter in sein Verfügungsrecht ermöglichen.[236] Jede Nutzung bzw. jeder Eingriff in ein Verfügungsrecht ist grundsätzlich nur nach Zustimmung des Eigentümers möglich, so dass dieser andere von der Nutzung ausschließen kann.[237]

„Liability Rules" bezeichnet Regelungen, die haftungsrechtliche Ansprüche begründen und das Verfügungsrecht durch einen Schadensersatzanspruch schützen.[238] Dies ist dann der Fall, wenn das Verfügungsrecht nicht durch „property rules" geschützt werden soll oder wenn der Schutz durch einen Abwehranspruch

---

230 Coase, Das Problem der sozialen Kosten, S. 149 ff.

231 Mathis, Effizienz statt Gerechtigkeit?, S. 70.

232 Schäfer/Ott, Lehrbuch der ökonomischen Analyse des Zivilrechts, S. 69; Mathis, Effizienz statt Gerechtigkeit?, S. 70.

233 Mathis, Effizienz statt Gerechtigkeit?, S. 70; vgl. auch Heinemann, Immaterialgüterschutz in der Wettbewerbsordnung, S. 21 f.

234 Schäfer/Ott, Lehrbuch der ökonomischen Analyse des Zivilrechts, 589; Mathis, Effizienz statt Gerechtigkeit?, S. 70.

235 Calabresi/Melamed, Harvard Law Review Vol. 85 (1972), No.6, 1089, 1105; vgl. dazu im Einzelnen Kapitel B. V. 3.

236 Mathis, Effizienz statt Gerechtigkeit?, S. 71; Schäfer/Ott, Lehrbuch der ökonomischen Analyse des Zivilrechts, S. 591, 670.

237 Landes/Posner, The Economic Structure of Tort Law, S. 30 f.; Peukert, Güterzuordnung als Rechtsprinzip, S. 102.

238 Calabresi/Melamed, Harvard Law Review Vol. 85 (1972), No.6, 1092, 1105; Mathis, Effizienz statt Gerechtigkeit?, S. 71; Schäfer/Ott, Lehrbuch der ökonomischen Analyse des Zivilrechts, S. 592, 670.

nicht durchführbar ist.[239] Normalerweise ist der Schutz eines Verfügungsrechtes durch eine „property rule" dem Schutz durch eine „liabilty rule" vorzuziehen, da er automatisch sicherstellt, dass die betroffenen Verfügungsrechte nur dann an einen anderen übertragen werden, wenn das Recht für ihn mehr wert ist als für den alten Nutzer.[240] Hingegen hat der Schutz durch eine Haftungsregel den Nachteil, dass der Schaden nach äußeren, objektiven Gesichtspunkten festgelegt wird, wobei Fehler unterlaufen können, die eine höherwertige Nutzung der Ressource verhindern.[241]

Die Aufgabe des Rechts ist in diesem Zusammenhang in dreierlei Hinsicht zu sehen. Zum einen muss das Recht dafür sorgen, dass es einen Markt für Rechtspositionen zulässt und Rechtspositionen handelbar sind.[242] Zweitens soll das Recht Markttransaktionen erleichtern und damit Hindernisse des Handels minimieren und drittens ist es Aufgabe des Rechts, bei einem Versagen der Märkte, beispielsweise aufgrund prohibitiv hoher Transaktionskosten, einen funktionierenden Markt zu simulieren, was bedeutet, dass das Recht eine Lösung konstruieren soll, die sich bei einem funktionierenden Markt automatisch eingestellt hätte.[243]

c) Vorgehensweise der ökonomischen Analyse

Im Rahmen einer ökonomischen Analyse werden rechtliche Regelungen normalerweise auf zwei Ebenen, einer positiven und einer normativen, untersucht.[244] Auf der ersten Ebene wird untersucht, welche Folgen rechtliche Regelungen und gerichtliche Standards in der Rechtswirklichkeit auf das Verhalten von Menschen haben.[245] Dies ist eine empirisch-analytische Aufgabe.[246] Die ökonomische Analyse hat zur Bewältigung dieser Aufgabe verschiedene Verhaltensmodelle

239 Schäfer/Ott, Lehrbuch der ökonomischen Analyse des Zivilrechts, S. 592.

240 Schäfer/Ott, Lehrbuch der ökonomischen Analyse des Zivilrechts, S. 592.

241 Calabresi/Melamed, Harvard Law Review Vol. 85 (1972), No.6, 1106; Schäfer/Ott, Lehrbuch der ökonomischen Analyse des Zivilrechts, S. 592.

242 Eidenmüller, Effizienz als Rechtsprinzip, S. 63.

243 Eidenmüller, Effizienz als Rechtsprinzip, S. 64 ff.

244 Rühl in: Krüper (Hrsg.), Grundlagen des Rechts, § 11, Rn. 4; Posner, Economic Analysis of Law, S. 31 ff.; Mathis, Effizienz statt Gerechtigkeit?, S. 43.

245 Eisenmenger, Privatisierung der Justiz aus rechtlicher und ökonomischer Sicht, S. 129; Eidenmüller, Effizienz als Rechtsprinzip, S. 28, 41, 57; Rühl in: Krüper (Hrsg.), Grundlagen des Rechts, § 11, Rn. 4.

246 Schäfer/Ott, Lehrbuch der ökonomischen Analyse des Zivilrechts, S. 4.

entwickelt, die menschliches Verhalten vorhersagen sollen.[247] Auf der zweiten Ebene geht es darum, die Auswirkungen, die diese rechtlichen Regelungen bewirken, unter Rückgriff auf ökonomische Bewertungskriterien durch Vorgabe bestimmter Ziele zu vergleichen.[248] Dabei handelt es sich im Gegensatz zur ersten Ebene um eine normative Aufgabe.[249]

d) Ökonomische Verhaltensmodelle

Die Vertreter der ökonomischen Analyse haben verschiedene Verhaltensmodelle dafür entwickelt, auf dieser ersten Ebene Vorhersagen über das menschliche Verhalten treffen zu können. Diese Modelle gehen alle davon aus, dass das Verhalten von Menschen in bestimmten Situationen Regelmäßigkeiten aufweist, aber durch die Veränderung von bestimmten festen Größen, wie Rechtsnormen, beeinflusst werden kann.[250] Diese Verhaltensmodelle sollen im Folgenden dargestellt werden.

aa) Homo oeconomicus

Das für die ökonomische Theorie wichtigste Verhaltensmodell ist das des homo oeconomicus, das auch als neo-klassisches Verhaltensmodell oder als „rational choice Theorie“ bezeichnet wird.[251] Es besteht aus den zwei Annahmen, dass erstens Menschen ihre Entscheidungsmöglichkeiten nach dem Nutzen für sie selbst bewerten (sog. Eigennutzentheorem) und zweitens entsprechend dieser Bewertung die Entscheidung treffen, die ihnen den höchsten Nutzen verschafft (Rationalitätsannahme).[252] Nach dem Modell des homo oeconomicus verfolgen Menschen daher ihre eigenen, egoistischen Interessen in rein rationaler Art und Weise.[253] Nach dem Eigennutzentheorem bewerten Menschen also die ihnen zur Verfügung stehenden Optionen nach ihrem persönlichen Nutzen. Dabei ist jede Art von Nutzen zu berücksichtigen, auch ein nicht monetärer oder altruistischer

---

247 Rühl in: Krüper (Hrsg.), Grundlagen des Rechts, § 11, Rn. 4.

248 Eidenmüller, Effizienz als Rechtsprinzip, S. 41, 57; Rühl in: Krüper (Hrsg.), Grundlagen des Rechts, § 11, Rn. 4.

249 Schäfer/Ott, Lehrbuch der ökonomischen Analyse des Rechts, S. 4.

250 Rühl in: Krüper (Hrsg.), Grundlagen des Rechts, § 11, Rn. 5.

251 Rühl, Statut und Effizienz, S. 95; Rühl in: Krüper (Hrsg.), Grundlagen des Rechts, § 11, Rn. 6; Cooter/Ulen, Law&Economics, 6th ed., S. 50.

252 Towfigh in: Petersen/Towfigh, Ökonomische Methoden im Recht, § 2 I 3; vgl. auch Posner, Economic Analysis of Law, S. 3.

253 Schäfer/Ott, Lehrbuch der ökonomischen Analyse des Rechts, S. 95; Rühl, Statut und Effizienz, S. 96.

Nutzen.[254] Nach der Rationalitätsannahme hängt die letztendliche Entscheidung für die eine oder die andere Option dann davon ab, welche Option den größten individuellen Nutzen für den Einzelnen bringt, da Menschen rational handeln und daher immer diese Option wählen.[255] Um das Ziel des größten individuellen Nutzens zu erreichen, setzt der Mensch Mittel ein, die in begrenztem Umfang zur Verfügung stehen.[256] Der Einsatz dieser Mittel ist dann rational, wenn ein bestimmter Grad an Zielerreichung mit einem Minimum an Mitteln erreicht wird.[257] In diesem Fall liegt die ideale Relation von Zweck und Mittel vor, so dass der Mitteleinsatz optimal ist und dem Wirtschaftlichkeitsprinzip entspricht.[258] Das Verhaltensmodell des homo oeconomicus unterstellt bei diesen Annahmen, dass die Menschen dabei über alle für die Auswahl relevanten Informationen verfügen.[259]

bb) Neue Institutionenökonomik

Das Modell des homo oeconomicus wurde stark kritisiert.[260] Untersuchungen zeigten, dass sich Menschen im alltäglichen Leben eben nicht immer streng rational verhalten.[261] Dies wird damit erklärt, dass Menschen die erforderlichen Informationen nicht umfänglich vorliegen und sie nicht über die Kapazitäten zur Verarbeitung dieser Informationen verfügen, die erforderlich sind, um rationale Entscheidungen zu treffen.[262] Es bestehen also Informationsasymmetrien. Das Verhaltensmodell der neuen Institutionenökonomik geht daher in Abwandlung vom Modell des homo oeconomicus davon aus, dass sich Menschen allenfalls eingeschränkt rational verhalten, da sie nicht immer über alle erforderlichen Informationen verfügen, um rationale Entscheidungen zu treffen.[263] Danach handeln Menschen nur rational im Rahmen der ihnen zur Verfügung stehenden

---

254 Eidenmüller, Effizienz als Rechtsprinzip, S. 31; Towfigh in: Petersen/Towfigh, Ökonomische Methoden im Recht, § 2 I 3; Schäfer/Ott, Lehrbuch der ökonomischen Analyse des Rechts, S. 99.

255 Towfigh in: Petersen/Towfigh, Ökonomische Methoden im Recht, § 2 I 3; Rühl in: Krüper (Hrsg.), Grundlagen des Rechts, § 11, Rn. 6.

256 Schäfer/Ott, Lehrbuch der ökonomischen Analyse des Rechts, S. 96.

257 Schäfer/Ott, Lehrbuch der ökonomischen Analyse des Rechts, S. 96.

258 Schäfer/Ott, Lehrbuch der ökonomischen Analyse des Rechts, S. 96.

259 Rühl in: Krüper (Hrsg.), Grundlagen des Rechts, § 11, Rn. 6.

260 Cooter/Ulen, Law&Economics, 6th ed., S. 50; Schäfer/Ott, Lehrbuch der ökonomischen Analyse des Rechts, S. 103.

261 Posner, Economic Analysis of Law, S. 20; Cooter/Ulen, Law&Economics, S. 50 f.

262 Rühl in: Krüper (Hrsg.), Grundlagen des Rechts, § 11, Rn. 7.

263 Rühl in: Krüper (Hrsg.), Grundlagen des Rechts, § 11, Rn. 7.

Möglichkeiten und begrenzten Informationen sowie der ihnen zur Verfügung stehenden Kapazitäten zur Informationsverarbeitung.[264] Die Anhänger dieses Modells argumentieren vor allem, dass die neue Institutionenökonomik weit näher an der Realität sei, da Menschen nie über alle relevanten Informationen verfügen und die Gewinnung und Verarbeitung von Informationen Kosten verursachen.[265]

cc) Verhaltensökonomik

Die Verhaltensökonomik hat in den letzten Jahren diesen Ansatz weiter fortentwickelt. Sie bediente sich dabei vor allem der empirisch-psychologischen Forschung, was zu einer Vielzahl neuer Erkenntnisse geführt hat.[266] Diese Forschung zielt darauf ab, ein Modell zu entwickeln, das zur Entscheidungsfindung besser geeignet und damit dem Modell des homo oeconomicus überlegen ist.[267] Insbesondere wollte man ein realitätsnäheres Modell entwickeln, da die Realitätsferne der Hauptkritikpunkt am Modell des homo oeconomicus ist.[268] Während im Modell des homo oeconomicus das menschliche Verhalten darauf reduziert wird, dass der Mensch sich immer rational egoistisch verhalte und versuche, seinen persönlichen Nutzen zu maximieren, versucht die Forschung im Rahmen der Verhaltensökonomik, die Vielschichtigkeit menschlicher Verhaltensweisen zu berücksichtigen.[269] In den durchgeführten Studien und Versuchen hat sich dabei bisher gezeigt, dass das tatsächliche Verhalten von Menschen systematisch vom rational egoistischen Verhalten nach dem Modell vom homo oeconomicus abweicht.[270] Es zeigte sich, dass einzelne Grundprinzipien häufig nicht erfüllt sind, wie beispielsweise das Prinzip der Eigennützigkeit.[271]

---

264 Rühl in: Krüper (Hrsg.), Grundlagen des Rechts, § 11, Rn. 7.

265 Rühl in: Krüper (Hrsg.), Grundlagen des Rechts, § 11, Rn. 7.

266 Schäfer/Ott, Lehrbuch der ökonomischen Analyse des Zivilrechts, S. 103; vgl.a. Englerth in: Towfigh/Petersen, Ökonomische Methoden im Recht, § 7 I (S. 167 f.), § 7 II (S. 168); Rühl, Statut und Effizienz, S. 117.

267 Schäfer/Ott, Lehrbuch der ökonomischen Analyse des Zivilrechts, S. 103.

268 Schäfer/Ott, Lehrbuch der ökonomischen Analyse des Zivilrechts, S. 103; Englerth in: Towfigh/Petersen, Ökonomische Methoden im Recht, § 7 I (S. 167f.), § 7 II (S. 168).

269 Schäfer/Ott, Lehrbuch der ökonomischen Analyse des Zivilrechts, S. 103; vgl. auch Mathis, Effizienz statt Gerechtigkeit?, S. 43 ff.

270 Schäfer/Ott, Lehrbuch der ökonomischen Analyse des Zivilrechts, S. 104.

271 Schäfer/Ott, Lehrbuch der ökonomischen Analyse des Zivilrechts, S. 104; Englerth in: Towfigh/Petersen, Ökonomische Methoden im Recht, § 7 II (S. 168f.).

Die Experimente haben gezeigt, dass Menschen sich Methoden zur Vereinfachung der Informationsverarbeitung bedienen, die aber das Ergebnis der Informationsverarbeitung verzerren.[272] Ihnen unterlaufen weitere Fehler bei der Informationsverarbeitung, wie die oftmals systematische Überschätzung ihrer Fähigkeiten (sog. Selbstüberschätzungsanomalie).[273] Die Forschungen der Verhaltensökonomen haben darüber hinaus gezeigt, dass Menschen willensschwach sind, weshalb sie dazu neigen, Entscheidungen zu treffen, die gerade nicht der Rationalitätsannahme entsprechen. Sie schätzen vielmehr den Gegenwartsgenuss deutlich höher als den Zukunftsgenuss.[274] Weiteres wichtiges Ergebnis aus den Studien ist, dass Menschen Gerechtigkeits- und Fairnessvorstellungen folgen.[275] Wenn sie sich ungerecht behandelt fühlen, neigen Menschen dazu, ihre Mitmenschen für dieses Verhalten bestrafen zu wollen, ganz gleich, ob eine Bestrafung für sie selbst einen Vorteil bringt oder möglicherweise nur Nachteile nach sich zieht.[276] Diese Forschungsergebnisse stellen das Modell des homo oeconomicus grundlegend in Frage; unklar ist allerdings, inwieweit diese unter Laborbedingungen gewonnenen Erkenntnisse tatsächlich belastbar sind.[277]

e) Ökonomische Bewertungskriterien

Die Ermittlung der Folgen rechtlicher Regelungen mit der Hilfe ökonomischer Verhaltensmodelle ist nur dann zielführend für die rechtliche Entscheidungsfindung oder die Reform einer rechtlichen Regelung, wenn man ihre Ergebnisse bewertet.[278] Eine Bewertung setzt allerdings das Vorhandensein von Bewertungsmaßstäben voraus.[279] Die ökonomische Theorie verfügt über Bewertungskriterien, die aus dem Bereich der Wohlfahrtsökonomik entstammen.[280] Während sich

272 Rühl in: Krüper (Hrsg.), Grundlagen des Rechts, § 11, Rn. 8.

273 Schäfer/Ott, Lehrbuch der ökonomischen Analyse des Zivilrechts, S. 104 ff.; Englerth in: Towfigh/Petersen, Ökonomische Methoden im Recht, § 7 IV 2 cc. (S. 182 ff.).

274 Schäfer/Ott, Lehrbuch der ökonomischen Analyse des Zivilrechts, S. 103, 109; Englerth in: Towfigh/Petersen, Ökonomische Methoden im Recht, § 7 IV 3 (S. 193 ff.).

275 Schäfer/Ott, Lehrbuch der ökonomischen Analyse des Zivilrechts, S. 103, 109 f.

276 Schäfer/Ott, Lehrbuch der ökonomischen Analyse des Zivilrechts, S. 103, 109.

277 Rühl in: Krüper (Hrsg.), Grundlagen des Rechts, § 11, Rn. 9.

278 vgl. Eidenmüller, Effizienz als Rechtsprinzip, S. 41; Schäfer/Ott, Lehrbuch der ökonomischen Analyse des Zivilrechts, S. 11 f.

279 vgl. Eidenmüller, Effizienz als Rechtsprinzip, S. 41.

280 Towfigh in: Towfigh/ Petersen, Ökonomische Methoden im Recht, § 2 II; Eidenmüller, Effizienz als Rechtsprinzip, S. 41; Rühl in: Krüper (Hrsg.), Grundlagen des Rechts, § 11, Rn. 10.

die Mikroökonomik damit beschäftigt, wie sich einzelne Wirtschaftssubjekte verhalten und Märkte funktionieren, ist es Gegenstand der Wohlfahrtsökonomik zu untersuchen, auf welche Weise gesamtgesellschaftliche Wohlfahrtssteigerungen oder soziale Optima erreicht werden können.[281] Das zentrale Kriterium für die Folgenbewertung in der Wohlfahrtsökonomik ist die Effizienz.[282] Danach ist eine rechtliche Regelung dann ideal, wenn sie eine optimale Verteilung der Güter und Rechte zur Folge hat.[283] Die Feststellung, wann diese Verteilung optimal ist, impliziert ein Werturteil, da ein Gesellschaftsmitglied eine Verteilung vorzieht, ein anderes Gesellschaftsmitglied aber vielleicht eine genau entgegengesetzte Verteilung von Gütern und Rechten vorziehen würde.[284] Es gab daher verschiedene Bemühungen, eine werturteilsfreie Theorie, bzw. eine Theorie, die auf allgemein anerkannten Werten fußte, für soziale Entscheidungen zu konstruieren.[285] Sie mündeten in der Entwicklung des sog. Pareto-Kriteriums, das später durch das sog. Kaldor-Hicks Kriterium ergänzt wurde.[286]

aa) Das Pareto-Kriterium

Als einer der ersten befasste sich der italienische Ökonom Vilifredo Pareto (1848–1923) mit dem Problem möglichst werturteilsfreier sozialer Entscheidungen.[287] Er ist einer der Begründer der Sozialwahltheorie und entwickelte das nach ihm benannte Pareto-Kriterium zur Bewertung der Effizienz von Zuständen.[288] Das von ihm entwickelte Effizienzkriterium basiert auf den drei Grundprinzipien der Konsumentensouveranität, des Nonpaternalismus und der Einstimmigkeit.[289] Das Prinzip der Konsumentensouveranität beinhaltet, dass die subjektiven Präferenzen der einzelnen Individuen autonom sind und als solche respektiert

---

281 Mathis, Effizienz statt Gerechtigkeit?, S. 47; Towfigh in: Towfigh/ Petersen, Ökonomische Methoden im Recht, § 2 II.

282 vgl. Eidenmüller, Effizienz als Rechtsprinzip, S. 41; Mathis, Effizienz statt Gerechtigkeit?, S. 43; Towfigh in: Towfigh/ Petersen, Ökonomische Methoden im Recht, § 2 II.

283 Rühl in: Krüper (Hrsg.), Grundlagen des Rechts, § 11, Rn. 10.

284 Schäfer/Ott, Lehrbuch der ökonomischen Analyse des Rechts, S. 11 f.

285 Eidenmüller, Effizienz als Rechtsprinzip, S. 47; Schäfer/Ott, Lehrbuch der Lehrbuch der ökonomischen Analyse des Rechts, S. 12; Mathis, Effizienz statt Gerechtigkeit?, S. 47 f.

286 Rühl in: Krüper (Hrsg.), Grundlagen des Rechts, § 11, Rn. 10.

287 Cooter/Ulen, Law&Economics, S. 14, 42; Eidenmüller, Effizienz als Rechtsprinzip, S. 47 f.; Rühl, Statut und Effizienz, S. 140.

288 vgl. Schäfer/Ott, Lehrbuch der ökonomischen Analyse des Rechts, S. 12 f.

289 Towfigh in: Petersen/Towfigh, Ökonomische Methoden im Recht, § 2 II 1.

werden.[290] Das Prinzip des Nonpaternalismus besagt, dass nur der Nutzen der Individuen für die Gesellschaft zählt und es folglich keinen Selbstzweck des Staates gibt.[291] Schließlich beinhaltet das dritte Grundprinzip der Einstimmigkeit die Aussage, dass Änderungen der Allokation von Gütern der Zustimmung aller bedürfen, zumindest bei einer Schlechterstellung.[292]

Das Pareto-Kriterium besagt, dass ein gesellschaftlicher Zustand gegenüber einem anderen vorzugswürdig und damit „pareto-superior" ist, wenn er zumindest von einem Individuum vorgezogen und von keinem anderen Individuum abgelehnt wird.[293] Als pareto-inferior wird ein Zustand dann bezeichnet, wenn gegenüber diesem Zustand noch eine Pareto-Verbesserung möglich ist.[294] Ein Zustand wird als pareto-optimal oder auch pareto-effizient bezeichnet, wenn kein Individuum mehr besser gestellt werden kann, ohne dass ein anderes Individuum schlechter gestellt würde.[295] Ein pareto-optimaler bzw. pareto-effizienter Zustand lässt sich in drei Teileffizienzen unterteilen, die alle kumulativ erfüllt sein müssen.[296] Dazu zählen eine effiziente Produktion, ein effizienter Konsum und eine effiziente Produktionsstruktur.

Eine Produktion ist dann effizient, wenn die Mehrproduktion eines Gutes nur bei gleichzeitiger Minderproduktion eines anderen Gutes möglich ist.[297] Eine ineffiziente Produktion hingegen ist dadurch gekennzeichnet, dass es möglich ist, bei gleichem Ressourceneinsatz von allen Gütern mehr zu produzieren.[298]

Effizienz im Konsum ist dann gegeben, wenn ein Zustand erreicht ist, bei dem ohne neue Produktion, allein durch Tauschgeschäfte keine Erhöhung des gegenseitigen Nutzens mehr durch zusätzliche Tauschgeschäfte zu erreichen

---

290 Mathis, Effizienz statt Gerechtigkeit?, S. 48; Towfigh in: Petersen/Towfigh, Ökonomische Methoden im Recht, § 2 II 1.

291 Mathis, Effizienz statt Gerechtigkeit?, S. 48; Towfigh in: Petersen/Towfigh, Ökonomische Methoden im Recht, § 2 II 1.

292 Mathis, Effizienz statt Gerechtigkeit?, S. 48; Towfigh in: Petersen/Towfigh, Ökonomische Methoden im Recht, § 2 II 1.

293 Eidenmüller, Effizienz als Rechtsprinzip, S. 48;; Towfigh in: Petersen/Towfigh, Ökonomische Methoden im Recht, § 2 II 1.

294 Towfigh in: Petersen/Towfigh, Ökonomische Methoden im Recht, § 2 II 1.

295 Towfigh in: Petersen/Towfigh, Ökonomische Methoden im Recht, § 2 II 1; Rühl in: Krüper (Hrsg.), Grundlagen des Rechts, § 11, Rn. 11.

296 Schäfer/Ott, Lehrbuch der ökonomischen Analyse des Zivilrechts, S. 15; Mathis, Effizienz statt Gerechtigkeit?, S. 49.

297 Schäfer/Ott, Lehrbuch der ökonomischen Analyse des Zivilrechts, S. 16; Mathis, Effizienz statt Gerechtigkeit?, S. 49 f.

298 Schäfer/Ott, Lehrbuch der ökonomischen Analyse des Zivilrechts, S. 16.

ist.[299] Als Beispiel dafür wird häufig die Situation in einem Gefangenenlager angeführt, in dem jeder Gefangene dieselbe Menge an Schokolade, Bier und Zigaretten erhält, aber jeder Gefangene unterschiedliche Präferenzen für diese Güter hat. Durch einen Tausch der Güter untereinander, entsprechend der unterschiedlichen Präferenzen, kann jeder Gefangene seinen individuellen Nutzen erhöhen, ohne dass zusätzliche Güter produziert werden müssen.[300] Ein Zustand effizienten Konsums kann demnach dadurch charakterisiert werden, dass die Verhältnisse der Grenznutzen aller Güter untereinander bei allen Gesellschaftsmitgliedern gleich sind, wobei Grenznutzen das zusätzliche Maß an Nutzen meint, das durch die Mehrverfügbarkeit des Gutes bei einer Person erzeugt wird.[301] Bei einer bereits bestehenden Effizienz in der Produktion kann durch eine Effizienz im Konsum eine Erhöhung der Wohlfahrt erreicht werden, ohne die Produktion weiter zu erhöhen.[302]

Eine effiziente Produktionsstruktur ist dann gegeben, wenn Konsum und Produktion optimal aufeinander abgestimmt sind.[303] Wenn Produktion und Konsum bereits effizient sind, kann es trotzdem noch möglich sein, eine weitere Erhöhung der Wohlfahrt zu erreichen, indem man durch die Produktion anderer Mengen der verschiedenen Güter den Nutzen einzelner Wirtschaftssubjekte erhöht, ohne den Nutzen anderer zu verringern.[304]

Wenn diese drei Voraussetzungen erfüllt sind, liegt schließlich Pareto-Effizienz vor. Das Kriterium der Pareto-Effizienz wird aber vielfach kritisiert, weil es mangels Berücksichtigung der Anfangsverteilung der Güter zu Ungerechtigkeiten führen kann.[305] Wenn man von einem bestimmten status quo der Einkommensverteilung ausgeht, bei dem bereits zu Beginn die Güterverteilung ungleichmäßig ist, wäre jede Umverteilung von Begüterten zu weniger Begüterten ausgeschlossen, da sie zu einer Schlechterstellung der Begüterten führen

---

299 Towfigh in: Petersen/Towfigh, Ökonomische Methoden im Recht, § 2 II 1; Mathis, Effizienz statt Gerechtigkeit?, S. 49 f.; Schäfer/Ott, Lehrbuch der ökonomischen Analyse des Zivilrechts, S. 16.

300 Mathis, Effizienz statt Gerechtigkeit?, S. 51; Schäfer/Ott, Lehrbuch der ökonomischen Analyse des Zivilrechts, S. 16 f.

301 Schäfer/Ott, Lehrbuch der ökonomischen Analyse des Zivilrechts, S. 16.

302 Schäfer/Ott, Lehrbuch der ökonomischen Analyse des Zivilrechts, S. 16.

303 Mathis, Effizienz statt Gerechtigkeit?, S. 51; Towfigh in: Petersen/Towfigh, Ökonomische Methoden im Recht, § 2 II 1.

304 Mathis, Effizienz statt Gerechtigkeit?, S. 51.

305 Towfigh in: Petersen/Towfigh, Ökonomische Methoden im Recht, § 2 II 1.

würde.[306] Jedes Individuum hat im Rahmen des Pareto-Kriteriums ein Veto-Recht gegen Zustandsänderungen, die ihn seiner Meinung nach schlechter stellen.[307] Dadurch wird jede Änderung der bestehenden Güterverteilung blockiert. Da bei der Änderung rechtlicher Regelungen normalerweise eine große Anzahl von Individuen betroffen ist und in der Regel zumindest ein oder einige wenige Individuen durch eine entsprechende Änderung einer Rechtsnorm schlechter gestellt werden, eignet sich das Pareto-Kriterium dementsprechend auch nur bedingt, um rechtliche Regelungen effizienter zu gestalten und zu verändern.[308]

bb) Das Kaldor-Hicks Kriterium

Aufgrund dieser Schwächen des Pareto-Kriteriums entwickelten die beiden Ökonomen Nicholas Kaldor und John Hicks 1939 das Kaldor-Hicks-Kriterium und ergänzten damit das Pareto-Kriterium.[309] Im Unterschied zu dem Pareto-Kriterium kann nach dem Kaldor-Hicks-Kriterium ein Zustand im Vergleich zu einem anderen Zustand auch dann vorzuziehen sein, wenn eine oder mehrere Personen schlechter gestellt sind, solange die bevorzugten Personen die benachteiligten entschädigen können.[310] Die Vorteile, die die besser gestellten durch den Zustand erhalten, müssen daher so groß sein, dass sie die Nachteile der Verlierer ausgleichen können.[311] Dabei ist es ausreichend, dass sie hypothetisch die Nachteile der Verlierer ausgleichen könnten, ohne dass alle Wohlfahrtszuwächse bei den Gewinnern aufgebraucht werden; auf einen tatsächlichen Ausgleich kommt es nicht an.[312]

Wie bereits ausgeführt, eignete sich das Pareto-Kriterium nicht für die praktische Rechtspolitik, da rechtliche Regelungen eine Vielzahl von Menschen oder sogar die gesamte Bevölkerung betreffen und sich jede Veränderung zwangsläufig für irgendjemanden auch nachteilig auswirken wird.[313] Im Gegenteil dazu kann

306 Eidenmüller, Effizienz als Rechtsprinzip, S. 49; Towfigh in: Petersen/Towfigh, Ökonomische Methoden im Recht, § 2 II 1.

307 Albert, Kritische Vernunft und rationale Praxis, S. 130.

308 Rühl in: Krüper (Hrsg.), Grundlagen des Rechts, § 11, Rn. 12.

309 Schäfer/Ott, Lehrbuch der ökonomischen Analyse des Zivilrechts, S. 19; Rühl in: Krüper (Hrsg.), Grundlagen des Rechts, § 11, Rn. 13; Rühl, Statut und Effizienz, S. 141.

310 Eidenmüller, Effizienz als Rechtsprinzip, S. 51; Rühl in: Krüper (Hrsg.), Grundlagen des Rechts, § 11, Rn. 13; Cooter/Ulen, Law&Economics, S. 42.

311 Mathis, Effizienz statt Gerechtigkeit?, S. 57; Eidenmüller, Effizienz als Rechtsprinzip, S. 51.

312 Towfigh in: Petersen/Towfigh, Ökonomische Methoden im Recht, § 2 II 2; Posner, Economic Analysis of Law, S. 18.

313 Eidenmüller, Effizienz als Rechtsprinzip, S. 52 f.

das Kaldor-Hicks Kriterium auch bei der Bewertung rechtlicher Regelungen Anwendung finden. Eine Änderung rechtlicher Rahmenbedingungen ist danach effizient, wenn die Vorteile der Begünstigten größer sind als die Nachteile, die die Verlierer der Rechtsänderung tragen müssen.[314]

Das Kaldor-Hicks-Kriterium dient in der Praxis als Grundlage von Kosten-Nutzen-Analysen.[315] Diese sind Grundlage für die Bewertung staatlicher Maßnahmen und die Evaluierung neuer Gesetzesentwürfe.[316]

Trotz der Vorteile des Kaldor-Hicks-Kriteriums im Vergleich zum Pareto-Kriterium gibt es einige Kritikpunkte. Ein Problem des Kaldor-Hicks-Kriteriums ist, dass die Messgröße der hypothetischen Entschädigung nicht der Nutzen, sondern Geld ist.[317] Eine hypothetische Zahlungsbereitschaft für einen Vorteil lässt sich jedoch nur schwer in realistischer Weise ermitteln, da die Entschädigungszahlung für die Benachteiligten ja gerade nur hypothetisch geleistet werden muss.[318] Gerade an diesem rein hypothetischen Charakter der Entschädigungsleistung entzündet sich weitere Kritik.[319] Es wird bezweifelt, dass sich eine Entscheidung nur durch den Nachweis der bloßen Möglichkeit einer Entschädigung legitimieren lässt.[320] Aufgrund der nur hypothetisch bestehenden Entschädigung kommt es außerdem zu keiner Umverteilung; eine möglicherweise ungerechte Verteilung von Gütern in der Ausgangssituation bleibt bestehen.[321] Kaldor und Hicks entgegneten jeder dahingehenden Kritik mit dem Argument, dass sie als Ökonomen keine Überlegungen zur Verteilungsgerechtigkeit anstellten und es nicht ihre Aufgabe sei, Probleme der Einkommensverteilung zu lösen.[322] Das Effizienzziel ist lediglich eines von vielen rechtspolitischen Zielen.[323] Das Parlament muss letztlich die Entscheidung treffen, welches dieser Ziele einer rechtlichen Regelung zugrunde gelegt wird.[324]

---

314 Mathis, Effizienz statt Gerechtigkeit?, S. 57.

315 Eidenmüller, Effizienz als Rechtsprinzip, S. 51f.

316 vgl. Eidenmüller, Effizienz als Rechtsprinzip, S. 51f.

317 Towfigh in: Petersen/Towfigh, Ökonomische Methoden im Recht, § 2 II 2; Mathis, Effizienz statt Gerechtigkeit?, S. 62.

318 Mathis, Effizienz statt Gerechtigkeit?, S. 62.

319 vgl. Towfigh in: Petersen/Towfigh, Ökonomische Methoden im Recht, § 2 II 2.

320 Mathis, Effizienz statt Gerechtigkeit?, S. 63.

321 Towfigh in: Petersen/Towfigh, Ökonomische Methoden im Recht, § 2 II 2.

322 Mathis, Effizienz statt Gerechtigkeit?, S. 63 f.

323 Rühl in: Krüper (Hrsg.), Grundlagen des Rechts, § 11, Rn. 19.

324 Eidenmüller, Effizienz als Rechtsprinzip, S. 419; Rühl in: Krüper (Hrsg.), Grundlagen des Rechts, § 11, Rn. 19.

Diese Kritikpunkte am Kaldor-Hicks-Kriterium sind gerechtfertigt. Zugleich verdeutlicht die Rechtfertigung von Kaldor und Hicks aber auch, dass es ihnen bei der Entwicklung des Kaldor-Hicks-Kriteriums nicht darum ging, einen allumfassenden Maßstab für die Bewertung der Effizienz einer Maßnahme oder gar einer rechtlichen Regelung zu schaffen. Vielmehr muss das Kaldor-Hicks-Kriterium als eines von mehreren Kriterien bei der Bewertung rechtlicher Regelungen ergänzend berücksichtigt werden.[325]

2. Ökonomische Analyse der Immaterialgüterrechte

Auf diesen grundlegenden Erkenntnissen aufbauend, analysierten die Vertreter der ökonomischen Analyse in den letzten Jahrzehnten das gesamte Recht nach ökonomischen Gesichtspunkten.[326] Im Bereich der Immaterialgüterrechte erforschte man insbesondere deren ideale Ausgestaltung. Als ideale Ausgestaltung gilt dabei eine Situation, in der der Nutzen aus der Schaffung der Immaterialgüterrechte deren Kosten größtmöglich übersteigt.[327] Dies ergibt sich bereits aus dem Kaldor-Hicks-Kriterium, nach dem die Maximierung der Differenz zwischen Nutzen und Kosten des Rechts als effizienter Zustand angesehen wird.

Allen Immaterialgüterrechten ist die Besonderheit gemein, dass sie ohne die staatliche Verleihung des jeweiligen Ausschließlichkeitsrechtes öffentliche Güter wären.[328] Öffentliche Güter sind dadurch gekennzeichnet, dass andere von ihrer Nutzung nicht ausgeschlossen werden können und dass sie von mehreren Menschen parallel genutzt werden können, ohne dass sich ihr Nutzen für den Einzelnen verringert.[329] Erst durch die Einrichtung der staatlich verliehenen Ausschließlichkeitsrechte sind Immaterialgüterrechte zu verkehrsfähigen Wirtschaftsgütern geworden.[330] Unter ökonomischen Gesichtspunkten ist die

---

325 so im Erg. auch Rühl in: Krüper (Hrsg.), Grundlagen des Rechts, § 11, Rn. 15.

326 In den USA/England insb. Posner, Economic Analysis of Law, S. 37 ff., S. 48 ff.; Landes/Posner, The economic structure of intellectual property law, S. 1 ff.; in Deutschland: Schäfer/Ott, Lehrbuch der ökonomischen Analyse des Zivilrechts, S. 145 ff., 667 ff.

327 Heinemann, Immaterialgüterschutz in der Wettbewerbsordnung, S. 17.

328 Heinemann, Immaterialgüterschutz in der Wettbewerbsordnung, S. 16.

329 Schäfer/Ott, Lehrbuch der ökonomischen Analyse des Zivilrechts, S. 79, 600; Heinemann, Immaterialgüterschutz in der Wettbewerbsordnung, S. 16 f.; Van den Bergh/Lehmann, GRUR Int. 1992, 588, 590.

330 Busse/Keukenschrijver, Patentgesetz, Einl., Rn. 68; Heinemann, Immaterialgüterschutz in der Wettbewerbsordnung, S. 17.

Einrichtung von Schutz- und Anreizmechanismen bei öffentlichen Gütern erforderlich, da sonst nur suboptimal in sie investiert wird.[331]

a) Patenrecht

Zur ökonomischen Analyse des Patentrechts entwickelte sich eine breite Debatte. Die Schwerpunkte dieser Debatte bilden dabei die im Folgenden benannten Themenbereiche. Diese sollen hier kurz angerissen, jedoch nicht vertieft behandelt werden, da dies den Rahmen der vorliegenden Arbeit sprengen würde. Schwerpunkt der Arbeit ist die Analyse des Unterlassungsanspruches in den Immaterialgüterrechten.

Ein in der Literatur viel diskutierter Punkt ist die Rechtfertigung der Verleihung von Patentrechten.[332] Im Anschluss an Fritz Machlup[333] wird diese Diskussion in den sog. vier Patentrechtstheorien zusammengefasst.[334]

Nach der sog. Belohnungstheorie soll das Patentrecht den Erfinder dafür belohnen, dass er der Allgemeinheit durch seine Erfindung einen Dienst erwiesen hat.[335] Die Allgemeinheit profitiert von dem technischen Fortschritt durch die Erfindung.[336] Dafür bekommt der Erfinder dann vom Staat durch das Patent ein Ausschlussrecht zur Verwertung seiner Erfindung verliehen, wodurch er wiederum die Möglichkeit erhält, über Jahre hinweg ein Entgelt für seine erfinderische Leistung zu erlangen.[337]

Aus Sicht der Eigentumstheorie ist jede geistige Schöpfung von Natur aus das Eigentum des Schöpfers, weshalb eine technische Erfindung kraft natürlichem Menschenrechts dem Erfinder gehöre.[338] Es sei daher der Natur der Sache nach angemessen, aus der erfinderischen Leistung des Erfinders ein geistiges Eigentumsrecht zu machen, das dem Sacheigentum gleichgestellt werden kann und den Erfinder mit den gleichen Vorteilen und Vorrechten ausstattet wie beim Sacheigentum.[339] Nur auf diese Weise könne sichergestellt werden, dass

---

331 Dreier in: Dreier/Schulze, UrhG, Einl., Rn. 14.

332 vgl. Holyoak/Torremans, Intellectual Property Law, S. 14 ff.

333 Machlup, GRUR Ausl. 1961, 373, 377.

334 Machlup, GRUR Ausl. 1961, 373, 377; vgl. auch Kraßer, Patentrecht, § 3 II.

335 Einsele/Fitzner in: Fitzner/Lutz/Bodewig, Patentrechtskommentar, Vor § 1 Rn. 6; s.a. Benkard/Rogge, PatG, Einleitung PatG, Rn. 2.

336 Pierson in: Pierson/Ahrens/Fischer, Recht des geistigen Eigentums, S. 42.

337 Einsele/Fitzner in: Fitzner/Lutz/Bodewig, Patentrechtskommentar, Vor § 1 Rn. 6.

338 Kraßer, Patentrecht, § 3 II. Nr. 1.

339 Einsele/Fitzner in: Fitzner/Lutz/Bodewig, Patentrechtskommentar, Vor § 1 Rn. 7.

alleinig dem Erfinder das wirtschaftliche Recht zur Auswertung seiner Erfindung zustehe.[340]

Die sog. Anspornungstheorie besagt, dass durch die Verleihung des Patents als zeitlich begrenztem Ausschlussrecht und den sich daraus ergebenden wirtschaftlichen Vorteilen für den Patentinhaber, ein Ansporn für technische Weiterentwicklungen geschaffen werden soll.[341] Die Allgemeinheit hat ein ständiges Interesse an technischen Neuerungen und technischem Fortschritt.[342] Nach der Anspornungstheorie ist davon auszugehen, dass technische Neuerungen nur in ausreichendem Umfang entwickelt werden, wenn der Erfinder die Aussicht darauf hat, die Erfindung ertragreich zu verwerten.[343] Ohne das Recht andere von der Nutzung auszuschließen, würde die Erfindung aber schnell kopiert werden und nicht lange Erträge abwerfen.[344] Die Verleihung eines Patentrechts erhöht die Einkünfte aus der Erfindung und stabilisiert sie über einen längeren, genau vorhersehbaren Zeitraum.[345] Dadurch wird nach der Anspornungstheorie die Bereitschaft gefördert Mühe und finanzielle Aufwendungen zu investieren, um technische Probleme zu lösen.[346] Dies ist gerade in einem Hochlohnland, wie der Bundesrepublik Deutschland, das zugleich rohstoffarm und exportorientiert ist, von immenser Bedeutung.[347] Unsere führende Stellung in der Weltwirtschaft können wir nur beibehalten, wenn wir weiterhin anderen Ländern einen Schritt voraus sind, da Wissen und technischer Fortschritt elementare Faktoren unseres Wirtschaftswachstums sind.[348]

Nach der sog. Offenbarungstheorie ist die zwingend erforderliche Gegenleistung des Erfinders die Offenbarung seiner Erfindung.[349] Ihm werden die Rechte aus dem Patent nur dann und in dem Umfang zuteil, wenn er den Inhalt seiner Erfindung bei der Anmeldung offenlegt.[350] Die Erkenntnisse aus der

---

340 vgl. Benkard/Rogge, PatG, Einleitung, Rn. 1a.

341 Einsele/Fitzner in: Fitzner/Lutz/Bodewig, Patentrechtskommentar, Vor § 1 Rn. 8; Busse/Keukenschrijver, Patentgesetz, Einl., Rn. 61.

342 Kraßer, Patentrecht, § 3 II.Nr. 3.

343 Kraßer, Patentrecht, § 3 II.Nr. 3.

344 Kraßer, Patentrecht, § 3 II.Nr. 3.

345 Kraßer, Patentrecht, § 3 II.Nr. 3; Busse/Keukenschrijver, Patentgesetz, Einl., Rn. 61.

346 Kraßer, Patentrecht, § 3 II.Nr. 3; vgl. auch Heinemann, Immaterialgüterschutz in der Wettbewerbsordnung, S. 14.

347 Pierson, in: Pierson/Ahrens/Fischer, Gewerblicher Rechtsschutz, S. 42.

348 Pierson, in: Pierson/Ahrens/Fischer, Gewerblicher Rechtsschutz, S. 42.

349 Osterrieth, Patentrecht, 1. Teil, I. 2., Rn. 9.

350 Osterrieth, Patentrecht, 1. Teil, I. 2., Rn. 9.

Erfindung können dann die weitere technische Entwicklung vorantreiben.[351] Das Patentrecht wird nach dieser Theorie auch als eine Art Gegenleistung der Allgemeinheit dafür gesehen, dass der Erfinder sie an seiner technischen Neuerung teilhaben lässt.[352]

Diese vier verschiedenen Theorien stehen miteinander im Zusammenhang und ergänzen sich.[353] Sie verdeutlichen auch den Regelungskonflikt, in dem das Patentrecht steht; während die ersten beiden Theorien die Schutzwürdigkeit des Erfinders in der Vordergrund stellen, zielen die letzten beiden Theorien auf den Nutzen für die Allgemeinheit ab.[354]

Im Patentrecht zeigt sich im Vergleich zu den übrigen Immaterialgüterrechten ein deutlicher Regelungskonflikt zwischen dem primären Aneignungsproblem, das durch die Immaterialgüterrechte gelöst werden soll, und dem sekundären Problem von Marktverzerrungen, das wiederum durch sie hervorgerufen werden kann.[355] Technische Erfindungen, die die Anforderungen an die Verleihung eines Patentrechtes erfüllen, sind oftmals mit mehr Aufwand und höheren Kosten verbunden als die Schutzgegenstände anderer Schutzrechte. Die entstandenen Kosten sind aber für den Erfinder nur wieder auszugleichen, wenn ihm ein wirksames Ausschließlichkeitsrecht für einen ausreichend langen Zeitraum gewährt wird, da die Erfindung an sich ein öffentliches Gut ist.[356] Das verliehene Patentrecht gewährt dem Erfinder ein solches Ausschließlichkeitsrecht, mit dem er seine Erfindung wirtschaftlich verwerten kann. Das Patentrecht kann jedoch in der Weise zu Marktverzerrungen führen, dass der Patentinhaber ein Monopol erlangt und dieses dazu missbraucht, die Warenerzeugung zu beschränken und überhöhte nicht-wettbewerbliche Preise zu verlangen.[357] Ein weiteres sekundäres Problem, das die Verleihung von Patentrechten mit sich bringt, ist darin zu sehen, dass nur der erste Erfinder ein Ausschließlichkeitsrecht für seine Erfindung erhält und dadurch seine Investitions- und Entwicklungskosten wieder

---

351 Kraßer, Patentrecht, § 3 II.Nr. 4.

352 Kraßer, Patentrecht, § 3 II.Nr. 4.

353 Kraßer, Patentrecht, § 3 II.Nr. 5.

354 Kraßer, Patentrecht, § 3 II.Nr. 5.

355 Dam, Die ökonomischen Grundlagen des Patentrechts, in: Ökonomische Analyse der rechtlichen Organisation von Innovation, S. 283 f.

356 vgl. Dam, Die ökonomischen Grundlagen des Patentrechts, in: Ökonomische Analyse der rechtlichen Organisation von Innovation, S. 283 f.

357 Dam, Die ökonomischen Grundlagen des Patentrechts, in: Ökonomische Analyse der rechtlichen Organisation von Innovation, S. 284.

ausgleichen kann. Die Investitionskosten für spätere Parallelerfindungen sind hingegen verloren.[358]

Zusammenfassend lässt sich festhalten, dass der Nutzen des Patentrechts in der Setzung von Anreizen zur Entwicklung technischer Innovationen liegt. Die sozialen Kosten entstehen durch den Ausschluss der Allgemeinheit von der Nutzung der Innovation sowie durch mögliche Monopolstellungen von Unternehmen und den damit verbundenen überhöhten Preisen.[359] Weitere wohlfahrtsmindernde Wirkungen können sich darüber hinaus aus dem Verlust von Investitionskosten für Parallelerfindungen ergeben.[360]

Ein weiterer Hauptdiskussionspunkt in der Debatte um die ökonomische Analyse des Patentrechts liegt in der Reichweite und Schutzdauer des gewährten Patents.

Das Patentrecht ist aus ökonomischen Gesichtspunkten dann optimal ausgestaltet, wenn es so lange gewährt wird, bis der Erfinder seine Investitions- und Entwicklungskosten zurückerhalten hat.[361] Gleichzeitig darf es aber auch nicht wesentlich länger als für diesen Zeitraum gewährt werden.[362] Anderenfalls sind die sozialen Kosten der Allgemeinheit durch die Vergabe des Ausschließlichkeitsrechts zu groß.[363] Bei der Bestimmung dieses optimalen Schutzzeitraumes ergibt sich jedoch das Problem, dass Erfindungen unterschiedlicher Natur sein können.[364] Dementsprechend sind sie auch mit verschiedenen Investitions- und Entwicklungskosten verbunden. Während ein Pharmaunternehmen vielleicht mehrere Millionen Euro Forschungs- und Entwicklungskosten vor der Patenterteilung für ein Medikament zu tragen hat, entstehen für den Erfinder einer technischen Vorrichtung möglicherweise nur geringe Entwicklungkosten. Um einen ökonomisch optimalen Patentschutz zu erlangen, bedürfte es daher einer Einzelfall-Prüfung, welche Schutzdauer ein Patent zur Amortisierung der Kosten des Erfinders benötigt.[365] Eine derartige Einzelfall-Prüfung wäre aber mit hohen Kosten für die Allgemeinheit und Wohlfahrtsminderungen verbunden.[366] Dem einzelnen

358 Heinemann, Immaterialgüterschutz in der Wettbewerbsordnung, S. 17.
359 Heinemann, Immaterialgüterschutz in der Wettbewerbsordnung, S. 17.
360 Heinemann, Immaterialgüterschutz in der Wettbewerbsordnung, S. 17.
361 Cooter/Ulen, Law&Economics, S. 123 ff.; Landes/Posner, The Economic Structure of Intellectual Property Law, S. 296 f.
362 Cooter/Ulen, Law&Economics, S. 123 ff.
363 Cooter/Ulen, Law&Economics, S. 123 ff.
364 Cooter/Ulen, Law&Economics, S. 123 ff.
365 Cooter/Ulen, Law&Economics, S. 124.
366 Cooter/Ulen, Law&Economics, S. 124.

Erfinder könnte man die hohen Kosten eines derartigen Prüfungsprozesses nicht auferlegen. Ansonsten wären die Kosten für die Erlangung eines Patentes so hoch, dass sie den Erfinder von der Beantragung eines Patentes abhielten.[367] Er würde stattdessen seine Erfindung nicht offenbaren und versuchen sie selbstständig zu vermarkten.[368] Dadurch dass die Offenbarung der Erfindung unterbliebe, entstünden der Allgemeinheit wiederum Wohlfahrtsverluste, da sie nicht an der Innovation partizipieren und von ihr profitieren könnte.[369] Wenn der Allgemeinheit die Kosten für die entsprechenden Prüfungsprozesse aufgebürdet werden, entstehen allein durch die hohen Kosten wohlfahrtsmindernde Wirkungen.[370]

Die ökonomisch sinnvollste Vorgehensweise ist es daher, einen Durchschnitt dafür zu ermitteln, wie lange die Erfindungen, für die Patente angemeldet wurden, zur Amortisation der Kosten geschützt werden müssen. Dieser Zeitraum ist in Deutschland bisher mit 20 Jahren beziffert worden. Für besonders kostenintensive Erfindungen gibt es die Möglichkeit, die Schutzdauer über diese 20 Jahre hinweg nochmals zu verlängern um einmalig weitere fünf Jahre.

Ein weiterer Diskussionspunkt sind alternative Möglichkeiten zum Schutz geistigen Eigentums, beispielsweise durch Open Source Lizenzen.[371]

Schließlich sind die Bereiche Standardisierung und Patentrechte[372] und Zwangslizenzen sowie das Verhältnis zwischen Patentrecht und Kartellrecht[373] wichtige Themenbereiche in der Debatte um die ökonomische Analyse des Patentrechts.

b) Urheberrecht

Zur ökonomischen Analyse des Urheberrechts entwickelte sich vor allem eine Debatte um die Rechtfertigung des Urhebrrechtes als Ausschließlichkeitsrecht und um die Frage einer aus ökonomischer Sicht effizienten Schutzdauer.[374] Wie

367 Posner, Economic Analysis of Law, S. 48 f.; Cooter/Ulen, Law&Economics, S. 124.

368 Posner, Economic Analysis of Law, S. 48 f.

369 Cooter/Ulen, Law&Economics, S. 123 ff.; Landes/Posner, The Economic Structure of Intellectual Property Law, S. 294 ff.; Posner, Economic Analysis of Law, S. 48 f.

370 Cooter/Ulen, Law&Economics, S. 123 ff.

371 vgl. Peukert, Güterzuordnung als Rechtsprinzip, S. 103; Metzger/Jäger, Open Source Software, S. 1 ff.; 24 ff.

372 Ullrich, GRUR 2007, 817, 818 ff. m.w.N.

373 vgl. Heinemann, Immaterialgüterschutz in der Wettbewerbsordnung, S. 1 ff.; 139 ff. m.w.N.; Landes/Posner, The Economic Structure of Intellectual Property Law, S. 372 ff.

374 vgl. Cooter/Ulen, Law&Economics, S. 130 f.; Landes/Posner, The Economic Structure of Intellectual Property Law, S. 37 ff.

zuvor im Patentrecht sollen auch hier die Grundzüge der Debatte nur kurz thematisiert werden. Der Schwerpunkt der Arbeit liegt in der Analyse des Unterlassungsanspruches in den Immaterialgüterrechten.

Das Urheberrecht wurde ursprünglich im Zuge der Erfindung des Buchdruckes geschaffen.[375] Zunächst gab es kaiserliche bzw. landesherrliche Privilegien, die zum Schutz der Investitionen von Druckern und Verlegern vor Nachdruck geschaffen wurden.[376] Das Urheberrecht kann damit als Reaktion auf die wirtschaftlichen und gesellschaftlichen Veränderungen gesehen werden, die sich aus den Neuerungen bei den Vervielfältigungs – und Kommunikationsbedingungen ergeben haben.[377]

Das Urheberrecht soll die schöpferische Leistung des Urhebers schützen.[378] Die Schutzdauer beträgt gem. § 64 UrhG 70 Jahre nach dem Tod des Urhebers.[379] Es ist vom Gesetzgeber bewusst auf den Schutz von Werken aus dem Bereich der Literatur, der Musik, der Wissenschaft oder der bildenden Künste begrenzt worden, da der Schutz technischer Leistungen ausschließlich vom spezielleren Patent- oder Gebrauchsmusterrecht gewährleistet wird.[380] Das Urheberrecht gewährt damit zeitlich einen wesentlich längeren Schutz als das Patentrecht, dort ist der Schutz jedoch breiter, da die geistige Leistung an sich, und nicht nur deren Kopie, geschützt ist[381]

Das Urheberrecht schützt nicht nur den Urheber selbst, sondern auch den Werkverwerter, der die schöpferische Leistung verwertet und den Werknutzern zugänglich macht.[382] Das Urheberrecht schützt dabei auf der einen Seite die materiellen Interessen mit Hilfe der Verwertungsrechte in den §§ 15 ff. UrhG, auf der anderen Seite aber auch die ideellen Interessen der Urheber in Form des Urheberpersönlichkeitsrechts.[383]

Das Urheberrecht rechtfertigt sich unter anderem daraus, dass es den Urheber für seine Kreativität belohnen und damit auch einen Anreiz für neue

---

375 Lettl, Urheberrecht, § 1 II, Rn. 45; Dreier, in: Dreier/Schulze, UrhG, Einleitung, Rn. 10; s.a. Loewenheim/Vogel, Hdb.d. Urheberrechts, § 2, Rn. 1 ff.

376 Dreier, in: Dreier/Schulze, UrhG, Einleitung, Rn. 10; s.a. Loewenheim/Vogel, Hdb.d. Urheberrechts, § 2, Rn. 1 ff.

377 Dreier, in: Dreier/Schulze, UrhG, Einleitung, Rn. 11.

378 Loewenheim/Loewenheim, Hdb.d. Urheberrechts, § 1, Rn. 4.

379 vgl. auch Posner, Economic Analysis of Law, S. 52.

380 vgl. § 1 UrhG; s.a. Loewenheim/Loewenheim, Hdb.d.Urheberrechts, § 6, Rn. 1 f.

381 Schäfer/Ott, Lehrbuch der ökonomischen Analyse des Zivilrechts, S. 672.

382 Loewenheim, Hdb.d.Urheberrechts, § 1, Rn. 6.

383 Wandtke in: Wandtke/Bullinger, UrhG, 3. Aufl., Einl., Rn. 16.

Werkschöpfungen geben soll.[384] Damit wiederum kann die hinter dem Urheberrecht stehende Intention der Förderung des kulturellen und wirtschaftlichen Fortschrittes erreicht werden.[385] Der (freischaffende) Urheber befindet sich typischerweise in einer schwierigen Ausgangslage, da er das volle Risiko seines künstlerischen Schaffens trägt und häufig viele Anläufe braucht, bis er ein verwertbares Ergebnis produziert hat.[386] Durch das Urheberrecht wird sein Einkommen vergrößert und gesichert. Gleichzeitig stellt das Urheberrecht auch einen Anreiz für die Verwerter dar, Investitionen in die Produktion von Kulturgütern zu tätigen.[387]

Des Weiteren fördert das Urheberrecht Innovationen. Jeder Urheber ist Innovator und leistet damit einen Beitrag zum Innovationsprozess in unserer Gesellschaft.[388]

c) Geschmacksmusterrecht

Das Thema der Rechtfertigung der Verleihung eines Ausschließlichkeitsrechtes ist auch wesentliches Streitthema im Geschmacksmusterrecht im Rahmen der ökonomischen Analyse des Rechts. Die Problematik soll hier wiederum kurz angerissen werden. Das Geschmacksmusterrecht wurde ursprünglich aufgrund der Forderungen der Textilindustrie geschaffen, die einen wirksamen Schutz gegen die Nachahmung ihrer Muster verlangte.[389] Es soll einen gerechten Ausgleich zwischen dem Ausschließlichkeitsinteresse des Entwerfers und dem Freihaltungsinteresse der Allgemeinheit schaffen.[390] Sinn und Zweck des Schutzes ist die Förderung von Innovation und Investition.[391] Es soll die Industrie dazu bewegen, den ästhetischen Aspekt industrieller Erzeugnisse stärker zu fördern und so deren Vermögenswert zu steigern und das Kunstgewerbe zu fördern.[392] Durch den Geschmacksmusterschutz will der Gesetzgeber sicherstellen, dass der

384 Loewenheim, Hdb.d.Urheberrechts, Einl., Rn. 9; Schack, Urheber- und Urhebervertragsrecht, § 1, Rn. 5.
385 Loewenheim, Hdb.d.Urheberrechts, Einl., Rn. 9.
386 Schack, Urheber- und Urhebervertragsrecht, § 1, Rn. 10.
387 Loewenheim, Hdb.d.Urheberrechts, Einl., Rn. 9.
388 Wandtke in: Wandtke/Bullinger, UrhG, 3. Aufl., Einl., Rn. 18 f.
389 Eichmann in: Eichmann/von Falckenstein, Geschmacksmusterrecht, Allgemeines zum Designrecht, Rn. 1.
390 Beyerlein in: Günther/Beyerlein, GeschmMG, Einführung, Rn. 2.
391 Eichmann in: Eichmann/von Falckenstein, Geschmacksmusterrecht, Allgemeines zum Designrecht, Rn. 7.
392 Nirk/Kurtze, Geschmacksmustergesetz, Einführung, Rn. 2.

Rechtsinhaber eine angemessene Vergütung für seine Leistung und einen Ertrag für seine Investitionen erhält.[393] Der Gesetzgeber gewährt dem Rechtsinhaber für maximal 25 Jahre ein Ausschließlichkeitsrecht für sein Design.

d) Gebrauchsmusterrecht

Auch im Gebrauchsmusterrecht wird im Rahmen der ökonomischen Analyse des Rechts schwerpunktmäßig über die Rechtfertigung des Schutzrechtes sowie über seine Schutzdauer diskutiert.

Der Gebrauchsmusterschutz wurde Ende des 19. Jahrhunderts in Deutschland eingeführt, um neben dem Patentschutz auch einen Schutz für kleinere, schnelllebige technische Erfindungen gewähren zu können.[394] Die Erlangung von Patentschutz ist zeitaufwendig und kostenintensiv und lohnt sich daher häufig für kleinere und schnelllebige Erfindungen nicht.[395] Der Gebrauchsmusterschutz ist deutlich einfacher, kostengünstiger und schneller zu erlangen.[396] Seine Schutzdauer ist dafür aber mit maximal bis zu 10 Jahren deutlich kürzer als die bis zu 25jährige Schutzdauer des Patents.[397] Dass ein Gebrauchsmuster einfacher zu erlangen ist als ein Patent, ergibt sich vor allem daraus, dass es ein reines Registerrecht ist. Eine materielle Prüfung der Schutzvoraussetzungen erfolgt nicht.[398] Es wird lediglich geprüft, ob bestimmte formelle Voraussetzungen vorliegen, woraufhin das Schutzrecht dann eingetragen wird.[399] Hinzu kommt, dass die Schutzvoraussetzungen hinsichtlich Erfindungshöhe und Neuheit niedriger sind als beim Patent.[400] Es wird im Gebrauchsmusterrecht lediglich ein erfinderischer Schritt verlangt (§ 1 Abs. 1 GebrMG), statt eine erfinderische Tätigkeit (§ 1 Abs. 1 PatG), und die Anforderungen an die Neuheit sind geringer, da das Gebrauchsmusterrecht vom relativen Neuheitsbegriff ausgeht (§ 3 GebrMG) und nicht vom absoluten des Patentrechts (§ 3 PatG).[401]

---

393 Eichmann in: Eichmann/von Falckenstein, Geschmacksmusterrecht, Allgemeines zum Designrecht, Rn. 7.

394 Bühring/Bühring, Gebrauchsmustergesetz, Einleitung, Rn. 1.

395 Bühring/Bühring, Gebrauchsmustergesetz, Einleitung, Rn. 1.

396 Benkard/Goebel, PatG, Vorb. GebrMG, Rn. 4a.

397 vgl. § 23 Abs. 1 GbmG; § 16 Abs. 1 PatG; Cooter/Ulen, Law&Economics, S. 123.

398 Loth, GebrMG, Vorb., Rn. 4; Bühring/Bühring, Gebrauchsmustergesetz, Einleitung, Rn. 2.

399 Loth, GebrMG, Vorb., Rn. 4.

400 Götting, Gewerblicher Rechtsschutz, § 12, Rn. 2, 5, 10.

401 Götting, Gewerblicher Rechtsschutz, § 12, Rn. 5.

Der Gebrauchsmusterschutz soll ebenso wie der Patentschutz einen Anreiz dafür bieten, neue Erfindungen zu machen und diese der Allgemeinheit zu offenbaren.[402] Durch die Offenbarung soll der Allgemeinheit die Möglichkeit gegeben werden, die Erfindung weiterzuentwickeln und den Diffusionsprozess zu beschleunigen.[403]

Aus einem wirtschaftlichen Blickwinkel ist das Gebrauchsmuster danach für den einzelnen Erfinder wie auch für die Allgemeinheit besonders effizient. Es ist für den Erfinder kostengünstig und schnell zu erlangen; für die Gesellschaft fallen keine hohen Kosten aufgrund aufwendiger Prüfungsverfahren an.[404]

Gleichzeitig ist ein Gebrauchsmuster für die Allgemeinheit aber weniger werthaltig als ein Patent. Aufgrund seiner niedrigeren Schutzvoraussetzungen können auch kleinere Erfindungen geschützt werden, die der Gesellschaft nur einen marginalen technischen Fortschritt bringen. Zugleich birgt das Gebrauchsmuster als ein reines Registerrecht immer die Gefahr, dass es einem Erfinder Schutzrechte für eine Erfindung einräumt, die eigentlich materiell-rechtlich nicht die Voraussetzungen für einen Schutz erfüllen. Die Allgemeinheit erleidet einen Schaden durch solche unberechtigten Schutzrechte, da die Nutzung der Erfindung beschränkt wird und Lizenzgebühren gezahlt werden.

e) Markenrecht

Die ökonomische Analyse des Markenrechtes befasst sich vor allem mit der Rechtfertigung des Markenrechtes und seiner besonderen Stellung im Kreis der gewerblichen Schutzrechte.[405] Diese Themen sollen hier wiederum nur im Überblick dargestellt werden, da eine tiefergehende Auseinandersetzung den Rahmen dieser Arbeit sprengen würde.

Das Markenrecht ist ein wichtiges Element im System des Immaterialgüterrechts. Seine wirtschaftliche Bedeutung ist in den letzten Jahrzehnten ständig gewachsen.[406] Marken dienen dazu die Waren und Dienstleistungen eines Unternehmens von denen eines anderen Unternehmens zu unterscheiden.[407] Die

---

402 Benkard/Goebel, PatG, Vorb. GebrMG, Rn. 4a.

403 Benkard/Goebel, PatG, Vorb. GebrMG, Rn. 4a; vgl. auch Hilpert, GRUR Int. 1998, 91, 93 (zum Patentrecht).

404 vgl. Loth, GebrMG, Vorb., Rn. 4; Bühring/Bühring, Gebrauchsmustergesetz, Einleitung, Rn. 2.

405 vgl. Landes/Posner, The Economic Structure of Intellectual Property Law, S. 166 ff., 210 ff.; Cooter/Ulen, Law&Economics, S. 132 f.

406 v.Schultz, Kommentar zum Markenrecht, Einführung, Rn. 1.

407 Lange, Marken- und Kennzeichenrecht, § 3, Rn. 629.

Waren des Markeninhabers werden so individualisiert, dass beim Käufer die Erinnerung an die Marke ausgelöst wird und bestimmte Assoziationen von den mit der Marke versehenen Produkten beim Käufer entstehen.[408] Markenrechte sollen außerdem den wirtschaftlichen Fortschritt dadurch fördern, dass sie Unternehmer dafür belohnen, hochwertige Waren zu erzeugen oder Dienstleistungen anzubieten.[409] Die Verleihung des Markenrechts soll einen Anreiz dafür darstellen, neue Waren oder Dienstleistungsangebote zu entwickeln, in Qualität und Marketing der vorhandenen Produktpalette zu investieren oder diese zu erweitern.[410] Der Unternehmer bekommt ein zivilrechtliches Ausschließlichkeitsrecht vom Staat verliehen, aufgrund dessen er andere von der Nutzung dieses oder eines verwechslungsfähigen Kennzeichens für identische oder ähnliche Waren und Dienstleistungen ausschließen kann.[411] Dadurch zahlen sich Investitionen des Unternehmers in Marketingmaßnahmen und in das Produkt viel eher aus als ohne den Schutz durch das Markenrecht.[412]

Aus einem ökonomischen Blickwinkel hat das Markenrecht eine Sonderstellung gegenüber den anderen gewerblichen Schutzrechten.[413] Es geht beim Markenrecht anders als bei den anderen Schutzrechten nicht um die Lösung des Konflikts der suboptimalen Investition in öffentliche Güter ohne Schutzrecht. Das Markenrecht hat eine besondere Stellung unter den Immaterialgüterrechten, auch da es zeitlich unbegrenzt gewährt wird. Es ähnelt eher den Eigentumsrechten an Grundstücken und Sachen als dem Eigentum an den anderen Immaterialgüterrechten.[414]

Entsprechend seinem oben dargestellten Zweck, dient es der Allgemeinheit als Mittel zur Überwindung von Informationsasymmetrien.[415] Sie erleichtern dem Einzelnen die Suche nach einem bestimmten Produkt mit bestimmten

---

408 v.Schultz, Kommentar zum Markenrecht, Einführung, Rn. 1; Landes/Posner, The Economic Structure of Intellectual Property Law, S. 169.

409 Pierson in: Pierson/Ahrens/Fischer, Recht des geistigen Eigentums, S. 43; Janson, Ökonomische Theorie im Recht, S. 71.

410 Janson, Ökonomische Theorie im Recht, S. 71; Pierson in: Pierson/Ahrens/Fischer, Recht des geistigen Eigentums, S. 43 f.

411 vgl. Ingerl/Rohnke, Markengesetz, Einleitung, Rn. 1.

412 vgl. v.Schultz, Kommentar zum Markenrecht, Einführung, Rn. 1; Landes/Posner, The Economic Structure of Intellectual Property Law, S. 166 ff., 168.

413 Landes/Posner, The Economic Structure of Intellectual Property Law, S. 166; Cooter/Ulen, Law&Economics, S. 132 f.

414 vgl. Cooter/Ulen, Law&Economics, S. 132 f.; Landes/Posner, Journal of Law and Economics, 1987, Bd. 30, S. 265, 287.

415 Bechtold, GRUR Int. 2008, 484, 485.

Eigenschaften und Qualitätsansprüchen und die Entscheidung dafür.[416] Dadurch senken sie die sog. Suchkosten der Gesellschaft und führen zur Einsparung von Transaktionskosten beim Verbraucher, während sie gleichzeitig dem Unternehmer einen Anreiz setzen, Produkte mit hohem Qualitätsstandard zu produzieren.[417] Für den Verbraucher ist es zum Zeitpunkt des Kaufes bei vielen Produkten sogar unmöglich, deren Qualität zu bewerten.[418] Dies gilt insbesondere für die sog. Erfahrungsgüter („experience goods“, z.B. Konserven) und für Dienstleistungen (z.B. Anwälte, Ärzte), bei denen der Verbraucher teilweise selbst nach dem „Kauf“ die Qualität der in Anspruch genommenen Dienstleistung nicht beurteilen kann.[419] Der Verbraucher entscheidet hier aus seinem Vertrauen zu den einzelnen Anbietern oder aufgrund von Empfehlungen.[420] Eine Marke kann Vertrauen in die Qualität eines Produkts aufbauen und dem Verbraucher so entsprechende Informationen über Angebot und Qualität des Produktes liefern, ohne eine langwierige, kostenintensive Suche zu erfordern.[421]

3. Der Unterlassungsanspruch und seine Durchsetzung – aus ökonomischer Sicht

In Konfliktsituationen, bei denen sich zwei Parteien mit widerstreitenden Interessen gegenüberstehen, hat der Staat über die Einräumung von Rechten, die Ausgestaltung ihres Schutzes und ihre Durchsetzung zu entscheiden.[422] Dies ist notwendige Voraussetzung für einen funktionierenden Marktmechanismus, da ansonsten keine Transaktionen zustande kämen.[423] Ausschlaggebende Kriterien für die Rechteeinräumung sind die ökonomische Effizienz, Verteilungsgesichtspunkte

---

416 Balz, RabelsZ 1981, 317, 322; Bechtold, GRUR Int. 2008, 484, 485; Posner, Economic Analysis of Law, S. 58.

417 Landes/Posner, The Economic Structure of Intellectual Property Law, S. 168; Janson, Ökonomische Theorie im Recht, S. 71; Cooter/Ulen, Law&Economics, S. 132; Landes/Posner, Journal of Law and Economics, 1987, Bd. 30, S. 265, 269, 275.

418 Cooter/Ulen, Law&Economics, S. 132; Van den Bergh/Lehmann, GRUR Int. 1992, 588, 591.

419 Nelson, Journal of Political Economy, 1970, 311, 318 ff.; Nelson, Journal of Political Economy, 1974, 729, 747 ff.; Van den Bergh/Lehmann, GRUR Int. 1992, 588, 591.

420 Van den Bergh/Lehmann, GRUR Int. 1992, 588, 591; Nelson, Journal of Political Economy, 1974, 729, 747 ff.

421 Landes/Posner, The Economic Structure of Intellectual Property Law, S. 167 f.; Balz, RabelsZ 1981, 317, 321 f.; Landes/Posner, Journal of Law and Economics, 1987, Bd. 30, S. 265, 269 f.

422 Calabresi/Melamed, Harvard Law Review, Vol. 85 (1972), No. 6, 1089, 1090 ff.

423 Peukert, Güterzuordnung als Rechtsprinzip, S. 101 f.

und andere rechtliche Überlegungen.[424] Im Rahmen der ökonomischen Effizienz wird dabei vor allem auf die Minimierung der Kosten zur Rechtsdurchsetzung abgestellt.[425]

Der Staat hat grundsätzlich drei Möglichkeiten, eingeräumte Rechte zu schützen: über sachenrechtliche Abwehransprüche (sog. Property Rules), über Haftungsregeln (sog. Liability Rules) und über Veräußerungsverbote (sog. Inalienability Rules).[426]

a) *Schutz durch Property Rules*

Eingriffe in über eine Property Rule geschützte Rechte sind nur im Wege der freiwilligen Transaktion möglich.[427] Der Inhaber muss dem Eingriff zustimmen und kann den Gegenwert selbst bestimmen, so dass sich der Wert nach den subjektiven Bewertungen des Rechtsinhabers richtet und nicht nach Vorgaben des Staates.[428] Unterlassungsansprüche sind ein Fall des Schutzes durch eine Property Rule.

Unterlassungsansprüche verfolgen präventive Zwecke.[429] Ein Unterlassungsanspruch soll zukünftige Rechtsverletzungen dadurch verhindern, dass er durch konkret formulierte Verbote ausdrücklich klarstellt, welche Handlungen rechtswidrig sind.[430] Die Rechtsfolge des Unterlassungsanspruches belastet den Anspruchsgegner zunächst verhältnismäßig gering, da er ihm nur ein zukünftiges gefährdendes Verhalten verbietet und keine weitergehenden finanziellen Aufwendungen erfordert.[431] Der Verstoß gegen dieses konkrete Handlungsverbot ist aber für den Verletzer mit der Verhängung von Ordnungsgeld oder Ordnungshaft gemäß § 888 ZPO verbunden. Dadurch entsteht eine Abschreckungswirkung auf den potentiellen Verletzer, die dazu führen soll, dass er sich zukünftig rechtmäßig verhält und nicht gegen das Handlungsverbot verstößt.

---

424 Calabresi/Melamed, Harvard Law Review, Vol. 85 (1972), No. 6, 1089, 1093.

425 Calabresi/Melamed, Harvard Law Review, Vol. 85 (1972), No. 6, 1089, 1093.

426 Schäfer/Ott, Lehrbuch der ökonomischen Analyse des Zivilrechts, S. 591 ff.; Calabresi/Melamed, Harvard Law Review, Vol. 85 (1972), No. 6, 1089, 1093, 1106 ff.

427 Calabresi/Melamed, Harvard Law Review, Vol. 85 (1972), No. 6, 1089, 1105.

428 Schäfer/Ott, Lehrbuch der ökonomischen Analyse des Zivilrechts, S. 591; Calabresi/Melamed, Harvard Law Review, Vol. 85 (1972), No. 6, 1089, 1105.

429 Ahrens, Der Wettbewerbsprozess, § 14, Rn. 3.

430 Koziol, Grundfragen des Schadensersatzrechts, S. 23; Ahrens, Der Wettbewerbsprozess, § 14, Rn. 3.

431 Koziol, Grundfragen des Schadensersatzrechts, S. 23.

b) *Schutz durch Liability Rules*

Schützt eine Liability Rule ein Recht, wird sein Schutz über Schadensersatzansprüche gewährleistet.[432] „Liability rules" sind haftungsrechtliche Regelungen, die die Voraussetzungen dafür festlegen, unter welchen Bedingungen und in welchem Ausmaß dem Geschädigten bei einer Rechtsverletzung (Schadensersatz-) Ansprüche zustehen.[433]

Ein Dritter kann in das Recht eingreifen, wenn er als Gegenleistung einen objektiv bestimmten Wert als Ausgleich zahlt.[434] Der Staat beziehungsweise die Gerichte bestimmen die Höhe dieses Ausgleichs nach objektiven Kriterien, subjektive Bewertungen bleiben außer Betracht.[435] Der Staat greift bei einem Schutz durch Liability Rules daher deutlich stärker ein als bei einem Schutz durch Property Rules.

Schadensersatzansprüche sind vorrangig repressiv, vergangenheitsbezogen und stehen damit im Gegensatz zu den zukunftsbezogenen Unterlassungsansprüchen.[436] Die Hauptzwecke von Schadensersatzansprüchen sind der Ausgleich und die Kompensation bereits eingetretener Schäden.[437] Mittlerweile ist allerdings anerkannt, dass der Schadensersatzanspruch neben dieser primären Funktion auch, zumindest als nachrangiges Ziel, präventiv wirken soll.[438] Als weitere Funktionen des Schadensersatzanspruches bzw. des Haftungsrechtes im Allgemeinen sind vor allem Sanktion, Rechtsverfolgung, Genugtuung und

432 Schäfer/Ott, Lehrbuch der ökonomischen Analyse des Zivilrechts, S. 592.

433 Endres, Ökonomische Grundlagen des Haftungsrechts, S. 5; Adams, Ökonomische Analyse der Gefährdungs- und Verschuldenshaftung, S. 46 f.; Schäfer/Ott, Lehrbuch der ökonomischen Analyse des Zivilrechts, S. 592, 670.

434 Calabresi/Melamed, Harvard Law Review, Vol. 85 (1972), No. 6, 1089, 1106; Peukert, Güterzuordnung als Rechtsprinzip, S. 103; Endres, Ökonomische Grundlagen des Haftungsrechts, S. 5; Adams, Ökonomische Analyse der Gefährdungs- und Verschuldenshaftung.

435 Schäfer/Ott, Lehrbuch der ökonomischen Analyse des Zivilrechts, S. 592; Calabresi/Melamed, Harvard Law Review, Vol. 85 (1972), No. 6, 1089, 1106;

436 Ahrens, Der Wettbewerbsprozess, § 14, Rn. 4; Kefferpütz in: Wandtke/Bullinger, UrhG, § 97a, Rn. 56.

437 Kötz/Wagner, Deliktsrecht, S. 30, Rn. 56; Kötz, FS Steindorff, S. 643; Deutsch, Allgemeines Haftungsrecht, S. 14; Koziol, Grundfragen des Schadensersatzrechts, S. 75 f.

438 Adams, Ökonomische Analyse der Gefährdungs- und Verschuldenshaftung, S. 8 f.; Kötz, FS Steindorff, S. 643; Endres, Ökonomische Grundlagen des Haftungsrechts, S. 1 ff.; kritisch: Esser/Weyers, Schludrecht Bd. II BT, Teilband 2, § 53, S. 137 f.

Versorgung anerkannt.[439] In Bezug auf die Präventionsfunktion ist umstritten, ob die Furcht vor einem drohenden Schadensersatzanspruch einen potentiellen Verletzer von einer Verletzungshandlung abhalten kann.[440] Die tatsächliche präventive Wirkung drohender Schadensersatzansprüche wird teilweise als eher gering eingeschätzt, bzw. als nicht in allen Fällen gegeben angesehen.[441] Die Mehrheit im Schrifttum ist jedoch heute der Ansicht, dass ihnen eine Präventionswirkung zukommt.[442] Es liegt auch nahe, dass eine drohende Ersatzpflicht generell einen Anreiz gibt, Schädigungen zu vermeiden, und bei potentiell schadensträchtigen Handlungen der Handelnde ein höheres Maß an Sorgfalt walten lässt als ohne.[443] Auch wird der potentielle Schädiger durch einen wirtschaftlichen Anreiz in Form drohender Schadensersatzansprüche eher bereit sein, kostenintensive Sicherungssysteme anzuschaffen.[444] Eine Studie in der deutschen Zuckerindustrie hat einen Zusammenhang zwischen der Einführung eines Beitragsausgleichsverfahrens und einem signifikanten Rückgang von Arbeitsunfällen gezeigt.[445] Betriebe mit besonders hohen Unfallzahlen mussten dabei an die Berufsgenossenschaft Beitragsaufschläge von bis zu 50 % zahlen, während Betrieben mit besonders geringen Unfallzahlen ein Nachlass von bis zu 50 % gewährt wurde.[446] Zwar können die Ergebnisse der Studie nicht generalisiert werden, sie zeigen aber doch, dass das Bestehen finanzieller Anreize die Häufigkeit von Schadensereignissen beeinflussen kann.[447]

Aus ökonomischer Sicht darf es keine Schadensvermeidung um jeden Preis geben, sondern Schäden sollten nur dort und in dem Maße verhindert werden, wo die durch die Prävention entstehenden Kosten geringer sind als die Kosten

---

439 Schiemann, Argumente und Prinzipien bei der Fortbildung des Schadensrechts, 189, 205 ff., 234 ff.; Deutsch, Allgemeines Haftungsrecht, S. 15; Koziol, Grundfragen des Schadensersatzrechts, S. 76 ff.

440 Adams, Ökonomische Analyse der Gefährdungs- und Verschuldenshaftung, S. 8 f.; Bötticher, AcP 158, 385 ff.; Schlobach, Das Präventionsprinzip im Recht des Schadensersatzes, S. 312 ff.; Deutsch, Allgemeines Haftungsrecht, S. 3, 14 f.

441 Adams, Ökonomische Analyse der Gefährdungs- und Verschuldenshaftung, S. 9; Deutsch, Allgemeines Haftungsrecht, S. 3 f., 14 f.

442 Schlobach, Das Präventionsprinzip im Recht des Schadensersatzes, S. 39; S. 314 ff.; Larenz, Lehrbuch des Schuldrechts Bd. I, § 27 I; Esser/Weyers, Schuldrecht Bd. II BT, Teilband 2, § 53, S. 137 f.

443 Koziol, Grundfragen des Schadensersatzrechts, S. 78.

444 Kötz, Deliktsrecht, S. 32.

445 Kötz/Schäfer, AcP 189, 501, 505 ff., 525; Kötz, FS Steindorff, S. 665.

446 Kötz/Schäfer, AcP 189, 1989, 501, 505 ff., 525; Kötz, FS Steindorff, S. 665.

447 vgl. auch Schlobach, Das Präventionsprinzip im Recht des Schadensersatzes, S. 315.

der vermiedenen Schäden.[448] Der Aufwand zur Schadensverhütung soll idealerweise auf das gesamtgesellschaftlich optimale Niveau hin gelenkt werden.[449] Das optimale Niveau lässt sich unter Heranziehung des Pareto-Kriteriums so bestimmen, dass die Differenz zwischen den durch die Schadensvermeidung entstehenden Kosten und dem dadurch entstehenden Nutzen maximal sein muss, da dann die gesamtgesellschaftlichen Kosten minimiert sind.[450] Aus dem optimalen Niveau der Schadensverhütung ergibt sich auch das optimale Sorgfaltsniveau, das von potentiellen Schädigern einzuhalten ist. Dies wurde bereits 1947 von dem US-amerikanischen Richter Learned Hand in der sog. „Learned-Hand-Formel" wie folgt konkretisiert: „Als fahrlässig ist das Verhalten desjenigen anzusehen, der Sicherungsmaßnahmen unterlässt, deren Kosten kleiner sind als der Schaden, multipliziert mit seiner Eintrittswahrscheinlichkeit".[451]

c) *Schutz durch Inalienability Rules*

Bei einem Schutz durch Inalienability Rules ist die Übertragung des Rechts vom Inhaber auf einen Dritten generell unzulässig oder von besonderen, festgelegten Voraussetzungen abhängig.[452] Der Schutz durch Inalienability Rules stellt daher die höchste Form staatlichen Eingreifens dar. Rechte werden durch Inalienability Rules geschützt, wenn moralische Vorstellungen geschützt und durchgesetzt werden sollen oder wenn die langfristige Sicherung und effiziente Nutzung von Gütern bezweckt wird.[453] Dies gilt vor allem für Güter, die für die Allgemeinheit eine herausgehobene Bedeutung haben, z.B. die Menschenrechte oder körperliche Organe.[454] Grundsätzlich ist das Verbot einer Transaktion aufgrund von Inalienability Rules nicht effizient, da es verhindert, dass Marktaktionäre

---

448 Kötz, FS Steindorff, S. 647 f.; Calabresi, The Costs of Accidents, S. 17 ff., 68 ff.; Schlobach, Das Präventionsprinzip im Recht des Schadensersatzes, S. 42 f.; Cooter/Ulen, Law&Economics, S. 200 f.

449 Endres, Ökonomische Grundlagen des Haftungsrechts, S. 1; Kötz, FS Steindorff, S. 648.

450 Adams, Ökonomische Analyse der Gefährdungs- und Verschuldenshaftung, S. 42; Endres, Ökonomische Grundlagen des Haftungsrechts, S. 1.

451 United States v. Carroll Towing Co., 159 F. 2d 169, 173 (2d Cir. 1947); s.a. Cooter/Ulen, Law&Economics, S. 213 ff.

452 Schäfer/Ott, Lehrbuch der ökonomischen Analyse des Zivilrechts, S. 593; Calabresi/Melamed, Harvard Law Review, Vol. 85 (1972), No. 6, 1089, 1111 ff.

453 Peukert, Güterzuordnung als Rechtsprinzip, S. 104; Schäfer/Ott, Lehrbuch der ökonomischen Analyse des Zivilrechts, S. 593; Cooter/Ulen, Law&Economics, S. 162.

454 Cooter/Ulen, Law&Economics, S. 161.

bestimmte Güter erhalten können.[455] Es kann jedoch dann effizient sein, wenn die Transaktion eine Vielzahl von Menschen beeinträchtigen würde.[456] Dies trifft zum Beispiel bei Verstößen gegen allgemein anerkannte Moralvorstellungen zu.

d) Weitere Schutzmöglichkeiten

Als weitere Möglichkeiten des Schutzes hat sich in den letzten Jahren der Schutz durch commons oder open bzw. free access herausgebildet.[457] Dabei stehen die Rechte an einer Ressource entweder einer bestimmten Gruppe oder der Allgemeinheit zu.[458] In homogenen Gruppen können gemeinschaftlich ausgeübte Rechte stabil und vorteilhaft sein.[459] Ein freier Zugang zu Gütern kann effizient sein, wenn ein diskriminierungsfreier Zugang allen Bürgern möglich sein sollte (Straßen, Bürgersteige, Parks usw.) oder wenn ein Rechtsinhaber selbst mehr Vorteile als Nachteile durch einen freien Zugang hat (z.B. Salzstreuer im Restaurant).[460]

e) Effizienter Schutz von Immaterialgüterrechten

In Bezug auf die hier zu untersuchenden Immaterialgüterrechte stellt sich die Frage, wie die Rechte ausgestaltet sein sollten, um die Ressourcenallokation zu optimieren.[461] Bei der Ausgestaltung der Rechte und ihres Schutzes ist zu beachten, dass bei Immaterialgüterrechten die Missbrauchsgefahr, bezogen auf die rechtswidrige Verletzung der Schutzrechte, groß ist. Die geschützten Güter und Innovationen sind von ihrer Natur her öffentliche Güter und können grundsätzlich von beliebig vielen Menschen parallel benutzt werden; ihre Nutzung kann außerdem nur mit sehr hohen Kosten gesteuert werden.[462]

Aus wohlfahrtsökonomischen Gesichtspunkten bedeutet eine hohe Missbrauchsgefahr hohe Kosten für die Gesellschaft, da durch den Missbrauch ein wirtschaftlicher Schaden entsteht.[463] Ein übermäßig strenges Sanktionensystem

---

455 Cooter/Ulen, Law&Economics, S. 161.
456 Calabresi/Melamed, Harvard Law Review, Vol. 85 (1972), No. 6, 1089, 1112 f.
457 Peukert, Güterzuordnung als Rechtsprinzip, S. 103.
458 Peukert, Güterzuordnung als Rechtsprinzip, S. 103.
459 Peukert, Güterzuordnung als Rechtsprinzip, S. 104.
460 Peukert, Güterzuordnung als Rechtsprinzip, S. 104.
461 Peukert, Güterzuordnung als Rechtsprinzip, S. 103.
462 Schäfer/Ott, Lehrbuch der ökonomischen Analyse des Rechts, S. 600; Peukert, Güterzuordnung als Rechtsprinzip, S. 109.
463 vgl. Landes/Posner, The Economic Structure of Intellectual Property Law, S. 16 ff., 21 ff.

ist aber ebenfalls mit gesamtgesellschaftlichen Kosten verbunden, da dann die Gefahr der unberechtigten Durchsetzung von Schutzrechten zunimmt. Nach den Kriterien der ökonomischen Analyse des Rechts sollte ein Sanktionensystem daher genau so bemessen sein, dass die Verletzungen im größtmöglichen Sinne ausbleiben, aber die gesamtgesellschaftlichen Kosten im Rahmen bleiben.

Als Instrumente eines wirkungsvollen Sanktionensystems kommen liability rules, also die Gewährung von Schadensersatzansprüchen, oder property rules, und damit die Gewährung von Unterlassungsansprüchen, in Betracht. Verfügungsverbote eignen sich bei Immaterialgüterrechten in der Regel weniger. Eine Transaktion von Immaterialgüterrechten, die gegen allgemeine Moralvorstellungen verstößt oder einer langfristigen Sicherung von Gütern zuwiderläuft, dürfte nur in Ausnahmen anzutreffen sein. Ein Schutz durch commons oder open access ist, wie bereits dargelegt wurde, nur in besonderen Konstellationen effizient und sinnvoll. Wikipedia oder verschiedene Softwareprogramme sind Beispiele dafür, dass dies im Bereich der Immaterialgüterrechte in diesen besonderen Konstellationen sinnvoll und effizient funktionieren kann.

In der Literatur wird diskutiert, zunächst immer Unterlassungsansprüche zu gewähren, da durch sie das geschützte Recht an denjenigen gelange, der es am höchsten bewerte.[464] Nach anderer Ansicht soll die Gewährung von Schadensersatzansprüchen grundsätzlich vorzugswürdig gegenüber der Gewährung von Unterlassungsansprüchen sein.[465] Richtig ist, dass weder ein Schutz über liabilty rules noch über property rules als per se vorzugswürdig einzustufen ist.[466] Es ist vielmehr darauf abzustellen, welches Sanktionsinstrument im Einzelfall aus wohlfahrtsökonomischer Sicht am effizientesten ist. Es gibt Konstellationen, in denen sind die Kosten der Transaktion so hoch, dass selbst nach deren Vollzug diese Kosten nicht aufgewogen werden können.[467] In diesen Fällen sehr hoher Transaktionskosten ist der Rechtsschutz durch liability rules daher vorzugswürdig.[468] Andererseits sind property rules, also auch Unterlassungsverfügungen, in der Regel vorzugswürdig, wenn die Transaktionskosten gering sind.[469]

---

464 Calabresi/Melamed, Harvard Law Review, Vol. 85 (1972), No. 6, S. 1092 ff., 1106.

465 Posner, Economic Analysis of law, S. 86 ff., 243 ff.; Landes/Posner, The Economic Structure of Tort Law; S. 29 ff.

466 Peukert, Güterzuordnung als Rechtsprinzip, S. 103; Cooter/Ulen, Law & Economics, S. 100.

467 Calabresi/Melamed, Harvard Law Review, Vol. 85 (1972), No. 6, S. 1106.

468 Cooter/Ulen, Law & Economics, S. 100; vgl. auch Calabresi/Melamed, Harvard Law Review, Vol. 85 (1972), No. 6, S. 1107.

469 Cooter/Ulen, Law&Economics, S. 100, 168 f.

Unterlassungsverfügungen können auch dann vorzugswürdig sein, wenn den Gerichten keine umfassenden Informationen über den Sachverhalt und die Werte der verletzten Immaterialgüter zur Verfügung stehen.[470] Verfügen die Gerichte nur über unvollständige Informationen, ist die Gefahr einer fehlerhaften Festsetzung des zu gewährenden Schadensersatzes besonders hoch.[471] Fehlentscheidungen bedeuten aber gleichzeitig Kosten für die Allgemeinheit. Dieser Zusammenhang lässt Unterlassungsansprüche in Fällen unvollständiger Informationsgrundlagen als vorzugswürdig gegenüber Schadensersatzansprüchen erscheinen.

Ein Vorteil von Unterlassungsansprüchen ist für den Rechtsinhaber die Möglichkeit, diese im einstweiligen Verfügungsverfahren durchzusetzen. Der Rechtsinhaber kann schnell und kostengünstig einen zumindest vorläufigen Titel erlangen und die Rechtsverletzung unterbinden. Kostengünstig ist das Verfahren für ihn zum einen, weil die Verfahrensdauer deutlich kürzer ist als beim Hauptsacheverfahren. Das Gericht kann ohne mündliche Verhandlung entscheiden, § 937 Abs. 2 ZPO; in Fällen besonderer Dringlichkeit kann sogar der Vorsitzende allein entscheiden, § 944 ZPO. Zum anderen nimmt das Gericht nur eine summarische Prüfung vor, weshalb der Rechtsinhaber die entscheidungserheblichen Tatsachen nur glaubhaft machen und nicht beweisen muss.[472] Dieser Umstand führt jedoch zwangsläufig häufiger zu Fehlentscheidungen, als es in einem Hauptsacheverfahren der Fall ist. Fehlentscheidungen bedeuten wiederum gesamtgesellschaftliche Kosten und sind damit ineffizient. Der deutsche Gesetzgeber hat daher als zusätzlichen „Sicherungsmechanismus" die Schadensersatzpflicht gemäß § 945 ZPO eingeführt, um den Effizienzverlust durch Fehlentscheidungen zu minimieren.[473] Der Rechtsinhaber muss gemäß § 945 ZPO dem Antragsgegner den Schaden ersetzen, wenn die Verfügung sich später als von Anfang an ungerechtfertigt erweist oder aufgehoben wird. Dies führt dazu, dass der Rechtsinhaber, selbst bei einem für ihn erfolgreichen Verlauf des einstweiligen Rechtsschutzverfahrens, den Titel letztlich nur nach einer wohlüberlegten Folgenabwägung vollziehen wird. Zum anderen gleicht der verschuldensunabhängige Anspruch alle Schäden durch die ungerechtfertigte einstweilige Unterlassungsverfügung wieder aus.

---

470 Calabresi/Melamed, Harvard Law Review, Vol. 85 (1972), No. 6, S. 1092 ff., 1106, 1110.

471 Posner, Economic Analysis of law, S. 87; vgl. auch Calabresi/Melamed, Harvard Law Review, Vol. 85 (1972), No. 6, S. 1106 ff.

472 vgl. dazu ausführlich Kapitel D. I.

473 vgl. Kapitel E. III. 1.

Als weiteren „Sicherungsmechanismus" gibt der Gesetzgeber dem Gericht die Möglichkeit, die Unterlassungsverfügung nur gegen Sicherheitsleistung anzuordnen, § 921 ZPO. Dadurch kann das Gericht den Schadensersatzanspruch des Antragsgegners sichern und die negativen wirtschaftlichen Folgen von Fehlentscheidungen minimieren. Aus ökonomischer Sicht darf die Sicherheitsleistung aber nicht so hoch bemessen sein, dass sie den Rechtsinhaber letztlich von der Durchsetzung der Verfügung abhält, da sie dann leerlaufen würde.

Trotz dieser vielfachen Vorzüge von Unterlassungsansprüchen gibt es Konstellation, in denen nur ein Schutz über liability rules sinnvoll ist. Dies ist der Fall bei eingetretenen Rechtsverletzungen, beispielsweise nach Verkehrsunfällen.[474] Für den Ausgleich bereits entstandener Schäden steht dem Rechtsinhaber nur der Schadensersatzanspruch zur Verfügung. Es wäre nicht möglich, beziehungsweise nur mit unverhältnismäßig viel Aufwand möglich, in diesen Konstellationen Schutz über Unterlassungsansprüche zu gewährleisten.[475] Die gleichzeitige Durchsetzung eines Unterlassungsanspruchs kann aber auch bei bereits eingetretenen Schäden sinnvoll sein, um zukünftige Schäden zu verhindern und den Verletzer zu einem rechtstreuen Verhalten in der Zukunft anzuhalten.

---

474 vgl. zu der Konstellation bei Unfällen: Calabresi/Melamed, Harvard Law Review, Vol. 85 (1972), No. 6, S. 1108 f.; Calabresi, The Costs of Accidents, S. 17 ff., 68 ff.

475 Calabresi/Melamed, Harvard Law Review, Vol. 85 (1972), No. 6, S. 1108 f.

C. Voraussetzungen der materiell-rechtlichen Unterlassungsansprüche

Das Vorliegen eines materiell-rechtlichen Unterlassungsanspruches ist Grundvoraussetzung für eine erfolgreiche prozessuale Durchsetzung dieser Ansprüche. Aus diesem Grunde sollen im Folgenden die Anspruchsvoraussetzungen kurz dargestellt werden.

I. Markenrechtlicher Unterlassungsanspruch, § 14 Abs. 5 MarkenG

Gemäß § 14 Abs. 5 MarkenG kann der Inhaber einer Marke bei Wiederholungsgefahr oder beim erstmaligen Drohen einer Zuwiderhandlung denjenigen auf Unterlassung in Anspruch nehmen, der ein Zeichen entgegen § 14 Abs. 2 bis 4 benutzt. Der Unterlassungsanspruch ist zusammen mit dem Schadensersatzanspruch aus § 14 Abs. 6 MarkenG, dem Vernichtungsanspruch und dem Auskunftsanspruch Teil des markenrechtlichen Sanktionensystems, das die Rechtsfolgen einer Markenrechtsverletzung sanktioniert. Er entspricht den Anforderungen von Art. 11 S. 1 der Richtlinie 2004/48/EG und von Art. 44 TRIPS.[476] Der Unterlassungsanspruch im deutschen Markengesetz besteht grundsätzlich unabhängig von einem Verschulden des Verletzens. Er kann deshalb sogar gegen jemanden geltend gemacht werden, der das verletzte Kennzeichen noch nicht einmal kannte.[477]

1. Rechtswidrige Kennzeichenrechtsverletzung

Voraussetzung eines Unterlassungsanspruchs ist gemäß § 14 Abs. 5 S. 1 MarkenG, dass der Anspruchsgegner ein Zeichen verletzt hat. Eine Kennzeichenrechtsverletzung liegt vor, wenn der Anspruchsgegner ein Zeichen gemäß § 14 Abs. 2 bis 4 MarkenG benutzt. Nach § 14 Abs. 2 Nr. 1 MarkenG ist einem Dritten die Benutzung eines mit der Marke identischen Zeichens für identische Waren und Dienstleistungen untersagt. § 14 Abs. 2 Nr. 2 MarkenG untersagt die Benutzung eines identischen oder ähnlichen Zeichens für ähnliche oder identische

476 vgl. Hacker, in: Ströbele/Hacker, MarkenG, § 14, Rn. 371; Ingerl/Rohnke, MarkenG, Vor § 14–19d, Rn. 76.

477 KG, Beschluß vom 18. 08. 2006, 5 W 190/06, GRUR-RR, 2007, 68, 69 – *Keyword Advertising.*

Waren und Dienstleistungen, wenn dadurch eine Verwechslungsgefahr entsteht. § 14 Abs. 2 Nr. 3 MarkenG verbietet die Verwendung eines mit der Marke identischen oder ähnlichen Zeichens für Waren oder Dienstleistungen, auch wenn diese Waren oder Dienstleistungen nicht denen ähnlich sind, für die die Marke Schutz genießt. Dies gilt zumindest dann, wenn es sich um eine bekannte Marke handelt und das Zeichen die Unterscheidungskraft und Wertschätzung der bekannten Marke ausnutzt. Eine Verwendung in diesem Sinne ist gemäß § 14 Abs. 3 MarkenG insbesondere dann gegeben, wenn das Zeichen auf Waren oder der Verpackung angebracht wird, unter dem Zeichen Waren oder Dienstleistungen angeboten oder in Verkehr gebracht, importiert oder exportiert werden oder das Zeichen in Geschäftspapieren oder der Werbung benutzt wird. Eine Kennzeichenrechtsverletzung liegt nach § 14 Abs. 4 MarkenG ferner vor, wenn ein Dritter ohne Zustimmung des Inhabers der Marke im geschäftlichen Verkehr ein identisches oder ähnliches Zeichen auf Verpackungen, Aufmachungen oder Kennzeichnungsmitteln anbringt, diese dann anbietet, in Verkehr bringt, zu diesem Zweck besitzt oder sie importiert oder exportiert. Unter ähnlichen Voraussetzungen gewährt § 15 Abs. 4 MarkenG auch dem Inhaber einer geschäftlichen Bezeichnung einen Unterlassungsanspruch bei einer Verletzung seiner geschäftlichen Bezeichnung gemäß § 15 Abs. 2, 3 MarkenG.[478] Bei der Benutzung einer geographischen Herkunftsangabe entgegen § 127 MarkenG steht dem Inhaber ein Unterlassungsanspruch gemäß § 128 Abs. 1 MarkenG zu.[479]

Das Vorliegen einer Markenrechtsverletzung indiziert die für den Unterlassungsanspruch erforderliche Rechtswidrigkeit.[480] Sie entfällt, wenn der Rechtsinhaber seine Zustimmung zu der Benutzungshandlung erteilt, § 14 Abs. 2, Abs. 4 MarkenG oder ihn eine Duldungspflicht trifft.[481]

2. Sachlegitimation

Der Unterlassungsanspruch steht dem materiell-rechtlichen Markeninhaber unabhängig von der Eintragung im Markenregister zu.[482] § 28 Abs. 1 MarkenG begründet nur die Vermutung dafür, dass der im Register eingetragene Markeninhaber auch der materiell-rechtliche ist. Diese Vermutung ist aber

478 vgl. Hacker, in: Ströbele/Hacker MarkenG, § 15, Rn. 97 ff.

479 vgl. Ingerl/Rohnke, MarkenG, § 128, Rn. 2.

480 Fezer, Markenrecht, § 24, Rn. 119.

481 Ingerl/Rohnke, MarkenG, § 14, Rn. 52 ff.

482 Fezer, Markenrecht, § 14, Rn. 985; Ingerl/Rohnke, MarkenG, Vor § 14–19d, Rn. 10; v.Schultz/Schweyer, Markenrecht, § 14, Rn. 221.

widerlegbar.[483] Bei einer Übertragung des Markenrechts ist der neue Rechtsinhaber gem. § 27 MarkenG aktivlegitimiert.[484] Bei einer Übertragung nach Eintritt der Rechtshängigkeit hat dies keinen Einfluss auf die Aktivlegitimation des Klägers.[485] Dieser handelt nunmehr als Prozessstandschafter für den materiellrechtlichen Rechtsinhaber gemäß § 265, 325 ZPO.[486] Bei mehreren Inhabern steht das Recht zur Geltendmachung des Unterlassungsanspruchs jedem einzelnen Mitinhaber zu.[487] Der Lizenznehmer ist nicht selbst aus eigenem Recht aktivlegitimiert.[488] Er kann aber als gewillkürter Prozessstandschafter mit Zustimmung des Rechtsinhabers Unterlassungsansprüche geltend machen.[489] Die Aktivlegitimation lässt sich nicht durch bloße Abtretung des Unterlassungsanspruchs gem. § 398 ff. BGB übertragen.[490] Sie ist nur zusammen mit der Abtretung der Marke möglich, da sonst ein Verstoß gegen § 399, 1.Alt. BGB vorläge.[491]

Schuldner eines markenrechtlichen Unterlassungsanspruchs ist zunächst derjenige, der das Markenrecht als Täter oder auch Mittäter verletzt.[492] Teilnehmer, also Anstifter oder Gehilfen, an einer markenrechtlichen Benutzungshandlung entgegen § 14 Abs. 2 bis 4 MarkenG sind gemäß § 830 BGB ebenso passivlegitimiert.[493] Eine besondere Regelung über die Haftung des Betriebsinhabers enthält § 14 Abs. 7 MarkenG. Dieser haftet für alle in seinem geschäftlichen Betrieb von Angestellten oder Beauftragten begangenen Markenrechtsverletzungen,

---

483 Hacker, in: Ströbele/Hacker, MarkenG, § 14, Rn. 373; Ingerl/Rohnke, MarkenG, Vor § 14–19d, Rn. 10; Ekey, in: Ekey, Klippel, Bender, Markenrecht, § 14, Rn. 412.

484 vgl. Fezer, Markenrecht, § 14, Rn. 985; Ingerl/Rohnke, MarkenG, Vor § 27, Rn. 14.

485 Ingerl/Rohnke, MarkenG, Vor § 14–19d, Rn. 11; Hacker, in: Ströbele/Hacker, MarkenG, § 14, Rn. 377.

486 Ingerl/ Rohnke, MarkenG, Vor § 14–19d, Rn. 11; Hacker, in: Ströbele/Hacker, MarkenG, § 14, Rn. 377.

487 Lange, Marken- und Kennzeichenrecht, Rn. 5424 (S. 1352); Ingerl/Rohnke, MarkenG, Vor § 14–19d, Rn. 12.

488 Hacker, in: Ströbele/Hacker, MarkenG, § 14, Rn. 379.

489 v.Schultz/Schweyer, Markenrecht, § 14, Rn. 222; Ingerl/Rohnke, MarkenG, Markenrecht, § 14, Rn. 222.

490 Ekey, in: Ekey/Klippel/Bender, Markenrecht, § 14, Rn. 418; Hacker, in: Ströbele/Hacker, MarkenG, § 14, Rn. 378.

491 Lange, Marken- und Kennzeichenrecht, Rn. 5446 (S. 1356); Ströbele/Hacker, MarkenG, § 14, Rn. 378.

492 Fezer, Markenrecht, § 14, Rn. 986; v.Schultz/Schweyer, Markenrecht, § 14, Rn. 221; Ingerl/Rohnke, MarkenG, Vor § 14–19d, Rn. 14.

493 Fezer, Markenrecht, § 14, Rn. 986; Lange, Marken- und Kennzeichenrecht, Rn. 5457 (S. 1360).

unabhängig von einem Verschulden der Handelnden.[494] Im Unterschied zu der ähnlichen Regelung des § 831 BGB hat der Betriebsinhaber bei Markenrechtsverletzungen nach § 14 Abs. 7 MarkenG keine Exkulpationsmöglichkeit. Die Regelung begründet einen eigenen Anspruch gegen den Betriebsinhaber und wird weit ausgelegt, da sich der Betriebsinhaber nicht hinter von ihm abhängigen Dritten verstecken können soll.[495] Bei juristischen Personen und Personengesellschaften haften diese für ihre Organe bzw. ihre gesetzlichen Vertreter gemäß §§ 31, 89 BGB.[496] Die Organe oder gesetzlichen Vertreter haften persönlich, wenn sie die Verletzungshandlung als (Mit-)Täter oder zumindest Teilnehmer begangen haben oder wenn sie von der Verletzungshandlung Kenntnis und die Möglichkeit hatten, diese zu verhindern.[497]

Unabhängig von der Haftung der Täter oder Teilnehmer kann auch jemand Schuldner eines markenrechtlichen Unterlassungsanspruchs sein, der lediglich Störer ist.[498] Störer ist derjenige, der in irgendeiner Weise willentlich und adäquat-kausal an der Herbeiführung oder Aufrechterhaltung einer Kennzeichenverletzung mitgewirkt hat.[499] Es reicht für die Inanspruchnahme als Störer auch die Unterstützung oder Ausnutzung der Handlung eines eigenverantwortlich handelnden Dritten aus, sofern der Störer die Möglichkeit hatte, die Handlung zu verhindern.[500] Um eine zu starke Ausweitung der Störerhaftung zu verhindern, ist zusätzlich die Verletzung von zumutbaren Prüfungspflichten Voraussetzung für die Haftung für Markenrechtsverletzungen.[501] Das Bestehen und der Umfang dieser Prüfungspflichten sind vom Einzelfall abhängig, wobei die Funktion des

---

494 v.Schultz/Schweyer, Markenrecht, § 14, Rn. 224; Ingerl/Rohnke, MarkenG, Vor § 14–19d, Rn. 43 ff.; Lange, Marken- und Kennzeichenrecht, Rn. 5485 (S. 1366).

495 Ingerl/Rohnke, MarkenG, Vor §14–19d, Rn. 44 ff.; v.Schultz/Schweyer, Markenrecht, § 14, Rn. 225.

496 Ingerl/Rohnke, MarkenG, Vor § 14–19d, Rn. 33; Hacker, in: Ströbele/Hacker, MarkenG, § 14, Rn. 399.

497 Hacker, in: Ströbele/Hacker, MarkenG, § 14, Rn. 399; Lange, Marken- und Kennzeichenrecht, Rn. 5483 (S. 1366).

498 Lange, Marken- und Kennzeichenrecht, Rn. 5463 (S. 1361).

499 Lange, Marken- und Kennzeichenrecht, Rn. 5463 (S. 1361); Hacker, in: Ströbele/Hacker, MarkenG, § 14, Rn. 391.

500 BGH, Urteil vom 10.10.1996, I ZR 129/94, GRUR 1997, 313, 315 – *Architektenwettbewerb.*

501 Ingerl/Rohnke, MarkenG, Vor § 14–19d, Rn. 56; BGH, Urteil vom 10.10.1996, I ZR 129/94, GRUR 1997, 313, 315 – *Architektenwettbewerb.*

als Störer in Anspruch genommenen und die Eigenverantwortung des unmittelbar Handelnden zu berücksichtigen sind.[502]

Die Störerhaftung hat sich aus den Regeln über Besitz- und Eigentumsstörungen in § 862 und § 1004 BGB entwickelt.[503] Sie fand anfangs im Wettbewerbsrecht Anwendung, wurde aber für das Markenrecht ausdrücklich bestätigt.[504] Im Bereich der Immaterialgüterrechte, also auch des Markenrechts, muss das Institut der Störerhaftung schon aufgrund Art. 11 S. 3 der Richtlinie 2004/48/EG Bestand haben.[505] Nach Art. 11 S. 3 RL 2004/48/EG sind die Mitgliedstaaten verpflichtet, dem Rechtsinhaber die Möglichkeit zu geben, eine Anordnung gegen Mittelspersonen zu beantragen, deren Dienste von Dritten zwecks Verletzung von geistigen Eigentumsrechten in Anspruch genommen werden.[506] Der Gesetzgeber hatte bei der Umsetzung der Richtlinie ins deutsche Recht diese Bestimmung nicht ausdrücklich in den Gesetzestext aufgenommen, da er davon ausging, dass die von der Rechtsprechung entwickelten Grundsätze der Störerhaftung ausreichend seien.[507] Daher würde eine Änderung der Rechtsprechung zu einem Verstoß gegen die Vorgaben der Richtlinie führen.[508]

3. Begehungsgefahr

Gemäß § 14 Abs. 5 MarkenG besteht ein Unterlassungsanspruch nur in den Fällen, in denen eine besondere Begehungsgefahr besteht. Begehungsgefahr liegt vor, wenn ernsthaft zu befürchten ist, dass zukünftig gegen eine gesetzliche Unterlassungspflicht verstoßen wird.[509] Die Begehungsgefahr ist eine materiellrechtliche Anspruchsvoraussetzung und kann gemäß § 14 Abs. 5 S. 1 in Form einer Wiederholungsgefahr oder gemäß § 14 Abs. 5 S. 2 in Form einer Erstbegehungsgefahr bestehen.[510] Um das Vorliegen einer Begehungsgefahr annehmen zu

---

502 BGH, Urteil vom 17. 5. 2001, I ZR 251/99, GRUR 2001, 1038, 1039 f. – *ambiente.de.*

503 Lange, Marken- und Kennzeichenrecht, Rn. 5463 (S. 1361).

504 Hacker, in: Ströbele/Hacker, MarkenG, § 14, Rn. 391 f., 394 f.; BGH, Urteil vom 11. 3. 2004, I ZR 304/01, GRUR 2004, 860, 864 – *Internet-Versteigerung.*

505 Hacker, in: Ströbele/Hacker, MarkenG, § 14, Rn. 395; s.a. Kapitel B. II. 2. B).

506 Hacker, in: Ströbele/Hacker, MarkenG, § 14, Rn. 395.

507 BT-Drs.16/5048, S. 32.

508 vgl. auch Hacker, in: Ströbele/Hacker, MarkenG, § 14, Rn. 395.

509 Schmid-Petersen, in: Heydn/Schmid-Petersen/Vassilaki, Durchsetzung von Rechten des geistigen Eigentums, S. 52, Rn. 173.

510 Fezer, Markenrecht, § 14, Rn. 994 ff.; Schmidt-Petersen, in: Heydn/Schmidt-Petersen/Vassilaki, Durchsetzung von Rechten des geistigen Eigentums, S. 52, Rn. 172.

können, müssen konkrete Anhaltspunkte dafür vorliegen, die auf tatsächlichen Umständen beruhen.[511]

a) *Wiederholungsgefahr*

Das Tatbestandsmerkmal der Wiederholungsgefahr wurde ausdrücklich erst mit dem Umsetzungsgesetz zur Durchsetzungsrichtlinie in § 14 Abs. 5 MarkenG eingefügt, war aber in der Rechtsprechung schon vorher anerkannt.[512] Die Wiederholungsgefahr wurde seit jeher als immanenter Bestandteil eines Unterlassungsanspruchs angesehen.[513] Wiederholungsgefahr ist dann gegeben, wenn eine in der Vergangenheit begangene Kennzeichenverletzung befürchten lässt, dass zukünftig dieselbe oder eine gleichartige Verletzungshandlung begangen wird.[514] Die Wiederholungsgefahr besteht damit für alle im Kern gleichartigen Verletzungshandlungen.[515] Die rechtsverletzende Handlung muss bereits im Zeitpunkt ihrer Begehung rechtswidrig gewesen sein, was vor allem voraussetzt, dass die verletzte Marke und der gesetzliche Verletzungstatbestand bereits bestanden haben.[516] Wenn bereits eine Kennzeichenverletzung durch den Anspruchsgegner begangen wurde, besteht eine tatsächliche Vermutung für die Wiederholungsgefahr.[517] Der Verletzer kann die Vermutung aber dadurch widerlegen, dass er tatsächliche Anhaltspunkte für das Fehlen oder den Wegfall der Wiederholungsgefahr vorträgt und beweist.[518] Die Rechtsprechung stellt aber hohe Anforderungen daran, so dass die Widerlegung praktisch nur durch die Abgabe einer eindeutigen, unwiderruflichen und ausreichend strafbewehrten Unterlassungserklärung möglich ist.[519] Die Unterlassungserklärung muss den Gegenstand des

511 Schmid-Petersen, in: Heydn/Schmid-Petersen/Vassilaki, Durchsetzung von Rechten des geistigen Eigentums, S. 52, Rn. 174.

512 Hacker, in: Ströbele/Hacker, MarkenG, § 14, Rn. 433; Schmid-Petersen, in: Heydn/Schmid-Petersen/Vassilaki, Durchsetzung von Rechten des geistigen Eigentums, S. 52, Rn. 176 f.

513 Hacker, in: Ströbele/Hacker, MarkenG, § 14, Rn. 433.

514 Ingerl/Rohnke, MarkenG, Vor §§ 14–19d, Rn. 80.

515 Schmid-Petersen, in: Heydn/Schmid-Petersen/Vassilaki, Durchsetzung von Rechten des geistigen Eigentums, S. 54, Rn. 178; Fezer, Markenrecht, § 14, Rn. 996.

516 Ingerl/Rohnke, MarkenG, Vor §§ 14–19d, Rn. 82.

517 Hacker, in: Ströbele/Hacker, MarkenG, § 14, Rn. 434.

518 Schmid-Petersen, in: Heydn/Schmid-Petersen/Vassilaki, Durchsetzung von Rechten des geistigen Eigentums, S. 54, Rn. 179.

519 Ingerl/Rohnke, MarkenG, Vor §§ 14–19d, Rn. 86; Hacker, in: Ströbele/Hacker, MarkenG, § 14, Rn. 434.

Unterlassungsanspruchs in vollem Umfang abdecken.[520] Sie muss die Verletzungshandlungen umfassen, die im Kern gleichartig sind, darf aber nicht so weit gefasst sein, dass sie zum Beispiel Handlungsformen mit einschließt, die keine Verletzung darstellen oder nach §§ 23, 24 MarkenG freigestellt sind.[521] Sie darf auch nicht zu unbestimmt sein oder über das Charakteristische der Verletzungshandlung hinausgehen.[522]

b) Erstbegehungsgefahr

Ein markenrechtlicher Unterlassungsanspruch kann auch vorbeugend gegeben sein, also bevor es überhaupt zu einer Kennzeichenverletzung gekommen ist.[523] Erforderlich ist dafür, dass aufgrund objektiver Umstände eine Erstbegehungsgefahr vorliegt.[524] Eine Erstbegehungsgefahr ist gegeben, wenn die erstmalige Begehung einer Kennzeichenrechtsverletzung aus tatsächlichen Gründen ernstlich und unmittelbar zu befürchten ist.[525] Sie muss im Zeitpunkt der mündlichen Verhandlung bzw. im Zeitpunkt des Beschlusses vorliegen.[526] Die Erstbegehungsgefahr wird vor allem in Fällen angenommen, in denen sich der Anspruchsgegner berühmt, zur Benutzung des Kennzeichens berechtigt zu sein, oder in denen er bestimmte Vorbereitungshandlungen einer Schutzrechtsverletzung vornimmt, wie das Anmelden eines verletzenden Kennzeichens.

aa) Änderungen durch die Richtlinie 2004/48/EG

Die Erstbegehungsgefahr ist durch das Umsetzungsgesetz zur Durchsetzungsrichtlinie erstmals in den Gesetzestext in § 14 Abs. 5 S. 2 MarkenG eingefügt worden.[527] Zwar fordert der dem Unterlassungsanspruch zugrunde liegende Art. 11 der Richtlinie 2004/48/EG nicht ausdrücklich, dass ein Unterlassungsanspruch bei Erstbegehungsgefahr vorliegen muss, die Umsetzung wurde aber trotzdem

---

520 Hacker, in: Ströbele/Hacker, MarkenG, § 14, Rn. 435; vgl. Nielen, in: Stöckel, Hdb. Markenrecht, S. 300.

521 Hacker, in: Ströbele/Hacker, MarkenG, § 14, Rn. 462 f.

522 Fezer, Markenrecht, § 14, Rn. 996; Nielen, in: Stöckel, Hdb. Markenrecht, S. 301; Hildebrandt, Marken und andere Kennzeichen, § 27, Rn. 18.

523 Hacker, in: Ströbele/Hacker, § 14, Rn. 444; Ingerl/Rohnke, MarkenG, Vor §§ 14–19d, Rn. 99.

524 Fezer, Markenrecht, § 14, Rn. 997.

525 Fezer/Hirsch, Hdb. Markenpraxis, Bd.I MarkenVerfR 4.Teil Rn. 363; Ingerl/Rohnke, MarkenG, Vor §§ 14–19d, Rn. 99.

526 Fezer/Hirsch, Hdb. Markenpraxis, Bd.I MarkenVerfR 4.Teil Rn. 363.

527 Ingerl/Rohnke, MarkenG, Vor §§ 14–19d, Rn. 99.

zum Anlass genommen, die Erstbegehungsgefahr erstmals ausdrücklich in das MarkenG aufzunehmen.[528] Bereits vor der Änderung durch das Umsetzungsgesetz konnte der Rechtsinhaber aber vorbeugend einen Unterlassungsanspruch haben.[529] In Fortführung der zu § 1004 BGB entwickelten Grundsätze war es ihm nicht zumutbar, zunächst eine Rechtsverletzung abzuwarten.[530] Vielmehr gewährte ihm die Rechtsprechung bei Vorliegen einer Erstbegehungsgefahr bereits vor der Gesetzesänderung einen Unterlassungsanspruch.[531] Eine Änderung der Rechtslage ging daher mit der Umsetzung der Durchsetzungsrichtlinie nicht einher.[532] Das zusätzliche Erfordernis der Erstbegehungsgefahr verstößt auch, ebenso wie das Erfordernis der Wiederholungsgefahr, nicht gegen das Günstigkeitsprinzip aus Art. 2 Abs. 1 der Richtlinie 2004/48/EG.[533]

bb) Annahme einer Erstbegehungsgefahr

Eine Erstbegehungsgefahr kann nur angenommen werden, wenn die sie begründenden Umstände die Verletzungshandlung bereits konkret abzeichnen.[534] Es muss sich daraus für alle Tatbestandsmerkmale zuverlässig beurteilen lassen, ob sie verwirklicht sind.[535]

Wenn der Anspruchsgegner bereits konkrete Vorbereitungshandlungen für eine Verletzungshandlung vorgenommen hat, liegt eine typische Fallkonstellation vor, bei der angenommen werden kann, dass die Kennzeichenverletzung unmittelbar bevorsteht.[536] Eine derartige Vorbereitungshandlung stellt insbesondere die Anmeldung einer rechtsverletzenden Marke dar.[537] Die Einreichung einer Markenanmeldung eines zumindest verwechslungsfähigen Zeichens für identische oder ähnliche Waren begründet eine markenverletzende Störung, auch wenn im Zeitpunkt der Markenanmeldung das Zeichen noch nicht benutzt

---

528 Amschewitz, Durchsetzungsrichtlinie, S. 383.

529 v.Schultz/Schweyer, 2002, Markenrecht, § 14, Rn. 235.

530 Ingerl/Rohnke, MarkenG, 2003, Vor §§ 14–19, Rn. 60; Amschewitz, Durchsetzungsrichtlinie, S. 292, 383.

531 vgl. BGH, Beschluss vom 17.03.1994, I ZR 304/91, GRUR 1994, 530, 532 – *Beta*.

532 vgl. BT-Drucks. 16/5048, S. 32; Amschewitz, Durchsetzungsrichtlinie, S. 383.

533 Hacker, in: Ströbele/Hacker, MarkenG, § 14, Rn. 433;

534 Hildebrandt, Marken und andere Kennzeichen, § 27, Rn. 15.

535 Hildebrandt, Marken und andere Kennzeichen, § 27, Rn. 15.

536 Fezer/Hirsch, Hdb. Markenpraxis, Bd.I MarkenVerfR 4.Teil Rn. 363; Hildebrandt, Marken und andere Kennzeichen, § 27, Rn. 15.

537 Hacker, in: Ströbele/Hacker, MarkenG, § 14, Rn. 446; Ingerl/Rohnke, Vor §§ 14–19d, Rn. 99, 103 ff.; Fezer/Hirsch, Hdb. Markenpraxis, Bd.I MarkenVerfR 4.Teil Rn. 363.

wird.[538] Da der Zweck einer Markenanmeldung immer die bestimmungsgemäße Verwendung des Zeichens ist, kommt es weder darauf an, ob der Anmelder selbst zur Benutzung (z.B. mangels Geschäftsbetriebs) in der Lage ist oder welche subjektiven Verwendungsabsichten er hat.[539]

Eine weitere typische Fallkonstellation, bei der regelmäßig von dem Vorliegen einer Erstbegehungsgefahr ausgegangen werden kann, ist die Berühmung, zur Benutzung des streitgegenständlichen Zeichens berechtigt zu sein.[540] Davon ist dann auszugehen, wenn der Anspruchsgegner behauptet, seiner Ansicht nach und in Kenntnis der prioritätsälteren Marke sein jüngeres Zeichen benutzen zu dürfen.[541] Die Behauptung darf aber nicht lediglich in einem Prozess zur Rechtsverteidigung abgegeben worden sein, sondern es müssen tatsächliche Anhaltspunkte dafür vorliegen, dass der Anspruchsgegner gewillt ist, in naher Zukunft das Zeichen entsprechend seiner Äußerungen zu benutzen.[542]

c) Der Wegfall der Begehungsgefahr

Wenn eine Begehungsgefahr in Form einer Wiederholungs- oder Erstbegehungsgefahr vorliegt, kann der Anspruchsgegner sie ausräumen und so einer Verurteilung entgehen. Die Rechtsprechung stellt unterschiedliche Anforderungen je nachdem, ob es um den Wegfall einer Wiederholungsgefahr oder einer Erstbegehungsgefahr geht.[543] Für die Ausräumung einer bestehenden Wiederholungsgefahr bedarf es der Abgabe einer ernsthaften, unwiderruflichen und ausreichend strafbewehrten Unterlassungserklärung. Bereits geringe Zweifel an der Ernstlichkeit der Erklärung können nach der Rechtsprechung ausreichen, um zur Unwirksamkeit der Unterlassungserklärung zu führen.[544]

Im Gegensatz zur Wiederholungsgefahr besteht bei der Erstbegehungsgefahr schon keine Vermutung für deren Fortbestand.[545] Die Rechtsprechung stellt daher

538 Fezer/ Hirsch, Hdb. Markenpraxis, Bd.I MarkenVerfR 4.Teil Rn. 363; Ingerl/ Rohnke, MarkenG, Vor §§ 14–19d, Rn. 99, 103 ff.

539 Ingerl/Rohnke, MarkenG, Vor §§ 14–19d, Rn. 99, 103 ff.

540 Ingerl/Rohnke, MarkenG, Vor §§ 14–19d, Rn. 99, 101 f.

541 Fezer/Hirsch, Hdb. Markenpraxis, Bd.I MarkenVerfR 4.Teil Rn. 363.

542 Fezer/Hirsch, Hdb. Markenpraxis, Bd.I MarkenVerfR 4.Teil Rn. 363; Ingerl/Rohnke, MarkenG, Vor §§ 14–19d, Rn. 99, 101 f.

543 Hildebrandt, Marken und andere Kennzeichen, § 27, Rn. 17; Ingerl/ Rohnke, MarkenG, Vor §§ 14–19d, Rn. 125.

544 Hildebrandt, Marken und andere Kennzeichen, § 27, Rn. 13.

545 Ingerl/ Rohnke, MarkenG, Vor §§ 14–19d, Rn. 125.

auch geringere Anforderungen an die Beseitigung der Erstbegehungsgefahr.[546] Es muss daher auch nicht zwingend eine strafbewehrte Unterlassungserklärung abgegeben werden.[547] Wenn die Erstbegehungsgefahr aufgrund einer Vorbereitungshandlung wie einer Markenanmeldung besteht, reicht die Vornahme eines „actus contrarius", also ein der Begründungshandlung entgegengesetztes Verhalten, aus.[548] In den Fällen, in denen sich der Anspruchsgegner berühmt, das Kennzeichen benutzen zu dürfen, muss er die Berühmung eindeutig und unmissverständlich aufgeben.[549] Dafür ist grundsätzlich eine ernstliche Erklärung, die beanstandete Handlung in der Zukunft nicht vorzunehmen, ausreichend.[550] Im Gegensatz zu der für den Wegfall der Wiederholungsgefahr erforderlichen Unterlassungserklärung bedarf es hier keiner Strafbewehrung.[551]

II. Urheberrechtlicher Unterlassungsanspruch, § 97 Abs. 1 UrhG

§ 97 UrhG normiert den urheberrechtlichen Unterlassungsanspruch. Er gilt für Urheberrechte und alle anderen durch das Urhebergesetz geschützten Rechte, wie das Leistungsschutzrecht des Verfassers wissenschaftlicher Ausgaben nach § 70 UrhG oder das Leistungsschutzrecht des Lichtbildners nach § 72 UrhG. § 97 Abs. 1 UrhG ist ebenso wie § 14 Abs. 5 MarkenG im Zuge der Umsetzung der Durchsetzungsrichtlinie geändert worden und entspricht nun inhaltlich § 14 Abs. 5 MarkenG und den Regelungen der Unterlassungsansprüche in den übrigen Gesetzen der gewerblichen Schutzrechte.

1. Urheberrechtsverletzung

Voraussetzung für das Vorliegen eines urheberrechtlichen Unterlassungsanspruchs ist ausweislich § 97 Abs. 1 S. 1 UrhG, dass der Anspruchsgegner eine Verletzungshandlung hinsichtlich eines Urheberrechts oder verwandten Schutzrechts begangen hat. Eine Verletzungshandlung liegt dann vor, wenn sich ein Nutzer Befugnisse an einem fremden Urheberrecht anmaßt oder diese ausübt, die allein dem Urheber bzw. einem Rechteinhaber zustehen, ohne hierzu dessen

546 BGH, Urteil vom 13. 3. 2008, I ZR 151/05, GRUR 2008, 912, 913 – *Metrosex;* Fezer, Markenrecht, § 14, Rn. 998.

547 Ingerl/ Rohnke, MarkenG, Vor §§ 14–19d, Rn. 125.

548 Hildebrandt, Marken und andere Kennzeichen, § 27, Rn. 17.

549 Ingerl/ Rohnke, MarkenG, Vor §§ 14–19d, Rn. 126.

550 Hildebrandt, Marken und andere Kennzeichen, § 27, Rn. 17.

551 Hacker, in: Ströbele/Hacker, MarkenG, § 14, Rn. 453.

Zustimmung zu besitzen.[552] § 97 UrhG erfasst nur Fälle der Verletzung absoluter Rechte, nicht hingegen die Verletzung nur schuldrechtlicher Berechtigungen oder Gestattungen.[553] Eine Rechtsverletzung liegt auch vor, wenn der Inhaber eines Nutzungsrechtes dessen Grenzen überschreitet.[554] Sie scheidet aus, wenn der Berechtigte den Eingriff in sein Urheberrecht auf Grund der Schranken des Urheberrechts nach §§ 44a ff. UrhG dulden muss.[555] Gleichfalls scheidet sie aus, wenn das Urheberrecht bereits gem. § 64 UrhG durch Zeitablauf erloschen ist. Bei lediglich reflexartigen Beeinträchtigungen der Verwertungsrechte kann sich der Rechtsinhaber nicht auf eine Rechtsverletzung berufen, da sich der Eingriff immer gegen das Urheberrecht als solches richten muss.[556] Voraussetzung für eine Rechtsverletzung i.S.d. § 97 UrhG ist des Weiteren, dass ein deutsches Urheberrecht durch eine im Inland begangene Verletzungshandlung verletzt wurde, da das Territorialitätsprinzip auch im Urheberrecht gilt.[557]

2. Widerrechtlichkeit

Anders als im MarkenG fordert § 97 Abs. 1 S. 1 UrhG ausdrücklich die Widerrechtlichkeit der Rechtsverletzung. Ein Verschulden ist aber wie beim markenrechtlichen Unterlassungsanspruch nicht erforderlich.[558] Die Verletzung eines Urheberrechts oder verwandten Schutzrechts wird als Erfolgs- und nicht als Verhaltensunrecht angesehen, so dass eine Verletzungshandlung grundsätzlich die Rechtswidrigkeit indiziert.[559] Ein Anspruchsgegner, der sich darauf beruft, gerechtfertigt zu sein, muss dies darlegen und beweisen.[560]

Die Rechtswidrigkeit entfällt, wenn eine wirksame Zustimmung des Rechtsinhabers vorliegt oder wenn ein Rechtfertigungsgrund eingreift.[561] Eine wirksame Zustimmung kann entweder in Form einer vorherigen Einwilligung nach § 182 BGB oder einer nachträglichen Genehmigung nach § 184 BGB erfolgen.[562]

---

552 Dreier, in: Dreier/Schulze, UrhG, § 97, Rn. 3, 5.
553 Dreier, in: Dreier/Schulze, § 97, Rn. 3.
554 Dreier, in: Dreier/Schulze, § 97, Rn. 5.
555 Loewenheim/Vinck, Hdb. des Urheberrechts, § 81, Rn. 5.
556 Dreier, in: Dreier/Schulze, UrhG, § 97, Rn. 7.
557 Dreier, in: Dreier/Schulze, UrhG, § 97, Rn. 10.
558 Schack, Urheber- und Urhebervertragsrecht, § 21, Rn. 797.
559 Fromm/Nordemann, Urheberrecht, § 97, Rn. 21.
560 Loewenheim//Vinck, Hdb. des Urheberrechts, § 81, Rn. 9.
561 Schricker/Loewenheim/Wild, Urheberrecht, § 97, Rn. 32.
562 Fromm/Nordemann, Urheberrecht, § 97, Rn. 24.

Die Widerrechtlichkeit einer rechtsverletzenden Handlung kann auch durch Eingreifen eines Rechtfertigungsgrundes entfallen. Als Rechtfertigungsgründe für eine Urheberrechtsverletzung kommen das Schikaneverbot gem. § 226 BGB, die Notwehr nach § 227 BGB, der Notstand nach § 228, § 904 BGB und die Selbsthilfe gem. § 229 ff. BGB in Betracht.[563] Die Widerrechtlichkeit kann auch im Rahmen einer Abwägung des Urheberrechts, das durch Art. 14 GG geschützt ist, mit anderen Grundrechten, insbesondere der Meinungs-, Informations-, Presse- und Kunstfreiheit aus Art. 5 GG, entfallen, wenn diesen im Einzelfall höheres Gewicht zukommt.[564] Diese Abwägung nimmt die Rechtsprechung im Rahmen der Prüfung eines übergesetzlichen Notstandes vor und gelangt so zu einem angemessenen Ausgleich der widerstreitenden Interessen.[565]

3. Aktivlegitimation

Den Unterlassungsanspruch aus § 97 Abs. 1 UrhG kann derjenige geltend machen, der Verletzter, also Inhaber des Rechts, ist.[566] Bei der Verletzung von Urheberpersönlichkeitsrechten ist zu Lebzeiten immer nur der Urheber selbst aktivlegitimiert.[567] Nach dem Tod des Urhebers geht die Aktivlegitimation auf seine Erben bzw. den Testamentsvollstrecker über, § 28 UrhG. Auch der Inhaber eines Nutzungsrechtes kann aktivlegitimiert sein. Es kommt darauf an, ob er über ein ausschließliches Nutzungsrecht oder über ein einfaches Nutzungsrecht verfügt. Der Inhaber eines ausschließlichen Nutzungsrechtes kann einen Unterlassungsanspruch nach § 97 UrhG gegen einen Verletzer geltend machen.[568] Je nach räumlichem, sachlichem und zeitlichem Umfang des ausschließlichen Nutzungsrechtes verliert der Urheber seine Aktivlegitimation durch Einräumung eines ausschließlichen Nutzungsrechtes.[569] Der Urheber bleibt aber trotz der Einräumung aktivlegitimiert, soweit es um die Verletzung

---

563 Fromm/Nordemann, Urheberrecht, § 97, Rn. 22; von Wolff, in: Wandtke/Bullinger, UrhG, § 97, Rn. 33.

564 Dreier, in: Dreier/Schulze, UrhG, § 97, Rn. 15; Fromm/Nordemann, Urheberrecht, § 97, Rn. 23.

565 Fromm/Nordemann, Urheberrecht, § 97, Rn. 23; Loewenheim/Vinck, Hdb.des Urheberrechts, § 81, Rn. 8.

566 Loewenheim/Vinck, Hdb. des Urheberrechts, § 81, Rn. 11.

567 Dreier, in: Dreier/Schulze, UrhG, § 97, Rn. 17.

568 von Wolff, in: Wandtke/Bullinger, UrhG, § 97, Rn. 9; Fromm/Nordemann, Urheberrecht, § 97, Rn. 128, 133.

569 Dreier, in: Dreier/Schulze, UrhG, § 97, Rn. 19; von Wolff, in: Wandtke/Bullinger, UrhG, § 97, Rn. 9.

von Urheberpersönlichkeitsrechten geht oder wenn er ein eigenes schutzwürdiges, wirtschaftliches oder ideelles Interesse an der Geltendmachung des Unterlassungsanspruchs hat.[570]

Der Inhaber eines einfachen Nutzungsrechtes ist nicht aktivlegitimiert.[571] Wenn der Urheber ein einfaches Nutzungsrecht überträgt, bleibt er zur Geltendmachung von Unterlassungsansprüchen nach § 97 UrhG berechtigt.[572] Der Inhaber eines einfachen Nutzungsrechtes kann Ansprüche nur im Wege einer gewillkürten Prozessstandschaft geltend machen.[573]

4. Passivlegitimation

a) Täter oder Teilnehmer

Der Unterlassungsanspruch nach § 97 Abs. 1 UrhG richtet sich gegen denjenigen, der ein fremdes Urheberrecht verletzt. Verletzer ist derjenige, der die Rechtsverletzung als Täter entweder selbst adäquat kausal begeht oder daran als Teilnehmer (Anstifter, Gehilfe) beteiligt ist.[574] Auf ein Verschulden des Verletzers kommt es dabei nicht an, sondern lediglich darauf, ob ein willentliches Verhalten vorliegt.[575] Handeln mehrere Verletzer in Mittäterschaft oder als Teilnehmer, sind sie Gesamtschuldner gemäß § 840 Abs. 1 BGB, so dass der Verletzte gegen jeden ganz oder teilweise vorgehen kann.[576]

b) Störer

Passivlegitimiert ist auch der Störer einer Urheberrechtsverletzung. Störer ist, wer, ohne selbst Verletzer zu sein, in irgendeiner Weise willentlich und adäquat kausal an der Rechtsverletzung mitgewirkt hat, soweit es ihm zumutbar und möglich war, die Rechtsverletzung abzuwenden.[577] Das Erfordernis einer Störerhaftung im Urheberrecht ergibt sich bereits aus Art. 8 Abs. 3 der Richtlinie

---

570 Fromm/Nordemann, Urheberrecht, § 97, Rn. 23; Dreier, in: Dreier/Schulze, UrhG, § 97, Rn. 19.

571 Loewenheim/Vinck, Hdb. des Urheberrechts, § 81, Rn. 11.

572 Dreier, in: Dreier/Schulze, UrhG, § 97, Rn. 20; von Wolff, in: Wandtke/Bullinger, UrhG, § 97, Rn. 8 f.

573 Fromm/Nordemann, Urheberrecht, § 97, Rn. 132.

574 Dreier, in: Dreier/Schulze, UrhG, § 97, Rn. 23.

575 Meckel, in: HK-UrhR, § 97, Rn. 26.

576 Loewenheim/Vinck, Hdb. des Urheberrechts, § 81, Rn. 14.

577 Dreier, in: Dreier/Schulze, UrhG, § 97, Rn. 33.

2001/29/EG und ist durch die Rechtsprechung bestätigt worden.[578] Um die Störerhaftung aber nicht ins Uferlose auszudehnen, ist nach der Rechtsprechung des BGH zusätzlich eine Verletzung zumutbarer Prüfungspflichten erforderlich.[579] Die Prüfungspflicht beginnt in dem Zeitpunkt, in dem der Störer Kenntnis von der Rechtsverletzung erlangt und bezieht sich nur auf grobe, offensichtliche Rechtsverletzungen.[580] Die Prüfungspflicht ist nicht als allgemeine proaktive Überwachungspflicht zu verstehen, da dies die tägliche Arbeit der betroffenen Unternehmen übermäßig beeinträchtigen würde.[581] Der Störer muss lediglich Vorsorge dafür treffen, dass es nicht zu weiteren Rechtsverletzungen desselben Verletzers kommt.[582] In der Praxis ist die Störerhaftung im Urheberrecht insbesondere von Bedeutung bei Urheberrechtsverletzungen im Internet, beispielsweise bei Tauschbörsen und Plattformen wie ebay, und beim Anzeigengeschäft im Zeitungs- und Zeitschriftengewerbe.[583]

Bei Urheberrechtsverletzungen im Internet sind für Host- und Access-Provider die Regelungen der §§ 8 bis 10 TMG von Bedeutung. Danach haften Host-Provider für fremde Inhalte nur, wenn sie von diesen Inhalten Kenntnis hatten und es ihnen technisch möglich und zumutbar war, die Nutzung dieser Inhalte zu verhindern, § 10 TMG.[584] Access-Provider haften nach § 8 f. TDG nur dann für rechtswidrige Inhalte, zu deren Nutzung sie Zugang vermitteln, wenn ihnen die Rechtswidrigkeit der Inhalte bekannt ist.[585] Diese Regelung resultiert daraus, dass die Host- und Access Provider nur eine Plattform zur Verfügung stellen. Allein die Zurverfügungstellung dieser Plattform macht sie aber noch nicht zu Teilnehmern an Rechtsverletzungen.[586] Der Privilegierungsgrund liegt

---

578 BGH, Urteil vom 12. 5. 2010, I ZR 121/08, GRUR 2010, 633, 634 – *Sommer unseres Lebens.*

579 BGH, Urteil vom 15.10.1998, I ZR 120 / 96, GRUR 1999, 418, 420 – *Möbelklassiker;* Fromm/Nordemann, Urheberrecht, § 97, Rn. 157 ff.; Dreier, in: Dreier/Schulze, UrhG, § 97, Rn. 33.

580 Fromm/Nordemann, Urheberrecht, § 97, Rn. 158; Dreier, in: Dreier/Schulze, UrhG, § 97, Rn. 33.

581 Loewenheim/Vinck, Hdb. des Urheberrechts, § 81, Rn. 14; Dreier, in: Dreier/Schulze, UrhG, § 97, Rn. 33; von Wolff, in: Wandtke/Bullinger, UrhG, § 97, Rn. 16 f.

582 Dreier, in: Dreier/Schulze, UrhG, § 97, Rn. 33.

583 Loewenheim/Vinck, Hdb. des Urheberrechts, § 81, Rn. 15; von Wolff, in: Wandtke/Bullinger, UrhG, § 97, Rn. 16 f.

584 vgl. Loewenheim/Vinck, Hdb. des Urheberrechts, § 81, Rn. 17.

585 vgl. Loewenheim/Vinck, Hdb. des Urheberrechts, § 81, Rn. 17.

586 Loewenheim/Vinck, Hdb. des Urheberrechts, § 81, Rn. 17.

darin, dass sich die Tätigkeit der Provider lediglich darauf beschränkt, dass sie automatisiert Daten durchleiten und dabei keine Kenntnis über die Daten erhalten.[587] Eine generelle Kontrolle aller Daten ist ihnen nicht möglich und zumutbar.[588] Die Störerhaftung greift hier erst ein, wenn der Provider Kenntnis von einer Rechtsverletzung auf seiner Plattform erlangt und das Angebot nach dieser Kenntnis nicht überprüft und sperrt.[589]

c) Haftung für Dritte

Passivlegitimiert für Unterlassungsansprüche nach § 97 Abs. 1 UrhG ist gemäß § 99 UrhG auch der Inhaber eines Unternehmens, wenn seine Mitarbeiter oder von ihm Beauftragte in seinem Betrieb Rechtsverletzungen begangen haben.[590] Dies gilt selbst dann, wenn der Unternehmer keine Kenntnis von der Rechtsverletzung hatte, bzw. sogar dann, wenn die Rechtsverletzung gegen seinen Willen stattfand.[591]

5. Begehungsgefahr

Ein urheberrechtlicher Unterlassungsanspruch setzt materiell-rechtlich genauso wie der markenrechtliche Unterlassungsanspruch das Bestehen einer besonderen Begehungsgefahr voraus. Wenn es bereits zu einer Rechtsverletzung gekommen ist, kann diese in Form einer Wiederholungsgefahr vorliegen. Wenn noch keine Rechtsverletzung erfolgt ist, kann diese in Form einer Erstbegehungsgefahr bestehen.

a) Wiederholungsgefahr

Wiederholungsgefahr ist die konkrete Gefahr, dass es in Zukunft zu gleichartigen Rechtsverletzungen unter den gleichen Tatumständen kommen wird.[592] Wenn es bereits zu einer Urheberrechtsverletzung gekommen ist, wird das Vorliegen der

587 Fromm/Nordemann, Urheberrecht, § 97, Rn. 188.

588 Fromm/Nordemann, Urheberrecht, § 97, Rn. 188.

589 Loewenheim/Vinck, Hdb. des Urheberrechts, § 81, Rn. 17; Dreier, in: Dreier/Schulze, UrhG, § 97, Rn. 33a.

590 Loewenheim/Vinck, Hdb. des Urheberrechts, § 81, Rn. 16.

591 Loewenheim/Vinck, Hdb. des Urheberrechts, § 81, Rn. 16; Dreier, in: Dreier/Schulze, UrhG, § 97, Rn. 35.

592 Fromm/Nordemann, Urheberrecht, § 97, Rn. 30.

Wiederholungsgefahr indiziert.[593] Es besteht dann eine widerlegbare tatsächliche Vermutung dafür.[594]

b) *Erstbegehungsgefahr*

Der Unterlassungsanspruch kann auch beim erstmaligen Drohen einer Rechtsverletzung gegeben sein.[595] Dann kann ein vorbeugender Unterlassungsanspruch nach § 97 Abs. 1 S. 2 UrhG vorliegen. Dieser ist im Rahmen der Umsetzung der Durchsetzungsrichtlinie 2008 erstmalig ausdrücklich in das Urhebergesetz eingefügt worden.[596] Eine Rechtsänderung ist damit aber nicht eingetreten, sondern lediglich eine Klarstellung, da der vorbeugende Unterlassungsanspruch vorher bereits der gefestigten Rechtsprechung entsprach.[597]

Die Erstbegehungsgefahr kann in verschiedenen Konstellationen gegeben sein. Eine typische Fallgruppe liegt vor, wenn eine andere Verletzungshandlung begangen worden ist, die die ernsthafte Gefahr auslöst, dass es alsbald zu anderen gleichartigen Verletzungen kommen wird.[598] Nach einer anderen Fallgruppe wird Erstbegehungsgefahr angenommen, wenn Handlungen begangen werden, die befürchtete Rechtsverletzungen vorbereiten, wie beispielsweise ein Unternehmen, das einen Beauftragten anweist, eine illegale Vervielfältigung vorzunehmen.[599]

c) *Beseitigung der Begehungsgefahr*

Für die Beseitigung von Wiederholungsgefahr und Erstbegehungsgefahr gelten unterschiedliche Kriterien. An die Widerlegung der Wiederholungsgefahr werden sehr hohe Anforderungen gestellt.[600] Weder die bloße Erklärung, das rechtsverletzende Verhalten einzustellen, noch das tatsächliche Einstellen der Rechtsverletzung sind ausreichend.[601] Vielmehr bedarf es einer unwiderruflichen, strafbewehrten Unterlassungserklärung.[602] Diese muss inhaltlich die

593 Dreier, in: Dreier/Schulze, UrhG, § 97, Rn. 41.
594 Fromm/Nordemann, Urheberrecht, § 97, Rn. 30 f.
595 Meckel, in: HK-UrhR, § 97, Rn. 46.
596 BT-Drs.16/5048, S. 48.
597 BT-Drs.16/5048, S. 48; Fromm/Nordemann, Urheberrecht, § 97, Rn. 39.
598 Fromm/Nordemann, Urheberrecht, § 97, Rn. 39.
599 Fromm/Nordemann, Urheberrecht, § 97, Rn. 39; BGH, Urteil vom 22.01.1960, I ZR 41/58, GRUR 1960, 340, 343 – *Werbung für Tonbandgeräte.*
600 von Wolff, in: Wandtke/Bullinger, UrhG, § 97, Rn. 37.
601 Loewenheim/Vinck, Hdb. des Urheberrechts, § 81, Rn. 23.
602 Dreier, in: Dreier/Schulze, UrhG, § 97, Rn. 42.

Urheberrechtsverletzung voll abdecken.[603] Die Höhe der Vertragsstrafe richtet sich nach dem wirtschaftlichen und ideellen Interesse, das der Verletzte daran hat, dass künftige Verletzungen unterbleiben, und sie darf keinen Zweifel an der Ernstlichkeit des Verletzers lassen, zukünftige Rechtsverletzungen zu unterlassen.[604] Insofern gilt hier nichts anderes als beim markenrechtlichen Unterlassungsanspruch. Beim Urheberrecht kann es aber zu der Besonderheit kommen, dass der Unterlassungsanspruch mehreren Personen zusteht.[605] In diesem Fall genügt es, wenn der Verletzer die Unterlassungserklärung einem der Gläubiger gegenüber abgibt.[606]

An die Beseitigung der Erstbegehungsgefahr werden geringere Anforderungen gestellt. Die Abgabe einer strafbewehrten Unterlassungserklärung ist regelmäßig nicht erforderlich.[607] Ausreichend ist ein actus contrarius, dieser kann durch Rückgängigmachung, Widerruf oder durch die Erklärung erfolgen, dass man die beanstandete Handlung in Zukunft unterlassen werde.[608]

III. Patentrechtlicher Unterlassungsanspruch, § 139 Abs. 1 PatG

§ 139 Abs. 1 PatG normiert den patentrechtlichen Unterlassungsanspruch. Er ist auf alle Patente anwendbar, die nach dem 1.1.1980 erteilt wurden.[609] Er gilt nur für deutsche Patente und erstreckte DDR Patente sowie für europäische Patente, die für die BRD erteilt wurden gemäß Art. 2, 64 EPÜ.[610]

Der patentrechtliche Unterlassungsanspruch basiert auf Art. 44 TRIPS und dient dem Schutz des Patentinhabers vor künftigen rechtswidrigen Eingriffen.[611] Er besteht deshalb, wie auch die Unterlassungsansprüche im Bereich der übrigen

603 von Wolff, in: Wandtke/Bullinger, UrhG, § 97, Rn. 37; Fromm/Nordemann, Urheberrecht, § 97, Rn. 34.

604 Meckel, in: HK-UrhR, § 97, Rn. 42; von Wolff, in: Wandtke/Bullinger, UrhG, § 97, Rn. 37.

605 Fromm/Nordemann, Urheberrecht, § 97, Rn. 38, 128.

606 Fromm/Nordemann, Urheberrecht, § 97, Rn. 38.

607 Meckel, in: HK-UrhR, § 97, Rn. 47.

608 Fromm/Nordemann, Urheberrecht, § 97, Rn. 38.

609 Kanz, in: Büscher/Dittmer/Schiwy, Gewerblicher Rechtsschutz Urheberrecht Medienrecht, Kap. 1, § 139 PatG, Rn. 2.

610 Kanz, in: Büscher/Dittmer/Schiwy, Gewerblicher Rechtsschutz Urheberrecht Medienrecht, Kap. 1, § 139 PatG, Rn. 2.

611 Busse/Keukenschrijver, Patentgesetz, § 139, Rn. 35.

gewerblichen Schutzrechte, verschuldensunabhängig.[612] Dies zeigt sich bei § 139 Abs. 1 PatG auch daran, dass beim Schadensersatzanspruch nach § 139 Abs. 2 PatG ein Verschulden als Anspruchsvoraussetzung ausdrücklich im Gesetzestext genannt ist, in § 139 Abs. 1 PatG hingegen nicht.

1. Rechtswidrige Patentverletzung

Voraussetzung des Unterlassungsanspruchs nach § 139 Abs. 1 PatG ist, dass der Anspruchsgegner eine patentierte Erfindung entgegen den §§ 9 bis 13 PatG benutzt hat. Erforderlich ist daher zunächst, dass der Anspruchsinhaber über ein erteiltes Patent verfügt, das Wirkung für Deutschland hat und nicht erloschen ist.[613] Die angegriffene Ausführungsform muss die Merkmale des Patentanspruchs wortsinngemäß und/oder äquivalent verwirklichen und es muss eine verbotene gewerbliche Gebrauchshandlung vorliegen.[614] § 9 S. 2 Nr. 1 PatG verbietet jedem Dritten das Herstellen, Anbieten, in Verkehr bringen und den Gebrauch von Erzeugnissen, für die ein Patent besteht, sowie das Einführen oder Besitzen zu diesen Zwecken. Bei Verfahrenspatenten ist gemäß § 9 S. 2 Nr. 2 PatG jedem Dritten verboten, das Verfahren, das Gegenstand des Patents ist, anzuwenden oder zur Anwendung anzubieten. Ebenfalls ist es gemäß § 9 S. 2 Nr. 3 PatG verboten, ein Erzeugnis, das durch ein patentiertes Verfahren unmittelbar hergestellt ist, anzubieten, in Verkehr zu bringen, zu gebrauchen oder zu diesen Zwecken einzuführen oder zu besitzen. Nach § 10 PatG sind auch mittelbare Benutzungen eines Patents von dem Verbot umfasst. Mittelbare Benutzung umfasst dabei das Anbieten und die Lieferung von Mitteln zur Benutzung der Erfindung, wenn sich diese Mittel auf ein wesentliches Element der Erfindung beziehen. § 11 PatG schränkt diesen weiten Bereich der Patentverletzungen dadurch ein, dass er bestimmte nicht gewerbsmäßige Handlungen vom Wirkungsbereich des Patents ausnimmt. § 12 PatG schränkt die Wirkung des Patents gegenüber einem Vorbenutzer ein und § 13 PatG gewährt der Bundesregierung die Möglichkeit, die Patentwirkungen im Interesse der öffentlichen Wohlfahrt einzuschränken.

Eine Rechtsverletzung scheidet trotz einer Benutzungshandlung, die gegen §§ 9 ff. PatG verstößt, aus, wenn der Verletzer sich auf ein Benutzungsrecht (§§ 12, 13 PatG) berufen kann oder das Patenrecht bereits erschöpft ist.[615]

---

612 Busse/Keukenschrijver, Patentgesetz, § 139, Rn. 35.
613 Schulte/Voß/Kühnen, PatG, § 139, Rn. 38, 41.
614 Nieder, Die Patentverletzung, Rn. 36.
615 Benkard/Rogge/Grabinski, PatG, § 139, Rn. 9 ff.

Gemäß § 139 Abs. 3 PatG gilt bei der Verletzung eines Verfahrenspatents eine besondere Beweiserleichterung für den Inhaber des Verfahrenspatents. Danach besteht eine Beweislastumkehr dahingehend, dass das gleiche Erzeugnis, welches von einem Dritten hergestellt worden ist, nach dem patentierten Verfahren hergestellt wurde.[616] Der Anspruchsgegner muss daher darlegen und beweisen, dass sein hergestelltes Erzeugnis von gleicher Beschaffenheit nicht nach dem patentierten Verfahren hergestellt wurde.[617] Eine derartige Regelung gibt es im bereits besprochenen Marken- oder Urheberrecht nicht. Die Regelung trägt den Besonderheiten des Verfahrenspatents Rechnung, da es bei diesem für den Rechtsinhaber besonders schwer ist, eine Rechtsverletzung zu beweisen.[618]

Der patentrechtliche Unterlassungsanspruch setzt die Rechtswidrigkeit der Benutzungshandlung voraus, aber kein Verschulden.[619] Wenn eine rechtsverletzende Benutzung gemäß §§ 9 bis 13 PatG vorliegt, wird die Rechtswidrigkeit indiziert.[620] Der Anspruchsgegner kann das Vorliegen der Rechtswidrigkeit aber widerlegen, wenn er beweist, dass den Anspruchssteller eine Duldungspflicht trifft.[621]

2. Aktivlegitimation

Wenn eine Patentbenutzung entgegen der §§ 9 ff. PatG vorliegt, gewährt § 139 Abs. 1 PatG einen Anspruch auf Unterlassung der weiteren Benutzung.

a) Patentinhaber

Anspruchsinhaber dieses Unterlassungsanspruchs ist der Verletzte, also grundsätzlich der Patentinhaber.[622] Wer Inhaber des Patents ist, ergibt sich zunächst aus der Patentrolle, in der der Schutzrechtsinhaber und jeder Rechtsübergang des Patents eingetragen werden.[623] Die Eintragung in der Patentrolle begründet die widerlegliche Vermutung der Rechtsinhaberschaft, sie hat aber keine konstitutive

616 vgl. Mes, PatG, § 139 PatG, Rn. 418.
617 Mes, PatG, § 139 PatG, Rn. 420.
618 vgl. Busche, GRUR 2009, 236, 237 f.
619 Kanz in Büscher/Dittmer/Schiwy, Gewerblicher Rechtsschutz Urheberrecht Medienrecht, Kap. 1, § 139 PatG, Rn. 58 f.
620 Kanz in Büscher/Dittmer/Schiwy, Gewerblicher Rechtsschutz Urheberrecht Medienrecht, Kap. 1, § 139 PatG, Rn. 58.
621 Schulte/Voß/Kühnen, PatG, § 139, Rn. 48.
622 Mes, PatG, § 139 PatG, Rn. 43.
623 Nieder, Die Patentverletzung, Rn. 76.

Wirkung.[624] Wenn der materiell Berechtigte (noch) nicht in der Patentrolle eingetragen ist, kann er daher gegen den Eingetragenen den Unterlassungsanspruch aus § 139 Abs. 1 PatG auch ohne Umschreibung geltend machen.[625] Wenn das Patent mehreren Inhabern gemeinsam zusteht, ist danach zu differenzieren, ob sie eine GbR bilden oder eine Bruchteilsgemeinschaft.[626] Falls sie eine Bruchteilsgemeinschaft bilden, kann in entsprechender Anwendung des § 1011 BGB jeder einzelne für sich den Unterlassungsanspruch geltend machen.[627] Falls die Patentinhaber eine GbR bilden, muss die Gesellschaft den Unterlassungsanspruch geltend machen, da diese im Gegensatz zur Bruchteilsgemeinschaft selbst prozessfähig ist.[628]

b) Ausschließlicher Lizenznehmer

Der Patentinhaber kann die Rechte aus seinem Patent durch Vergabe einer ausschließlichen Lizenz an einen Dritten übertragen. Er kann diese ausschließliche Lizenz hinsichtlich einzelner Benutzungsarten, Schutzgebiete oder Schutzzeiträume erteilen. Der ausschließliche Lizenznehmer ist dann berechtigt, andere von der Benutzung des Patents auszuschließen, soweit seine Lizenz reicht.[629] Nur der Patentinhaber selber kann sich eine Eigennutzung vorbehalten.[630] Der ausschließliche Lizenznehmer ist hinsichtlich des Unterlassungsanspruchs aktivlegitimiert, soweit sein eigenes Nutzungsrecht berührt ist.[631] Der Patentinhaber bleibt daneben aktivlegitimiert, soweit er selbst durch die Patentverletzung betroffen ist.[632]

c) Einfacher Lizenznehmer

Wenn der Patentinhaber lediglich eine einfache Lizenz vergeben hat, ist der Lizenznehmer nicht selbst aktivlegitimiert, da er keine dingliche Rechtsposition

---

624 Busse/Keukenschrijver, Patentgesetz, § 139, Rn. 20; Nieder, Die Patentverletzung, Rn. 76.
625 Kanz in Büscher/Dittmer/Schiwy, Gewerblicher Rechtsschutz Urheberrecht Medienrecht, Kap. 1, § 139 PatG, Rn. 48.
626 Kanz in Büscher/Dittmer/Schiwy, Gewerblicher Rechtsschutz Urheberrecht Medienrecht, Kap. 1, § 139 PatG, Rn. 49.
627 Benkard/Rogge/Grabinski, PatG, § 139, Rn. 16.
628 Schulte/Voß/Kühnen, PatG, § 139, Rn. 13.
629 Schulte/Voß/Kühnen, PatG, § 139, Rn. 10.
630 Schulte/Voß/Kühnen, PatG, § 139, Rn. 10.
631 Nieder, Die Patentverletzung, Rn. 77.
632 Mes, PatG, § 139 PatG, Rn. 47.

erlangt hat.[633] Bei Ermächtigung durch den Patentinhaber ist eine Geltendmachung im Wege der gewillkürten Prozessstandschaft möglich, da der Lizenznehmer ein eigenes rechtliches Interesse daran hat, dass Rechtsverletzungen unterbleiben.[634]

d) Besonderheiten bei Übertragung von Patenten

Im Patentrecht kann nach einer Übertragung des Schutzrechts die Besonderheit auftreten, dass der alte Rechtsinhaber noch im Patentregister eingetragen ist, der neue Rechtsinhaber aber bereits materiell-rechtlich Inhaber des Patents ist. Diese Fälle regelt § 30 Abs. 3 S. 2 PatG. Danach bleibt der frühere Anmelder, Patentinhaber, Vertreter oder Zustellungsbevollmächtigte berechtigt und verpflichtet, solange die Änderung nicht im Register eingetragen ist. Nach der Rechtsprechung und der ganz herrschenden Meinung ist § 30 Abs. 2 S. 2 PatG so auszulegen, dass der im Register eingetragene alte Rechtsinhaber bei der Geltendmachung von Unterlassungsansprüchen Prozessstandschafter des materiellen Rechtsinhabers ist.[635] Dies wird damit begründet, dass die Änderungseintragungen nur deklaratorisch sind und nicht konstitutiv.[636] Die Umschreibung hat nur Bekanntmachungs- und Legitimationsfunktion, ist aber bedeutungslos für den materiellen Rechtserwerb.[637]

3. Passivlegitimation

Passivlegitimiert ist wie im Markenrecht und im Urheberrecht, wer Täter oder Teilnehmer einer Patentverletzung ist. Zusätzlich findet sich im Bereich der Haftung eines Teilnehmers einer Patentverletzung die patentrechtliche Sonderregelung des § 10 PatG, wonach auch mittelbare Patentverletzer haften. Die Regelung soll den Patentinhabern die Rechtsdurchsetzung erleichtern und trägt der Besonderheit Rechnung, dass sie den unmittelbaren Patentverletzer oft nur schwer feststellen können.[638] Aufgrund der Regelung können sich die Patentinhaber auch direkt an die mittelbaren Patentverletzer, z. B. die Lieferanten, halten.[639] § 10

---

633 Kanz in Büscher/Dittmer/Schiwy, Gewerblicher Rechtsschutz Urheberrecht Medienrecht, Kap. 1, § 139 PatG, Rn. 53.
634 Nieder, Die Patentverletzung, Rn. 77.
635 Rogge, GRUR 1985, 734; Mes, PatG, § 30 PatG, Rn. 18.
636 Mes, PatG, § 30 PatG, Rn. 18.
637 Verhauwen, GRUR 2011, 116.
638 Benkard/Scharen, PatG, § 10 PatG, Rn. 2.
639 Benkard/Scharen, PatG, § 10 PatG, Rn. 2.

Abs. 1 PatG ist damit eine Sonderform der Beihilfe, § 10 Abs. 2 PatG regelt eine Sonderform der Anstiftung.[640]

Die Grundsätze der Störerhaftung finden im Patentrecht ebenfalls Anwendung. Danach ist auch derjenige passivlegitimiert, der willentlich und adäquat kausal an einer Patentverletzung mitwirkt.[641] Dies kann jemand sein, der nicht an der eigentlichen rechtsverletzenden Handlung mitgewirkt hat, aber eine weitere Ursache für die Rechtsverletzung gesetzt hat.[642] Haftungsvoraussetzung ist in den Fällen der Störerhaftung wiederum, dass zumutbare Prüfungspflichten vom Störer verletzt wurden.[643] Bei mehreren Verletzern haftet jeder für sich auf Unterlassung.[644]

4. Begehungsgefahr

Voraussetzung des patentrechtlichen Unterlassungsanspruchs ist, dass zukünftige rechtswidrige Eingriffe in das Patent durch den Anspruchsgegner zu befürchten sind.[645]

Wenn es bereits zu einer Rechtsverletzung durch den Anspruchsgegner gekommen ist, besteht eine tatsächliche Vermutung für eine Wiederholungsgefahr.[646] Der Anspruchsgegner muss dann beweisen, dass eine solche Gefahr weiterer Rechtsverletzungen gerade nicht droht.[647] Eine Wiederholungsgefahr wird nicht nur für die konkrete Form der Verletzungshandlung begründet, sondern auch für alle im Kern gleichartigen Verletzungsformen.[648] Ausnahmsweise begründet eine Verletzungshandlung keine Wiederholungsgefahr, wenn die Handlung bereits verjährt ist.[649] Ebenso begründet eine Handlung vor Veröffentlichung der Patenterteilung keine Wiederholungsgefahr.[650] Eine Wiederholungsgefahr kann

640 Benkard/Rogge/Grabinski, PatG, § 139 PatG, Rn. 21.
641 Kanz, in: Büscher/Dittmer/Schiwy, Gewerblicher Rechtsschutz Urheberrecht Medienrecht, Kap. 1, § 139 PatG, Rn. 56.
642 Schulte/Voß/Kühnen, PatG, § 139, Rn. 21.
643 BGH, Urteil vom 19. 4. 2007, I ZR 35/04, GRUR 2007, 708, 711 – *Internet-Versteigerung II.*
644 Schulte/Voß/Kühnen, PatG, § 139, Rn. 20.
645 Benkard/Rogge/Grabinski, PatG, § 139 PatG, Rn. 27.
646 Busse/Keukenschrijver, Patentgesetz, § 139, Rn. 46.
647 Kanz, in: Büscher/Dittmer/Schiwy, Gewerblicher Rechtsschutz Urheberrecht Medienrecht, Kap. 1, § 139 PatG, Rn. 64.
648 Schulte/Voß/Kühnen, PatG, § 139, Rn. 50.
649 Busse/Keukenschrijver, Patentgesetz, § 139, Rn. 48.
650 Busse/Keukenschrijver, Patentgesetz, § 139, Rn. 48.

in diesen Fällen nur angenommen werden, wenn ein zusätzlicher tatsächlicher Anhaltspunkt hinzukommt, der auf die Gefahr einer drohenden Rechtsverletzung hindeutet, wie zum Beispiel eine Berühmung im Prozess.[651]

Ausreichend ist auch das Vorliegen einer Erstbegehungsgefahr. Dies ist seit der Umsetzung der Durchsetzungsrichtlinie im Jahre 2008 nun auch ausdrücklich in § 139 Abs. 1 S. 2 PatG geregelt. Eine Rechtsänderung ist damit aber nicht eingetreten, da eine Erstbegehungsgefahr von der Rechtsprechung auch schon vor der Gesetzesänderung als ausreichend angesehen wurde.[652] Erstbegehungsgefahr liegt im Patentrecht vor, wenn konkrete Tatsachen die Annahme belegen, dass eine Patentverletzung unmittelbar bevorsteht.[653] Sie wird zum Beispiel in Fällen angenommen, in denen der Anspruchsgegner sich berühmt, ein Benutzungsrecht am Patent zu haben und sich daraus die ernsthaft drohende Gefahr einer zukünftigen Patentverletzung herleiten lässt.[654] Ein anderer typischer Fall, in dem ein Unterlassungsanspruch wegen Erstbegehungsgefahr besteht, liegt vor bei Vorbereitungshandlungen zu einer rechtsverletzenden Patentbenutzung.[655]

An die Ausräumung der Begehungsgefahr sind dieselben Anforderungen zu stellen wie im Marken- und Urheberrecht.[656]

IV. Gebrauchsmusterrechtlicher Unterlassungsanspruch § 24 GebrMG

Der gebrauchsmusterrechtliche Unterlassungsanspruch ist in § 24 Abs. 1 GebrMG geregelt. Danach kann derjenige, der ein Gebrauchsmuster entgegen den §§ 11 bis 14 GebrMG benutzt, vom Verletzten auf Unterlassung in Anspruch genommen werden, wenn Wiederholungsgefahr oder Erstbegehungsgefahr vorliegt. Der Unterlassungsanspruch des Inhabers eines Gebrauchsmusters ist damit parallel zu dem des Patentinhabers aus § 139 PatG geregelt.[657] Dies resultiert daraus, dass auch das Gebrauchsmustergesetz im Zuge der Umsetzung

---

651 Busse/Keukenschrijver, Patentgesetz, § 139, Rn. 48.

652 Mes, PatG, § 139 PatG, Rn. 76.

653 BGH, Urteil vom 18.12.1969, X ZR 52/67, GRUR 1970, 358, 360 – *Heißläuferdetektor;* Kanz, in: Büscher/Dittmer/Schiwy, Gewerblicher Rechtsschutz Urheberrecht Medienrecht, Kap.1, § 139 PatG, Rn. 61.; Mes, PatG, § 139 PatG, Rn. 82.

654 Kanz, in: Büscher/Dittmer/Schiwy, Gewerblicher Rechtsschutz Urheberrecht Medienrecht, Kap.1, § 139 PatG, Rn. 62.

655 Schulte/Voß/Kühnen, PatG, § 139, Rn. 68.

656 s. die Ausführungen in Kapitel C. I. 3. c) und C. II. 5. c).

657 vgl. Mes, PatG, § 24 GebrMG, Rn. 1.

der Durchsetzungsrichtlinie 2008 mit den anderen gewerblichen Schutzrechten harmonisiert worden ist.[658] Da das Gebrauchsmuster aber im Gegensatz zum Patent ein ungeprüftes Schutzrecht ist (s. § 8 Abs. 1 S. 2 GebrMG), bestehen einige Besonderheiten.[659] Insbesondere besteht trotz der Rechtsähnlichkeit des § 24 GebrMG zu § 139 PatG keine Beweiserleichterung entsprechend § 139 Abs. 3 PatG.[660] Dies resultiert daraus, dass ein Gebrauchsmuster nicht für den Schutz von Verfahren eingetragen werden kann.[661]

1. Rechtsverletzung

Der Unterlassungsanspruch setzt eine objektive Verletzung eines rechtsbeständigen Gebrauchsmusters voraus.[662] Es muss also zum einen eine Erfindung vorliegen, die durch ein Gebrauchsmuster geschützt ist. Dabei reicht aber nicht die bloße Eintragung als Gebrauchsmuster, vielmehr muss der Gegenstand des Gebrauchsmusters schutzfähig sein.[663] Es müssen die sog. materiellen relativen Schutzvoraussetzungen der Neuheit, des erfinderischen Schritts und der gewerblichen Anwendbarkeit vorliegen.[664] Diese anspruchsbegründenden Tatsachen überprüft das Gericht entsprechend der Darlegungs- und Beweislast, wenn sie vom Anspruchsgegner bestritten werden.[665] Der Anspruchssteller hat die Schutzfähigkeit nach Bestreiten durch den Anspruchsgegner darzulegen.[666] Falls zwischen den Parteien eines Verletzungsverfahrens auch parallel ein Löschungsverfahren in Bezug auf das streitgegenständliche Gebrauchsmuster vor dem DPMA/BPatG anhängig ist, ist das Ergebnis des Löschungsverfahrens für den Verletzungsprozess zwischen den Parteien bindend.[667] Das Gericht kann den Verletzungsprozess bis zur Erledigung des Löschungsverfahrens aussetzen, § 19 S. 1 GebrMG. Im Gebrauchsmusterrecht besteht die Besonderheit, dass der Verletzungsrichter nicht an das eingetragene Gebrauchsmuster gebunden ist, §§ 13, 19 GebrMG. Dies resultiert daraus, dass das Gebrauchsmuster im Gegensatz

---

658 Mes, PatG, § 24 GebrMG, Rn. 2.
659 vgl. Mes, PatG, § 24 GebrMG, Rn. 3 ff.
660 Busse/Keukenschrijver, Patentgesetz, § 24 GebrMG, Rn. 2.
661 Loth, GebrMG, § 24, Rn. 25.
662 Bühring/Bühring, GebrMG, § 24, Rn. 14.
663 Busse/Keukenschrijver, Patentgesetz, § 24 GebrMG, Rn. 3.
664 Loth, GebrMG, § 24, Rn. 3; Mes, PatG, § 24 GebrMG, Rn. 21.
665 Busse/Keukenschrijver, Patentgesetz, § 24 GebrMG Rn. 3; Loth, GebrMG, § 24, Rn. 3, 19.
666 Busse/Keukenschrijver, Patentgesetz, § 24 GebrMG, Rn. 3.
667 Loth, GebrMG, § 24, Rn. 3.

zum Patent gerade nicht auf das Vorliegen der relativen materiellen Schutzvoraussetzungen geprüft wird, sondern bereits eingetragen wird, wenn die Voraussetzungen von § 4 f. GebrMG vorliegen.[668] Das Gebrauchsmuster wird daher auch als ungeprüftes Schutzrecht bezeichnet.[669]

Eine tatbestandsmäßige verbotene Gebrauchsmusterbenutzung liegt vor, wenn der Anspruchsgegner das Gebrauchsmuster des Anspruchsstellers entgegen den §§ 11 bis 14 benutzt hat. Damit werden die unmittelbaren Benutzungshandlungen gem. § 11 Abs. 1 S. 2 GebrMG, also das Herstellen, Anbieten, Gebrauchen, Inverkehrbringen und das zweckbestimmte Einführen, ebenso wie die mittelbaren Benutzungshandlungen nach § 11 Abs. 2 GebrMG erfasst.[670] §§ 12 und 13 GebrMG schränken den Schutzbereich eines Gebrauchsmusters dahingehend ein, dass sich die Wirkungen eines Gebrauchsmusters zum Beispiel nicht auf gewerbliche Handlungen oder Handlungen zu Versuchszwecken erstrecken (§ 12). Der Gebrauchsmusterschutz besteht ebenfalls nicht, wenn gegen den Inhaber ein Löschungsanspruch für jedermann besteht (§ 13 Abs. 1) oder der wesentliche Inhalt der Gebrauchsmustereintragung auf einer widerrechtlichen Entnahme beruht (§ 13 Abs. 2). Nach § 14 GebrMG hat ein prioritätsälteres Gebrauchsmuster Vorrang vor einem jüngeren Patent, allerdings nur soweit das Patent in ein nach § 11 GebrMG begründetes Recht eingreift. Der Inhaber des jüngeren Patents kann also durch die Benutzung seines Patents eine tatbestandsmäßige Gebrauchsmusterverletzung begehen. Das prioritätsältere Gebrauchsmuster berührt aber nicht den Bestand des jüngeren Patents, sondern schränkt lediglich dessen Ausübung während der Schutzdauer des Gebrauchsmusters ein.[671]

Der Schutzumfang des Gebrauchsmusters gewährt nur dem Inhaber des Gebrauchsmusters das Recht, die geschützte technische Lehre zu benutzen. Der Schutzbereich wird durch § 12 a GebrMG konkretisiert. Danach bestimmt er sich im Wesentlichen durch den Inhalt der Schutzansprüche, § 12 a S. 1 GebrMG. Die Beschreibung und Zeichnungen sind aber gemäß § 12 a S. 2 GebrMG zur Auslegung heranzuziehen. Das Gesetz implementiert damit eine mittlere Lösung zwischen dem Wortlaut des Gebrauchsmusters und dem Gesamtinhalt der erfinderischen Idee.[672] Diese mittlere Lösung soll für einen Ausgleich zwischen dem

668 Loth, GebrMG, § 1, Rn. 2; § 8, Rn. 4 f.
669 Mes, PatG, § 24 GebrMG, Rn. 3.
670 Mes, PatG, § 24 GebrMG, Rn. 22.
671 Bühring/Braitmayer, GebrMG, § 14, Rn. 10.
672 Loth, GebrMG, § 24, Rn. 7.

Interesse des Gebrauchsmusterinhabers nach angemessenem Schutz und dem eines Dritten nach Rechtssicherheit sorgen.[673]

Eine rechtsverletzende Handlung liegt nicht nur bei einer identischen Verwirklichung aller Merkmale des Gebrauchsmusters vor, sondern auch bei einer äquivalenten Verwirklichung der Merkmale.[674]

2. Sachlegitimation

Der Verletzte ist Inhaber des Unterlassungsanspruchs nach § 24 Abs. 1 GebrMG. Verletzter ist regelmäßig der Inhaber des Gebrauchsmusters.[675] Es besteht eine widerlegliche Vermutung dahingehend, dass Inhaber eines Gebrauchsmusters der in der Rolle Eingetragene ist.[676] Sind mehrere Personen gemeinschaftlich Inhaber des Gebrauchsmusters, findet § 1011 BGB analoge Anwendung, so dass jeder klagen kann.[677] Aktivlegitimation des ausschließlichen und des einfachen Lizenznehmers bestehen im selben Umfang und unter denselben Voraussetzungen wie beim patentrechtlichen Unterlassungsanspruch.[678] Nießbraucher, Pfand- und Pfändungsgläubiger sowie sonstige Dritte können ebenfalls aktivlegitimiert sein.[679]

Passivlegitimiert ist der Verletzer des Gebrauchsmusters, d.h. jeder Täter, Mittäter oder Teilnehmer einer Gebrauchsmusterverletzung.[680] Bei Personengesellschaften sind die Gesellschaft selbst und die Gesellschafter passivlegitimiert.[681] Bei juristischen Personen können neben der juristischen Person auch ihre Vorstände, Geschäftsführer und leitenden Angestellten haften.[682] Auch derjenige, der, ohne Täter oder Teilnehmer zu sein, an der Gebrauchsmusterverletzung beteiligt war, kann als Störer passivlegitimiert sein.[683] Da im Gebrauchsmustergesetz die mittelbare Gebrauchsmusterverletzung in § 11 Abs. 2 GebrMG aber

673 Loth, GebrMG, § 24, Rn. 7.
674 Loth, GebrMG, § 24, Rn. 8 ff.
675 Mes, PatG, § 24 GebrMG, Rn. 38.
676 Loth, GebrMG, § 24, Rn. 37.
677 Mes, PatG, § 24 GebrMG, Rn. 38.
678 vgl. Kapitel C. III. 2.
679 Bühring/Bühring, GebrMG, § 24, Rn. 9.
680 Mes, PatG, § 24 GebrMG, Rn. 39.
681 Bühring/Bühring, GebrMG, § 24, Rn. 10.
682 Bühring/Bühring, GebrMG, § 24, Rn. 10.
683 Bühring/Bühring, GebrMG, § 24, Rn. 12.

selbstständig als täterschaftliche Verletzungshandlung geregelt ist, hat die Störerhaftung eher untergeordnete Bedeutung.[684]

3. Rechtswidrigkeit

Ein Verschulden des Anspruchsgegners ist für den Unterlassungsanspruch nicht erforderlich.[685] Erforderlich ist aber die Rechtswidrigkeit der Verletzungshandlung. Diese ist meist unproblematisch gegeben, da die Tatbestandsmäßigkeit der Gebrauchsmusterbenutzung die Rechtswidrigkeit indiziert.[686] Die Rechtswidrigkeit ist nur in einigen wenigen Ausnahmefällen nicht gegeben. Dazu zählen die Fälle des fehlenden Rechtsbestandes des Gebrauchsmusters, des Erlöschens eines Gebrauchsmusters wegen Zeitablaufs, der Erschöpfung des Gebrauchsmusters aufgrund von Vertriebshandlungen, der Zustimmung des Berechtigten zu der streitgegenständlichen Gebrauchsmusterbenutzung, die Fälle des § 12 GebrMG, des Einwandes des freien Standes der Technik, der widerrechtlichen Entnahme (§ 13 GebrMG) oder der unzulässigen Erweiterung.[687]

4. Begehungsgefahr

Wie bei den anderen gewerblichen Schutzrechten ist das Vorliegen einer Begehungsgefahr Voraussetzung für das Bestehen eines Unterlassungsanspruchs.

Sowohl die Wiederholungs- als auch die Erstbegehungsgefahr sind erst im Zuge der Umsetzung der Durchsetzungsrichtlinie ausdrücklich in § 24 Abs. 1 S. 1, 2 GebrMG eingefügt worden.[688] Eine Rechtsänderung ging aber damit auch im Gebrauchsmusterrecht nicht einher, da sie auch vorher bereits von der Rechtsprechung als Voraussetzung anerkannt waren.[689]

Wiederholungsgefahr ist dann gegeben, wenn zu besorgen ist, dass eine einmal erfolgte Gebrauchsmusterverletzung wiederholt wird.[690] Eine einmal erfolgte Gebrauchsmusterverletzung begründet die tatsächliche Vermutung weiterer zukünftiger Verletzungen. Diese tatsächliche Vermutung kann nur durch die

684 Bühring/Bühring, GebrMG, § 24, Rn. 12.
685 Mes, PatG, § 24 GebrMG, Rn. 41.
686 Mes, PatG, § 24 GebrMG, Rn. 23, 40.
687 Loth, GebrMG, § 24, Rn. 28 ff.; Mes, PatG, § 24 GebrMG, Rn. 23.
688 Bühring/Bühring, GebrMG, § 24, Rn. 16 f.
689 Bühring/Bühring, GebrMG, § 24, Rn. 17.
690 Bühring/Bühring, GebrMG, § 24, Rn. 17.

Abgabe einer eindeutigen, ausreichend strafbewehrten Unterlassungserklärung ausgeräumt werden.[691]

Die Erstbegehungsgefahr einer Gebrauchsmusterverletzung liegt vor, wenn es noch nicht zu einer Gebrauchsmusterverletzung gekommen ist, es aber aufgrund konkreter tatsächlicher Anhaltspunkte anzunehmen ist, dass diese unmittelbar bevorsteht.[692] An die Ausräumung der Erstbegehungsgefahr sind auch im Gebrauchsmusterrecht geringere Anforderungen zu stellen als an die der Wiederholungsgefahr. Es reicht eine einfache Erklärung, die bevorstehende Handlung zu unterlassen, bzw. im Falle der Berühmung die Aufgabe derselben.[693]

V. Geschmacksmusterrechtlicher Unterlassungsanspruch, § 42 Abs. 1 GeschmMG

Der geschmacksmusterrechtliche Unterlassungsanspruch war bis zur Neufassung des Geschmacksmustergesetzes in § 14 a GeschMG a.F. geregelt.[694] Seit der Neufassung ist er in § 42 Abs. 1 GeschMG niedergelegt. Er ist in der Praxis neben dem Schadensersatzanspruch aus § 42 Abs. 2 GeschMG der wichtigste Anspruch des Inhabers des Geschmacksmusters.[695] Der Unterlassungsanspruch dient der Abwehr künftiger Eingriffe in das Geschmacksmuster und ist verschuldensunabhängig.[696]

1. Rechtsverletzung

Voraussetzung für den geschmacksmusterrechtlichen Unterlassungsanspruch ist, dass eine Benutzung des Geschmacksmusters, entgegen § 38 Abs. 1 S. 1 GeschmMG, vorliegt. Gemäß § 38 Abs. 1 gewährt ein Geschmacksmuster seinem Inhaber das ausschließliche Recht zur Benutzung, worunter nach S. 2 insbesondere die Herstellung, das Anbieten, das Inverkehrbringen, die Ein- und Ausfuhr, der Gebrauch eines Erzeugnisses des Geschmacksmusters und der zweckbestimmte Besitz eines solchen Erzeugnisses fallen. Diese Tätigkeiten kann er jedem Dritten verbieten.[697]

---

691 Mes, PatG, § 24 GebrMG, Rn. 42.

692 Bühring/Bühring, GebrMG, § 24, Rn. 16.

693 Bühring/Bühring, GebrMG, § 24, Rn. 16.

694 vgl. Nirk/Kurtze, GeschMG, 1997, § 14a, Rn. 2.

695 vgl. Günther, in: Günther/Beyerlein, GeschmMG, § 42, Rn. 6; v.Gamm, GeschmMG, 1989, zu § 14a a.F., Rn. 18.

696 Günther, in: Günther/Beyerlein, GeschmMG, § 42, Rn. 6.

697 Eichmann in: Eichmann/Von Falckenstein, GeschmMG, § 38, Rn. 8.

Voraussetzung für das Bestehen eines derartigen Ausschließlichkeitsrechts des Geschmacksmusterinhabers ist, dass das Geschmacksmuster ordnungsgemäß in das Register eingetragen wurde.[698] Der Geschmacksmusterschutz besteht gem. § 27 Abs. 2 GeschmMG für maximal 25 Jahre. Hinsichtlich des Schutzumfangs des Geschmacksmusters stellt § 38 Abs. 2 GeschmMG auf den Gesamteindruck eines informierten Benutzers ab.[699]

2. Sachlegitimation

Aktivlegitimiert ist der Verletzte, in der Regel der Inhaber des Geschmacksmusters.[700] Als Inhaber des Geschmacksmusterrechts gilt der in das Register eingetragene Inhaber.[701] Weiterhin ergeben sich keine Unterschiede zur Aktivlegitimation bei den anderen Schutzrechten.

Passivlegitimiert ist der Verletzer des Geschmacksmusters. Das kann der Täter, Teilnehmer oder Störer einer Geschmacksmusterverletzung sein. Auch hier ergeben sich keinerlei Besonderheiten gegenüber den anderen Schutzrechten.

3. Begehungsgefahr

Weitere Voraussetzung für die Annahme eines Unterlassungsanspruchs ist das Vorliegen einer Begehungsgefahr. Diese kann in Form einer Wiederholungsgefahr gem. § 42 Abs. 1 S. 1 oder einer Erstbegehungsgefahr gem. § 42 Abs. 1 S. 2 GeschmMG vorliegen. Hier gelten keine Besonderheiten gegenüber den Anforderungen bei den anderen Schutzrechten. Für die Ausräumung kommt es bei der Wiederholungsgefahr wiederum darauf an, dass eine eindeutige, ausreichend strafbewehrte Unterlassungserklärung vorliegt, die unwiderruflich und unbedingt erklärt wurde.[702] Bei der Erstbegehungsgefahr gelten geringere Anforderungen.[703] Hier muss nur erklärt werden, dass die streitgegenständliche Handlung unterlassen wird.[704]

---

698 Eichmann in: Eichmann/Von Falckenstein, GeschmMG, § 38, Rn. 4.

699 Ausführlich zur Bestimmung des Schutzumfanges s. Eichmann in: Eichmann/Von Falckenstein, GeschmMG, § 38, Rn. 14 ff.

700 Eichmann in: Eichmann/Von Falckenstein, GeschmMG, § 42, Rn. 9.

701 Eichmann in: Eichmann/Von Falckenstein, GeschmMG, § 42, Rn. 9.

702 Eichmann in: Eichmann/Von Falckenstein, GeschmMG, § 42, Rn. 15.

703 Günther, in: Günther/Beyerlein, GeschmMG, § 42, Rn. 11.

704 Günther, in: Günther/Beyerlein, GeschmMG, § 42, Rn. 11.

VI. Fazit

Der Unterlassungsanspruch hat je nach Schutzrecht seine eigene Rechtsgrundlage in den jeweiligen Spezialgesetzen. Im Zuge der Umsetzung der Durchsetzungsrichtlinie sind die unterschiedlichen Schutzgesetze im Bereich des gewerblichen Rechtsschutzes harmonisiert worden, was der deutsche Gesetzgeber auch dazu nutzte, die materiell-rechtlichen Anspruchsgrundlagen für Unterlassungsansprüche einheitlich auszugestalten. In den Anspruchsgrundlagen, in denen die Wiederholungsgefahr noch nicht ausdrücklich im Wortlaut festgeschrieben war, ist diese aus Gründen der Klarstellung aufgenommen worden. Ebenfalls ist in allen Gesetzen die Erstbegehungsgefahr aufgenommen worden, die bisher zwar allgemein in der Rechtsprechung anerkannt war, sich aber noch in keinem Gesetzestext wiederfand. Diese Änderungen haben zur Rechtsklarheit und Vereinfachung beigetragen. Gerade die Vereinheitlichung der Anspruchsgrundlagen führt zu einer erleichterten Rechtsanwendung für die Inhaber der Schutzrechte, da Unterlassungsansprüche für alle Schutzrechte in allen EU-Mitgliedsstaaten die gleichen Anspruchsvoraussetzungen haben. Nur in Fällen, in denen aufgrund der schutzrechtlichen Besonderheiten eine andere Regelung erforderlich ist, wird von dieser Vereinheitlichung abgewichen, wie zum Beispiel bei der Beweiserleichterung in § 139 Abs. 3 PatG für Erzeugnisse aus Verfahren.

D. Die prozessuale Durchsetzung

I. Das einstweilige Verfügungsverfahren

Der Inhaber eines Unterlassungsanspruchs hat zwei Möglichkeiten, diesen letztlich gegen den Verletzer durchzusetzen. Er kann entweder direkt Unterlassungsklage beim zuständigen Gericht einlegen oder aber den Weg über das einstweilige Verfügungsverfahren wählen. Wählt er diesen Weg, stellt er einen entsprechenden Unterlassungsantrag im einstweiligen Verfügungsverfahren beim zuständigen Gericht. Das Gericht entscheidet über den Antrag kurzfristig, teilweise ohne mündliche Verhandlung. Die Entscheidung des Gerichts ergeht bei einer Entscheidung ohne mündliche Verhandlung durch Beschluss, ansonsten durch Urteil, §§ 936 ZPO i.V.m § 922 Abs. 1 ZPO. Am Ende des Verfahrens steht nur eine vorübergehende und keine endgültige Entscheidung des Gerichts. Mit der einstweiligen Verfügung hat der Anspruchsinhaber aber bereits die Möglichkeit, gegen den Anspruchsgegner vorzugehen und die Unterlassung der streitgegenständlichen Handlung, zumindest vorübergehend, zu erreichen. Dadurch ist seine Rechtsposition zunächst gesichert und er muss keine weiteren oder gar irreparablen Schäden bis zu einer endgültigen Entscheidung befürchten. Nach Erlass einer einstweiligen Verfügung kann diese zu einer endgültigen Entscheidung führen, wenn eine Abschlusserklärung abgegeben wird.[705] Damit das angerufene Gericht eine für den Anspruchsinhaber positive einstweilige Verfügung erlässt, müssen aber zunächst einmal die im Folgenden näher dargestellten Voraussetzungen erfüllt sein.

1. Zuständigkeit

Das angerufene Gericht muss örtlich, sachlich und funktionell für den Erlass der beantragten Unterlassungsverfügung zuständig sein.

Für den Erlass einer Unterlassungsverfügung ist gemäß § 937 ZPO das Gericht der Hauptsache sachlich zuständig.[706] Es handelt sich dabei um eine ausschließliche Zuständigkeit gem. § 802 ZPO.[707] Eine Ausnahme davon bildet § 942, der eine Sonderzuständigkeit in dringenden Fällen für das Amtsgericht begründet,

705 Musielak/Voit/Lackmann, ZPO, § 93, Rn. 10; Loewenheim/Rojahn, Hdb. d. UrhR, § 93, Rn. 62 f.

706 vgl. Stein/Jonas/Grunsky, ZPO, § 937, Rn. 1.

707 Ingerl/Rohnke, Markengesetz, § 140, Rn. 52.

in dessen Bezirk die zu unterlassende Handlung begangen wurde oder droht.[708] Diese Notzuständigkeit wird auch nicht durch die speziellen Zuständigkeitsregelungen in § 140 Abs. 1 MarkenG, § 143 Abs. 1 PatG, § 52 Abs. 1 GeschmMG oder § 27 Abs. 1 GebrMG verdrängt.[709]

Die speziellen Zuständigkeiten der Landgerichte stellen eine Besonderheit im gewerblichen Rechtsschutz dar. Innerhalb dieser landgerichtlichen Zuständigkeit gibt es aufgrund von Konzentrationsermächtigungen der Landesregierungen einzelne Landgerichte, die für Verfahren im Bereich eines gewerblichen Schutzrechtes zuständig sind. Diese Regelung lässt sich daraus erklären, dass die Materie besondere Spezialkenntnisse und Erfahrungen bei den entscheidenden Richtern voraussetzt und eine höhere Qualität der Urteile gewährleistet wird.[710]

Wenn ein funktionell unzuständiges Gericht eine einstweilige Verfügung erlässt, liegt darin ein wesentlicher Verfahrensfehler, der in der Berufungsinstanz von Amts wegen zu berücksichtigen ist.[711]

Die örtliche Zuständigkeit richtet sich nach §§ 12 ff. ZPO. Bei Verletzungsfällen ist auch der Gerichtsstand der unerlaubten Handlung von Bedeutung, § 32 ZPO. Danach ist die Rechtsverfolgung auch am Begehungsort möglich, was dazu führt, dass mehrere Gerichte zuständig sein können.[712]

Die Zuständigkeit des Gerichts wird im einstweiligen Rechtsschutzverfahren nicht durch einen Fortfall der zuständigkeitsbegründenden Umstände berührt, § 261 Abs. 3 Nr. 2 ZPO.[713] Diese Regelung gilt also nicht nur im Hauptsacheprozess, sondern auch im Eilverfahren.

2. Allgemeine Voraussetzungen einstweiliger Verfügungen

Einstweilige Unterlassungsverfügungen besitzen große praktische Bedeutung im Immaterialgüterrecht. Diese wird in vielen Fällen noch dadurch verstärkt, dass der Antragsteller kein Hauptsacheverfahren mehr einleitet und die im

---

708 Brox/Walker, Zwangsvollstreckungsrecht, Rn. 1628; Schmidt-Petersen, in: Heydn/Schmidt-Petersen/Vassilaki, Durchsetzung, Rn. 476; Ingerl/Rohnke, Markengesetz, § 140, Rn. 52.

709 Ingerl/Rohnke, Markengesetz, § 140, Rn. 52.

710 Schmidt-Petersen, in: Heydn/Schmidt-Petersen/Vassilaki, Durchsetzung, Rn. 480.

711 Brox/Walker, Zwangsvollstreckungsrecht, Rn. 1628; OLG Hamm, Urteil vom 20. 12. 1988, 4 U 244/88, OLGZ 1989, 338 f.

712 Saenger/Bendtsen, Zivilprozessordnung, § 32 ZPO, Rn. 15.

713 Berger, Einstweiliger Rechtsschutz im Zivilrecht, S. 118, Rn. 22.

vorläufigen Verfahren getroffene Entscheidung durch eine Abschlusserklärung endgültigen Charakter erhält.[714]

Der wesentliche Unterschied eines Verfahrens im einstweiligen Rechtsschutz im Vergleich zu einem Hauptsacheverfahren ist, dass nur eine summarische Prüfung vorgenommen wird. Dadurch ist es möglich, kurzfristig eine gerichtliche Entscheidung zu erhalten. Abgesehen von diesem großen, praxisrelevanten Vorteil, bringt ein einstweiliges Rechtsschutzverfahren auch Nachteile mit sich. So birgt es prozessuale Risiken und verkürzt die Verteidigungsmöglichkeiten des Antragsgegners, da das Gericht ohne Anhörung des Gegners entscheiden kann.[715] Eine nicht unerhebliche Rechtsunsicherheit ergibt sich daraus, dass einstweilige Verfügungen nicht bis zum BGH gelangen und die Rechtsprechung der OLGs in vielen Bereichen uneinheitlich ist.[716]

a) Arten einstweiliger Verfügungen

Nach §§ 935, 940 ZPO gibt es verschiedene Arten einstweiliger Verfügungen. Gemäß § 935 ZPO sind einstweilige Verfügungen in Bezug auf den Streitgegenstand zulässig, gemäß § 940 zum Zwecke der Regelung eines einstweiligen Zustandes in Bezug auf ein streitiges Rechtsverhältnis.[717] Diese Formen einstweiliger Verfügungen werden als Sicherungsverfügungen und Regelungsverfügungen bezeichnet.[718]

Die Sicherungsverfügung gem. § 935 ZPO bezweckt die Sicherung eines Anspruchs, der nicht auf Geld gerichtet ist.[719] Gegenstand einer Sicherungsverfügung kann jedes Recht sein, das den Gläubiger berechtigt, eine Leistung zu fordern, die nicht in Geld besteht, also unter anderem auf Herausgabe oder Abtretung.[720] Der Erfolg einer Zwangsvollstreckung aufgrund eines Titels, der auf

---

714 Musielak/Voit/Lackmann, ZPO, § 93 Rn. 10; Loewenheim/Rojahn, § 93, Rn. 62 f.

715 Schellhammer, Zivilprozess, Rn. 1912, 1926.

716 vgl. Schmid-Petersen, in: Heydn/Schmid-Petersen/Vassilaki, Durchsetzung von Rechten des geistigen Eigentums, S. 134, Rn. 475; zum Wettbewerbsrecht s.a.: Köhler, in: Köhler/Bornkamm, UWG, § 12, Rn. 3.1.

717 vgl. Walker, Der einstweilige Rechtsschutz, § 4, Rn. 77.

718 vgl. Schuschke/Walker, ZPO, Vor 916–945, Rn. 11; Berger, Einstweiliger Rechtsschutz im Zivilrecht, S. 87 ff.; Grunsky, in: Stein/Jonas, ZPO, vor § 935 Rn. 29.

719 Brox/Walker, Zwangsvollstreckungsrecht, Rn. 1580; Grunsky, in: Stein/Jonas, ZPO, § 935, Rn. 2.

720 Brox/Walker, Zwangsvollstreckungsrecht, Rn. 1581.; Schuschke/Walker, Vollstreckung und vorläufiger Rechtsschutz, Vor 935, Rn. 27; Drescher, in: MüKo ZPO, Vor § 916, Rn. 33 ff.

einem derartigen Anspruch basiert, hängt aber davon ab, dass der bestehende Zustand unverändert bleibt.[721] Wenn die Verwirklichung des Rechts wesentlich erschwert zu werden droht oder gar dessen völlige Vereitelung zu befürchten ist, dann hat der Gläubiger ein Interesse daran, den Streitgegenstand soweit zu sichern, dass die Durchführung des Hauptsacheverfahrens noch sinnvoll ist.[722] Der Erlass einer Sicherungsverfügung gem. § 935 ZPO gewährt dem Gläubiger genau diese Art von Sicherung, indem es die Anordnung von Sicherungsmitteln, wie der Sequestrierung des Gegenstandes oder den Erlass eines Verfügungs- und Veräußerungsverbotes, ermöglicht.[723]

Die Regelungsverfügung gem. § 940 ZPO zielt auf die vorläufige Regelung eines streitigen Rechtsverhältnisses ab. Sind zwischen den Parteien Rechte und Pflichten streitig, die aus einem zwischen ihnen bestehenden Rechtsverhältnis resultieren, kann dies zu einem unerträglichen Zustand führen, der es für die Parteien unzumutbar erscheinen lässt, den Zustand bis zu einem Urteil in der Hauptsache hinzunehmen.[724] Regelungsverfügungen finden typischerweise im Gesellschaftsrecht oder Arbeitsrecht Anwendung; die möglichen Formen von Anordnungen richten sich immer danach, was im konkreten Einzelfall notwendig ist, um das streitige Rechtsverhältnis vorläufig zu regeln.[725]

Ob sich die Sicherungs- und Regelungsverfügungen klar voneinander abgrenzen lassen oder ob sie letztlich nur verschiedene Ausprägungen einer einheitlichen Grundform einer einstweiligen Verfügung sind, ist umstritten.[726] Da jedoch keine unterschiedlichen Rechtsfolgen an die eine oder andere Art von einstweiliger Verfügung geknüpft werden, ist diese Streitigkeit für die vorliegende Arbeit nicht von Bedeutung.[727]

Sicherungs- und Regelungsverfügung sind beide nur auf die vorläufige Sicherung oder Regelung gerichtet, bei Unterlassungsverfügungen wird jedoch der Gläubiger bereits zumindest vorläufig, häufig sogar bereits endgültig, befriedigt. Daher haben Rechtsprechung und Literatur im Wege der Rechtsfortbildung eine

721 Schuschke/Walker, Vollstreckung und vorläufiger Rechtsschutz, Vor § 935, Rn. 27.

722 Schuschke/Walker, Vollstreckung und vorläufiger Rechtsschutz, Vor § 935, Rn. 27; Drescher, in: Müko ZPO, Vor § 916, Rn. 1 f., 7 ff.

723 Schuschke/Walker, Vollstreckung und vorläufiger Rechtsschutz, Vor § 935, Rn. 27.

724 Schuschke/Walker, Vollstreckung und vorläufiger Rechtsschutz, Vor § 935, Rn. 28.

725 Schuschke/Walker, Vollstreckung und vorläufiger Rechtsschutz, Vor § 935, Rn. 28.

726 Schuschke/Walker, Vollstreckung und vorläufiger Rechtsschutz, Vor 916–945, Rn. 11; Berger, Einstweiliger Rechtsschutz im Zivilrecht, S. 88; Grunsky, in: Stein/Jonas, ZPO, vor § 935 Rn. 29. Drescher, in: MüKo ZPO, § 935 Rn. 4 ff.

727 Berger, Einstweiliger Rechtsschutz im Zivilrecht, S. 88 f.

weitere Gruppe, die sog. Leistungs- oder Befriedigungsverfügung, geschaffen, zu der auch die Unterlassungsverfügung gehört.[728]

In bestimmten Fallkonstellationen reichen keine bloßen Sicherungs- oder Regelungsmaßnahmen aus, um dem Gläubiger einen effektiven einstweiligen Rechtsschutz zu gewährleisten.[729] So kann ein Markeninhaber seinen Schaden später möglicherweise nur schwer beziffern, wenn ein Wettbewerber erst einmal begonnen hat, ein Zeichen, das die Gefahr von Verwechslungen birgt, für dieselben Waren zu benutzen. Ebenso könnte der Inhaber eines Patents schlimmstenfalls insolvent werden, wenn ein anderer Unternehmer patentverletzende Waren produziert und vertreibt. Der möglicherweise bestehende Unterlassungsanspruch muss in diesen Fällen zeitweilig erfüllt werden, denn andernfalls wäre effektiver Rechtsschutz nicht gewährleistet.[730] Das Rechtsstaatsprinzip und der sich daraus ergebende Justizgewährungsanspruch gebieten aber die Gewährung effektiven Rechtsschutzes.[731] Eine zeitweilige Erfüllung des Unterlassungsanspruchs ist daher insbesondere dann erforderlich, wenn dem Antragsteller anderenfalls irreparable Schäden drohen, die durch eine spätere Entscheidung im Hauptsacheverfahren nicht mehr behoben werden könnten. Gerade im gewerblichen Rechtsschutz bedeutet eine zeitweilige Erfüllung aber oft gleichzeitig eine endgültige Erfüllung, da für den Schuldner ein späteres Nachholen keinen Sinn mehr macht.[732] Die Durchführung des Hauptsacheverfahrens ist dann für die Parteien nicht mehr von Bedeutung. Die Möglichkeit der späteren Geltendmachung eines Schadensersatzanspruchs gemäß § 945 ZPO kann die Erforderlichkeit einer einstweiligen Unterlassungsverfügung mit endgültig erfüllender Wirkung nicht aufheben, da sich ein Schaden oft schwer beziffern und nicht sicher nachweisen lässt.[733]

Trotz dieser Notwendigkeit einstweiliger Unterlassungsverfügungen für unseren Rechtsstaat sind sie nur in engeren Grenzen zulässig als Sicherungsverfügungen, da sie wegen der faktisch zumindest zeitweiligen Erfüllung schwerwiegendere Folgen für den Antragsgegner haben können.[734]

---

728 Schuschke/Walker, Vollstreckung und vorläufiger Rechtsschutz, Vor 916–945, Rn. 11; Berger, Einstweiliger Rechtsschutz im Zivilrecht, S. 90.

729 Schuschke/Walker, Vollstreckung und vorläufiger Rechtsschutz, Vor § 935, Rn. 29 f.

730 Schuschke/Walker, Vollstreckung und vorläufiger Rechtsschutz, Vor § 935, Rn. 30.

731 Drescher, in: MüKo ZPO, Vor § 916, Rn. 3 f.

732 Schuschke/Walker, Vollstreckung und vorläufiger Rechtsschutz, Vor § 935, Rn. 30.

733 Schuschke/Walker, Vollstreckung und vorläufiger Rechtsschutz, Vor § 935, Rn. 30.

734 Drescher, in: MüKo ZPO, § 938, Rn. 9 ff.; Schuschke/Walker, Vollstreckung und vorläufiger Rechtsschutz, Vor 916–945, Rn. 11.

Neben den Sicherungsverfügungen, den Regelungsverfügungen und den Leistungs- bzw. Befriedigungsverfügungen wird von einer Ansicht auch das Bestehen von Feststellungsverfügungen anerkannt.[735] Darunter versteht man eine einstweilige Verfügung, welche die einstweilige Feststellung des Bestehens oder Nichtbestehens eines Rechtsverhältnisses zum Gegenstand hat.[736] Die Rechtsprechung verneint aber die Zulässigkeit derartiger Feststellungsverfügungen mit dem Argument, dass sich durch die lediglich vorläufige Feststellung ohne Bindungswirkung der Rechtsschutz in der Hauptsache weder sichern noch vorweg durchsetzen lässt.[737] Die Feststellungsverfügung bliebe daher letztlich wirkungslos.[738]

b) Allgemeine Verfahrensvoraussetzungen

Der Antrag auf Erlass einer Unterlassungsanordnung muss zulässig und begründet sein, wofür zunächst einmal die allgemeinen Verfahrensvoraussetzungen gegeben sein müssen.

Die allgemeinen Verfahrensvoraussetzungen, die für den Erlass von Unterlassungsverfügungen vorliegen müssen, entsprechen weitgehend den allgemeinen Voraussetzungen des Erkenntnisverfahrens; die Besonderheiten des Eilverfahrens müssen jedoch Berücksichtigung finden.[739]

Die allgemeinen Verfahrensvoraussetzungen lassen sich unterteilen in gerichtsbezogene, parteibezogene und streitgegenstandsbezogene Verfahrensvoraussetzungen.[740]

aa) Gerichtsbezogene Verfahrensvoraussetzungen

Zu den gerichtsbezogenen Verfahrensvoraussetzungen zählen die deutsche Gerichtsbarkeit, die Eröffnung des Rechtswegs zu den Zivilgerichten sowie die sachliche, örtliche und funktionelle Zuständigkeit.

---

735 Berger, Einstweiliger Rechtsschutz im Zivilrecht, S. 91.

736 Berger, Einstweiliger Rechtsschutz im Zivilrecht, S. 91.

737 LAG Rheinland- Pfalz, Urteil vom 18.11.1996, 9 Sa 725/96, BB 1997, 1643; Berger, Einstweiliger Rechtsschutz im Zivilrecht, S. 91.

738 Berger, Einstweiliger Rechtsschutz im Zivilrecht, S. 91 m.w.N.

739 Grunsky, in: Stein/Jonas, ZPO, vor § 935 Rn. 8.

740 Berger, Einstweiliger Rechtsschutz im Zivilrecht, S. 107; Becker-Eberhard, in: MüKo ZPO, Vor §§ 253 Rn. 7.

Die Personen, die Partei des Verfahrens sein sollen, müssen der deutschen Gerichtsbarkeit unterliegen, §§ 18 ff. GVG. Das Fehlen der Gerichtsbarkeit führt zur Unwirksamkeit der Entscheidung.[741]

Der Rechtsweg zu den ordentlichen Gerichten muss eröffnet sein, um einen Antrag auf Erlass einer Unterlassungsverfügung bei einem Zivilgericht stellen zu können. Bei der Wahl des unzulässigen Rechtsweges muss das angerufene Gericht gemäß § 17a Abs. 2 S. 1 GVG an das zuständige Gericht des zulässigen Rechtsweges verweisen.[742]

bb) Parteibezogene Verfahrensvoraussetzungen

Zu den parteibezogenen Voraussetzungen, die beim Erlass einer Unterlassungsverfügung vorliegen müssen, gehören die Parteifähigkeit, die Prozessfähigkeit, die Prozessführungsbefugnis und die Postulationsfähigkeit. Das zuständige Gericht hat diese Voraussetzungen von Amts wegen zu prüfen und bei Nichtvorliegen den Antrag als unzulässig abzuweisen.[743]

Im Verfügungsverfahren gilt der formelle Parteibegriff der ZPO. Parteien des Verfügungsverfahrens sind damit die Personen, für und gegen die im Eilverfahren Rechtsschutz begehrt wird.[744] Sie werden im einstweiligen Verfügungsverfahren als Antragsteller und Antragsgegner bezeichnet. Bei diesen müssen die parteibezogenen Verfahrensvoraussetzungen vorliegen.

Die Parteifähigkeit nach § 50 ZPO ist die Fähigkeit, im Verfahren Partei zu sein.[745] Sie bestimmt sich nach der Rechtsfähigkeit.[746] Natürliche Personen sind von der Vollendung der Geburt bis zum Tod rechts- und damit parteifähig[747]; juristische Personen des öffentlichen und privaten Rechts sind ebenfalls überwiegend rechts- und parteifähig.[748] Wenn Antragsteller oder Antragsgegner nicht parteifähig sind, ist der Antrag als unzulässig abzuweisen.

Prozessfähigkeit beinhaltet Prozesshandlungen selbst oder durch einen selbst bestellten Vertreter wirksam vor- oder entgegennehmen zu können.[749] Dabei

---

741 Patzina, in: MüKo ZPO, § 12 Rn. 73.

742 Schuschke/Walker, ZPO, Vor 916–945, Rn. 18.

743 Grunsky, in: Stein/Jonas, ZPO, vor § 916 Rn. 37.

744 Berger, Einstweiliger Rechtsschutz im Zivilrecht, S. 140.

745 Vollkommer/Zöller, ZPO, § 50 Rn. 1.

746 Berger, Einstweiliger Rechtsschutz im Zivilrecht, S. 140; Vollkommer/Zöller, ZPO, § 50 Rn. 1.

747 Vollkommer/Zöller, ZPO, § 50 Rn. 2 f.

748 Berger, Einstweiliger Rechtsschutz im Zivilrecht, S. 140 f.

749 Zöller/Vollkommer, ZPO, § 52, Rn. 1.

wird gem. § 52 ZPO darauf abgestellt, ob die Partei in der Lage ist, sich nach materiellem Recht durch Verträge zu verpflichten.

Die Prozessführungsbefugnis ist das Recht, über den behaupteten Anspruch einen Prozess als die richtige Partei im eigenen Namen zu führen, ohne dass eine materiell-rechtliche Beziehung zum Streitgegenstand vorliegen muss.[750] Es ist ausreichend, wenn sie am Ende der letzten mündlichen Verhandlung vorliegt.[751] Die Prozessführungsbefugnis bezieht sich immer auf den Verfügungsanspruch, also den materiellen Unterlassungsanspruch bei Unterlassungsverfügungen.[752]

Postulationsfähig ist schließlich derjenige, der in eigener Person rechtswirksam prozessual handeln kann.[753] Insbesondere vor den Landgerichten, den Oberlandesgerichten und dem Bundesgerichtshof besteht Anwaltszwang, § 78 ZPO, ansonsten sind die Parteien grundsätzlich selbst postulationsfähig.[754] Im einstweiligen Verfügungsverfahren besteht die Besonderheit, dass nach § 920 Abs. 3 ZPO der Antrag auf Erlass der Unterlassungsverfügung auch zu Protokoll der Geschäftsstelle gestellt werden kann. Gemäß § 78 Abs. 5, 2. Fall besteht für diese Art der Antragstellung kein Anwaltszwang. Für das weitere Verfahren besteht im Bereich der Immaterialgüterrechte dann aber Anwaltszwang, da bei Unterlassungsverfügungen eine besondere Zuständigkeit spezieller Landgerichte gegeben ist.

cc) Streitgegenstandsbezogene Verfahrensvoraussetzungen

Zu den streitgegenstandsbezogenen Verfahrensvoraussetzungen gehören die Fragen der entgegenstehenden Rechtskraft und Rechtshängigkeit.

Um die Fragen zur möglichen entgegenstehenden Rechtskraft eines anderen Urteils und der entgegenstehenden Rechtshängigkeit beantworten zu können, muss man zuerst klären, was Streitgegenstand eines Verfahrens des einstweiligen Rechtsschutzes ist. Man könnte annehmen, dass der Streitgegenstand derselbe ist wie der des Hauptsacheverfahrens, also der gefährdete Anspruch oder das streitige Rechtsverhältnis.[755] Streitgegenstand im einstweiligen Rechtsschutz ist aber der Anspruch des Antragstellers auf Sicherung seines gefährdeten Anspruchs (§ 935 ZPO) auf Regelung des streitigen Rechtsverhältnisses oder das Recht des

750 Zöller/Vollkommer, ZPO, Vor § 50, Rn. 18.
751 Zöller/Vollkommer, ZPO, Vor § 50, Rn. 19.
752 Berger, Einstweiliger Rechtsschutz im Zivilrecht, S. 143.
753 Zöller/Vollkommer, ZPO, Vor § 50, Rn. 16.
754 Zöller/Vollkommer, ZPO, Vor § 50, Rn. 16.
755 Grunsky, in: Stein/Jonas, ZPO, vor § 935, Rn. 9.

Gläubigers auf eine einstweilige Befriedigung (§ 940 ZPO).[756] Bei der Unterlassungsverfügung ist also der Streitgegenstand lediglich die einstweilige Befriedigung, weshalb das Verfahren des einstweiligen Rechtsschutzes nicht denselben Streitgegenstand wie das Hauptsacheverfahren hat und ein Hauptsacheverfahren nicht ausschließt.[757] Der Streitwert ist daher auch regelmäßig geringer als im Hauptsacheverfahren.

Der Antrag auf Erlass einer einstweiligen Unterlassungsverfügung hat Rechtshängigkeitswirkung, aber gerade nicht im Verhältnis zum Hauptprozess, sondern nur gegenüber einem zweiten, auf Erlass einer einstweiligen Verfügung gerichteten Verfahren.[758] Auch nach dem Erlass einer Unterlassungsverfügung kann daher ein Hauptsacheverfahren eingeleitet werden, obwohl dieses letztlich auf dasselbe abzielt wie die bereits ergangene Unterlassungsverfügung. Der Antrag wird rechtshängig in dem Zeitpunkt, in dem er bei Gericht eingeht, auf die Zustellung beim Antragsgegner kommt es nicht an.[759] Vor allem im Bereich des gewerblichen Rechtsschutzes kommt es vor, dass mehrere Gerichte nebeneinander zuständig sind und der Antragsteller bei allen einen Antrag auf Erlass einer Unterlassungsverfügung stellt, in der Hoffnung, dass zumindest ein Gericht dem Antrag ohne mündliche Verhandlung stattgibt.[760] Die Gesuche sind zwar eigentlich wegen anderweitiger Rechtshängigkeit unzulässig, der Antragsteller kann sein Vorgehen aber oft zumindest solange vor dem Antragsgegner verheimlichen, bis die ersten Gerichte den Antragsgegner zur mündlichen Verhandlung laden.[761] Der Antragsgegner kann die anderweitige Rechtshängigkeit bis dahin aber durch Rücknahme der übrigen Anträge beenden, wenn ein Gericht die begehrte Unterlassungsverfügung bereits angeordnet hat.[762] Der Widerspruch des Antragsgegners gemäß § 924 ZPO wegen anderweitiger Rechtshängigkeit ginge dann ins Leere.[763] Ein solches Vorgehen vom Antragsteller wird als rechtsmissbräuchlich

---

756 Grunsky, in: Stein Jonas, ZPO, vor § 935, Rn. 9, 36.
757 Drescher, in: MüKo ZPO, Vor §§ 916 ff., Rn. 28; Berger, Einstweiliger Rechtsschutz im Zivilrecht, S. 118, Rn. 22.
758 Grunsky, in: Stein/Jonas, ZPO, vor § 935, Rn. 12; Berger, Einstweiliger Rechtsschutz im Zivilrecht, S. 148.
759 Schellhammer, Zivilprozess, Rn. 1906.
760 Berger, Einstweiliger Rechtsschutz im Zivilrecht, S. 148.
761 Schuschke/Walker, ZPO, Vor 916–945, Rn. 22.
762 Schuschke/Walker, ZPO, Vor 916–945, Rn. 22.
763 Schuschke/Walker, ZPO, Vor 916–945, Rn. 22.

angesehen.[764] Der Antragsgegner kann sich dagegen nur mit einer Schutzschrift wehren, so dass es zumindest zu einer mündlichen Verhandlung kommt. Die Gerichte können beim Vorliegen von Verdachtsmomenten für ein derartiges Vorgehen im Rahmen der Zulässigkeitsprüfung Auskunft darüber verlangen, ob die Sache bereits anderweitig rechtshängig ist.[765] Die Rechtshängigkeit endet erst mit dem formellen Abschluss des Eilverfahrens und bleibt auch bestehen, wenn sich das Verfahren in der Rechtsmittelinstanz befindet.[766]

Teilweise wird in der Rechtsprechung auch die Ansicht vertreten, dass die Sperrwirkung der Rechtshängigkeit auch fortbesteht, wenn die im Erstverfahren erlassene einstweilige Verfügung nicht mehr vollziehbar ist, da die Vollziehungsfrist abgelaufen ist, §§ 936, 929 Abs. 2 ZPO.[767]

c) Der Unterlassungsantrag

Einstweilige Verfügungen müssen immer auf Antrag ergehen, sie dürfen nie von Amts wegen erlassen werden. Bei einstweiligen Sicherungsverfügungen werden keine besonders hohen Anforderungen an den Antrag gestellt, es muss nur das Rechtsschutzziel angegeben werden. Bei dem Erlass einer einstweiligen Unterlassungsverfügung muss der Antrag dem Bestimmtheitsgrundsatz gem. § 253 Abs. 2 Nr. 2 ZPO und dem Konkretisierungsgebot entsprechen.[768] Die zu unterlassende schutzrechtsverletzende Handlung muss sprachlich und inhaltlich genau beschrieben und formuliert werden, damit der Antragsgegner weiß, welche Handlungen er zu unterlassen hat und welche noch erlaubt sind.[769] Der Unterschied erklärt sich daraus, dass die einstweilige Unterlassungsverfügung auf (zeitweise) Befriedigung gerichtet ist und daher ein ähnliches Ergebnis wie im

---

764 Terplitzky, WRP 1980, 373, 374; Berger, Einstweiliger Rechtsschutz im Zivilrecht, S. 148; Schuschke/Walker, ZPO, Vor 916–945, Rn. 22.

765 Terplitzky, WRP 1980, 373, 374; Walker, Der einstweilige Rechtsschutz, § 7, Rn. 198; Schuschke/Walker, ZPO, Vor 916–945, Rn. 22.

766 Berger, Einstweiliger Rechtsschutz im Zivilrecht, S. 148.

767 Berger, Einstweiliger Rechtsschutz im Zivilrecht, S. 148.

768 Thümmel, in: Wieczorek/Schütze, ZPO, § 935, Rn. 16; Grunsky, in: Stein/Jonas, ZPO, Vor § 935, Rn. 10; Schmidt-Petersen, in: Heydn/Schmidt-Petersen/Vassiliaki, Durchsetzung von Rechten des geistigen Eigentums, S. 141f., Rn. 497 ff.

769 Schmid-Petersen, in: Heydn/Schmid-Petersen/Vassiliaki, Durchsetzung von Rechten des geistigen Eigentums, S. 140, Rn. 497, 499.

Hauptsacheverfahren erzielt werden kann.[770] Der Antrag muss daher den Anforderungen eines Klageantrags entsprechen.[771]

Die besondere Schwierigkeit bei der Formulierung des Antrags liegt darin, dass der Antragsteller sich an der bereits begangenen oder drohenden Verletzungshandlung orientieren muss, zugleich aber darauf zu achten hat, den Antrag insoweit zu verallgemeinern, dass der Antragsgegner die Verletzungshandlung nicht in leicht abgewandelter Form fortsetzen kann, ohne der Unterlassungsverfügung zuwider zu handeln.[772] Zugleich darf der Antrag aber nicht so verallgemeinert sein, dass er nicht mehr dem Bestimmtheitsgebot entspricht. Nach der allgemein anerkannten Kerntheorie sind Verallgemeinerungen nur insofern zulässig, als sie das Charakteristische oder den Kern der Verletzungshandlung zum Ausdruck bringen.[773]

d) Aktivlegitimation

Der verletzte materielle Rechtsinhaber ist Gläubiger des Anspruchs auf Unterlassung und prozessführungsbefugt, also auch aktivlegitimiert.[774] Zu den Einzelheiten der Aktivlegitimation bei den einzelnen Schutzrechten kann auf die Ausführungen zur Aktivlegitimation bei den spezialgesetzlichen Unterlassungsansprüchen verwiesen werden.[775]

e) Passivlegitimation

Passivlegitimiert, also Antragsgegner im Verfügungsverfahren, ist grundsätzlich derjenige, der das Schutzrecht durch seine Handlung verletzt hat.[776] Verletzer in diesem Sinne ist nicht nur der eigentliche Täter, sondern auch ein Mittäter, Anstifter oder Gehilfe.[777] Bei Unterlassungsverfügungen kann außerdem der Störer

---

770 Thümmel, in: Wieczorek/Schütze, ZPO, § 935, Rn. 16.

771 Thümmel, in: Wieczorek/Schütze, ZPO, § 935, Rn. 16.

772 Schmid-Petersen, in: Heydn/Schmid-Petersen/Vassiliaki, Durchsetzung von Rechten des geistigen Eigentums, S. 140f., Rn. 500.

773 Schmid-Petersen, in: Heydn/Schmid-Petersen/Vassiliaki, Durchsetzung von Rechten des geistigen Eigentums, S. 64, Rn. 209, S. 141, Rn. 501.

774 Ströbele/Hacker MarkenG, § 14, Rn. 372; Ingerl/Rohnke, MarkenG, Vor § 14, Rn. 10.

775 s.o. Kapitel C.

776 Hacker, in: Ströbele/Hacker, MarkenG, § 14, Rn. 383; Mes, PatG, § 139, Rn. 56 ff.; Bühring/Bühring, GbmG, § 24, Rn. 10.

777 Fezer, Markenrecht, § 14, Rn. 986; Schulte/Voß/Kühnen, PatG, § 139, Rn. 20 ff.; Bühring/Bühring, GbmG, § 24, Rn. 10.

passivlegitimiert sein.[778] Die Passivlegitimation bei der Beantragung einer einstweiligen Verfügung richtet sich daher nach den bereits im Rahmen der einzelnen materiell-rechtlichen Unterlassungsansprüche dargestellten Grundsätzen.[779]

3. Verfügungsanspruch

Hinter dem einstweiligen Rechtsschutz steht der Gedanke der Anspruchssicherung gegen Gefahren durch die lange Dauer des Hauptsacheverfahrens.[780] Der dem Erlass einer einstweiligen Verfügung zugrundeliegende Verfügungsanspruch umfasst den Anspruch, den der Antragsteller im Hauptsacheverfahren geltend machen will und der im Verfügungsverfahren gesichert werden soll.[781] Der Verfügungsanspruch ist die Legitimation für die Gewährung einstweiligen Rechtsschutzes.[782] Im Gesetz spiegelt sich dies in §§ 937, 942, 943 ZPO wider.

Jeder materiell-rechtliche Individualanspruch auf ein Handeln, Dulden oder Unterlassen kann Verfügungsanspruch sein, wenn er in einem Hauptsacheverfahren geltend gemacht werden könnte.[783] Der Anspruch muss daher klagbar und vollstreckbar sein.[784] Auch bedingte oder betagte Ansprüche können Gegenstand eines einstweiligen Rechtsschutzverfahrens sein.[785] Dies gilt für künftige Ansprüche nur, soweit eine gegenwärtige oder zukünftige prozessuale Rechtsstellung im Hauptverfahren der Sicherung durch einstweiligen Rechtsschutz möglich ist.[786] Dies soll zumindest dann der Fall sein, wenn eine Feststellungsklage zulässig ist.[787] Denn in diesen Fällen wäre bereits ein Hauptsacheverfahren möglich, so dass auch eine prozessuale Rechtsposition bestünde, die mittels einstweiliger Verfügung gesichert werden könnte.[788] Ein einstweiliges Verfügungsverfahren ist

---

778 Fezer, Markenrecht, § 14, Rn. 987.

779 s.o. Kapitel C.

780 Boemke, in: Berger, Einstweiliger Rechtsschutz im Zivilrecht, S. 192.

781 Schuschke/Walker, Vollstreckung und Vorläufiger Rechtsschutz, § 935, Rn. 5.

782 Boemke, in: Berger, Einstweiliger Rechtsschutz im Zivilrecht, S. 180.

783 Boemke, in: Berger, Einstweiliger Rechtsschutz im Zivilrecht, S. 181 f; Zöller/Vollkommer, ZPO, § 935, Rn. 6.

784 Grunsky in: Stein/Jonas ZPO, § 935, Rn. 2.; Boemke, in: Berger, Einstweiliger Rechtsschutz im Zivilrecht, S. 192 f.

785 Zöller/Vollkommer, ZPO, § 935, Rn. 6; Drescher in: MüKo ZPO, § 935, Rn. 12; Grunsky in: Stein/Jonas ZPO, § 935, Rn. 4.

786 Drescher in: MüKo ZPO, § 935, Rn. 12; Grunsky in: Stein/Jonas ZPO, § 935, Rn. 4, § 916, Rn. 9 ff.

787 Wieczorek/Schütze/Thümmel, ZPO, § 935, Rn. 22; Drescher in: MüKo ZPO, § 935, Rn. 12; Grunsky in: Stein/Jonas ZPO, § 935, Rn. 4, § 916, Rn. 9 ff.

788 Drescher in: MüKo ZPO, § 935, Rn. 12.

nicht möglich bei Ansprüchen, für die spezialgesetzlich ein besonderes Verfahren vorgesehen ist, wie in Ehe-, Kindschafts- oder Unterhaltssachen.[789]

4. Verfügungsgrund

Neben dem Verfügungsanspruch ist das Vorliegen eines Verfügungsgrundes Voraussetzung für den Erlass einer Unterlassungsverfügung. Es muss die objektive Gefahr bestehen, dass ein Abwarten des Hauptsacheverfahrens das Recht des Antragstellers vereiteln oder irreparable Schäden verursachen könnte.[790] Die Gefahr muss sich dabei auf den konkreten Individualanspruch beziehen und muss unmittelbar sein.[791]

a) Konformität mit europarechtlichen Voraussetzungen

Seit der Umsetzung der Durchsetzungsrichtlinie (RL 2004/48/EG) wird diskutiert, ob das Vorliegen eines Verfügungsgrundes noch Voraussetzung für den Erlass einer einstweiligen Verfügung sein darf.

Im deutschen Recht ist die Voraussetzung eines Verfügungsgrundes ausdrücklich im Gesetzeswortlaut festgeschrieben. So heißt es in § 935 ZPO, dass einstweilige Verfügungen nur zulässig sind, „wenn zu besorgen ist, dass durch die Veränderung des bestehenden Zustandes die Verwirklichung des Rechtes einer Partei vereitelt oder wesentlich erschwert werden könnte". Parallel dazu heißt es für Regelungsverfügungen in § 940 ZPO, dass einstweilige Verfügungen zulässig sind, „sofern diese Regelung, insbesondere bei dauernden Rechtsverhältnissen zur Abwendung wesentlicher Nachteile oder zur Verhinderung drohender Gewalt oder aus anderen Gründen nötig erscheint".

Auf europarechtlicher Ebene ist Art. 9 der RL 2004/48/RL Grundlage für den Erlass einstweiliger Verfügungen. Dort heißt es in Abs. 1a demgegenüber nur, dass die Gerichte die Möglichkeit haben müssen, „eine einstweilige Maßnahme anzuordnen, um eine drohende Verletzung eines Rechts des geistigen Eigentums zu verhindern oder einstweilig [...] die Fortsetzung angeblicher Verletzungen dieses Rechts zu untersagen". Die Durchsetzungsrichtlinie knüpft den Erlass einstweiliger Verfügungen demnach nur an die Rechtsverletzung und damit an den Verfügungsanspruch an, erwähnt aber nicht, dass auch ein Verfügungsgrund

789 Drescher in: MüKo ZPO, § 935, Rn. 5; Boemke, in: Berger, Einstweiliger Rechtsschutz im Zivilrecht, S. 182.

790 Drescher in: MüKo ZPO, § 935, Rn. 16; Schuschke/Walker, Vollstreckung und Vorläufiger Rechtsschutz, § 935, Rn. 14; Grunsky in: Stein/Jonas, ZPO, § 935, Rn. 11.

791 Wieczorek/Schütze/Thümmel, ZPO, § 935, Rn. 24.

vorliegen muss. Die Durchsetzungsrichtlinie nennt das Erfordernis eines Verfügungsgrundes lediglich in Art. 9 Abs. 4.[792] Danach können einstweilige Maßnahmen auch ohne eine Anhörung der gegnerischen Partei erlassen werden, „insbesondere dann, wenn durch eine Verzögerung dem Rechtsinhaber ein nicht wieder gutzumachender Schaden entstehen würde". Dies lässt zunächst den Rückschluss zu, dass ein Verfügungsgrund nur in den Fällen des Verfügungserlasses ohne Anhörung erforderlich ist, aber gerade nicht in allen anderen Fällen, was aus Art. 2 Abs. 1 RL 2004/48/EG resultiert.[793] Entsprechend Art. 2 Abs. 1 RL 2004/48/EG ist es den Mitgliedstaaten verboten, den Erlass von in der Richtlinie vorgesehenen Maßnahmen, Verfahren oder Rechtsbehelfen an zusätzliche Anforderungen zum Nachteil des Rechtsinhabers zu knüpfen.[794] Das Erfordernis eines Verfügungsgrundes bei einstweiligen Verfügungen bedarf daher einer richtlinienimmanenten Rechtfertigung.[795] Eine solche Rechtfertigung dafür ergibt sich aus der Geltung des allgemeinen Verhältnismäßigkeitsgrundsatzes für alle Maßnahmen nach der Richtlinie gemäß Art. 3 Abs. 2 RL 2004/48/EG.[796] Aus dem Erwägungsgrund 22 S. 1 der Durchsetzungsrichtlinie ergibt sich ferner, dass einstweilige Maßnahmen nach der Richtlinie unabdingbar sind, sie aber nur unter Wahrung der Verhältnismäßigkeit erlassen werden dürfen. Der Erlass einstweiliger Verfügungen wäre aber gerade dann unverhältnismäßig, wenn kein Verfügungsgrund im Sinne einer besonderen Eilbedürftigkeit vorliegt. Ein Hauptsacheverfahren müsste dann aus Verhältnismäßigkeitsgesichtspunkten abgewartet werden, da eine einstweilige Verfügung einen schweren Eingriff in die Rechte des Antragsgegners darstellt und die Möglichkeit einstweiligen Rechtsschutzes gerade zu dem Zweck besteht, den Antragsteller vor Schäden zu bewahren, die aus einer langen Verfahrensdauer des Hauptsacheverfahrens resultieren.[797] Satz 2 des Erwägungsgrundes 22 bezieht sich dann auch ausdrücklich

792 vgl. Heinze, Einstweiliger Rechtsschutz im europäischen Immaterialgüterrecht, S. 347.

793 vgl. Heinze, Einstweiliger Rechtsschutz im europäischen Immaterialgüterrecht, S. 347; Kur, IIC 2004, 821, 825 f. (Fn. 23); Bopp, FS Helm (2002), 275, 284 zu der parallelen Vorschrift in Art. 50 Abs. 3 TRIPS.

794 Bopp, FS Helm (2002), 275, 284 zu der parallelen Vorschrift in Art. 50 Abs. 3 TRIPS; vgl. auch Heinze, Einstweiliger Rechtsschutz im europäischen Immaterialgüterrecht, S. 347, 349.

795 Heinze, Einstweiliger Rechtsschutz im europäischen Immaterialgüterrecht, S. 350.

796 vgl. Heinze, Einstweiliger Rechtsschutz im europäischen Immaterialgüterrecht, S. 350.

797 Musielak/Voit/Huber, ZPO, § 916, Rn. 1; Grunsky in: Stein/Jonas, ZPO, vor § 916, Rn. 1.

auf die Dringlichkeit als Verfügungsgrund. Danach sind einstweilige Maßnahmen „vor allem dann gerechtfertigt, wenn jegliche Verzögerung nachweislich einen nicht wieder gutzumachenden Schaden für den Inhaber eines Rechts des geistigen Eigentums mit sich bringen würde". Die Dringlichkeit ist damit zwar keine ausdrückliche Voraussetzung, aber durch das „vor allem" ein benannter Beispielsfall, in dem typischerweise eine einstweilige Verfügung erlassen werden kann. Daraus lässt sich schließen, dass Art. 9 Durchsetzungsrichtlinie richtlinienkonform dahingehend einzuschränken ist, dass der Erlass einer einstweiligen Maßnahme einer zusätzlichen Rechtfertigung bedarf.[798] Diese soll „vor allem" dann bestehen, wenn eine besondere Dringlichkeit vorliegt.

Dass ein besonderer Verfügungsgrund zusätzliche Voraussetzung für den Erlass einer einstweiligen Verfügung ist, ergibt sich außerdem daraus, dass dies sowohl im Primärrecht als auch in anderen nationalen europäischen Rechtsordnungen seit langem Voraussetzung für den Erlass ist. Im Primärrecht findet sich dieses Erfordernis in Art. 278, 279 EGV i.V.m. Art. 83 § 2 VerfO EuGH, Art. 104 § 2 VerfO EuG.[799] In den nationalen Rechtsordnungen ist die Voraussetzung eines Verfügungsgrundes für den Erlass einstweiliger Verfügungen weithin anerkannt, zum Beispiel in Frankreich.[800]

Das Bestehen eines Verfügungsgrundes ist in Deutschland demnach auch nach Erlass der Durchsetzungsrichtlinie Voraussetzung für den Erlass einstweiliger Verfügungen.

b) Dringlichkeit

Das Merkmal der Dringlichkeit ist wesentlicher Bestandteil des Verfügungsgrundes und wird sogar oft als Synonym dafür benutzt.[801] Teilweise wird sie auch als „Eilbedürftigkeit" bezeichnet, womit aber letztlich dasselbe gemeint ist. Die erforderliche Dringlichkeit ist dann gegeben, wenn der Erlass einer einstweiligen Verfügung für den Antragsteller aus zeitlichen Gründen notwendig ist.[802] Er kann ein Hauptsacheverfahren nicht abwarten, ohne die Durchsetzung seines

---

798 vgl. Heinze, Einstweiliger Rechtsschutz im europäischen Immaterialgüterrecht, S. 350.

799 vgl. Calliess/Ruffert/Wegener, EUV/AEUV, AEUV Art. 279 (ex-Art. 243 EGV), Rn. 32 ff.

800 Stürner in: Festschrift für Karlmann Geiss, S. 199, 214.

801 Rogge in: Festschrift für v.Gamm, S. 461, 466; Creuzfeldt, Die Dringlichkeit der einstweiligen Verfügung, S. 7 m.w.N.

802 Zöller/Vollkommer, § 940, Rn. 4.

Anspruchs ernsthaft zu gefährden.[803] Demnach fehlt es am Verfügungsgrund, wenn der gleiche Erfolg im ordentlichen Prozessweg zu erzielen ist und keine besondere zeitliche Dringlichkeit für eine sofortige Regelung besteht.[804] Dem Antragsteller ist dann auch in ausreichendem Maße mit einer späteren Verwirklichung seines Rechtes gedient, so dass der durch eine einstweilige Verfügung gewährte schwere Eingriff in die Rechte des Antragsgegners nicht gerechtfertigt erscheint.[805] Die Dringlichkeit ist außerdem dann zu verneinen, wenn der Antragsteller im Zeitpunkt der Beantragung der einstweiligen Verfügung bereits länger die Möglichkeit hatte, das Hauptsacheverfahren einzuleiten, und er somit die gegenwärtige Gefährdung seines Anspruchs selbst mit verursacht hat.[806] Er hat in derartigen Fällen selbst gezeigt, dass er kein außergewöhnlich großes Interesse an einer schnellstmöglichen Sicherung seines Anspruchs hat. Sein Schutzbedürfnis ist daher zu gering, um den Erlass einer einstweiligen Verfügung zu rechtfertigen.

Das Gesetz gewährt dem Antragsteller in einigen Fällen Erleichterungen hinsichtlich der Dringlichkeit, so z.B. in §§ 885 Abs. 1 S. 2, 899 Abs. 2 S. 2 BGB, § 12 Abs. 2 UWG und in den Vorschriften zum Gegendarstellungsanspruch in den Landespresse- und Rundfunkgesetzen.[807] Im Bereich der Unterlassungsverfügungen im gewerblichen Rechtsschutz ist § 12 Abs. 2 UWG von besonderer Bedeutung. Danach wird die Dringlichkeit zugunsten des Antragstellers bei unlauteren geschäftlichen Handlungen widerleglich vermutet. Bedeutung und analoge Anwendbarkeit der Vorschrift für die gewerblichen Schutzrechte sind umstritten.

aa) Die Dringlichkeit im Markenrecht

Eine ausdrückliche Verweisung auf § 12 Abs. 2 UWG gibt es nur in § 5 UKlaG, nicht aber im Markenrecht. Im Markenrecht entsprach es jahrelang der gefestigten Rechtsprechung[808] und einer starken Ansicht in der Literatur[809], § 12 Abs. 2

803 Schuschke/Walker, Vollstreckung und Vorläufiger Rechtsschutz, § 940, Rn. 12.

804 Grunsky in: Stein/Jonas, ZPO, § 940, Rn. 7; Drescher in: MüKo ZPO, § 940, Rn. 10.

805 Grunsky in: Stein/Jonas, ZPO, § 940, Rn. 7.

806 Schuschke/Walker, Vollstreckung und Vorläufiger Rechtsschutz, § 935, Rn. 16.

807 Schuschke/Walker, Vollstreckung und Vorläufiger Rechtsschutz, § 935, Rn. 17.

808 vgl. OLG Köln, Urteil vom 12.01.2001, 6 U 98/00, GRUR-RR 2001, 424 – *MonCherie/MA CHERIE;* OLG Nürnberg, Urteil vom 27.11.2001, 3 U 3017/01, GRUR-RR 2002, 98, 99.

809 Schuschke/Walker, Vollstreckung und Vorläufiger Rechtsschutz, Vor §§ 935, Rn. 104; Ahrens/Schmuckle, Der Wettbewerbsprozess, Kap. 45, Rn. 64 f.

UWG analog anzuwenden. Die vorausgesetzte planwidrige Regelungslücke wurde dabei damit begründet, dass das Markengesetz prozessuale Fragen nur unvollständig regele.[810] Als weiteres Argument für eine analoge Anwendung wurde die Rechtslage bei geschäftlichen Bezeichnungen herangezogen.[811] Diese waren bis zur umfassenden Reform des Markenrechts im Jahre 1995 in § 16 UWG a.F. geregelt, so dass die Dringlichkeitsvermutung Anwendung fand.[812] Im Zuge der Reform wurde der Schutz geschäftlicher Bezeichnungen in §§ 5, 15 MarkenG geregelt. Da der Gesetzgeber mit dieser Änderung aber nicht die Rechtsschutzmöglichkeiten der Titelinhaber verkürzen wollte, soll die Dringlichkeitsvermutung hier weiter Anwendung finden.[813] Mittlerweile gab es aber zahlreiche Reformen im Markenrecht, zuletzt 2008 im Zuge der Umsetzung der Durchsetzungsrichtlinie. Da der Gesetzgeber in Kenntnis der Diskussion um die Anwendbarkeit von § 12 Abs. 2 UWG im Markenrecht keine ausdrückliche Regelung dazu aufnahm, ist die mittlerweile herrschende Meinung der Ansicht, dass die analoge Anwendbarkeit dann vom Gesetzgeber auch nicht gewollt sein kann.[814] Damit wird auch das Argument um die Behandlung von geschäftlichen Bezeichnungen entkräftet. Wenn der Gesetzgeber hier tatsächlich die Rechtsschutzmöglichkeiten hätte unverändert lassen wollen, hätte er mittlerweile eine entsprechende Regelung in das MarkenG eingefügt.

bb) Die Dringlichkeit im Urheberrecht

Rechtsprechung und Literatur lehnen eine analoge Anwendung des § 12 Abs. 2 UWG im Urheberrecht mit ähnlichen Argumenten ganz überwiegend ab.[815] Lediglich das OLG Karlsruhe wendet § 12 Abs. 2 UWG im Urheberrecht analog

810 Ahrens/Schmuckle, Der Wettbewerbsprozess, Kap. 45, Rn. 64; Creuzfeldt, Die Dringlichkeit der einstweiligen Verfügung, S. 16 f.

811 Ahrens/Schmuckle, Der Wettbewerbsprozess, Kap. 45, Rn. 64; Creuzfeldt, Die Dringlichkeit der einstweiligen Verfügung, S. 16 f.

812 Ahrens/Schmuckle, Der Wettbewerbsprozess, Kap. 45, Rn. 64; Creuzfeldt, Die Dringlichkeit der einstweiligen Verfügung, S. 16 f.

813 Ahrens/Schmuckle, Der Wettbewerbsprozess, Kap. 45, Rn. 64; Creuzfeldt, Die Dringlichkeit der einstweiligen Verfügung, S. 16 f.

814 OLG Düsseldorf, Urteil vom 13.11.2001, 20 U 114/01, GRUR-RR, 2002, 212; OLG München, Urteil vom 24.08.2006, 6 U 4455/05, GRUR 2007, 174; Berneke, Die einstweilige Verfügung in Wettbewerbssachen, Rn. 129 f.

815 KG, Urteil vom 27.02.1996, 5 U 8281/95, GRUR 1996, 974 – *OEM-Software;* OLG Köln, Urteil vom 30.12.1999, 6 U 151/99, GRUR 2000, 417, 418; Creuzfeldt, Die Dringlichkeit der einstweiligen Verfügung, S. 12 m.w.N.

an und argumentiert mit seiner unmittelbaren Anwendbarkeit in Fällen des ergänzenden wettbewerbsrechtlichen Leistungsschutzes.[816] Da der Rechtsschutz bei Verletzung eines absoluten Schutzrechts aber nicht schlechter sein dürfe als bei Nachahmung wettbewerblicher Leistungen ohne besonderes Schutzrecht, sei § 12 Abs. 2 UWG im Urheberrecht analog anzuwenden.[817] Diese Ansicht ist mit dem Argument abzulehnen, dass das Urheberrechtsgesetz in den letzten Jahren mehreren Novellierungen unterzogen wurde, der Gesetzgeber aber trotz Kenntnis der Problematik keine Regelung zur analogen Anwendbarkeit des § 12 Abs. 2 UWG aufnahm.[818] In solchen Fällen geht auch der BGH davon aus, dass eine Analogie abzulehnen ist.[819]

cc) Die Dringlichkeit im Patent- und Gebrauchsmusterrecht

Im Patentrecht und Gebrauchsmusterrecht wird § 12 Abs. 2 UWG nach ganz herrschender Meinung in Rechtsprechung[820] und Literatur[821] nicht analog angewandt.[822] Es fehlt bereits an einer planwidrigen Regelungslücke.[823] Dies ergibt sich zum einen, wie im Urheber- und Markenrecht, aus der Tatsache, dass der Gesetzgeber, trotz mehrerer Gesetzesänderungen und dem Wissen um diese Problematik, keine Regelung zu einer analogen Anwendung getroffen hat.[824] Abgesehen davon fehlt auch eine dem Wettbewerbsrecht vergleichbare Interessenlage.[825] In patent- und gebrauchsmusterrechtlichen Streitigkeiten geht es oftmals um komplexe technische Zusammenhänge, bei denen die Gerichte auch über Streitfragen auf Tatsachenebene zu entscheiden haben.[826] Im Wettbewerbsrecht hingegen sind die Sachverhalte in der Regel unstreitig und es sind nur rechtliche Fragen zu klären. Über rechtliche Streitfragen können Gerichte

---

816 OLG Karlsruhe,Urteil vom 13.06.1994, 6 U 52/94, NJW-RR 1995, 176.

817 OLG Karlsruhe,Urteil vom 13.06.1994, 6 U 52/94, NJW-RR 1995, 176; Gutsche in: Festschrift für Nordemann, 75, 81 m.w.N.

818 Kefferpütz, in: Wandtke/Bullinger, UrhG, Vor §§ 97 ff., Rn. 78; Gutsche in: Festschrift für Nordemann, 75, 82 m.w.N.

819 Creuzfeldt, Die Dringlichkeit der einstweiligen Verfügung, S. 15; BGH, Urteil vom 26.04.1990, I ZR 127/88, GRUR 1990, 1012, 1014.

820 OLG Düsseldorf, Beschluss vom 22.12.1993, 2 W 97/93, GRUR 1994, 508.

821 Benkard/Rogge/Grabinski, PatG, § 139, Rn. 153.

822 Creuzfeldt, Die Dringlichkeit der einstweiligen Verfügung, S. 21.

823 OLG Düsseldorf, Beschluss vom 22.12.1993, 2 W 97/93, GRUR 1994, 508; Berneke, Die einstweilige Verfügung in Wettbewerbssachen, Rn. 129 f.

824 OLG Düsseldorf, Beschluss vom 22.12.1993, 2 W 97/93, GRUR 1994, 508.

825 Creuzfeldt, Die Dringlichkeit der einstweiligen Verfügung, S. 21.

826 Benkard/Rogge/Grabinski, PatG, § 139, Rn. 153.

im Allgemeinen schneller und einfacher entscheiden als über Streitigkeiten auf Tatsachenebene, die im Zusammenhang mit komplexen technischen Patenten oder Gebrauchsmustern zu klären sind. Lediglich vereinzelte Meinungen im Schrifttum[827] und das OLG Karlsruhe sowie das LG Düsseldorf vertraten in früheren Entscheidungen die Ansicht, dass § 12 Abs. 2 UWG im Patentrecht analog anzuwenden sei.[828] Dies wurde mit dem Vorliegen eines Wettbewerbsverhältnisses zwischen dem Schutzrechtsinhaber und dem Verletzer begründet.[829] Aus den dieses Wettbewerbsverhältnis begründenden Umständen folge auch, dass die Höhe des Schadens in Patentstreitigkeiten oft nur schwer nachweisbar und deshalb die sofortige Durchsetzung des Unterlassungsanspruchs mittels einstweiliger Verfügung zur Vermeidung irreparabler Schäden erforderlich sei.[830]

dd) Die Dringlichkeit im Geschmacksmusterrecht

Auch im Geschmacksmusterrecht lehnen die überwiegende Ansicht in der Literatur[831] und die Rechtsprechung[832] eine analoge Anwendung des § 12 Abs. 2 UWG ab.[833] Dieses wird ebenfalls damit begründet, dass schon keine planwidrige Regelungslücke vorliege.[834] Der Gesetzgeber nutzte trotz mehrerer Reformen nicht die Gelegenheit, eine Regelung zur Anwendbarkeit der Dringlichkeitsvermutung aus dem UWG ins Gesetz aufzunehmen.[835]

---

827 Schuschke/Walker, Vollstreckung und Vorläufiger Rechtsschutz, Vor §§ 935, Rn. 87, 108.

828 OLG Karlsruhe, Urteil vom 11.07.1979, 6 U 13/79, GRUR 1979, 700, 701 – *Knickarm-Markise;* LG Düsseldorf, GRUR 1980, 989, 993.

829 OLG Karlsruhe, Urteil vom 11.07.1979, 6 U 13/79, GRUR 1979, 700, 701 – *Knickarm-Markise.*

830 OLG Karlsruhe, Urteil vom 11.07.1979, 6 U 13/79, GRUR 1979, 700, 701 – *Knickarm-Markise;* LG Düsseldorf, Urteil vom 05.02.1980, 4 O 286/79, GRUR 1980, 989, 993 – *Sulfaveridin.*

831 Ahrens/Schmuckle, Der Wettbewerbsprozess, Kap. 45, Rn. 66; Eichmann/Von Falckenstein, GeschmMG, § 42, Rn. 51 m.w.N.; a.A.: Schuschke/Walker, Vollstreckung und Vorläufiger Rechtsschutz, Vor § 935, Rn. 107.

832 OLG Hamm, Urteil vom 02.06.1992, 4 U 74/92, NJW-RR 1993, 366, 367.

833 Creuzfeldt, Die Dringlichkeit der einstweiligen Verfügung, S. 23.

834 Eichmann/Von Falckenstein, GeschmMG, § 42, Rn. 51; Creuzfeldt, Die Dringlichkeit der einstweiligen Verfügung, S. 23 f.

835 Creuzfeldt, Die Dringlichkeit der einstweiligen Verfügung, S. 24.

ee) Der maßgebliche Zeitpunkt für das Vorliegen der Dringlichkeit

Der maßgebliche Zeitpunkt für das Vorliegen der Dringlichkeit ist der Schluss der mündlichen Verhandlung.[836] Demnach kann der Antragsteller auch selbst durch sein Verhalten während des Verfahrens eine ursprünglich bestehende Dringlichkeit widerlegen, indem er die Verfahrensleitung verzögert oder verschleppt oder in sonstiger Weise zu erkennen gibt, dass ihm subjektiv die Sicherung seines Anspruchs durch die einstweilige Verfügung nicht eilig ist.[837]

ff) Widerlegung der Dringlichkeit

Der Antragsteller kann eine anfänglich gegebene Dringlichkeit durch sein eigenes Verhalten widerlegen, wenn er, trotz Kenntnis der Schutzrechtsverletzung und der Gefährdung seiner Ansprüche, die Einleitung des Verfahrens verzögert.[838] Wie lange der Antragsteller mit dem Einlegen des Antrags zuwarten darf, lässt sich nicht allgemein bestimmen, sondern hängt von den Umständen des Einzelfalles ab.[839] Von Relevanz sein können dabei zum Beispiel die Art des Verstoßes und dessen rechtliche und tatsächliche Komplexität, die Erforderlichkeit von Ermittlungen, die Reaktion des Gegners auf eine Abmahnung oder die Verzögerung von Vollstreckungsmaßnahmen nach Erlass der begehrten einstweiligen Verfügung.[840] Zahlreiche Oberlandesgerichte gehen von bestimmten Regelfristen aus, wobei diese zwischen einem und sechs Monaten schwanken.[841] Diese Regelfristen basieren auf den Erfahrungen aus der Praxis über den Zeitraum, den der Antragsteller bei zügiger Vorgehensweise benötigt, um das Verfügungsverfahren vorzubereiten und einzuleiten.[842] Die Frist beginnt in dem Zeitpunkt zu laufen, in dem der Antragsteller von der Verletzung Kenntnis erlangt, fahrlässige

836 Schmid-Petersen in: Heydn/Schmid-Petersen/Vassilaki, Durchsetzung von Rechten des geistigen Eigentums, S. 139, Rn. 494.

837 Schmid-Petersen in: Heydn/Schmid-Petersen/Vassilaki, Durchsetzung von Rechten des geistigen Eigentums, S. 139, Rn. 494.

838 Schuschke/Walker, Vollstreckung und Vorläufiger Rechtsschutz, § 935, Rn. 18; Hasselblatt/Lensing-Kramer, MAH Gewerblicher Rechtsschutz, § 5, Rn. 18; Köhler, in: Köhler/Bornkamm, UWG, § 12, Rn. 3.15.

839 Drescher in: MüKo ZPO, § 935, Rn. 19.

840 Ahrens/Schmuckle, Der Wettbewerbsprozeß, Kap. 45, Rn. 38; Hasselblatt/Lensing-Kramer, MAH Gewerblicher Rechtsschutz, § 5, Rn. 21a.

841 Hasselblatt/Lensing-Kramer, MAH Gewerblicher Rechtsschutz, § 5, Rn. 21; Köhler, in: Köhler/Bornkamm, UWG, § 12, Rn. 3.15b.

842 Ahrens/Schmuckle, Der Wettbewerbsprozeß, Kap. 45, Rn. 42.

Unkenntnis ist nicht ausreichend.[843] Die Oberlandesgerichte München[844], Karlsruhe[845], Koblenz[846] und Hamm[847] gehen beispielsweise von einer Regelfrist von nur einem Monat aus.[848] Das OLG Köln geht davon aus, dass die Dringlichkeit widerlegt ist, wenn der Antragsteller länger als fünf Wochen mit der Einlegung der einstweiligen Verfügung zuwartet.[849] Die Oberlandesgerichte in Dresden[850], Düsseldorf[851] und Frankfurt[852] nehmen je nach Einzelfall Regelfristen von etwa 1 ½ bis 2 Monaten an. Das Kammergericht Berlin[853] und einige andere Oberlandesgerichte gehen je nach den Umständen des Einzelfalles von einer Regelfrist von zwei bis drei Monaten aus.[854] Das Oberlandesgericht Brandenburg geht je nach den Umständen des Einzelfalles davon aus, dass ein Abwarten von einem Monat nicht die Dringlichkeit widerlegt.[855] Das OLG Hamburg war lange Zeit sehr großzügig und billigte sogar ein Zuwarten von bis zu sechs Monaten.[856] In den letzten Jahren ließ sich hier jedoch eine deutlich strengere Rechtsprechungspraxis mit Fristen von teilweise nur einem Monat beobachten.[857] Das OLG Hamburg, wie auch viele andere Gerichte, betonte dabei verstärkt, dass es immer einer Gesamtwürdigung aller Umstände bedürfe.[858]

---

843 Hacker, in: Ströbele/Hacker, MarkenG, § 14, Rn. 478.

844 OLG München, Beschluss vom 22.04.2008, 29 W 1211/08, GRUR-RR 2008, 310, 312 – *Jackpot-Werbung;* OLG München, 18.03.1993, 6 U 6756/92, MDR 152, 153.

845 OLG Karlsruhe, Urteil vom 25.04.2007, 6 U 43/07, WRP 2007, 822, 823.

846 OLG Koblenz, Urteil vom 23.02.2011, 9 W 698/10, GRUR 2011, 451, 452 (Aufgabe der bisherigen Rechtsprechung).

847 OLG Hamm, Urteil vom 25.03.1993, 4 U 36/93, NJW-RR, 1994, 48.

848 Creuzfeldt, Die Dringlichkeit der einstweiligen Verfügung, S. 47 m.w.N.; Ahrens/Schmuckle, Der Wettbewerbsprozeß, Kap. 45, Rn. 43 m.w.N.

849 OLG Köln, Urteil vom 03.09.1999, 6 U 96/99, GRUR 2000, 167.

850 OLG Dresden, Urteil vom 29.09.1998, NJWE-WettbR 1999, 130, 131.

851 OLG Düsseldorf, Urteil vom 21.04.1998, 20 U 155/97, NJWE-WettbR 1999, 15, 16.

852 OLG Frankfurt, Urteil vom 11.06.2013, 6 W 61/13, WRP 2013, 1068, 1069; OLG Frankfurt, Urteil vom 31.05.2001, 6 U 240/00, WRP 2001, 951, 952.

853 KG, Urteil vom 29.05.2001, 5 U 10150/00, GRUR-RR 2001, 244, 246 – *InternetApotheke.*

854 Ahrens/Schmuckle, Der Wettbewerbsprozeß, Kap. 45, Rn. 43 m.w.N.; Hasselblatt/Lensing-Kramer, MAH Gewerblicher Rechtsschutz, § 5, Rn. 21.

855 OLG Brandenburg, WRP 1998, 97.

856 OLG Hamburg, Urteil vom 31.03.1983, 3 U 192/82, GRUR 1983, 436, 437; OLG Hamburg, Urteil vom 05.12.1985, 3 U 144/85, WRP 1986, 290.

857 OLG Hamburg, Urteil vom 10. 4. 2008, 3 U 78/07, GRUR-RR 2008, 366, 367.

858 Ahrens/Schmuckle, Der Wettbewerbsprozeß, Kap. 45, Rn. 44 m.w.N.; OLG Hamburg, GRUR-RR 2008, 366, 367; OLG Hamburg, Urteil vom 14.03.1996, 3 U 28/96, WRP 1996, 774.

Die Dringlichkeit kann auch noch nach Antragstellung im Verfügungsverfahren selbst entfallen, wenn der Antragsteller das Verfahren nur schleppend vorantreibt und dadurch zum Ausdruck bringt, dass ihm die Sicherung seines Anspruchs nicht so eilig ist.[859]

5. Interessenabwägung

Zusätzliche Voraussetzung für den Erlass einer einstweiligen Verfügung ist nach der Rechtsprechung[860] und der überwiegenden Meinung in der Literatur[861] eine Abwägung der widerstreitenden Interessen von Antragsteller und Antragsgegner.

a) Die Interessenabwägung als Voraussetzung für den Erlass einstweiliger Verfügungen

Es ist jedoch fraglich, ob eine derartige Interessenabwägung als zusätzliche Voraussetzung mit der Durchsetzungsrichtlinie vereinbar ist. Gemäß Art. 2 Abs. 1 DRL sieht die Richtlinie nur eine Mindestharmonisierung der Rechtsvorschriften der Mitgliedstaaten vor. Was darüber hinausgeht, ist nur zulässig, wenn es für den Rechtsinhaber günstigere Regelungen enthält (sog. Günstigkeitsprinzip). Regelungen, die zum Nachteil des Rechtsinhabers von der Richtlinie abweichen, sind hingegen unwirksam. Die Durchsetzungsrichtlinie sieht keine Interessenabwägung als Voraussetzung für den Erlass von einstweiligen Verfügungen vor. Daher gehen einige Stimmen in der Literatur davon aus, dass die zusätzliche Voraussetzung der Interessenabwägung gegen die Durchsetzungsrichtlinie verstößt.[862] Diese Ansicht ist abzulehnen. Die Durchsetzungsrichtlinie fordert in Art. 3 Abs. 2, dass alle Maßnahmen, Verfahren und Rechtsbehelfe verhältnismäßig sein müssen. Einstweilige Verfügungen, die ohne eine Abwägung der Interessen der Parteien erlassen werden, können aber gegen den Verhältnismäßigkeitsgrundsatz aus Art. 3 Abs. 2 DRL verstoßen, weshalb eine Interessenabwägung als zusätzliches Kriterium nicht gegen das Günstigkeitsprinzip aus Art. 2 Abs. 1 DRL verstößt.

---

859 Schuschke/Walker, Vollstreckung und Vorläufiger Rechtsschutz, § 935, Rn. 18; Köhler, in: Köhler/Bornkamm, UWG, § 12, Rn. 3.16; Hasselblatt/Lensing-Kramer, MAH Gewerblicher Rechtsschutz, § 5, Rn. 21b.

860 OLG Düsseldorf, Urteil vom 29. 5. 2008, 2 W 47/07, GRUR-RR 2008, 329, 330, 332 – *Olanzapin*.

861 Arens in: Festschrift für Caemmerer, 75, 76, 86; Grunsky in: Stein/Jonas, ZPO, § 935, Rn. 9; a.A.: Gutsche in: Festschrift für Nordemann, 75, 81 m.w.N.

862 Kur, IIC 2004, 821, 824, 825; Bopp in: Festschrift für Helm, 275, 284 zu dem entsprechenden Art. 50 Abs. 3 TRIPS.

b) *Standort der Prüfung*

In der Literatur herrscht darüber hinaus Uneinigkeit, an welcher Stelle das Merkmal der Interessenabwägung zu prüfen ist. Einige wollen die Interessenabwägung als eigenständigen Prüfungspunkt nach dem Verfügungsgrund prüfen.[863] Andere bevorzugen eine Prüfung innerhalb des Verfügungsgrundes, wobei wiederum Uneinigkeit darüber herrscht, ob die Prüfung erst bei der Glaubhaftmachung[864] oder auch schon bei der Schlüssigkeit zu erfolgen habe.[865] Die Interessenabwägung ist als eigenständiger Prüfungspunkt nach der schlüssigen Darlegung und Glaubhaftmachung des Verfügungsgrundes zu prüfen. Der Verfügungsgrund wurde so definiert, dass er vorliegt, wenn die objektive Gefahr besteht, dass bei einer Veränderung des bestehenden Zustandes die Rechtsverwirklichung des Antragstellers durch einen im Hauptsacheverfahren erlangten Titel und dessen Vollstreckung vereitelt oder wesentlich erschwert werden könnte oder irreparable Schäden drohen.[866] Ausgehend von dieser Definition sind keine Verhältnismäßigkeitsgesichtspunkte und Interessenabwägungen Bestandteil des Verfügungsgrundes. Der Verfügungsgrund ist zu bejahen, wenn objektiv die Gefahr einer Anspruchsvereitelung oder irreparabler Schäden droht.[867] Dies kann auch durchaus in Fällen gegeben sein, in denen letztlich der Verfügungserlass aus Verhältnismäßigkeitsgesichtspunkten nach einer Interessenabwägung abzulehnen ist. Ein typisches Beispiel dafür liegt vor, wenn dem Antragsteller zwar die Vereitelung seines Anspruchs droht, dies letztlich aber nur einen sehr kleinen Schaden bei ihm zur Folge hat. Demgegenüber droht dem Antragsgegner ein großer Schaden bei Erlass der einstweiligen Verfügung, möglicherweise die Insolvenz und damit der Verlust zahlreicher Arbeitsplätze. Ein Verfügungsgrund wäre damit entsprechend der Definition gegeben. Den Verfügungsgrund selbst wegen der zugunsten des Antragstellers ausfallenden Interessenabwägung entfallen zu lassen, ist jedoch ungenau. Der Verfügungsgrund ist schlüssig dargelegt und glaubhaft gemacht. Wenn man ihn aus Verhältnismäßigkeitsgesichtspunkten aufgrund einer Interessenabwägung später entfallen lässt, muss dies einen weiteren, getrennten Prüfungspunkt darstellen, da die Anforderungen an

863 Holzapfel, GRUR 2003, 287, 290.

864 Grunsky in: Stein/Jonas, ZPO, § 935, Rn. 9; Drescher in: MüKo ZPO, § 935, Rn. 21.

865 Schuschke/Walker, Vollstreckung und Vorläufiger Rechtsschutz, § 935, Rn. 16, 20 m.w.N.

866 s.o. Kapitel D. I. 4.

867 Drescher in: MüKo ZPO, § 935, Rn. 16; Schuschke/Walker, Vollstreckung und Vorläufiger Rechtsschutz, § 935, Rn. 14; Grunsky in: Stein/Jonas, ZPO, § 935, Rn. 11.

das Vorliegen eines Verfügungsgrundes allesamt erfüllt sind. Hinzu kommt, dass die Interessenabwägung von Amts wegen zu erfolgen hat und nicht vom Antragsteller dargelegt und glaubhaft gemacht werden muss.[868] Dies ergibt sich aus dem Wortlaut von §§ 938 Abs. 1, 940 ZPO, wonach „Das Gericht bestimmt [...] welche Anordnungen [...] erforderlich sind" (§ 938 Abs. 1) oder die zu treffende Regelung „nötig" erscheinen muss (§ 940 ZPO).[869]

c) *Sinn und Zweck der Interessenabwägung*

Zweck der Interessenabwägung ist es, sicherzustellen, dass nur einstweilige Verfügungen erlassen werden, die dem Verhältnismäßigkeitsgrundsatz genügen. Wenn der Antragsgegner bei Erlass einer einstweiligen Verfügung Nachteile erleiden würde, die weit über die Nachteile des Antragstellers bei Abweisung des Antrags hinausgehen, müssen die Anforderungen an den Verfügungserlass erhöht werden.[870] Letztlich soll dies dem Gedanken Rechnung tragen, dass die materielle Rechtslage im einstweiligen Rechtsschutz nur summarisch festgestellt werden kann, wofür ein Ausgleich zu schaffen ist.[871]

d) *Kriterien für die Interessenabwägung*

Welche Kriterien in die Abwägung der widerstreitenden Interessen von Antragsteller und -gegner einzustellen sind, ist eine Frage des Einzelfalls.[872] Es sind aber nur Kriterien zu berücksichtigen, die dem Zweck der Interessenabwägung entsprechen, also einen Ausgleich für die nur summarische Prüfung der materiellen Rechtslage schaffen.[873] Häufig lassen sich die Kriterien aber einem der folgenden Oberpunkte zuordnen: Notwendigkeit einer sofortigen Befriedigung, Erfolgsaussichten in der Hauptsache, Schutzbedürftigkeit der Parteien, Grad der Gefährdung der Anspruchsverwirklichung, Schutzwürdigkeit der Parteien.[874] Je nach Schutzrecht berücksichtigt die Rechtsprechung spezielle Kriterien in der Abwägung. Diese sollen später im Zusammenhang mit der Rechtsprechung zu den einzelnen Schutzrechten erörtert werden. Da der Erlass einer einstweiligen Verfügung nur dann gerechtfertigt ist, wenn die Interessen des Antragsgegners

---

868 Holzapfel, GRUR 2003, 287, 290.
869 vgl. auch Holzapfel, GRUR 2003, 287, 290.
870 Grunsky in: Stein/Jonas, ZPO, § 935, Rn. 9.
871 Holzapfel, GRUR 2003, 287, 290.
872 Boemke in: Berger, Einstweiliger Rechtsschutz im Zivilrecht, S. 210, Rn. 52.
873 Holzapfel, GRUR 2003, 287, 290.
874 Boemke in: Berger, Einstweiliger Rechtsschutz im Zivilrecht, S. 210 ff., Rn. 52 ff.

hinter denen des Antragstellers zurück bleiben, darf keine Verfügung erlassen werden, wenn das Ergebnis der Abwägung die Gleichrangigkeit der widerstreitenden Interessen ist.[875]

aa) Erfolgsaussichten in der Hauptsache

Ob der Antrag des Schutzrechtsinhabers Aussicht auf Erfolg hat, wird bereits bei der Glaubhaftmachung des Verfügungsanspruchs geprüft.[876] Der Verfügungsanspruch ist aber bereits dann gegeben, wenn eine überwiegende Wahrscheinlichkeit für sein Vorliegen besteht. Im Rahmen der Interessenabwägung kann zusätzlich berücksichtigt werden, inwieweit er praktisch in der Hauptverhandlung bewiesen werden kann.[877] Im Hauptsacheverfahren stehen den Parteien noch weitere Beweismittel zur Verfügung.[878] Das im einstweiligen Verfügungsverfahren übliche Glaubhaftmachungsmittel der eidesstattlichen Versicherung kommt hingegen im Hauptsacheverfahren nicht in Betracht.[879]

bb) Schutzbedürftigkeit der Parteien

Als weiteres Kriterium kann im Rahmen der Interessenabwägung berücksichtigt werden, wie schutzbedürftig die Parteien sind.[880] Dabei wird darauf abgestellt, wie stark sie davon betroffen wären, wenn das Gericht eine falsche Entscheidung entgegen der materiellen Rechtslage träfe.[881] Beim Antragsgegner bedeutet das konkret, dass darauf abzustellen ist, wie tief in seine Rechte eingegriffen wird, wie stark die einstweilige Verfügung einer Erfüllung des Anspruchs gleichkommt und welcher Schaden ihm durch den Erlass droht.[882] Es können auch Schadensersatzansprüche, wie § 945 ZPO, die den Parteien bei einem fehlerhaften Erlass einer einstweiligen Verfügung zustehen können, berücksichtigt werden.[883] Allerdings kann die Durchsetzung derartiger Schadensersatzansprüche für den Antragsgegner möglicherweise schwierig sein, was ebenfalls im Einzelfall in die

---

875 Boemke in: Berger, Einstweiliger Rechtsschutz im Zivilrecht, S. 210, Rn. 52.
876 Schuschke/Walker, Vollstreckung und Vorläufiger Rechtsschutz, § 935, Rn. 20.
877 Boemke in: Berger, Einstweiliger Rechtsschutz im Zivilrecht, S. 211, Rn. 54.
878 Boemke in: Berger, Einstweiliger Rechtsschutz im Zivilrecht, S. 211, Rn. 54.
879 Boemke in: Berger, Einstweiliger Rechtsschutz im Zivilrecht, S. 211, Rn. 54.
880 Boemke in: Berger, Einstweiliger Rechtsschutz im Zivilrecht, S. 211, Rn. 56.
881 Holzapfel, GRUR 2003, 287, 290.
882 Boemke in: Berger, Einstweiliger Rechtsschutz im Zivilrecht, S. 211, Rn. 56.
883 Holzapfel, GRUR 2003, 287, 290.

Interessenabwägung mit einzubeziehen ist.[884] Beim Antragsteller ist darauf abzustellen, wie sehr er davon betroffen ist, wenn die Verfügung unterbleibt.[885]

Es ist eine grundlegende Voraussetzung für den Erlass einer einstweiligen Verfügung, dass die Anspruchsverwirklichung gefährdet ist, wenn bis zum Abschluss eines Hauptsacheverfahrens abgewartet wird.[886] Dies wird bereits im Rahmen des Verfügungsgrundes bei der Dringlichkeit geprüft. Je größer die Betroffenheit des Anspruchsgegners ist, umso größer muss aber auch die Gefahr sein, dass der Anspruch zu einem späteren Zeitpunkt nicht mehr verwirklicht werden kann.[887] Besonders bei Befriedigungsverfügungen, wie der Unterlassungsverfügung, ist die Betroffenheit des Antragsgegners groß, da die einstweilige Verfügung regelmäßig bereits die zumindest vorübergehende Erfüllung des Unterlassungsanspruchs bedeutet.[888] Dann muss der Anspruchsteller aber auch einen höheren Grad der Gefährdung seiner Anspruchsverwirklichung darlegen und glaubhaft machen als in anderen Fällen, wenn es zum Beispiel um den Erlass einer bloßen Sicherungsverfügung geht.[889]

cc) Schutzwürdigkeit der Parteien

Unter dem Oberbegriff der Schutzwürdigkeit wird in der Literatur diskutiert, ein mögliches Verschulden der Parteien in die Interessenabwägung mit einzubeziehen.[890] In Fällen, in denen nach der Abwägung der Schutzbedürftigkeit der Parteien und der Erfolgsaussichten der Hauptsache die Interessen der Parteien noch als gleichwertig anzusehen sind, soll dieses Kriterium herangezogen werden können.[891] Dann könnte beispielsweise berücksichtigt werden, ob die Rechtsverletzung vorsätzlich oder fahrlässig begangen wurde. Eine Berücksichtigung des Verschuldens bei dem Erlass einstweiliger Unterlassungsverfügungen ist aber abzulehnen.[892] Der materiell-rechtliche Unterlassungsanspruch steht dem Schutzrechtsinhaber, unabhängig von einem Verschulden des Verletzers, zu.[893]

---

884 Boemke in: Berger, Einstweiliger Rechtsschutz im Zivilrecht, S. 211 f., Rn. 56.
885 Boemke in: Berger, Einstweiliger Rechtsschutz im Zivilrecht, S. 212, Rn. 56.
886 Schuschke/Walker, Vollstreckung und Vorläufiger Rechtsschutz, § 935, Rn. 14.
887 Boemke in: Berger, Einstweiliger Rechtsschutz im Zivilrecht, S. 212, Rn. 58.
888 Boemke in: Berger, Einstweiliger Rechtsschutz im Zivilrecht, S. 212, Rn. 58.
889 Boemke in: Berger, Einstweiliger Rechtsschutz im Zivilrecht, S. 212, Rn. 58.
890 Boemke in: Berger, Einstweiliger Rechtsschutz im Zivilrecht, S. 212 f., Rn. 59; Holzapfel, GRUR 2003, 287, 290.
891 Boemke in: Berger, Einstweiliger Rechtsschutz im Zivilrecht, S. 212 f., Rn. 59.
892 i.Erg.so auch: Holzapfel, GRUR 2003, 287, 291.
893 s.o Kapitel C.

Dies ergibt sich bereits aus einem Umkehrschluss daraus, dass in den harmonisierten Anspruchsgrundlagen in den einzelnen Spezialgesetzen der nach dem Unterlassungsanspruch geregelte Schadensersatzanspruch ein Verschulden ausdrücklich voraussetzt. Wenn die Anspruchsgrundlage selbst kein Verschulden voraussetzt, darf dieses aber auch nicht im Rahmen einer Abwägung berücksichtigt werden, da sonst die Anspruchsvoraussetzungen „übererfüllt" würden.[894]

6. Schlüssigkeit

Der Antragsteller muss die Tatsachen, aus denen Verfügungsanspruch und Verfügungsgrund hergeleitet werden können, schlüssig darlegen. Aus den dargelegten Tatsachen muss als wahrscheinlich hervorgehen, dass bei Abwarten des Hauptsacheverfahrens der Anspruch vereitelt oder dessen Durchsetzung wesentlich erschwert wird. Das Gericht muss also aus den dargelegten Umständen objektiv den Schluss auf eine bereits bestehende oder unmittelbar bevorstehende Anspruchsgefährdung ziehen können. Der dabei erforderliche Wahrscheinlichkeitsgrad lässt sich nicht für alle Fälle gleich bestimmen, sondern hängt vielmehr davon ab, wie sehr das im Verfügungsverfahren Beantragte im konkreten Einzelfall bereits zur Erfüllung des Anspruchs führt und wie tief es in die Rechte des Antragsgegners eingreift. Stellen die dargelegten Tatsachen den Verfügungsgrund nicht ausreichend dar, kommt es auf die spätere Glaubhaftmachung nicht mehr an.[895] Sie kann nicht über eine fehlende Schlüssigkeit der behaupteten Ansprüche hinweg helfen.

Entgegen einer Ansicht in der Literatur kann auf eine Schlüssigkeitsprüfung nie zugunsten einer bloßen Interessenabwägung verzichtet werden.[896] Hinsichtlich der Anforderungen an die Schlüssigkeitsprüfung gelten keine anderen Maßstäbe als im Hauptsacheverfahren.[897] Eine nur summarische Prüfung der Schlüssigkeit ist mit der herrschenden Meinung abzulehnen, da sonst der normativ vorgegebene Rahmen des einstweiligen Rechtsschutzes überschritten würde.[898]

---

894 vgl. Holzapfel, GRUR 2003, 287, 291.

895 Schuschke/Walker, Vollstreckung und Vorläufiger Rechtsschutz, § 935, Rn. 16.

896 Leipold, Grundlagen des einstweiligen Rechtsschutzes, S. 83 ff., 92, 94 ff.; Leipold, ZZP 90 (1977), 258, 266 ff. Baur/Stürner/Bruns, Zwangsvollstreckungsrecht, § 53, Rn. 53.17.

897 Leipold, Grundlagen des einstweiligen Rechtsschutzes, S. 83 ff.; Leipold, ZZP 90 (1977), 258, 266 ff.

898 Drescher in: MüKo ZPO, § 935, Rn. 13; Wieczorek/Schütze/Thümmel, ZPO, § 935, Rn. 23.

In Fällen, in denen schwierige Rechtsfragen zu entscheiden sind, muss ebenso eine umfassende Schlüssigkeitsprüfung durchgeführt werden.[899] In der Literatur wurden hier zum Teil abweichende Ansichten vertreten.[900] Vereinzelt wurde bereits die Zulässigkeit einstweiliger Verfügungen in derartigen Fällen verneint.[901] Dies wurde damit begründet, dass die Gefahr von Fehlentscheidungen in solchen Fällen zu groß sei. Derartige Fallgestaltungen finden sich häufig im Patent- und Gebrauchsmusterrecht, wo auch schwierige technische und tatsächliche Fragestellungen Gegenstand des Verfahrens sind. Hier ist die Gefahr großer wirtschaftlicher Schäden für den Antragsgegner besonders hoch, da eine einstweilige Unterlassungsverfügung den Stillstand der gesamten Produktion bewirken und damit zur Insolvenz des Antragsgegners führen kann. Trotzdem kann dies nicht als Argument ausreichen, um die Zulässigkeit einstweiligen Rechtsschutzes zu verneinen. Die Möglichkeit, einstweiligen Rechtsschutz zu beantragen, wird verfassungsrechtlich durch das Gebot effektiven Rechtsschutzes gewährleistet. Ein völliger Ausschluss der Zulässigkeit einstweiligen Rechtsschutzes wäre damit nicht mit dem Grundgesetz zu vereinbaren. Die Gefahr großer Schäden hat der Gesetzgeber gesehen und gibt dem Antragsgegner dafür den Schadensersatzanspruch aus § 945 ZPO an die Hand. Um eine zusätzliche Absicherung dieses Anspruchs zu erreichen, kann das Gericht darüber hinaus dem Antragsteller eine Sicherheitsleistung gem. § 921 ZPO auferlegen.

7. Glaubhaftmachung

Das einstweilige Verfügungsverfahrens weist gegenüber dem Hauptsacheverfahren einige Besonderheiten auf, die der Verfahrensbeschleunigung dienen sollen. Besonders hervorzuheben sind dabei das Verfahren ohne mündliche Verhandlung gemäß §§ 937 Abs. 2, 128 Abs. 4 ZPO und die verminderten Anforderungen an die Beweiserbringung. Um das Verfahren zu beschleunigen, müssen die entscheidungserheblichen Tatsachen lediglich glaubhaft gemacht werden.[902] Unter den Voraussetzungen von §§ 936, 921 S. 1 ZPO kann eine einstweilige Verfügung

---

899 Drescher in: MüKo ZPO, § 935, Rn. 13; Grunsky in: Stein/Jonas ZPO, § 935, Rn. 10; Schuschke/Walker, Vollstreckung und Vorläufiger Rechtsschutz, § 935, Rn. 6 f.

900 Baur/Stürner/Bruns, Zwansvollstreckungsrecht, § 53, Rn. 53.17; Grunsky in: Stein/Jonas ZPO, § 935, Rn. 6 und Habscheid, Anm. zu OLG Nürnberg, Beschluß vom 7. 9. 1972, 2 W 108/72, NJW 1973, 375, 376.

901 KG, Entscheidung vom 25.03.1994, 5 U 215/94, BB 1994, 1596; Benkard/Rogge, PatG (1993), § 139, Rn. 151, 153a.

902 Skamel in: Berger, Einstweiliger Rechtsschutz im Zivilrecht, S. 333, Rn. 22.

ausnahmsweise sogar ohne jegliche Glaubhaftmachung angeordnet werden, wenn der Antragsteller eine ausreichende Sicherheit leistet.

a) *Inhalt der Glaubhaftmachung*

Die Glaubhaftmachung setzt ein geringeres Maß an richterlicher Überzeugung voraus als der Vollbeweis.[903] Beim Vollbeweis muss das Gericht gemäß § 286 ZPO die volle richterliche Überzeugung vom Vorliegen einer Tatsache haben. Bei der Glaubhaftmachung ist dieses Beweismaß insoweit herabgesetzt, als eine überwiegende Wahrscheinlichkeit der Wahrheit der dargelegten Tatsache ausreicht.[904] Von der überwiegenden Wahrscheinlichkeit einer behaupteten Tatsache ist bereits dann auszugehen, wenn mehr für als gegen diese Tatsache spricht.[905] Nach dem geltenden Grundsatz der freien richterlichen Beweiswürdigung aus § 286 Abs. 1 ZPO ist dies der richterlichen Überzeugungsbildung im Einzelfall überlassen.

b) *Gegenstand der Glaubhaftmachung*

Gegenstand der Glaubhaftmachung sind gemäß § 294 ZPO nur Tatsachen, nicht die rechtlichen Voraussetzungen des materiellen Anspruchs.[906] Der Antragsteller muss die Tatsachen glaubhaft machen, aus denen sich das Vorliegen der allgemeinen Prozessvoraussetzungen, des Verfügungsanspruches und des Verfügungsgrundes ergeben.[907] Alles, was der Antragsteller für die schlüssige Darlegung des Anspruchs vortragen musste, hat er auch glaubhaft zu machen, §§ 920 Abs. 2, 936 ZPO. Insoweit besteht Kongruenz zwischen Darlegungspflicht und Pflicht zur Glaubhaftmachung.[908] Offenkundige Tatsachen und solche, für die es eine Vermutung oder allgemeine Erfahrungsregel gibt, bedürfen keiner besonderen Glaubhaftmachung.[909]

---

903 Heydn/Schmid-Petersen/Vassilaki, Durchsetzung der Rechte des geistigen Eigentums, Rn. 507; Reichold, in: Thomas/Putzo, ZPO, § 294 Rn. 1.

904 Schuschke/Walker, Vollstreckung und Vorläufiger Rechtsschutz, § 920, Rn. 15; Skamel in: Berger, Einstweiliger Rechtsschutz im Zivilrecht, S. 333, Rn. 23.

905 Laumen in: Baumgärtl/Laumen/Prütting, Handbuch der Beweislast, § 2, Rn. 9; Schuschke/Walker, Vollstreckung und Vorläufiger Rechtsschutz, § 920, Rn. 15.

906 Schuschke/Walker, Vollstreckung und Vorläufiger Rechtsschutz, § 920, Rn. 18; Ahrens/Scharen, Der Wettbewerbsprozess, Kap. 50, Rn. 21.

907 Schuschke/Walker, Vollstreckung und Vorläufiger Rechtsschutz, § 920, Rn. 18.

908 Schuschke/Walker, Vollstreckung und Vorläufiger Rechtsschutz, § 935, Rn. 9.

909 Ahrens/Scharen, Der Wettbewerbsprozess, Kap. 50, Rn. 18.

Das erforderliche Maß der Glaubhaftmachung variiert von Fall zu Fall und je nach dem Stadium des Verfahrens.[910] Eine eidesstattliche Versicherung des Antragstellers kann auch ausreichend sein für eine Glaubhaftmachung.

c) *Glaubhaftmachungsmittel*

Im Vergleich zum Hauptsacheverfahren ergeben sich Unterschiede bei den im Rahmen der Glaubhaftmachung zugelassenen Beweismitteln. Hier stehen dem Antragssteller deutlich mehr Möglichkeiten zur Verfügung als im normalen Hauptsacheverfahren. Als Beweismittel kommen zum einen die in den §§ 371 ff. ZPO geregelten in Betracht, also Urkunden-, Zeugen-, Sachverständigen- und Augenscheinbeweis sowie Parteivernehmung. Hinzu kommen die praktisch überaus wichtigen Möglichkeiten der Glaubhaftmachung mittels sog. anwaltlicher Versicherung und mittels eidesstattlicher Versicherung. Entscheidend für die Beweiskraft einer eidesstattlichen Versicherung ist dabei immer, dass sie eine eigene Sachdarstellung der Person enthält, die sie abgegeben hat, und nicht nur einen bloßen Verweis auf den Inhalt eines anwaltlichen Schriftsatzes.[911] Zugelassen als Mittel der Glaubhaftmachung sind darüber hinaus auch die Vorlage von schriftlichen Zeugenaussagen, von privat eingeholten Sachverständigengutachten, Lichtbildern, Fotokopien und die Einholung von telefonischen Auskünften und Bestätigungen.[912] Eine Einschränkung der Beweismöglichkeiten ergibt sich aus § 294 Abs. 2 ZPO, wonach nur eine sofortige Beweisaufnahme anhand präsenter Beweismittel zulässig ist.[913] Eine Vertagung des Verfahrens zum Zwecke der Beweisaufnahme ist deshalb auch nicht zulässig.[914] Wenn es unter Verstoß gegen § 294 Abs. 2 ZPO trotzdem zu einer Beweisaufnahme kommt, sind diese Ergebnisse aber verwertbar.[915]

---

910 Schuschke/Walker, Vollstreckung und Vorläufiger Rechtsschutz, § 935, Rn. 20.

911 Ahrens/Scharen, Der Wettbewerbsprozess, Kap. 50, Rn. 32; Laumen in: Baumgärtl/Laumen/Prütting, Handbuch der Beweislast, § 2, Rn. 11.

912 Laumen in: Baumgärtl/Laumen/Prütting, Handbuch der Beweislast, § 2, Rn. 11.

913 Laumen in: Baumgärtl/Laumen/Prütting, Handbuch der Beweislast, § 2, Rn. 11; Schuschke/Walker, Vollstreckung und Vorläufiger Rechtsschutz, § 920, Rn. 16.

914 Skamel in: Berger, Einstweiliger Rechtsschutz im Zivilrecht, S. 338, Rn. 30; Laumen in: Baumgärtl/Laumen/Prütting, Handbuch der Beweislast, § 2, Rn. 11.

915 Ahrens/Scharen, Der Wettbewerbsprozess, Kap. 50, Rn. 35 (Fn. 145).

d) *Die Verteilung der Glaubhaftmachungslast*

Das einstweilige Verfügungsverfahren ist ein Beschlussverfahren, in dem der Antragsgegner nicht gehört wird, es sei denn, er wird um Stellungnahme gebeten oder am Beschwerdeverfahren beteiligt.[916] Das Gericht muss daher gem. § 920 Abs. 2 ZPO zunächst alle entscheidungserheblichen Tatsachen als bestritten ansehen, solange der Antragsgegner noch nicht vollwertig am Verfahren beteiligt ist.[917] Dadurch sollen dem Antragsgegner die Nachteile ausgeglichen werden, die er durch die Einseitigkeit des Beschlussverfahrens erleidet.[918] Wenn der Antragsgegner am Verfahren beteiligt wird, gelten hingegen die normalen Grundsätze der Beweislastverteilung aus dem Hauptsacheverfahren. Der Antragsteller hat dann Verfügungsanspruch und Verfügungsgrund glaubhaft zu machen, der Antragsgegner die Voraussetzungen von Einwendungen und Einreden.[919] Wenn eine Schutzschrift des Antragsgegners vorliegt, ist er so zu behandeln, wie wenn er nicht am Verfahren beteiligt ist, da er noch keine Möglichkeit hatte, auf das Vorbringen des Antragstellers zu reagieren.[920]

II. Der Erlass einstweiliger Unterlassungsverfügungen im Immaterialgüterrecht

Im Folgenden wird analysiert, wie die Rechtsprechung in den vergangenen Jahrzehnten den Erlass einstweiliger Verfügungen in den gewerblichen Schutzrechten gehandhabt hat. Dafür werden wesentliche Entscheidungen dargestellt und ihre Kernthesen und Argumente herausgearbeitet. Diese detaillierte Übersicht über Chronologie und Status quo beim Erlass einstweiliger Verfügungen ist Grundlage und Voraussetzung für die Bewertung der Rechtsprechungspraxis unter Berücksichtigung der bereits dargestellten Grundsätze der ökonomischen Analyse des Rechts. Schließlich wird aufgezeigt, ob bzw. wie die Erlasspraxis aus ökonomischer Sicht optimiert werden könnte. Da der Erlass einstweiliger

---

916 Ahrens/Scharen, Der Wettbewerbsprozess, Kap. 50, Rn. 18 m.w.N.

917 Terplitzky, Wettbewerbsrechtliche Ansprüche und Verfahren, Kap. 54, Rn. 45; Ahrens/Scharen, Der Wettbewerbsprozess, Kap. 50, Rn. 18 (so die h.M., nach einer anderen Ansicht, gelten die allgemeinen Beweislastregeln zu keinem Zeitpunkt, vgl. dazu: Grunsky in: Stein/Jonas, ZPO, § 920, Rn. 10 m.w.N.; nach einer dritten Ansicht, sollen die allgemeinen Beweislastregeln von Anfang an gelten, vgl. dazu: Laumen in: Baumgärtl/Laumen/Prütting, Handbuch der Beweislast, § 2, Rn. 12).

918 Ahrens/Scharen, Der Wettbewerbsprozess, Kap. 50, Rn. 18.

919 Skamel in: Berger, Einstweiliger Rechtsschutz im Zivilrecht, S. 339, Rn. 33.

920 Skamel in: Berger, Einstweiliger Rechtsschutz im Zivilrecht, S. 339, Rn. 33.

Unterlassungsverfügungen im Patentrecht seit Jahrzehnten besonders problematisch ist, liegt der Schwerpunkt der Darstellung bei diesem Schutzrecht.

1. Patentrecht

Im Patentrecht gibt es keine speziellen Regelungen zur einstweiligen Verfügung, so dass auf die allgemeinen §§ 935, 940 ff. ZPO zurückgegriffen werden muss. Im Patentrecht ist die Rechtsprechung zu einstweiligen Verfügungen einem noch andauernden starken Wandel unterzogen. Lange waren sich die Rechtsprechung[921] und die herrschende Meinung in der Literatur[922] einig, dass eine einstweilige Verfügung in Patentsachen nur in Ausnahmefällen und bei Vorliegen besonderer Umstände erlassen werden dürfe.[923] Sie wurde deshalb nur erlassen, wenn die Beständigkeit des Patents und dessen Verletzung „über jeden Zweifel erhaben" waren.[924] Das sollte insbesondere dann der Fall sein, wenn die Rechtsbeständigkeit des Patents in einem Nichtigkeitsverfahren durch das Bundespatentgericht bestätigt worden war.[925] Begründet wurde dies damit, dass ein Eingriff, der so schwer wiegt wie das Verbot, ein bestimmtes Produkt herzustellen und zu vertreiben, nicht aufgrund eines Eilverfahrens erfolgen dürfe.[926] Im einstweiligen Verfügungsverfahren haben weder Gericht noch Antragsgegner hinreichend Zeit, die Sach- und Rechtslage ausreichend zu prüfen. Insbesondere die Recherchen zum Stand der Technik benötigen regelmäßig einen längeren Zeitraum, als er im Eilverfahren zur Verfügung steht.[927] Das Gericht muss außerdem für die Prüfung eines Unterlassungsanspruchs das geltend gemachte Schutzrecht unter Beachtung des Standes der Technik ausführlich prüfen, was in vielen Fällen die Erfassung komplizierter technischer Zusammenhänge erfordert.[928] Für das

---

921 OLG Düsseldorf, Entscheidung vom 03.08.1934, 2 U 96/34, GRUR 1935, 371; LG Düsseldorf, Urteil vom 05.02.1980, 4 O 286/79, GRUR 1980, 989, 990 – *Sulfaveridin.*

922 Lidle, GRUR 1978, 93.

923 LG Düsseldorf, Urteil vom 05.02.1980, 4 O 286/79, GRUR 1980, 989, 990 – *Sulfaveridin.*

924 OLG Düsseldorf, Urteil vom 03.10.1958, 2 U 123/58, GRUR 1959, 619.

925 OLG Düsseldorf, Urteil vom 29.04.2010, 2 U 126/09, InstGE 12, 114, Rn. 18 (= BeckRS 2010, 15862) – *Harnkatheterset.*

926 LG Düsseldorf, Urteil vom 05.02.1980, 4 O 286/79, GRUR 1980, 989, 990 – *Sulfaveridin.*

927 LG Düsseldorf, Urteil vom 05.02.1980, 4 O 286/79, GRUR 1980, 989, 990 – *Sulfaveridin.*

928 LG Düsseldorf, Urteil vom 05.02.1980, 4 O 286/79, GRUR 1980, 989, 990 f. – *Sulfaveridin.*

Verständnis der Rechtsprechung zu einstweiligen Verfügungen in Patentsachen sind Kenntnisse über das Verfahren der Erteilung eines Patentes unerlässlich, weshalb diese im Folgenden zunächst kurz erläutert werden, bevor die Entwicklung der Rechtsprechung analysiert wird.

a) Das Verfahren der Patenterteilung

Die Erteilung eines Patents erfordert die Einreichung einer Patentanmeldung beim Patentamt, § 34 Abs. 1 PatG.[929] Die Patentanmeldung muss die in § 34 Abs. 3 PatG genannten Bestandteile enthalten, den Namen des Erfinders (Nr. 1), den Erteilungsantrag mit einer kurzen Bezeichnung des Patents (Nr. 2), einen oder mehrere Patentansprüche (Nr. 3), eine Beschreibung der Erfindung (Nr. 4) und die Zeichnungen, auf die sich Patentansprüche oder Beschreibung beziehen. Nach Einreichung der Patentanmeldung nimmt das Patentamt zunächst von Amts wegen nur eine Offensichtlichkeitsprüfung vor, bei der es prüft, ob die Anmeldung offensichtliche formelle oder materielle Mängel hat, § 42 PatG.[930] Bei Vorliegen solcher Mängel setzt das Patentamt dem Anmelder eine Frist zur Beseitigung gemäß § 42 Abs. 1 S. 1 PatG. Spätestens 18 Monate nach der Anmeldung legt das Patentamt die Anmeldung offen, § 31 Abs. 2 Nr. 2 PatG, und gewährt dem Anmelder vom Zeitpunkt der Offenlegung an einen einstweiligen Schutz, § 33 PatG.[931] Die Patentanmeldung wird erst nach Stellung eines besonderen Antrags auf das Vorliegen der formellen und materiellen Voraussetzungen der Patenterteilung überprüft, § 44 Abs. 1 PatG.[932] Dieser Antrag zur umfassenden Prüfung des Patents kann vom Patentanmelder oder einem Dritten entweder direkt im Zuge der Anmeldung gestellt werden oder gemäß § 44 Abs. 2 PatG bis zum Ablauf von sieben Jahren danach.[933] Schwerpunkt der Prüfung ist dabei die Prüfung der sachlichen Voraussetzungen einer Patenterteilung, also der in den §§ 1 bis 5 PatG geregelten Anforderungen an ein Patent, wie zum Beispiel Neuheit und erfinderische Tätigkeit. Entspricht die Anmeldung schließlich den formellen und materiellen Anforderungen, wird das Patent gemäß § 49 Abs. 1 PatG erteilt.[934] Die Erteilung wird gemäß § 58 PatG im Patentblatt veröffentlicht und die wesentlichen das Patent betreffenden Umstände in die Patentrolle

---

929 vgl. Mes, PatG, Einl. vor § 34 PatG, Rn. 6, § 34 PatG, Rn. 1 ff.
930 Götting, Gewerblicher Rechtsschutz, § 20, Rn. 3.
931 vgl. Götting, Gewerblicher Rechtsschutz, § 20, Rn. 4 f.
932 vgl. Götting, Gewerblicher Rechtsschutz, § 20, Rn. 8.
933 vgl. Götting, Gewerblicher Rechtsschutz, § 20, Rn. 8.
934 vgl. Götting, Gewerblicher Rechtsschutz, § 20, Rn. 12.

eingetragen.[935] Die Veröffentlichung verfolgt den Zweck, das Patent und die Ausschließlichkeitsrechte, die der Inhaber am Patent hat, der Allgemeinheit kundzutun.[936] Der Allgemeinheit wird so die Möglichkeit gegeben, auf der Erfindung aufzubauen, und sie wird darüber informiert, welche Schutzrechte bestehen, die zu achten sind.[937]

b) Die Rechtsprechung im Patentrecht

aa) Die Rechtsprechung bis 1990

Die Rechtsprechung handhabte den Erlass von Unterlassungsverfügungen lange Zeit sehr restriktiv. Ihr Erlass kam nur in Ausnahmefällen und bei Vorliegen besonderer Umstände in Betracht.[938] Nachdem sich in der Literatur schon seit den 1960er Jahren Widerstand gegen diese restriktive Praxis geregt hatte, nahm auch die Rechtsprechung Ende der 1970er Jahre eine Kehrtwende. In der vielbeachteten Entscheidung des OLG Karlsruhe „Knickarm-Markise“ aus dem Jahr 1979 heißt es, dass der Inhaber eines gewerblichen Schutzrechts so zu behandeln sei wie jeder andere Inhaber eines absoluten Rechts.[939] Ihm müsse daher auch die Möglichkeit gewährt werden, wirksamen und schnellen Rechtsschutz zu erlangen.[940] Dies soll gleichermaßen für erteilte Patente als auch für nach vorläufiger Prüfung bekanntgemachte Patentanmeldungen gelten.[941] Wie bei einstweiligen Verfügungen in anderen Rechtsgebieten dürften nur Glaubhaftmachung von Verfügungsanspruch und -grund gefordert werden und keine weitergehenden strengeren Voraussetzungen.[942]

Das OLG Karlsruhe hielt an dieser Ansicht im Grundsatz auch in den darauffolgenden Jahren fest. Zumindest galt er in Fällen, in denen der geschützte Gegenstand einfach und überschaubar konstruiert war und die Beurteilung

935 vgl. Götting, Gewerblicher Rechtsschutz, § 20, Rn. 19.

936 Götting, Gewerblicher Rechtsschutz, § 20, Rn. 19.

937 Götting, Gewerblicher Rechtsschutz, § 20, Rn. 3, 18.

938 s. Kapitel D. II. 1.

939 OLG Karlsruhe, Urteil vom 11. 07.1979, 6 U 13/79, GRUR 1979, 700 – *Knickarm-Markise.*

940 OLG Karlsruhe, Urteil vom 11. 07.1979, 6 U 13/79, GRUR 1979, 700 *Knickarm-Markise.*

941 OLG Karlsruhe, Urteil vom 11. 07.1979, 6 U 13/79, GRUR 1979, 700 *Knickarm-Markise.*

942 OLG Karlsruhe, Urteil vom 11. 07.1979, 6 U 13/79, GRUR 1979, 700 *Knickarm-Markise.*

der Verletzungsfrage daher leicht durch das Gericht beurteilt werden konnte.[943] Außerdem mussten die Gestaltung der angegriffenen Ausführungsform und die Verwirklichung der Merkmale des Patents unstreitig sein und es durften keine durchgreifenden Zweifel an der Schutzfähigkeit des Klagepatents bestehen.[944] Einstweilige Verfügungen in Patentsachen lehnte das OLG Karlsruhe aber für Fälle ab, in denen die Schutzrechtslage oder die Verletzungsfrage eine Entscheidung im summarischen Verfahren nicht zuließen, etwa weil das Gericht zur Erfassung und Durchdringung des Streitfalles erhebliche Fachkenntnisse benötigte.[945]

Das OLG Frankfurt schloss sich in einer Entscheidung aus dem Jahr 1981 dieser Rechtsprechung des OLG Karlsruhe an.[946] Das OLG bestätigte eine einstweilige Unterlassungsverfügung in einem Fall, in dem das Patent des Antragsstellers vom Antragsgegner bewusst und identisch benutzt worden war.[947] Das OLG bestätigte die Unterlassungsverfügung des LG auch trotz eines laufenden Nichtigkeitsverfahrens gegen das Patent.[948] Ein Nichtigkeitsverfahren könne nach Ansicht des OLG Frankfurt der Durchsetzung eines patentrechtlichen Unterlassungsanspruchs im Wege der einstweiligen Verfügung nur dann entgegenstehen, wenn es das Streitpatent mit Wahrscheinlichkeit vernichten wird.[949] Ist dies nicht der Fall, hat das Verletzungsgericht das Patent so hinzunehmen, wie es erteilt worden ist.[950] In Abkehr von der früheren ständigen Rechtsprechung[951] ging das OLG Frankfurt davon aus, dass bei einem rechtskräftig erteilten Patent nicht der Antragsteller glaubhaft machen muss, dass die Rechtsbeständigkeit seines Patents über jeden Zweifel erhaben ist, sondern dass der Antragsgegner die Erfolgsaussichten der Nichtigkeitsklage glaubhaft machen muss.[952] Im Rahmen

---

943 OLG Karlsruhe, Urteil vom 27.04.1988, 6 U 13/88, GRUR 1988, 900 f. – *Dutralene.*

944 OLG Karlsruhe, Urteil vom 27.04.1988, 6 U 13/88, GRUR 1988, 900 – *Dutralene.*

945 OLG Karlsruhe, Urteil vom 27.04.1988, 6 U 13/88, GRUR 1988, 900, 901 – *Dutralene*

946 OLG Frankfurt, Urteil vom 13.08.1981, 6 U 83/81, GRUR 1981, 905 – *Schleifwerkzeug.*

947 OLG Frankfurt, Urteil vom 13.08.1981, 6 U 83/81, GRUR 1981, 905 – *Schleifwerkzeug.*

948 OLG Frankfurt, Urteil vom 13.08.1981, 6 U 83/81, GRUR 1981, 905, 907 – *Schleifwerkzeug.*

949 OLG Frankfurt, Urteil vom 13.08.1981, 6 U 83/81, GRUR 1981, 905, 907 – *Schleifwerkzeug.*

950 OLG Frankfurt, Urteil vom 13.08.1981, 6 U 83/81, GRUR 1981, 905, 907 – *Schleifwerkzeug.*

951 OLG Düsseldorf, Entscheidung vom 03.08.1934, 2 U 96/34, GRUR 1935, 371; LG Düsseldorf, Urteil vom 05.02.1980, 4 O 286/79, GRUR 1980, 989, 990 – *Sulfaveridin.*

952 OLG Frankfurt, Urteil vom 13.08.1981, 6 U 83/81, GRUR 1981, 905, 907 – *Schleifwerkzeug m.w.N.*

der Interessenabwägung beachtete das Gericht die gravierenden wirtschaftlichen Auswirkungen für den Antragsgegner, für den durch Erlass der einstweiligen Verfügung 70 % des Umsatzes wegfielen.[953] Diese gravierenden wirtschaftlichen Auswirkungen standen jedoch nach Auffassung des Gerichts der einstweiligen Verfügung nicht entgegen, da der Antragsgegner das Patent vorsätzlich und identisch verletzt hatte.[954] In dieser Entscheidung berücksichtigte das Gericht im Rahmen der Interssenabwägung demnach auch ökonomische Gesichtspunkte.

Auch das OLG Hamburg vertrat eine gelockerte Erlasspraxis in Patentsachen. In den 1980er Jahren waren nach Angaben von Schultz-Süchting[955] etwa ein Drittel bis ein Viertel der beim OLG Hamburg anhängig gemachten Patentsachen Anträge auf Erlass einer einstweiligen Verfügung, wovon wiederum kein einziger abgewiesen wurde.[956] In einem Urteil aus dem Jahr 1983 stellt das OLG Hamburg ausdrücklich klar, dass einstweilige Verfügungen auch in Patentsachen möglich sind, und erließ die beantragte einstweilige Unterlassungsverfügung.[957] Das OLG mutmaßt in diesem Urteil, dass der Erlass einstweiliger Unterlassungsverfügungen in Patentsachen nur wegen der damit verbundenen Schwierigkeiten relativ selten vorkomme.[958] Im Rahmen der Interessenabwägung berücksichtigt das OLG in dieser Entscheidung auch die vom Antragsgegner vorgetragenen Zweifel an der Schutzfähigkeit des streitgegenständlichen Patents.[959] Das Gericht hebt außerdem hervor, dass eine Prüfung der Erfolgsaussichten nicht nur in einem Hauptsacheverfahren unter Einschaltung eines Sachverständigen möglich ist, sondern dass der Senat selbst, aufgrund seiner eigenen Sachkunde, zur Entscheidung in der Lage sei.[960] Das OLG Hamburg bestätigte diese Rechtsprechung im Wesentlichen auch in einem Urteil aus dem Jahr 1987 zum Erlass einer

---

953 OLG Frankfurt, Urteil vom 13.08.1981, 6 U 83/81, GRUR 1981, 905, 907 – *Schleifwerkzeug.*

954 OLG Frankfurt, Urteil vom 13.08.1981, 6 U 83/81, GRUR 1981, 905, 907 – *Schleifwerkzeug.*

955 vgl. Schultz-Süchting, GRUR 1988, 571.

956 Schultz-Süchting, GRUR 1988, 571.

957 OLG Hamburg, Urteil vom 29.09.1983, 3 U 134/83, GRUR 1984, 105 – *Früchteschneidemaschine.*

958 OLG Hamburg, Urteil vom 29.09.1983, 3 U 134/83, GRUR 1984, 105 – *Früchteschneidemaschine.*

959 OLG Hamburg, Urteil vom 29.09.1983, 3 U 134/83, GRUR 1984, 105, 106 – *Früchteschneidemaschine.*

960 OLG Hamburg, Urteil vom 29.09.1983, 3 U 134/83, GRUR 1984, 105, 106 – *Früchteschneidemaschine.*

einstweiligen Unterlassungsverfügung durch das LG Hamburg.[961] Diesem Urteil lag ein Sachverhalt zugrunde, in dem der Antragsgegner bewusst und identisch von dem streitgegenständlichen Patent Gebrauch machte.[962] Zwar war der Senat in dieser Entscheidung der Ansicht, dass er nicht selbst die erforderliche Sachkunde besäße, um zu beurteilen, inwiefern der Vortrag der Parteien richtig oder falsch sei.[963] Der Senat berücksichtigte für die Beurteilung aber, dass bei Erteilung des deutschen und des entsprechenden US-amerikanischen Patents die Prüfer die Entgegenhaltung kannten und das Patent trotzdem erteilten.[964] Zu erwähnen ist des Weiteren, dass das OLG Hamburg in dieser Entscheidung im Rahmen der Interessenabwägung berücksichtigte, dass dem Antragsgegner durch die Entscheidung der Eintritt in den deutschen Markt verwehrt würde.[965] Das OLG ließ aber das Interesse des Antragstellers überwiegen, über die Verwertung seiner Rechte und Erteilung von Lizenzen selbst zu entscheiden.[966] Das OLG bewertete die Schwierigkeiten des Antragsgegners, die dieser bei einem endgültigen Obsiegen mit der Schadensberechnung haben könnte, dagegen als geringer und ließ sie hinter den Interessen des Antragstellers zurücktreten.[967]

Obwohl viele Gerichte ihre Rechtsprechung zum Erlass einstweiliger Unterlassungsverfügungen lockerten, entwickelte sich keine einheitliche Rechtsprechung in diese Richtung. Einige Gerichte praktizierten weiterhin eine eher restriktive Rechtsprechung und erließen einstweilige Verfügungen in Patentsachen weiterhin nur in Ausnahmefällen und bei Vorliegen besonderer Umstände.[968] Diese

---

961 OLG Hamburg, Urteil vom 03.09.1987, 3 U 83/87, GRUR 1987, 899 – *Verbandsmaterial.*

962 OLG Hamburg, Urteil vom 03.09.1987, 3 U 83/87, GRUR 1987, 899 – *Verbandsmaterial.*

963 OLG Hamburg, Urteil vom 03.09.1987, 3 U 83/87, GRUR 1987, 899 – *Verbandsmaterial.*

964 OLG Hamburg, Urteil vom 03.09.1987, 3 U 83/87, GRUR 1987, 899 – *Verbandsmaterial* (anders wohl LG Düsseldorf GRUR 2000, 692, 695 – *NMR-Kontrastmittel,* wo das LG trotz Berücksichtigung einer Entgegenhaltung im Erteilungsverfahren, den Erlass einer einstweiligen Verfügung ablehnte).

965 OLG Hamburg, Urteil vom 03.09.1987, 3 U 83/87, GRUR 1987, 899 – *Verbandsmaterial.*

966 OLG Hamburg, Urteil vom 03.09.1987, 3 U 83/87, GRUR 1987, 899 – *Verbandsmaterial.*

967 OLG Hamburg, Urteil vom 03.09.1987, 3 U 83/87, GRUR 1987, 899 – *Verbandsmaterial.*

968 LG Düsseldorf, Urteil vom 05.02.1980, 4 O 286/79, GRUR 1980, 989, 990 – *Sulfaveridin.*

uneinheitliche Rechtsprechung wurde dadurch begünstigt, dass OLG Entscheidungen im einstweiligen Verfügungsverfahren gem. § 542 Abs. 2 ZPO nicht reversibel sind, so dass es keine höchstrichterlichen Entscheidungen in diesem Bereich gibt.

Das OLG Düsseldorf gehörte beispielsweise zu den Gerichten, die eine restriktive Erlasspraxis beibehielten. Es stellte allerdings auch ausdrücklich klar, dass es keinesfalls einen Grundsatz gebe, wonach einstweilige Verfügungen in Patentsachen generell nicht in Betracht kämen.[969] Es müsse aber berücksichtigt werden, dass die Bearbeitung von Patentsachen größere Schwierigkeiten bereite als die Bearbeitung sonstiger Streitigkeiten, da der Stand der Technik ermittelt und der Verletzungsgegenstand eingehend untersucht werden müsse.[970] Gleichzeitig führe eine einstweilige Unterlassungsverfügung in Patentsachen zu einer schwerwiegenden Beeinträchtigung des Antragsgegners und damit praktisch zu einer Erfüllung des Unterlassungsanspruches, was über den vorläufigen Charakter einstweiliger Verfügungen hinausgehe.[971] Das OLG Düsseldorf vertrat deshalb in seiner Entscheidung AHF-Konzentrat die Ansicht, dass es gerechtfertigt sei, wenn die Gerichte einstweilige Verfügungen in Patentsachen nur mit äußerster Zurückhaltung erließen und prognostizierte, dass auch in Zukunft Unterlassungsverfügungen in Patentsachen Ausnahmecharakter haben würden.[972] Wenn parallel ein Einspruchs- oder Nichtigkeitsverfahren anhängig war, sollte der Erlass einer einstweiligen Verfügung sogar grundsätzlich abzulehnen sein.[973] Kriterien aus der ökonomischen Analyse des Rechts berücksichtigte das OLG Düsseldorf in dieser Entscheidung nicht.

bb) Die Rechtsprechung in den 1990er Jahren

Die Entscheidungen der deutschen Gerichte in den 1990er Jahren geben ebenfalls keine einheitliche Linie im Umgang mit dem Erlass einstweiliger Verfügungen in Patentsachen wieder.

---

969 OLG Düsseldorf, Urteil vom 21.10.1982, 2 U 67/82, GRUR 1983, 79, 80 – *AHF-Konzentrat.*

970 OLG Düsseldorf, Urteil vom 21.10.1982, 2 U 67/82, GRUR 1983, 79, 80 – *AHF-Konzentrat.*

971 OLG Düsseldorf, Urteil vom 21.10.1982, 2 U 67/82, GRUR 1983, 79, 80 – *AHF-Konzentrat.*

972 OLG Düsseldorf, Urteil vom 21.10.1982, 2 U 67/82, GRUR 1983, 79, 80 – *AHF-Konzentrat*

973 OLG Düsseldorf, Urteil vom 21.10.1982, 2 U 67/82, GRUR 1983, 79, 80 – *AHF-Konzentrat.*

Das LG Düsseldorf erließ in einer Entscheidung aus dem Jahr 1994 eine einstweilige Verfügung in einer Patentsache trotz eines laufenden Nichtigkeitsverfahrens.[974] Dem Urteil lag ein Sachverhalt zugrunde, in dem die angegriffene Ausführungsform bereits in einem vorangegangenen Klageverfahren, das sich gegen ein mit dem Antragsgegner verbundenes Unternehmen richtete, als patentverletzend angesehen worden war.[975] Eine entgegengehaltene britische Patentschrift ordnete das Gericht als nicht neuheitsschädlich ein und beurteilte die Erfolgsaussichten der erhobenen Nichtigkeitsklage als gering.[976] Das Gericht hatte deshalb auch keine schwerwiegenden Zweifel an der Schutzfähigkeit des streitgegenständlichen Patents. Hervorzuheben an diesem Urteil ist, dass die Vollziehung der einstweiligen Verfügung gem. §§ 921, 936 ZPO von einer Sicherheitsleistung abhängig gemacht wurde.[977] Damit greift das Gericht hier Forderungen aus der Literatur auf.[978] Die Sicherheitsleistung kann die Unsicherheit über den Bestand der einstweiligen Verfügung ausgleichen und den Schadensersatzanspruch des Antragsgegners aus § 945 ZPO absichern.[979] Die Sicherheitsleistung kann gegebenenfalls je nach der Geltungsdauer der einstweiligen Verfügung angepasst werden.[980] Es ist jedoch wichtig, keine prohibitiv hohe Sicherheitsleistung festzusetzen, die den Antragsteller letztlich von der Durchsetzung seines Rechts abhält.

In einer Entscheidung aus dem Jahr 1995 hat das LG Düsseldorf den Erlass einer einstweiligen Verfügung in einer Patentsache abgelehnt; diese Entscheidung wurde durch ein Urteil des OLG Düsseldorf auch bestätigt.[981] Letztlich stellen diese Urteile aber keine Änderung der Rechtsprechung dar, da den Urteilen ein

---

974 LG Düsseldorf, Urteil vom 26.05.1994, 4 O 90/94, Mitt. 1995, 190, 191 – *Schließfolgeregler.*

975 LG Düsseldorf, Urteil vom 26.05.1994, 4 O 90/94, Mitt. 1995, 190, 191 f. – *Schließfolgeregler.*

976 LG Düsseldorf, Urteil vom 26.05.1994, 4 O 90/94, Mitt. 1995, 190, 192 – *Schließfolgeregler.*

977 LG Düsseldorf, Urteil vom 26.05.1994, 4 O 90/94, Mitt. 1995, 190, 192 – *Schließfolgeregler.*

978 Rogge in: Festschrift für v. Gamm, 1990, S. 461, 473; Schultz-Süchting, GRUR 1988, 571, 577.

979 OLG Karlsruhe, Urteil vom 11. 07.1979, 6 U 13/79, GRUR 1979, 702 – *Knickarm-Markise.*

980 Rogge in: Festschrift für v. Gamm, 1990, S. 461, 473; OLG Karlsruhe, Urteil vom 11. 07.1979, 6 U 13/79, GRUR 1979, 702 *Knickarm-Markise.*

981 OLG Düsseldorf, Urteil vom 05.10.1995, 2 U 43/95, Mitt. 1996, 87 – *Einstweilige Verfügung in Patentsache.*

völlig anderer Sachverhalt zugrunde lag als im zuvor besprochenen Urteil aus dem Jahr 1994. LG und OLG Düsseldorf prüften eine von der Gegenseite entgegengehaltene Vorveröffentlichung aus einem britischen Medizin-Journal.[982] Diese war in der Nichtigkeitsklage als neuheitsschädlich vorgebracht worden.[983] Das OLG erachtete dieses Vorbringen als sehr überzeugend und hielt es daher für überaus wahrscheinlich, dass der Durchschnittsfachmann aus der entgegengehaltenen Vorveröffentlichung bereits auf die patentierte Wirkstoffkombination schließen konnte.[984] Das OLG Düsseldorf führte aus, dass in Fällen, in denen eine Nichtigkeitsklage gegen das streitgegenständliche Patent Aussicht auf Erfolg habe, der entsprechende Patentverletzungsprozess in der Hauptsache gemäß § 148 ZPO auszusetzen sei.[985] Wenn aber im erstinstanzlichen Klageverfahren der Rechtsstreit bis zur Entscheidung über die Nichtigkeitsklage ausgesetzt würde, dann komme der Erlass einer einstweiligen Verfügung nicht in Betracht.[986]

cc) Aktuellere Entwicklungen in der Rechtsprechung

(1) Entscheidung OLG Hamburg Spannbacke

Das OLG Hamburg geht in seiner Entscheidung „Spannbacke" aus dem Jahr 2002 im Wesentlichen von zwei Voraussetzungen aus, die für den Erlass einer einstweiligen Verfügung im Patentrecht vorliegen müssen.[987] Zum einen müsse eine wortlaut- oder wortsinngemäße Verletzung des streitgegenständlichen Patents vorliegen.[988] Bei einer nur äquivalenten Verletzung des Schutzrechts könne keine einstweilige Verfügung erlassen werden. Bei summarischen Prüfungen, wie im einstweiligen Verfügungsverfahren, lasse sich die Rechtsverletzung nicht mit

982 OLG Düsseldorf, Urteil vom 05.10.1995, 2 U 43/95, Mitt. 1996, 87, 89 – *Einstweilige Verfügung in Patentsache.*

983 OLG Düsseldorf, Urteil vom 05.10.1995, 2 U 43/95, Mitt. 1996, 87, 89 – *Einstweilige Verfügung in Patentsache.*

984 OLG Düsseldorf, Urteil vom 05.10.1995, 2 U 43/95, Mitt. 1996, 87, 89 – *Einstweilige Verfügung in Patentsache.*

985 OLG Düsseldorf, Urteil vom 05.10.1995, 2 U 43/95, Mitt. 1996, 87, 88 – *Einstweilige Verfügung in Patentsache.*

986 OLG Düsseldorf, Urteil vom 05.10.1995, 2 U 43/95, Mitt. 1996, 87, 88 – *Einstweilige Verfügung in Patentsache.*

987 OLG Hamburg, Urteil vom 19.04.2001, 3 U 231/00, GRUR-RR 2002, 244 – *Spannbacke.*

988 OLG Hamburg, Urteil vom 19.04.2001, 3 U 231/00, GRUR-RR 2002, 244, 245 – *Spannbacke.*

ausreichender Sicherheit feststellen.[989] Als zweite Voraussetzung fordert das OLG Hamburg, dass die Rechtsbeständigkeit des Patents mit großer Wahrscheinlichkeit feststehe.[990] Zur Beurteilung der Rechtsbeständigkeit des Patents führt das OLG in dieser Entscheidung aus, dass es nicht darauf ankomme, wie Neuheit und erfinderische Höhe vom Senat selbst beurteilt würden.[991] Der Senat stelle vielmehr eine Prognose darüber an, in welcher Weise die technischen Prüfer beim Patentamt über die geltend gemachten Entgegenhaltungen im Einspruchsverfahren aller Voraussicht nach entscheiden werden.[992] Der Senat lehnt den Erlass einer einstweiligen Verfügung im Ergebnis ab, da nach seiner Prognose nicht mit dem erforderlichen Grad an Gewissheit festgestellt werden kann, dass sich das Patent im Einspruchsverfahren als rechtsbeständig erweisen wird.[993] Das Gericht hatte Zweifel daran, dass bei erneuter Überprüfung des Patents im Einspruchsverfahren eine ausreichende erfinderische Tätigkeit gegenüber der Entgegenhaltung aus einem US-amerikanischen Patent vorliegt, obwohl dieses bereits im Erteilungsverfahren berücksichtigt wurde.[994] Diese Zweifel wirkten sich nach Ansicht des Gerichts zu Lasten des Antragstellers aus.[995]

(2) Entscheidung LG Düsseldorf NMR-Kontrastmittel

Düsseldorf ist ein besonders beliebter Gerichtsort für Patentstreitigkeiten, so dass LG und OLG Düsseldorf in den letzten Jahren dementsprechend viele Entscheidungen auch in einstweiligen Verfügungssachen zu treffen hatten. In der Entscheidung NMR- Kontrastmittel lehnte das LG Düsseldorf den Erlass einer einstweiligen Unterlassungsverfügung ab.[996] Zwar lag in dem Fall eine

---

989 OLG Hamburg, Urteil vom 19.04.2001, 3 U 231/00, GRUR-RR 2002, 244, 245 – *Spannbacke.*

990 OLG Hamburg, Urteil vom 19.04.2001, 3 U 231/00, GRUR-RR 2002, 244, 245 – *Spannbacke.*

991 OLG Hamburg, Urteil vom 19.04.2001, 3 U 231/00, GRUR-RR 2002, 244, 245 – *Spannbacke.*

992 OLG Hamburg, Urteil vom 19.04.2001, 3 U 231/00, GRUR-RR 2002, 244, 245 – *Spannbacke.*

993 OLG Hamburg, Urteil vom 19.04.2001, 3 U 231/00, GRUR-RR 2002, 244, 245 – *Spannbacke.*

994 OLG Hamburg, Urteil vom 19.04.2001, 3 U 231/00, GRUR-RR 2002, 244, 246 – *Spannbacke.*

995 OLG Hamburg, Urteil vom 19.04.2001, 3 U 231/00, GRUR-RR 2002, 244, 246 – *Spannbacke.*

996 LG Düsseldorf, Urteil vom 08.07.1999, 4 O 187/99, GRUR 2000, 692, 693 – *NMR-Kontrastmittel.*

wortlautgemäße Benutzung des Patents vor, die Antragstellerin konnte den Verfügungsgrund aber nicht ausreichend glaubhaft machen.[997] Das Gericht hatte Zweifel daran, ob das Patent Rechtsbestand haben werde, da es ein älteres deutsches Patent für neuheitsschädlich hielt, obwohl dieses im Erteilungsverfahren bereits berücksichtigt worden war.[998] Das Gericht führt allgemein zu einstweiligen Verfügungen in Patentsachen aus, dass es keinen generellen Grundsatz gebe, wonach diese nicht oder nur in seltenen Ausnahmen zu erlassen seien.[999] Allerdings müsse berücksichtigt werden, dass in Patentsachen beim Erlass einstweiliger Verfügungen besondere Schwierigkeiten darin bestünden, Schutzumfang und Schutzfähigkeit innerhalb kurzer Zeit zu beurteilen.[1000] Da eine einstweilige Unterlassungsverfügung aber einen besonders schwerwiegenden Eingriff in die gewerbliche Tätigkeit des Antragsgegners darstelle und zumindest vorübergehend zu einer faktischen Erfüllung des Anspruchs führe, müsse die Prüfung des Verfügungsgrundes besonders sorgfältig erfolgen.[1001] Sie dürfe nur erlassen werden, wenn sie zur Abwendung wesentlicher Nachteile wirklich notwendig sei.[1002]

(3) Rechtliche Stellungnahme

Hervorzuheben an dieser Entscheidung ist zum einen die detaillierte fachliche Auseinandersetzung des Gerichts mit dem Patent und der Entgegenhaltung sowie die vertiefte Abwägung der Interessen der Parteien im Rahmen des Verfügungsgrundes.[1003] Diese detaillierte Auseinandersetzung des Gerichts mit komplexen technischen Zusammenhängen bestätigt eine These von Böhler, wonach die Gerichte bei der Beurteilung von Verletzung und Rechtsbestand zunehmend selbstbewusster würden.[1004] Diese Entwicklung resultiert nach Böhlers

---

997 LG Düsseldorf, Urteil vom 08.07.1999, 4 O 187/99, GRUR 2000, 692, 695 – *NMR-Kontrastmittel.*

998 LG Düsseldorf, Urteil vom 08.07.1999, 4 O 187/99, GRUR 2000, 692, 695 f. – *NMR-Kontrastmittel.*

999 LG Düsseldorf, Urteil vom 08.07.1999, 4 O 187/99, GRUR 2000, 692, 695 – *NMR-Kontrastmittel.*

1000 LG Düsseldorf, Urteil vom 08.07.1999, 4 O 187/99, GRUR 2000, 692, 695 – *NMR-Kontrastmittel.*

1001 LG Düsseldorf, Urteil vom 08.07.1999, 4 O 187/99, GRUR 2000, 692, 695 – *NMR-Kontrastmittel.*

1002 LG Düsseldorf, Urteil vom 08.07.1999, 4 O 187/99, GRUR 2000, 692, 695 – *NMR-Kontrastmittel.*

1003 LG Düsseldorf, Urteil vom 08.07.1999, 4 O 187/99, GRUR 2000, 692, 695 ff. – *NMR-Kontrastmittel.*

1004 vgl. Böhler, GRUR 2011, 965.

Meinung wiederum aus der Konzentration der Patentstreitigkeiten auf wenige Gerichte und der Zunahme gerichtlicher Patentstreitigkeiten. Dies habe zu einem großen Erfahrungsschatz bei den Gerichten geführt.[1005] Diese Begründung wird durch das vorliegende Urteil des LG Düsseldorf gestützt. In Düsseldorf werden deutschlandweit die meisten Verfügungsanträge in Patentsachen gestellt.[1006] Hinzu kommt, dass die Gerichte hier als besonders „technikverliebt" gelten und auf die eigenständige Prüfung technischer Zusammenhänge Wert legen.[1007] Die Interessenabwägung war für das Gericht letztlich ausschlaggebend für die Ablehnung des Verfügungsantrages.[1008] Insbesondere stellte das Gericht in die Abwägung ein, dass die Antragstellerin das Patent nicht selbst verwerte und auch eine Lizenzvergabe bisher nur geplant sei.[1009] Dies wurde vom Gericht stärker bewertet als die Tatsache, dass die Antragsgegnerin eine negative Feststellungsklage vor einem italienischen Gericht erhoben hat, weshalb im Hauptsacheverfahren vorerst keine Entscheidung zu erwarten ist.[1010]

Die Richtigkeit dieser Entscheidung muss angezweifelt werden. Zwar ist es grundsätzlich eine zu befürwortende Überlegung, dass die Interessen eines Schutzrechtsinhabers an einer schnellen Entscheidung im einstweiligen Rechtsschutzverfahren weniger stark zu gewichten sind, wenn er sein Patent weder selbst verwertet noch Lizenzen vergibt, als die eines Patentinhabers, der sein Patent selbst verwertet. Die Aussetzung des Hauptsacheverfahrens wegen der von der Antragsgegnerin eingelegten negativen Feststellungsklage vor dem italienischen Gericht führt aber dazu, dass die Antragstellerin noch Jahre auf eine Hauptsacheentscheidung warten muss. Zu Lasten der Antragsgegnerin hätte das Gericht außerdem verstärkt berücksichtigen müssen, dass diese das Patent bewusst verletzt, da sie im Vorfeld bereits Lizenzverhandlungen mit der Antragstellerin führte.

1005 vgl. Böhler, GRUR 2011, 965.

1006 vgl. die Zahlen bei von Falck, Mitt. 2002, 429, wonach beim LG Düsseldorf zwischen 1996 und 2000 im Durchschnitt 42 Verfügungsanträge eingingen, beim LG Frankfurt ca. 30 Anträge und beim LG Hamburg ca. 15.

1007 vgl. Bopp in: Festschrift für Helm, 2002, 275, 278.

1008 LG Düsseldorf, Urteil vom 08.07.1999, 4 O 187/99, GRUR 2000, 692, 696 – *NMR-Kontrastmittel.*

1009 LG Düsseldorf, Urteil vom 08.07.1999, 4 O 187/99, GRUR 2000, 692, 696 f. – *NMR-Kontrastmittel.*

1010 sog. Torpedo-Klage, die dazu führt, dass das Hauptsacheverfahren wegen Art. 27 EuGVO (früher Art. 21 EuGVÜ) ausgesetzt wird, bis die Zuständigkeit feststeht, was gegebenenfalls Jahre dauern kann.

(4) Entscheidung OLG Düsseldorf Kleinleistungsschalter

In der einige Jahre später ergangenen Entscheidung „Kleinleistungsschalter" bestätigte das OLG Düsseldorf eine vom LG Düsseldorf zuvor erlassene einstweilige Verfügung.[1011] Das Gericht bestätigte das Vorliegen eines Verfügungsgrundes. Es führte dazu aus, dass im Patentrecht das Trennungsprinzip gelte, aus dem sich wiederum die Aufgabenverteilung zwischen den für die Patenterteilung zuständigen Stellen und den Verletzungsgerichten ergebe.[1012] Aufgrund dieser Aufgabenverteilung habe das Verletzungsgericht grundsätzlich die Patenterteilung und den sich daraus ergebenden Schutz ohne eigene Prüfungskompetenz zu respektieren.[1013] Das Gericht prüfte im Rahmen des Verfügungsgrundes die überwiegende Wahrscheinlichkeit des Rechtsbestandes des Patents und stellte dafür als Prüfungsmaßstab darauf ab, ob ein erstinstanzliches Gericht im Hauptsacheverfahren das Verfahren gemäß § 148 ZPO aussetzen würde.[1014] Ein erstinstanzliches Gericht setze das Verfahren dann aus, wenn ein Rechtsmittel im Einspruchs- oder Nichtigkeitsverfahren eingelegt wurde und eine Prognoseentscheidung des Gerichts ergebe, dass dieses Rechtsmittel hinreichende Aussicht auf Erfolg habe.[1015] Der Verletzer könne so durch die Berufung auf die Schutzunfähigkeit des Patents eine Verurteilung zumindest vorübergehend abwehren.[1016] Diese Verteidigungsmöglichkeit müsse dem in Anspruch Genommenen auch im Verfügungsverfahren zustehen und Zweifel am Rechtsbestand des Patents im Rahmen der Interessenabwägung berücksichtigt werden.[1017] Da aufgrund des Eilcharakters der einstweiligen Verfügung eine Aussetzung des Verfahrens aber nicht in Frage komme, müsse der Antrag auf die einstweilige

---

1011 OLG Düsseldorf, Urteil vom 1. 3. 2007, 2 U 98/06, GRUR-RR 2007, 219 – *Kleinleistungsschalter.*

1012 OLG Düsseldorf, Urteil vom 1. 3. 2007, 2 U 98/06, GRUR-RR 2007, 219 – *Kleinleistungsschalter.*

1013 OLG Düsseldorf, Urteil vom 1. 3. 2007, 2 U 98/06, GRUR-RR 2007, 219 – *Kleinleistungsschalter.*

1014 OLG Düsseldorf, Urteil vom 1. 3. 2007, 2 U 98/06, GRUR-RR 2007, 219 – *Kleinleistungsschalter.*

1015 OLG Düsseldorf, Urteil vom 1. 3. 2007, 2 U 98/06, GRUR-RR 2007, 219 – *Kleinleistungsschalter; vgl. zur Aussetzung im Patentprozess auch den Aufsatz von Krieger in GRUR 1996, 941 ff.*

1016 OLG Düsseldorf, Urteil vom 1. 3. 2007, 2 U 98/06, GRUR-RR 2007, 219 – *Kleinleistungsschalter.*

1017 OLG Düsseldorf, Urteil vom 1. 3. 2007, 2 U 98/06, GRUR-RR 2007, 219 – *Kleinleistungsschalter.*

Verfügung in diesen Fällen abgelehnt werden.[1018] Im konkreten Fall führte das OLG letztlich nach diesen allgemeinen Ausführungen keine Prognose über die Erfolgsaussichten einer Nichtigkeitsklage oder eines Einspruchs durch, da die Antragsgegner kein Rechtsmittel gegen das Patent eingelegt hatten.[1019] Die Erfolgsaussichten eines Rechtsbehelfes könnten aber nach Ansicht des Gerichts nur dann geprüft werden, wenn er auch tatsächlich eingelegt worden sei.[1020] Nur in absoluten Ausnahmefällen, in denen es dem Antragsgegner nicht zumutbar sei, bis zum Zeitpunkt der Entscheidung über den Verfügungsantrag einen Rechtsbehelf gegen das streitgegenständliche Patent einzulegen, könne das Gericht trotzdem über die Erfolgsaussichten eines Einspruchs oder einer Nichtigkeitsklage entscheiden.[1021]

(5) Rechtliche Stellungnahme

Das Gericht handhabt bei dieser Entscheidung die Voraussetzungen für den Erlass einstweiliger Verfügungen weniger streng. Zwar sind nicht alle Teile der Entscheidung verallgemeinerungsfähig und für andere Fälle von Relevanz, einige allgemeine Ausführungen machte das OLG Düsseldorf aber trotz der speziellen Gegebenheiten des konkreten Sachverhaltes. Dazu zählt das Abstellen auf die Kriterien, die für die Aussetzung eines Verfahrens nach § 148 ZPO angewandt werden. Die Aussetzung wird im Patentverletzungsprozess in ständiger Rechtsprechung sehr restriktiv gehandhabt.[1022] Die ständige Rechtsprechung geht davon aus, dass eine Aussetzung im Patentverletzungsprozess nur in Frage kommt, wenn eine hohe Wahrscheinlichkeit dafür besteht, dass das streitgegenständliche Patent keinen Rechtsbestand haben wird.[1023] Die Aussetzung wird insbesondere dann abgelehnt, wenn im Nichtigkeitsverfahren nichts anderes gegen das Patent vorgebracht wird, als im Erteilungs- oder Einspruchsverfahren bereits von den zuständigen Stellen geprüft worden war.[1024] Ebenso kommt eine Aussetzung

---

1018 OLG Düsseldorf, Urteil vom 01. 03. 2007, 2 U 98/06, GRUR-RR 2007, 219 – *Kleinleistungsschalter.*

1019 OLG Düsseldorf, Urteil vom 1. 3. 2007, 2 U 98/06, GRUR-RR 2007, 219, 220 – *Kleinleistungsschalter.*

1020 OLG Düsseldorf, Urteil vom 1. 3. 2007, 2 U 98/06, GRUR-RR 2007, 219, 220 – *Kleinleistungsschalter.*

1021 OLG Düsseldorf, Urteil vom 1. 3. 2007, 2 U 98/06, GRUR-RR 2007, 219, 220 – *Kleinleistungsschalter.*

1022 vgl. Krieger, GRUR 1996, 941.

1023 v. Maltzahn, GRUR 1985, 163, 164 m.w.N.; Krieger, GRUR 1996, 941 m.w.N.

1024 Krieger, GRUR 1996, 941.

danach nicht in Frage, wenn zwar neuer Stand der Technik im Nichtigkeitsverfahren vorgebracht wird, dieser aber dem im Erteilungs- oder Einspruchsverfahren vorgebrachten nicht näher kommt.[1025] Wenn sich alle Gerichte beim Erlass einer einstweiligen Verfügung in einer Patentsache strikt an diese zur Aussetzung entwickelten Kriterien hielten, gäbe es deutlich mehr Unterlassungsverfügungen als bisher. In vielen Entscheidungen verneinte das zuständige Gericht letztlich den Verfügungsgrund im Hinblick auf eine Entgegenhaltung, die bereits von den Prüfern im Erteilungsverfahren berücksichtigt worden war.[1026] Daher hat die Entscheidung „Kleinleistungsschalter“ in der Literatur Zustimmung gefunden. Es wurde begrüßt, dass die Düsseldorfer Gerichte sich bemühen, Hauptsache- und Verfügungsverfahren kongruent zu handhaben.

(6) OLG Düsseldorf Entscheidung Olanzapin

Für besonderes Aufsehen sorgte im Jahr 2008 die Entscheidung Olanzapin des OLG Düsseldorf.[1027] In dieser Entscheidung ging es um ein Arzneimittelpatent, das in der ersten Instanz vom Bundespatentgericht für nichtig erklärt worden war. Die Entscheidung des BGH über die Berufung gegen dieses Urteil stand zum Zeitpunkt der Entscheidung im Verfügungsverfahren noch aus.[1028] Das OLG Düsseldorf erließ die von der Antragstellerin beantragte einstweilige Unterlassungsverfügung.[1029] Die Antragsgegnerin verletzte nach Ansicht des OLG das Patent der Antragstellerin wortsinngemäß, indem es ein Generikum anbot, das die patentierten chemischen Verbindungen enthielt.[1030] Im Rahmen der Prüfung des Verfügungsgrundes führte das OLG aus, dass die Rechtsbeständigkeit des Patents hinlänglich gesichert sein muss und Zweifel daran den Verfügungsgrund ausschließen könnten.[1031] Zum Rechtsbestand stellte das OLG im Allgemeinen

---

1025 Krieger, GRUR 1996, 941; BGH, Urteil vom 06.03.1959, I ZR 93/57, GRUR 1959, 320, 324.

1026 vgl. LG Düsseldorf, Urteil vom 08.07.1999, 4 O 187/99, GRUR 2000, 692, 695 f. *NMR-Kontrastmittel;* OLG Hamburg, 19.04.2001, 3 U 231/00, GRUR-RR 2002, 244, 246 – Spannbacke.

1027 OLG Düsseldorf, Urteil vom 29. 5. 2008, 2 W 47/07, GRUR-RR 2008, 329–332 – *Olanzapin.*

1028 OLG Düsseldorf, Urteil vom 29. 5. 2008, 2 W 47/07, GRUR-RR 2008, 329 – *Olanzapin.*

1029 OLG Düsseldorf, Urteil vom 29. 5. 2008, 2 W 47/07, GRUR-RR 2008, 329, 330 – *Olanzapin.*

1030 OLG Düsseldorf, Urteil vom 29. 5. 2008, 2 W 47/07, GRUR-RR 2008, 329, 330 – *Olanzapin.*

1031 OLG Düsseldorf, Urteil vom 29. 5. 2008, 2 W 47/07, GRUR-RR 2008, 329, 331 – *Olanzapin.*

fest, dass dieser nur als ausreichend gesichert angesehen werden könne, wenn die Patentfähigkeit bereits in einem kontradiktorischen Verfahren anerkannt worden sei.[1032] Dagegen sei er in der Regel zu verneinen, wenn in einem Hauptsacheverfahren das Verfahren nach § 148 ZPO aufgrund starker Zweifel an der Schutzfähigkeit ausgesetzt werden würde.[1033] Das Gericht beurteilte in diesem Fall aufgrund seiner eigenen Sachkunde die erstinstanzliche Nichtigkeitsentscheidung als evident unrichtig und im Berufungsverfahren voraussichtlich nicht von Bestand.[1034] Das Gericht stellte in seine Interessenabwägung ferner mit ein, dass die Schutzdauer des streitgegenständlichen Patents bereits bald enden werde und innerhalb der verbleibenden Patentlaufzeit vermutlich nicht mehr mit einer Berufungsentscheidung zu rechnen sei.[1035] Dem Schutzrechtsinhaber würden daher seine gesetzlichen Verbietungsrechte bei einer Abweisung des Antrags im einstweiligen Rechtsschutz unwiederbringlich genommen, weshalb der Erlass geboten sei.[1036]

Besonders zu erwähnen ist, dass das OLG als Begründung für einen weniger restriktiven Erlass einstweiliger Verfügungen Art. 50 TRIPS und Art. 9 Abs. 1 der Durchsetzungsrichtlinie heranzieht.[1037] Beide Normen seien bei der Auslegung von § 940 ZPO derart zu berücksichtigen, dass der Erlass einstweiliger Verfügungen in Patentsachen nicht übermäßig erschwert werden dürfe.[1038]

(7) Rechtliche Stellungnahme

Das Urteil „Olanzapin“ erhielt besondere Aufmerksamkeit, da es dem bisherigen Grundsatz zuwider läuft, bei einer erstinstanzlichen Nichtigkeitserklärung des Patents keine einstweilige Verfügung mehr zu erlassen. Der Senat des OLG beweist damit Sachkunde und Mut. Bisher wurde immer angenommen, dass im

1032 OLG Düsseldorf, Urteil vom 29. 5. 2008, 2 W 47/07, GRUR-RR 2008, 329, 331 – *Olanzapin*.

1033 OLG Düsseldorf, Urteil vom 29. 5. 2008, 2 W 47/07, GRUR-RR 2008, 329, 331 – *Olanzapin*.

1034 OLG Düsseldorf, Urteil vom 29. 5. 2008, 2 W 47/07, GRUR-RR 2008, 329, 331 – *Olanzapin*.

1035 OLG Düsseldorf, Urteil vom 29. 5. 2008, 2 W 47/07, GRUR-RR 2008, 329, 331 – *Olanzapin*.

1036 OLG Düsseldorf, Urteil vom 29. 5. 2008, 2 W 47/07, GRUR-RR 2008, 329, 331 – *Olanzapin*.

1037 OLG Düsseldorf, Urteil vom 29. 5. 2008, 2 W 47/07, GRUR-RR 2008, 329, 330 – *Olanzapin*.

1038 OLG Düsseldorf, Urteil vom 29. 5. 2008, 2 W 47/07, GRUR-RR 2008, 329, 330 – *Olanzapin*.

Falle einer erstinstanzlichen Nichtigerklärung eines Patents so große Zweifel am Rechtsbestand bestünden, dass kein Verfügungsgrund glaubhaft gemacht werden könne.[1039] Das OLG Düsseldorf beurteilt die Erfolgsaussichten der Berufung in diesem Fall aus seiner eigenen Sachkunde und bezeichnet das Urteil des Bundespatentgerichts als evident unrichtig. Es berücksichtigt zudem in besonderer Weise die Interessen des Patentinhabers, indem es in seine Abwägung auch die nur begrenzte Schutzdauer eines Patents mit einbezieht. Richtigerweise führt es dazu aus, dass der gesetzliche Schutz, den ein Patent seinem Inhaber bietet, diesem unwiederbringlich genommen wird, wenn man für die Dauer der Aussetzung eines Hauptsacheverfahrens keinen vorläufigen Rechtsschutz gewährt. Gerade zum Ende der Patentdauer wird der Patentinhaber damit außerdem gegenüber Eingriffen beliebiger Verletzer praktisch schutzlos gestellt. Dies wurde vom Senat zutreffend erkannt. Der Schutz, den das Patent bietet, würde ansonsten ausgehöhlt. Bemerkenswert ist auch, dass sich das OLG Düsseldorf in diesem Urteil allgemein für einen weniger restriktiven Erlass einstweiliger Verfügungen in Patentsachen ausspricht und dies mit dem TRIPS-Abkommen und der Durchsetzungsrichtlinie begründet. Art. 50 TRIPS und die Durchsetzungsrichtlinie werden in der Literatur als Hauptargumente gegen die frühere restriktive Erlasspraxis der Gerichte benutzt.[1040]

(8) OLG Düsseldorf Entscheidung Harnkatheterset

In dieser Entscheidung ging es um den Erlass einer einstweiligen Verfügung aus einem Patent über ein gebrauchsfertiges Blasenkatheterset.[1041] Die Verfügungsbeklagte vertrieb Blasenkathetersets in Deutschland, die nach Ansicht der Verfügungsklägerin das Patent wortsinngemäß verwirklichten.[1042] Das LG Düsseldorf hatte den Erlass einer einstweiligen Verfügung in der Vorinstanz abgelehnt, das OLG bestätigte die Entscheidung und lehnte den Erlass ebenfalls ab.[1043] Das OLG begründete seine Entscheidung damit, dass kein Verfügungsgrund

---

1039 vgl. auch OLG Düsseldorf, Urteil vom 08.12.2011, I-2 U 79/11, (= BeckRS 2012, 07678).

1040 vgl. Heinze, Einstweiliger Rechtsschutz im europäischen Immaterialgüterrecht, S. 352 ff.; Böhler, GRUR 2011, 965.

1041 OLG Düsseldorf, Urteil vom 29.04.2010, 2 U 126/09, InstGE 12, 114 (= BeckRS 2010, 15862) – *Harnkatheterset.*

1042 OLG Düsseldorf, Urteil vom 29.04.2010, 2 U 126/09, InstGE 12, 114 (= BeckRS 2010, 15862) – *Harnkatheterset.*

1043 OLG Düsseldorf, Urteil vom 29.04.2010, 2 U 126/09, InstGE 12, 114 (= BeckRS 2010, 15862) – *Harnkatheterset.*

vorliege, da der Rechtsbestand des Patents zu unsicher sei.[1044] Es führt zu einstweiligen Verfügungen im Patentrecht allgemein aus, dass diese besonders schwer in die gewerbliche Tätigkeit des Antragsgegners eingreifen und vorübergehend zu einer Erfüllung des Anspruchs führen.[1045] Daher müssten die Gerichte die Voraussetzungen für den Erlass, Verfügungsanspruch und Verfügungsgrund, besonders sorgfältig prüfen.[1046] Im Rahmen des Verfügungsgrundes sei auf die Rechtsbeständigkeit des Patents abzustellen.[1047] Die Vernichtung des streitgegenständlichen Patents muss für das Verletzungsgericht nach der Ansicht des OLG Düsseldorf nicht zwingend oder mit überwiegender Wahrscheinlichkeit feststehen, vielmehr genüge es, wenn es das Gericht aufgrund einer schlüssigen Argumentation für möglich halte, dass das Patent durch ein bereits eingelegtes Rechtsmittel vernichtet werde.[1048] Des Weiteren vertritt das Gericht in dieser Entscheidung die Meinung, dass die zu § 148 ZPO entwickelten Grundsätze nicht ohne weiteres angewendet werden könnten.[1049] So solle es bei einstweiligen Verfügungen zu Lasten des Antragstellers gehen, wenn die Erfolgsaussichten des Rechtsmittels wegen der komplexen Technik des Verfügungspatents nicht verlässlich vom Verletzungsgericht beurteilt werden können.[1050] Nach Auffassung des OLG Düsseldorf könne darüber hinaus von einem ausreichenden Rechtsbestand nur ausgegangen werden, wenn das streitgegenständliche Patent bereits ein erstinstanzliches Nichtigkeits- oder Einspruchsverfahren überstanden hat.[1051] Von diesem Erfordernis soll nur in absoluten Ausnahmefällen abgesehen

1044 OLG Düsseldorf, Urteil vom 29.04.2010, 2 U 126/09, InstGE 12, 114 (= BeckRS 2010, 15862) – *Harnkatheterset.*

1045 OLG Düsseldorf, Urteil vom 29.04.2010, 2 U 126/09, InstGE 12, 114 (= BeckRS 2010, 15862) – *Harnkatheterset.*

1046 OLG Düsseldorf, Urteil vom 29.04.2010, 2 U 126/09, InstGE 12, 114 (= BeckRS 2010, 15862) – *Harnkatheterset.*

1047 OLG Düsseldorf, Urteil vom 29.04.2010, 2 U 126/09, InstGE 12, 114 (= BeckRS 2010, 15862) – *Harnkatheterset.*

1048 OLG Düsseldorf, Urteil vom 29.04.2010, 2 U 126/09, InstGE 12, 114 (= BeckRS 2010, 15862) – *Harnkatheterset.*

1049 OLG Düsseldorf, Urteil vom 29.04.2010, 2 U 126/09, InstGE 12, 114 (= BeckRS 2010, 15862) – *Harnkatheterset.*

1050 OLG Düsseldorf, Urteil vom 29.04.2010, 2 U 126/09, InstGE 12, 114 (= BeckRS 2010, 15862) – *Harnkatheterset.*

1051 OLG Düsseldorf, Urteil vom 29.04.2010, 2 U 126/09, InstGE 12, 114 (= BeckRS 2010, 15862) – *Harnkatheterset.*

werden können.[1052] Solche Ausnahmefälle können nach dem Gericht beispielsweise dann vorliegen, wenn der Antragsgegner mit seinen eigenen Einwendungen bereits am Erteilungsverfahren beteiligt war, wenn sich die Einwendungen schon bei der summarischen Prüfung des Gerichts als haltlos erweisen oder wenn das Patent allgemein als schutzfähig angesehen wird, was sich dadurch zeigen kann, dass es sehr namhafte Lizenznehmer gibt.[1053] Wenn das Patent hingegen im Zeitpunkt des Verfügungsverfahrens bereits erstinstanzlich widerrufen oder für nichtig erklärt wurde, kann eine einstweilige Verfügung in der Regel nicht mehr erlassen werden.[1054] In absoluten Ausnahmefällen, wie beim Olanzapin-Fall[1055], kann die Verfügung erlassen werden, wenn die erstinstanzliche Entscheidung über die Nichtigkeit des Patents offensichtlich fehlerhaft war und dem Antragsteller außergewöhnliche Nachteile drohen.[1056] Im konkreten Fall hielt es das OLG schließlich für möglich, dass das Patent im Einspruchsverfahren widerrufen werden würde, und für in hohem Maße wahrscheinlich, dass die geltend gemachte Anspruchskombination keinen Bestand haben werde.[1057]

(9) Rechtliche Stellungnahme

Das OLG Düsseldorf stellt in dieser Entscheidung hohe Anforderungen an den Erlass einer einstweiligen Verfügung. Es steht damit im Kontrast zum zuvor besprochenen Urteil „Olanzapin". Das Gericht erachtet es grundsätzlich als erforderlich, dass das streitgegenständliche Patent bereits ein Einspruchs- oder Nichtigkeitsverfahren überstanden hat. Ansonsten soll nur in Ausnahmefällen eine Unterlassungsverfügung erlassen werden können. Derart hohe Anforderungen an den Verfügungserlass verkennen, dass die Patenterteilung

---

1052 OLG Düsseldorf, Urteil vom 29.04.2010, 2 U 126/09, InstGE 12, 114 (= BeckRS 2010, 15862) – *Harnkatheterset.*

1053 OLG Düsseldorf, Urteil vom 29.04.2010, 2 U 126/09, InstGE 12, 114 (= BeckRS 2010, 15862) – *Harnkatheterset;* vgl. auch Böhler, GRUR 2011, 965, 968.

1054 OLG Düsseldorf, Urteil vom 29.04.2010, 2 U 126/09, InstGE 12, 114 (= BeckRS 2010, 15862) *Harnkatheterset.*

1055 OLG Düsseldorf, Urteil vom 29.05. 2008, 2 W 47/07, GRUR-RR 2008, 329–332 – *Olanzapin.*

1056 OLG Düsseldorf, Urteil vom 29.04.2010, 2 U 126/09, InstGE 12, 114 (= BeckRS 2010, 15862) – *Harnkatheterset;* OLG Düsseldorf, Urteil vom 29. 05. 2008, 2 W 47/07, GRUR-RR 2008, 329–332 – Olanzapin; s.a. Böhler, GRUR 2011, 965, 968 f.

1057 OLG Düsseldorf, Urteil vom 29.04.2010, 2 U 126/09, InstGE 12, 114 (= BeckRS 2010, 15862) – *Harnkatheterset.*

Bindungswirkung für die Verletzungsgerichte entfaltet.[1058] Ein einmal erteiltes Patent genießt danach eine gewisse relative Bestandsgarantie, nach der die ordentlichen Gerichte jedes Patent als gültig zu behandeln haben, solange es nicht vom Amt widerrufen oder vom Patentgericht für nichtig erklärt worden ist.[1059] Die vom Gericht in dieser Entscheidung aufgestellten Grundsätze müssen daher als überhöht bewertet werden.

(10) Entscheidung OLG Frankfurt a.M. *Eilbedürfnis in Patentsachen*

Das OLG Frankfurt erließ in der Entscheidung „Eilbedürfnis in Patentsachen" eine einstweilige Verfügung zugunsten der Inhaberin eines Patents über eine Formwanne („miniBagno").[1060] Die Antragstellerin warf der Antragsgegnerin vor, ihre patentierte Formwanne nachgebaut und vertrieben zu haben.[1061] Zur Schutzfähigkeit des angegriffenen Patents führt das OLG in dieser Entscheidung aus, dass Einwände gegen die Schutzfähigkeit des Patents im Verletzungsverfahren grundsätzlich keine Berücksichtigung finden können, da die Patenterteilung bindend sei.[1062] Eine Ausnahme davon könne nur in Fällen gemacht werden, in denen aufgrund eines eingelegten Rechtsmittels eine Wahrscheinlichkeit für den Widerruf des Patents bestünde.[1063] Das OLG stellte in diesem Zusammenhang auf die Kriterien ab, die für die Aussetzung eines erstinstanzlichen Verletzungsprozesses gelten, und verlangte daher, dass der Wegfall des Patents als sicher erscheinen müsse.[1064] Im vorliegenden Fall war aber schon kein Rechtsmittel gegen das Patent eingelegt, so dass gerade keine hinreichende Sicherheit für den Widerruf des Patents bestand.[1065]

1058 vgl. Kraßer, Patentrecht, § 1, B I, V; Busse/Keukenschrijver, Patentgesetz, § 139, Rn. 184.

1059 vgl. Kraßer, Patentrecht, § 1, B I, V; Busse/Keukenschrijver, Patentgesetz, § 139, Rn. 184.

1060 OLG Frankfurt a.M., Urteil vom 22.11.2001, 6 U 153/01, GRUR 2002, 236 – *Eilbedürfnis in Patentsachen.*

1061 OLG Frankfurt a.M., Urteil vom 22.11.2001, 6 U 153/01, GRUR 2002, 236, 237 – *Eilbedürfnis in Patentsachen.*

1062 OLG Frankfurt a.M., Urteil vom 22.11.2001, 6 U 153/01, GRUR 2002, 236, 238 – *Eilbedürfnis in Patentsachen.*

1063 OLG Frankfurt a.M., Urteil vom 22.11.2001, 6 U 153/01, GRUR 2002, 236, 238 – *Eilbedürfnis in Patentsachen.*

1064 OLG Frankfurt a.M., Urteil vom 22.11.2001, 6 U 153/01, GRUR 2002, 236, 238 – *Eilbedürfnis in Patentsachen.*

1065 OLG Frankfurt a.M., Urteil vom 22.11.2001, 6 U 153/01, GRUR 2002, 236, 238 – *Eilbedürfnis in Patentsachen.*

(11) Rechtliche Stellungnahme

Die Entscheidung des OLG Frankfurt folgt einer weniger restriktiven Erlasspraxis. Das OLG betont im Rahmen der Prüfung der Schutzfähigkeit bzw. des Rechtsbestandes ausdrücklich, dass Einwände gegen die Schutzfähigkeit im Verletzungsverfahren grundsätzlich keine Berücksichtigung finden könnten, da die Patenterteilung für das Gericht bindend sei. Nur wenn das Patent mit Sicherheit widerrufen werden wird, ist der Verfügungsgrund zu verneinen und die einstweilige Verfügung abzulehnen. Das OLG stellt damit niedrige Anforderungen an Rechtsbestand und Glaubhaftmachung des Verfügungsgrundes und dementsprechend hohe Anforderungen an die Glaubhaftmachung von Zweifeln am Rechtsbestand. Andere Gerichte berücksichtigten Einwände gegen die Schutzfähigkeit in der Vergangenheit deutlich stärker und stützten die Ablehnung der einstweiligen Verfügung sogar auf Entgegenhaltungen, die bereits im Erteilungsverfahren von den Prüfern berücksichtigt worden waren.[1066] Eine derartige Vorgehensweise berücksichtigt aber das Trennungsgebot im Patentrecht nicht in ausreichendem Maße.[1067] Nur die Erteilungsbehörden und das Bundespatentgericht haben danach die Schutzfähigkeit zu beurteilen.[1068] Die Verletzungsgerichte hingegen urteilen nur über die Rechtsverletzung und haben die Entscheidung zur Patenterteilung grundsätzlich zu akzeptieren.[1069]

(12) Entscheidung des OLG Frankfurt a.M. *miniflexprobe*

Dieser Entscheidung, die nur ein Jahr nach der Entscheidung „Eilbedürfnis in Patentsachen“ erging, lag ein Sachverhalt zugrunde, in dem das LG zuvor eine einstweilige Verfügung zugunsten der Antragstellerin erlassen und auch bestätigt hatte.[1070] Das OLG gab der von der Antragsgegnerin eingelegten Berufung in dieser Entscheidung statt und hob damit die einstweilige Verfügung auf. Fraglich ist, ob diese Entscheidung damit eine Abkehr von der früheren weniger restriktiven Rechtsprechung des OLG Frankfurt darstellt. Das OLG stellt wie bei der vorangehenden Entscheidung im Rahmen des Verfügungsgrundes darauf ab, ob ein erstinstanzliches Hauptsacheverfahren nach § 148 ZPO auszusetzen wäre,

---

1066 vgl. LG Düsseldorf, Urteil vom 08.07.1999, 4 O 187/99, GRUR 2000, 692, 695 f. – *NMR-Kontrastmittel.*

1067 Kraßer, Patentrecht, § 1, B I, V; Busse/Keukenschrijver, Patentgesetz, § 139, Rn. 184.

1068 Kraßer, Patentrecht, § 1, B I, V; Busse/Keukenschrijver, Patentgesetz, § 139, Rn. 184.

1069 s.a. Busse/Keukenschrijver, Patentgesetz, § 139, Rn. 184.

1070 OLG Frankfurt a.M., Urteil vom 27.03.2003, 6 U 215/02, GRUR-RR 2003, 263 – *mini flexprobe.*

da ein gegen das Patent eingelegtes Rechtsmittel Aussicht auf Erfolg hat.[1071] Das Gericht stellt dabei auch in diesem Urteil heraus, dass das Verletzungsgericht grundsätzlich an die Patenterteilung durch die zuständigen Stellen gebunden ist und weder im Verletzungsverfahren noch im Eilverfahren dazu aufgerufen ist, diese zu überprüfen.[1072] Dem erforderlichen Schutz des Antragsgegners durch eine ungerechtfertigte Inanspruchnahme im Eilverfahren solle vielmehr dadurch Rechnung getragen werden, dass an die Bejahung des Verfügungsanspruchs hohe Anforderungen zu stellen seien.[1073] Dieser ist grundsätzlich abzulehnen, wenn eine nur äquivalente Patentverletzung vorliegt und kann auch bei einer wortlautgemäßen Patentverletzung abzulehnen sein, wenn die Auslegung des Patentanspruchs ernsthafte Zweifel aufwirft.[1074] Das OLG stellt auch in dieser Entscheidung heraus, dass der Antragsgegner sich nur mit Erfolg auf ein gegen das Patent eingelegtes Rechtsmittel berufen kann, wenn im Eilverfahren hinreichend sicher festgestellt werden kann, dass es aller Voraussicht nach Erfolg haben wird.[1075] Der Widerruf des streitgegenständlichen Patents müsse derart sicher sein, dass es unvertretbar sei, dem Schutzrechtsinhaber die gerichtliche Durchsetzung der nur noch formellen Rechtsposition zu ermöglichen.[1076] Das eingelegte Rechtsmittel habe außerdem nur dann hinreichend Aussicht auf Erfolg, wenn es neue Gesichtspunkte gebe, die im Erteilungsverfahren noch nicht berücksichtigt wurden, die aber im Rechtsmittelverfahren zu einer abweichenden Beurteilung der Schutzfähigkeit führen werden.[1077] Das Gericht verneinte schließlich den Verfügungsgrund in diesem Fall, da im Nichtigkeitsverfahren neue Entgegenhaltungen vom Antragsgegner vorgebracht worden waren, aufgrund derer eine Nichtigerklärung des Patents sicher war.

1071 OLG Frankfurt a.M., Urteil vom 27.03.2003, 6 U 215/02, GRUR-RR 2003, 263 – *mini flexprobe.*

1072 OLG Frankfurt a.M., Urteil vom 27.03.2003, 6 U 215/02, GRUR-RR 2003, 263, 264 – *mini flexprobe.*

1073 OLG Frankfurt a.M., Urteil vom 27.03.2003, 6 U 215/02, GRUR-RR 2003, 263, 264 – *mini flexprobe.*

1074 OLG Frankfurt a.M., Urteil vom 27.03.2003, 6 U 215/02, GRUR-RR 2003, 263 – *mini flexprobe.*

1075 OLG Frankfurt a.M., Urteil vom 27.03.2003, 6 U 215/02, GRUR-RR 2003, 263, 264 – *mini flexprobe.*

1076 OLG Frankfurt a.M., Urteil vom 27.03.2003, 6 U 215/02, GRUR-RR 2003, 263, 264 – *mini flexprobe.*

1077 OLG Frankfurt a.M., Urteil vom 27.03.2003, 6 U 215/02, GRUR-RR 2003, 263, 264 – *mini flexprobe.*

(13) Rechtliche Stellungnahme

Obwohl das OLG Frankfurt in dieser Entscheidung den Erlass einer einstweiligen Verfügung ablehnte, steht die Entscheidung nicht im Widerspruch zur vorangehenden Entscheidung „Eilbedürfnis in Patentsachen". Das OLG bestätigt vielmehr nochmals die klare Trennung zwischen den Verletzungsgerichten und den Erteilungsbehörden. Es hebt ausdrücklich hervor, dass es nicht Sache der Verletzungsgerichte sein kann, eine von den Prüfern bei der Patenterteilung getroffene Entscheidung über die Schutzfähigkeit anzuzweifeln und durch eine eigene Entscheidung zu ersetzen. Nur in absoluten Ausnahmefällen, in denen sich die Tatsachengrundlage aufgrund neuer Entgegenhaltungen im Rechtsmittelverfahren verändert hat, soll eine abweichende Beurteilung möglich sein und zur Abweisung des Antrags auf einstweilige Verfügung führen. Das OLG Frankfurt stellt sich damit klar gegen die Praxis einiger anderer Oberlandesgerichte[1078], die aufgrund ihrer eigenen Sachkunde die Schutzfähigkeit im Verfügungsverfahren abweichend beurteilten und dies auf eine Entgegenhaltung stützten, die bereits von den Prüfern im Erteilungsverfahren berücksichtigt worden war. Diese Ansicht des OLG Frankfurt ist zutreffend und es ist zu begrüßen, dass das OLG dies in der Entscheidung nochmals ausdrücklich klarstellte. Die Trennung der Zuständigkeiten im Patentrecht zwischen den für die Beurteilung der Patentfähigkeit zuständigen Behörden und Gerichten und den Verletzungsgerichten ist ein ganz wesentlicher Grundsatz in unserem Patentsystem. Die Entscheidung über die Schutzfähigkeit kann auch sinnvollerweise am besten von den technisch vorgebildeten Prüfern der Erteilungsbehörde beziehungsweise dem Patentgericht mit seinen technischen Richtern getroffen werden. Zumindest in Fällen, in denen keine neuen Entgegenhaltungen im Rechtsmittelverfahren vorgebracht werden können, sollten die Verletzungsgerichte diese Kompetenzverteilung achten und respektieren und damit vom Rechtsbestand des Patents ausgehen. Wie das OLG Frankfurt zutreffend ausführt, ist eine abweichende eigene Entscheidung zur Schutzfähigkeit durch die Verletzungsgerichte nur in Fällen gerechtfertigt, in denen neue Gesichtspunkte im Rechtsmittelverfahren vorgebracht werden, aufgrund derer mit großer Sicherheit davon ausgegangen werden kann, dass es zu

1078 vgl. LG Düsseldorf, Urteil vom 08.07.1999, 4 O 187/99, GRUR 2000, 692, 695 f. – *NMR-Kontrastmittel; OLG Hamburg, Urteil vom 19.04.2001, 3 U 231/00, GRUR-RR 2002, 244 ff. – Spannbacke.*

einem Widerruf des Patents kommen wird. Dies muss auch für Fälle evidenter Unrichtigkeit gelten, wie im Olanzapin-Fall.[1079]

(14) Entscheidungen des OLG Karlsruhe

Das OLG Karlsruhe verneinte in einer Entscheidung den Erlass einer einstweiligen Verfügung. In dem zugrundeliegenden Sachverhalt stritten die Parteien um den Rechtsbestand eines Patents über Flüssigkristallanzeigen.[1080] Nach den Ausführungen des Gerichts ist Voraussetzung für den Erlass einer einstweiligen Verfügung in Patentsachen, dass die Rechtsverletzung eindeutig bejaht werden kann und dass sich keine durchgreifenden Zweifel an der Schutzfähigkeit des streitgegenständlichen Patents aufdrängen.[1081] Im vorliegenden Fall nahm das OLG eine wortsinngemäße Patentverletzung an.[1082] Es verneinte letztlich aber den Verfügungsgrund aufgrund der durchgeführten Interessenabwägung, nach der kein überwiegendes Interesse der Antragstellerin an der einstweiligen Durchsetzung ihres Unterlassungsanspruchs festgestellt werden konnte.[1083] Dabei stellte das OLG in die Abwägung insbesondere ein, dass die Parteien schon Lizenzverhandlungen geführt hatten und dass im parallelen Hauptsacheverfahren bereits in wenigen Wochen ein Termin angesetzt war.[1084] Es ließ unter Hinweis auf den Ausgang der Interessenabwägung offen, ob der von der Antragsgegnerin eingelegte Einspruch gegen das Patent Aussicht auf Erfolg haben würde.[1085]

Auch in einer weiteren Entscheidung lehnte das OLG Karlsruhe den Erlass einer einstweiligen Verfügung ab.[1086] Der Entscheidung lag ein Sachverhalt zugrunde, bei dem die Parteien stritten, ob eine Anschlussvorrichtung der Verfügungsbeklagten die patentierte Anschlussvorrichtung der Verfügungsklägerin verletze und ob das Patent aufgrund eines prioritätsälteren US-Patents nicht hätte erteilt werden dürfen.[1087] Das OLG begründete seine Entscheidung hier damit, dass zum einen bereits die Verletzungsfrage unklar sei, zum anderen die

1079 OLG Düsseldorf, Urteil vom 29. 5. 2008, 2 W 47/07, GRUR-RR 2008, 329 ff. – Olanzapin.

1080 OLG Karlsruhe, Urteil vom 08.07.2009, 6 U 61/09, GRUR-RR 2009, 442 ff.

1081 OLG Karlsruhe, Urteil vom 08.07.2009, 6 U 61/09, GRUR-RR 2009, 442, 443.

1082 OLG Karlsruhe, Urteil vom 08.07.2009, 6 U 61/09, GRUR-RR 2009, 442, 443.

1083 OLG Karlsruhe, Urteil vom 08.07.2009, 6 U 61/09, GRUR-RR 2009, 442, 443.

1084 OLG Karlsruhe, Urteil vom 08.07.2009, 6 U 61/09, GRUR-RR 2009, 442, 443.

1085 OLG Karlsruhe, Urteil vom 08.07.2009, 6 U 61/09, GRUR-RR 2009, 442, 443.

1086 OLG Karlsruhe, Urteil vom 22.09.2010, 6 U 104/10, (= BeckRS 2011, 02760).

1087 OLG Karlsruhe, Urteil vom 22.09.2010, 6 U 104/10, (= BeckRS 2011, 02760).

Verfügungsklägerin nicht ausreichend die Eilbedürftigkeit für den Erlass einer einstweiligen Verfügung dargetan habe.[1088]

(15) Rechtliche Stellungnahme

Die Entscheidung des OLG ist abzulehnen. Das OLG verneint ein Interesse der Antragstellerin an der sofortigen Durchsetzung ihres Unterlassungsanspruchs im Verfügungsverfahren, da bereits Lizenzverhandlungen über das Patent mit der Gegenseite geführt worden seien und im Hauptsacheverfahren bereits ein Termin zur mündlichen Verhandlung anberaumt sei. Ein Schutzrechtsinhaber muss selbst darüber entscheiden können, ob, wann und wem er eine Lizenz erteilt. Es kann ihm von der Rechtsprechung nicht zu seinen Ungunsten ausgelegt werden, dass er bereits in Verhandlungen mit dem Rechtsverletzer stand. Auch die Tatsache, dass im parallelen Hauptsacheverfahren bereits ein Termin zur mündlichen Verhandlung anberaumt ist, kann in der Gesamtabwägung nicht dazu führen, dass ihm die Durchsetzung seines Unterlassungsanspruchs verwehrt wird. Die bloße Tatsache, dass ein Termin anberaumt ist, gibt noch keine verlässliche Auskunft darüber, wann der Patentinhaber tatsächlich eine erstinstanzliche Entscheidung erhält, aufgrund derer er seine Ansprüche durchsetzen kann. Insbesondere auch im Hinblick auf Art. 50 TRIPS und die Durchsetzungsrichtlinie, die die Bedeutung des einstweiligen Rechtsschutzes hervorheben, muss dieser gewährt werden, wenn die Voraussetzungen dafür vorliegen. Er kann nicht aufgrund einer allgemeinen Interessenabwägung verwehrt werden und auch nicht mit der Begründung einer vermutlich bald ergehenden erstinstanzlichen Hauptsacheentscheidung. In diesen Fällen sollte das Gericht vielmehr den Weg wählen, die einstweilige Unterlassungsverfügung nur unter der Auflage einer Sicherheitsleistung gem. § 921 ZPO zu erlassen. Dies würde den Interessen der Parteien eher gerecht werden als die gänzliche Versagung des einstweiligen Rechtsschutzes.

(16) Entscheidungen des OLG Braunschweig

Das OLG Braunschweig hat in einem Fall um ein Patent für ein Scharnier den Erlass einer einstweiligen Verfügung gegen den Antragsgegner abgelehnt. Die Antragstellerin behauptete, dass dieser ein möglicherweise rechtsverletzendes Scharnier auf der Hannovermesse ausgestellt hatte.[1089] Das OLG verneinte das

1088 OLG Karlsruhe, Urteil vom 22.09.2010, 6 U 104/10, (= BeckRS 2011, 02760).

1089 OLG Braunschweig, Urteil vom 21.12.2011, 2 U 61/11, GRUR-RR 2012, 97 – *Scharniere auf Hannovermesse.*

Vorliegen eines Verfügungsgrundes, da durchgreifende Zweifel an der Schutzfähigkeit des Patents bestünden, insbesondere an der Erfindungshöhe.[1090] Das OLG Braunschweig führte in seiner Entscheidung aus, dass die Anforderungen, die das OLG Düsseldorf in seiner Entscheidung „Harnkatheterset“[1091] an den hinreichend sicheren Rechtsbestand des Verfügungspatents stellte, zu hoch seien.[1092] Das OLG Düsseldorf hatte die Ansicht vertreten, dass von einem ausreichend sicheren Rechtsbestand nur ausgegangen werden könne, wenn das Patent ein erstinstanzliches Einspruchs- oder Nichtigkeitsverfahren bereits überstanden habe.[1093] Nach Ansicht des OLG Braunschweig verstoßen derart hohe Anforderungen an den Rechtsbestand aber gegen den Grundsatz der Bindungswirkung der Patenterteilung.[1094] Die von den zuständigen Behörden getroffene Entscheidung über die Erteilung eines Patents ist danach grundsätzlich von den Verletzungsgerichten zu respektieren.[1095] Aus diesem Grund darf nach Ansicht des OLG Braunschweig lediglich darauf abgestellt werden, ob es durchgreifende Zweifel an der Schutzfähigkeit des Patents gibt.[1096]

(17) Rechtliche Stellungnahme

Die Entscheidung des OLG Braunschweig ist zu begrüßen. Es ist der Ansicht zuzustimmen, dass die Forderung nach einem überstandenen Einspruchs- oder Nichtigkeitsverfahren als überhöht zu bewerten ist. Die Erteilungsbehörden sind in unserem Patentsystem zuständig für die Entscheidung über die Schutzfähigkeit. Die technischen Prüfer, die dort darüber entscheiden, besitzen eine größere Sachkunde als die Richter bei den Verletzungsgerichten. Ihre Entscheidung muss daher berücksichtigt und als zutreffend hingenommen werden. Nur wenn aus bestimmten tatsächlichen Gründen ernsthafte Zweifel an der Schutzfähigkeit

---

1090 OLG Braunschweig, Urteil vom 21.12.2011, 2 U 61/11, GRUR-RR 2012, 97, 98 – *Scharniere auf Hannovermesse.*

1091 OLG Düsseldorf, Urteil vom 29.04.2010, 2 U 126/09, InstGE 12, 114 (= BeckRS 2010, 15862) – *Harnkatheterset.*

1092 OLG Braunschweig, Urteil vom 21.12.2011, 2 U 61/11, GRUR-RR 2012, 97, 98 – *Scharniere auf Hannovermesse.*

1093 OLG Düsseldorf, Urteil v. 29.04.2010, 2 U 126/09, InstGE 12, 114 (= BeckRS 2010, 15862) – *Harnkatheterset.*

1094 OLG Braunschweig, Urteil vom 21.12.2011, 2 U 61/11, GRUR-RR 2012, 97 – *Scharniere auf Hannovermesse;* zum Grundsatz der Bindungswirkung s.a.: Kraßer, Patentrecht, § 1, B I, V; Busse/Keukenschrijver, Patentgesetz § 139, Rn. 184.

1095 Kraßer, Patentrecht, § 1, B I, V; Busse/Keukenschrijver, Patentgesetz, § 139, Rn. 184.

1096 OLG Braunschweig, Urteil vom 21.12.2011, 2 U 61/11, GRUR-RR 2012, 97 – *Scharniere auf Hannovermesse.*

bestehen, darf das Verletzungsgericht den Verfügungsgrund verneinen. Dies ergibt sich auch daraus, dass die Patenterteilung dem Inhaber einen besonderen Schutz gewährt. Er hat verschiedene rechtliche Möglichkeiten, Verletzer abzuwehren. Dazu zählt die einstweilige Unterlassungsverfügung. Wenn man nun aber für den Erlass einer einstweiligen Unterlassungsverfügung immer fordert, dass das Patent bereits ein Einspruchs- oder Nichtigkeitsverfahren überstanden haben muss, würde der durch die Patenterteilung gewährte Schutz letztlich ausgehöhlt.

c) Die Bewertung der Rechtsprechung in der Literatur

Der Erlass einstweiliger Verfügungen in Patentsachen wird nicht nur in der Rechtsprechung uneinheitlich beurteilt, sondern auch in der Literatur seit den 1960er Jahren kontrovers diskutiert. Die Ansichten teilen sich dabei im Wesentlichen in zwei Lager; die Befürworter und Gegner eines vermehrten Erlasses einstweiliger Verfügungen in Patentsachen. Im Folgenden sollen die wesentlichen Argumente der Vertreter der verschiedenen Ansichten dargestellt werden.

Wesentliche Vertreter der Ansicht, dass einstweilige Unterlassungsverfügungen auch verstärkt in Patentsachen erlassen werden sollten, sind Vom Stein, Klaka und Schulze-Süchting. Vom Stein vertrat bereits 1964 die Auffassung, dass auch bei der Verletzung eines Patents einstweilige Verfügungen gerechtfertigt sein können.[1097] Er begründete dies damit, dass die technische Entwicklung mittlerweile so rasant sei, dass eine weniger restriktive Erlasspraxis zum Erhalt eines angemessenen Patentschutzes angebracht sei. Gleichzeitig wies er aber auch darauf hin, dass Patentstreitigkeiten mit einer gewissen Unsicherheit verbunden seien, da die Beurteilung der Erfindungshöhe den Gerichten einen weiten Beurteilungsspielraum gewährte und der Antragsteller dem Schadensersatzanspruch aus § 945 ZPO ausgesetzt sein könne, wenn sich die einstweilige Verfügung als ungerechtfertigt herausstellte. Vom Stein spricht sich daher dafür aus, dass einstweilige Verfügungen in Patentsachen zwar häufiger als in der Vergangenheit, aber dennoch mit einer gewissen Zurückhaltung, erlassen werden sollten. Sie sollten nur gegen ausreichende Sicherheitsleistung und nach einer mündlichen Verhandlung erlassen werden. Diese mündliche Verhandlung sei vom Gericht so zu terminieren, dass die Parteien ausreichende Vorbereitungszeit haben.[1098]

Federhen schloss sich dieser Ansicht an und sprach sich in einem Vortrag der Bezirksgruppe Südwest 1968 gegen die damalige strikte Rechtsprechung

1097 Vom Stein, Mitt. 1969, 281, 282.
1098 Vom Stein, Mitt. 1969, 281, 282.

bei einstweiligen Verfügungen aus.[1099] Eine unterschiedliche Handhabung bei den verschiedenen Schutzrechten verstößt seiner Meinung nach gegen das Gesetz, insbesondere gegen den Gleichheitsgrundsatz aus Art. 3 GG. Es sei mit Art. 3 GG unvereinbar, wenn neben der Glaubhaftmachung von Verfügungsanspruch und Verfügungsgrund in Patentsachen weitergehende Ansprüche gestellt würden.[1100]

Klaka schloss sich der Auffassung an, indem er forderte, in Zukunft geringere Anforderungen an den Erlass einstweiliger Verfügungen in Patentsachen zu stellen.[1101] Er begründet seine Forderung vor allem mit der langen Dauer eines Hauptsacheprozesses und damit, dass Individual- und Allgemeininteressen nur dann wirksam berücksichtigt und geschützt werden könnten, wenn eine schnelle Unterbindung von unerlaubten und sittenwidrigen Handlungen möglich ist.[1102] Patentverletzungen hätten größte wirtschaftliche Bedeutung, weshalb es keinen Grund dafür gebe, den Erlass einstweiliger Verfügungen anders zu handhaben als im Wettbewerbsrecht.[1103]

Auch Fritze sprach sich in einem Aufsatz aus dem Jahr 1979, bezogen auf alle gewerblichen Schutzrechte, dafür aus, dass einstweilige Verfügungen hier keine Ausnahme darstellen sollten.[1104] Er vertrat die Auffassung, dass im Rahmen der allgemeinen gesetzlichen Vorschriften einstweilige Verfügungen bei Vorliegen einer Rechtsverletzung erlassen werden sollten.[1105] Dies sei im Interesse des Berechtigten und im Interesse der Allgemeinheit geboten und gefährde den Verletzer nicht in unzumutbarer Weise.[1106] Fritze argumentiert damit in dieselbe Richtung wie zuvor schon Federhen und spricht sich für eine Gleichbehandlung aller gewerblichen Schutzrechte aus.

Schulze-Süchting positionierte sich auf der Seite der Befürworter eines verstärkten Erlasses einstweiliger Verfügungen in Patentsachen.[1107] Er vertrat die Ansicht, dass die geringe Anzahl von Anträgen auf Erlass einstweiliger Verfügungen aus technischen Schutzrechten in den 1980er Jahren auf einem

1099 Federhen, GRUR 1968, 359.
1100 Federhen, GRUR 1968, 359.
1101 Klaka, GRUR 1979, 593 ff.
1102 Klaka, GRUR 1979, 593, 594.
1103 Klaka, GRUR 1979, 593, 600f.
1104 Fritze, GRUR 1979, 290.
1105 Fritze, GRUR 1979, 290.
1106 Fritze, GRUR 1979, 290.
1107 Schultz-Süchting, GRUR 1988, 571, 572 ff.

„Resignationskreislauf" der Schutzrechtsinhaber beruhe.[1108] Dieser rühre wiederum daher, dass die Schutzrechtsinhaber von einer Abweisung ihrer Anträge ausgingen.[1109]

Von Falck beschäftigte sich 2002 eingehend mit einstweiligen Verfügungen in Patentsachen und der Entwicklung der Rechtsprechung.[1110] Er stellte fest, dass eine kontinuierliche Zunahme von erlassenen einstweiligen Verfügungen im Patentrecht feststellbar sei, und begrüßte diese Entwicklung.[1111] Aus seinen Erfahrungen in der Anwaltspraxis und nach seinen durchgeführten Umfragen bei den Vorsitzenden von Patentstreitkammern[1112] kommt er zu dem Schluss, dass einstweilige Verfügungen auf dem Gebiet heute „an der Tagesordnung" seien.[1113] Nach seinen Erhebungen werden in Deutschland jedes Jahr über 100 einstweilige Verfügungsanträge in Patent- und Gebrauchsmustersachen gestellt, von denen mehr als die Hälfte Erfolg haben.[1114] Von Falck erklärt die frühere Zurückhaltung der Gerichte beim Erlass einstweiliger Verfügungen damit, dass sie sich nicht mit den komplexen tatsächlichen Fragestellungen auseinander setzen konnten oder wollten, die in Patentstreitigkeiten regelmäßig auftauchen.[1115] Hinzu kämen oftmals Schwierigkeiten des Antragstellers, die tatsächlichen Voraussetzungen des Verfügungserlasses glaubhaft zu machen, und die abschreckende Wirkung des Schadensersatzanspruches aus § 945 ZPO.[1116] Die größten Schwierigkeiten für die Gerichte liegen nach Ansicht von von Falck bei der Feststellung der Rechtsverletzung.[1117] So hielt das OLG Karlsruhe in der bereits zitierten Entscheidung „Dutralene"[1118] eine einstweilige Verfügung bei chemischen Stoff- und Verfahrenspatenten wegen der tatsächlichen Schwierigkeiten für nicht möglich.[1119] Von Falck spricht sich aber dafür aus, dass in derartig schwierigen Fällen die Anwälte geeignete Verständnishilfen beizubringen hätten, um dem Gericht

1108 Schultz-Süchting, GRUR 1988, 571.
1109 Schultz-Süchting, GRUR 1988, 571.
1110 Von Falck, Mitt. 2002, 429 ff.
1111 Von Falck, Mitt. 2002, 429.
1112 vgl. Von Falck, Mitt. 2002, 429 (Von Falck befragte nach eigenen Angaben die Vorsitzenden der Patentstreitkammern bei den Landegerichten in Düsseldorf, Mannheim, Frankfurt, Hamburg, Braunschweig, Nürnberg und München).
1113 Von Falck, Mitt. 2002, 429.
1114 Von Falck, Mitt. 2002, 429.
1115 Von Falck, Mitt. 2002, 429, 430.
1116 Von Falck, Mitt. 2002, 429, 430.
1117 Von Falck, Mitt. 2002, 429, 430f.
1118 OLG Karlsruhe, Urteil vom 27.04.1988, 6 U 13/88, GRUR 1988, 900 – *Dutralene.*
1119 vgl. Von Falck, Mitt. 2002, 429, 431.

den technischen oder naturwissenschaftlichen Sachverhalt näher zu bringen.[1120] Bei trotzdem verbleibenden Verständnisproblemen des Gerichts dürfe dieses aber den Antrag nicht zurückweisen, sondern müsse den Antragsteller darauf hinweisen und ihm die Möglichkeit zur Nachbesserung geben.[1121] Dagegen können nach Ansicht von von Falck vor allem Zweifel am Rechtsbestand des Verfügungspatents einem Erlass der einstweiligen Verfügung entgegenstehen.[1122] Die Gerichte müssten sich hier aber eine eigene qualifizierte Überzeugung bilden und nicht durch jeden im Erteilungsverfahren nicht berücksichtigten Stand der Technik Zweifel an der Schutzfähigkeit des Patents bekommen.[1123]

Auch Bopp stellt fest, dass einstweilige Verfügungen in Patentsachen keine Ausnahmeerscheinung mehr sind.[1124] Er sieht den Schwerpunkt der gerichtlichen Prüfung in der Interessenabwägung, in der die Rechtsbeständigkeit des Patents zu beurteilen sei.[1125] Bestandteil dieser Prüfung seien die Erfolgsaussichten von Einspruch oder Nichtigkeitsklage, wie im Hauptsacheverfahren.[1126] Des Weiteren weist Bopp darauf hin, dass in neueren Entscheidungen die Abwägung der Folgen von Erlass und Nichterlass der einstweiligen Verfügung einen weiteren Prüfungsschwerpunkt bilde.[1127] Nach der zuvor in dieser Arbeit durchgeführten Analyse der wichtigsten Entscheidungen zu einstweiligen Unterlassungsverfügungen im Patentrecht kann diese Aussage nicht ohne Einschränkung bestätigt werden. Zwar ist es richtig, dass es Entscheidungen gab, in denen die Gerichte die Folgenabwägung als einen Prüfungsschwerpunkt ansahen. Dies trifft jedoch nicht auf die Mehrzahl der Entscheidungen zu.

Böhler konstatiert, dass sich die zurückhaltende Einstellung der Gerichte in den letzten Jahren verändert habe.[1128] Seiner Ansicht nach würden die Instanzgerichte zunehmend selbstbewusster in der Beurteilung von Rechtsverletzung und Rechtsbestand.[1129] Diese These lässt sich nach der vorhergehenden Analyse der Rechstprechung der letzten Jahre bestätigen. Vor allem die Düsseldorfer Gerichte haben in ihren Entscheidungen der letzten Jahre Rechtsverletzung und

---

1120 Von Falck, Mitt. 2002, 429, 431.
1121 Von Falck, Mitt. 2002, 429, 431.
1122 Von Falck, Mitt. 2002, 429, 433.
1123 Von Falck, Mitt. 2002, 429, 433.
1124 Bopp in: Festschrift für Helm, 2002, 275, 279, 285.
1125 Bopp in: Festschrift für Helm, 2002, 275, 277.
1126 Bopp in: Festschrift für Helm, 2002, 275, 281.
1127 Bopp in: Festschrift für Helm, 2002, 275, 278.
1128 Böhler, GRUR 2011, 965.
1129 Böhler, GRUR 2011, 965.

Rechtsbestand vertieft geprüft und dabei technisches Verständnis bewiesen. Als Beispiel dafür kann die bereits analysierte Entscheidung „Olanzapin" des OLG Düsseldorf herangezogen werden.[1130] Gründe dafür sind nach Ansicht von Böhler die stetig steigende Anzahl von Patentstreitigkeiten und die Konzentration dieser Verfahren auf die Patentkammern und Senate in Düsseldorf, München, Mannheim/Karlsruhe und Hamburg.[1131] Diese Konzentration der Patentstreitigkeiten an bestimmten Gerichten habe dort einen großen Erfahrungsschatz gebildet.[1132] Diese Entwicklung darf jedoch nicht zu einer Missachtung des Trennungsgebotes führen.

Als weitere Argumente für den stetigen Trend der Rechtsprechung zu einem vermehrten Erlass einstweiliger Verfügungen nennt Böhler den Einfluss europäischen und internationalen Rechts.[1133] Art. 50 TRIPS und die Durchsetzungsrichtlinie 2004/48/EG sähen ausdrücklich die gerichtliche Anordnung einstweiliger Maßnahmen zur Durchsetzung geistiger Eigentumsrechte vor und seien daher auch von einigen Gerichten in der Abwägung zu Gunsten des Rechtsinhabers herangezogen worden,[1134] so zum Beispiel vom OLG Düsseldorf in der Entscheidung „Olanzapin".[1135] Auch Böhler sieht einen der Schwerpunkte in der gerichtlichen Prüfung bei der Frage des gesicherten Rechtsbestandes.[1136]

Meier-Beck und Rogge sind die wesentlichen Vertreter der Ansicht, dass einstweilige Verfügungen in Patentsachen nur restriktiv erlassen werden sollten.

Meier-Beck ist der Auffassung, dass die geringe Zahl von Anträgen auf Erlass einstweiliger Unterlassungsverfügungen in Patentsachen daraus resultiere, dass der verletzte Patentinhaber eine unanfechtbare Entscheidung einer einstweiligen Verfügung vorziehe.[1137] Eine einstweilige Verfügung sei immer mit dem Risiko verbunden, später nach § 945 ZPO Schadensersatz leisten zu müssen, wenn sich die Verfügung als fehlerhaft erweise.[1138] Dieses Schadensersatzrisiko sei wiederum in Patentsachen besonders groß, da nicht nur die drei Instanzen der ordentlichen Gerichtsbarkeit, sondern auch noch bis zu fünf weitere Instanzen

1130 s. Kap. D. II. 1. b) cc) (6).
1131 Böhler, GRUR 2011, 965.
1132 Böhler, GRUR 2011, 965.
1133 Böhler, GRUR 2011, 965.
1134 Böhler, GRUR 2011, 965, 966 m.w.N.
1135 OLG Düsseldorf, Urteil vom 29.05. 2008, 2 W 47/07, GRUR-RR 2008, 329, 330 – *Olanzapin.*
1136 Böhler, GRUR 2011, 965, 966.
1137 Meier-Beck, GRUR 1988, 861, 862.
1138 Meier-Beck, GRUR 1988, 861, 862.

des Einspruchs- und Nichtigkeitsverfahrens dem Unterlassungsanspruch die Grundlage nehmen können.[1139] Grundsätzlich ist Meier-Beck daher der Ansicht, dass einstweilige Verfügungen in Patentsachen zu Recht eine Ausnahme sind, nicht zuletzt wegen der Schwierigkeiten, alle tatsächlichen Voraussetzungen glaubhaft zu machen.[1140] Gleichzeitig stellt er aber auch ausdrücklich klar, dass es keine zusätzlichen rechtlichen Voraussetzungen für den Erlass gibt. Die einstweilige Verfügung dürfe jedoch nur erlassen werden, wenn sie zur Abwendung wesentlicher Nachteile wirklich notwendig sei. In diesem Rahmen sei dann den Gerichten ein gewisser Beurteilungsspielraum gegeben und die Berücksichtigung von Zweifeln an der Schutzfähigkeit, unabhängig von der Glaubhaftmachungslast, möglich.[1141] Nur wenn keine durchgreifenden Zweifel an der Rechtsbeständigkeit des Patents bestünden und der Verletzungstatbestand uneingeschränkt glaubhaft gemacht sei, habe das Interesse des Verletzten an der Durchsetzung seines Unterlassungsanspruchs Vorrang.[1142]

Auch Rogge schloss sich in einem 1990 erschienenen Beitrag in vielen Punkten der Ansicht von Meier-Beck[1143] an.[1144] Er ist ebenfalls der Auffassung, dass die Zurückhaltung vieler Gerichte beim Erlass einstweiliger Unterlassungsverfügungen in Patentsachen gerechtfertigt sei, da die damit für den Antragsgegner verbundenen Nachteile die Vorteile für den Antragsteller weit überwiegen und die im Verfügungsverfahren durchgeführte summarische Prüfung Zweifel bestehen lasse.[1145] Ebenso ist er der Auffassung, dass die geringe Anzahl von gestellten Unterlassungsanträgen im Patentrecht nicht mit der von Schultz-Süchting[1146] beschriebenen anwaltlichen Resignation zusammenhinge, sondern vielmehr damit, dass die Voraussetzungen für den Erlass nicht gegeben seien.[1147] Außerdem habe der Schadensersatzanspruch nach § 945 ZPO eine abschreckende Wirkung auf viele Schutzrechtsinhaber.[1148] Darüber hinaus ist Rogge der Ansicht, dass es keine signifikanten regionalen Unterschiede in der Erlasspraxis der Gerichte gebe. Aufgrund der geringen Fallzahlen seien gewisse Unterschiede in der

1139 Meier-Beck, GRUR 1988, 861, 862.
1140 Meier-Beck, GRUR 1988, 861, 867.
1141 Meier-Beck, GRUR 1988, 861, 867.
1142 Meier-Beck, GRUR 1988, 861, 867.
1143 s. Meier-Beck, GRUR 1988, 861 ff.
1144 Rogge in: Festschrift für v.Gamm, 1990, S. 461 ff.
1145 Rogge in: Festschrift für v.Gamm, 1990, S. 461, 472.
1146 s. Schultz-Süchting, GRUR 1988, 571 ff.
1147 Rogge in: Festschrift für v.Gamm, 1990, S. 461, 474.
1148 Rogge in: Festschrift für v.Gamm, 1990, S. 461, 474.

Vergangenheit nicht aussagekräftig.[1149] Rogge kritisiert aber, dass bisher die Diskussionen um den Erlass einstweiliger Verfügungen in Patentsachen nur nach dem „Alles-oder-Nichts" Prinzip geführt worden seien.[1150] Er hingegen schlägt vor, dass die Gerichte verstärkt ihren vorhandenen Spielraum beim Erlass von einstweiligen Verfügungen ausnutzen sollten. Gemäß § 938 ZPO, der auch für einstweilige Verfügungen in Patentsachen gelte, können die Gerichte nach freiem Ermessen die Anordnungen treffen, die zur Erreichung des Zweckes erforderlich sind. Die Gerichte und Anwälte sollten daher, nach Ansicht von Rogge, viel mehr als bisher prüfen, ob es im jeweiligen Einzelfall Sinn mache, statt einer uneingeschränkten Unterlassungsverfügung eine Anordnung zu erlassen, die die Fortsetzung der streitgegenständlichen Handlung von der Erfüllung bestimmter Auflagen abhängig mache. Des Weiteren spricht sich Rogge dafür aus, verstärkt von der Möglichkeit Gebrauch zu machen, Unterlassungsverfügungen zu erlassen, die an eine Sicherheitsleistung des Antragstellers gemäß §§ 921, 936 ZPO gebunden sind.[1151]

Holzapfel geht in einem Aufsatz aus dem Jahr 2003 im Gegensatz zu von Falck, Bopp und Böhler davon aus, dass einstweilige Verfügungen in Patentsachen weiterhin eine „Ausnahmeerscheinung" seien.[1152] Im Wettbewerbsrecht hingegen sei der Erlass einstweiliger Verfügungen so häufig anzutreffen, dass sie die Hauptsacheentscheidungen weitgehend verdrängt hätten.[1153] Dies rühre vor allem aus § 12 Abs. 2 UWG (§ 25 a.F. UWG) her, auf Grund dessen die Dringlichkeit in wettbewerbsrechtlichen einstweiligen Verfügungen vermutet werde.[1154] § 12 Abs. 2 UWG (§ 25 a.F. UWG) finde jedoch nach ganz herrschender Meinung in Patentsachen keine Anwendung.[1155] Nach Ansicht von Holzapfel besteht im Patentrecht weiterhin die Besonderheit, dass im Rahmen der durchzuführenden Interessenabwägung die Schutzbedürftigkeit des Antragsgegners überwiegen kann, da ihm durch eine patentrechtliche Unterlassungsverfügung besonders schwere Beeinträchtigungen, wie die Insolvenz, drohen können.[1156]

Die Aussage von Holzapfel zur Häufigkeit einstweiliger Verfügungen steht zwar auf den ersten Blick im Gegensatz zu den Ergebnissen von Bopp, Böhler

---

1149 Rogge in: Festschrift für v.Gamm, 1990, S. 461, 474.
1150 Rogge in: Festschrift für v.Gamm, 1990, S. 461, 472.
1151 Rogge in: Festschrift für v.Gamm, 1990, S. 461, 473.
1152 Holzapfel, GRUR 2003, 287.
1153 vgl. Köhler, in: Köhler/Bornkamm, UWG, § 12 UWG, Rn. 3.1.
1154 vgl. Köhler, in: Köhler/Bornkamm, UWG, § 12 UWG, Rn. 3.13.
1155 s.o. Kapitel D. I. 4. b) cc).
1156 Holzapfel, GRUR 2003, 287, 293 f.

und von Falck. Es ist aber zu berücksichtigen, dass sie im Vergleich zu der Anzahl einstweiliger Verfügungen im Wettbewerbsrecht getroffen wurde, und nicht nur bezogen ist auf das Patentrecht an sich und die Entwicklung der Erlasspraxis. Sie muss daher nicht zwingend als Widerspruch zur These von Bopp und zu den Ergebnissen von von Falck gewertet werden. Selbst wenn sie so zu verstehen wäre, belegt Holzapfel seine These nur mit veralteten Quellen[1157]. Von Falck hingegen kann seine Schlussfolgerungen mit seinen aktuellen Umfrageergebnissen bei den Patentstreitkammern belegen.[1158]

Die wesentlichen Argumente derjenigen, die sich für einen restriktiven Erlass einstweiliger Verfügungen im Patentrecht aussprechen, lassen sich demnach wie folgt zusammenfassen:

Der Erlass einer einstweiligen Verfügung in Patentsachen stellt keine vorläufige Regelung dar, sondern erfüllt den Unterlassungsanspruch bereits und ist daher zumindest für einen gewissen Zeitraum endgültig.[1159]

Des Weiteren wird angeführt, dass der Erlass einer einstweiligen Verfügung für den Antragsgegner besonders schwerwiegend sein kann, da er zu Insolvenzen oder Betriebsschließungen führen kann.[1160]

Außerdem wird vorgetragen, dass das Gericht im Vorfeld des Erlasses einer einstweiligen Verfügung nicht genug Zeit habe, sich mit den komplexen technischen Zusammenhängen einer Patentstreitigkeit auseinander zu setzen.[1161] Auch der Antragsgegner könne in der kurzen Vorbereitungszeit vor Erlass einer einstweiligen Verfügung nicht die erforderlichen Recherchen zum Stand der Technik mit der notwendigen Gründlichkeit durchführen.[1162]

1157 Holzapfel zitiert zur Ausnahmeerscheinung der einstweiligen Verfügung in Patentsachen nur die hier bereits erwähnten Aufsätze von Meier-Beck und Schultz-Süchting aus dem Jahr 1988 und den ebenfalls bereits näher dargelegten Festschriften Beitrag von Rogge aus dem Jahr 1990, jedoch keine aktuelleren Beiträge, Erhebungen oder Entscheidungen wie von Falck.

1158 Von Falck, Mitt. 2002, 429.

1159 OLG Düsseldorf, Urteil vom 29. 5. 2008, 2 W 47/07, GRUR-RR 2008, 329, 330 *Olanzapin.*

1160 OLG Düsseldorf, Urteil vom 03.10.1958, 2 U 123/58, GRUR 1959, 619; LG Düsseldorf, Urteil vom 05.02.1980, 4 O 286/79, GRUR 1980, 989, 990 – *Sulfaveridin; OLG* Düsseldorf, Urteil vom 29. 5. 2008, 2 W 47/07, GRUR-RR 2008, 329, 330 – *Olanzapin.*

1161 OLG Düsseldorf, Urteil vom 03.10.1958, 2 U 123/58, GRUR 1959, 619; LG Düsseldorf, Urteil vom 05.02.1980, 4 O 286/79, GRUR 1980, 989, 990 – *Sulfaveridin.*

1162 LG Düsseldorf, Urteil vom 05.02.1980, 4 O 286/79, GRUR 1980, 989, 990 – *Sulfaveridin;* OLG Düsseldorf, Urteil vom 29. 5. 2008, 2 W 47/07, GRUR-RR 2008, 329, 330 – Olanzapin.

Teilweise wird auch vorgebracht, der Patentinhaber könne mit der Durchsetzung seines Unterlassungsanspruchs bis zum Hauptsacheverfahren warten, da er ja einen Schadensersatzanspruch gegen den Verletzer habe.[1163]

Schließlich verweisen einige auf das Schadensersatzrisiko des Antragstellers aus § 945 ZPO.[1164] Da der Erlass einstweiliger Verfügungen im Patentrecht immer mit Unsicherheit verbunden sei, bestehe hier ein besonders großes Risiko für den Antragsteller aus § 945 ZPO.[1165]

Die Argumente derer, die sich für einen vermehrten Erlass einstweiliger Verfügungen im Patentrecht aussprechen, sind zusammengefasst die folgenden:

Eine Rechtsprechung, die den Erlass von einstweiligen Verfügungen im Patentrecht generell ablehnt oder nur in absoluten Ausnahmefällen zulässt, verstoße gegen internationale und europarechtliche Regelungen.[1166] Gemäß Art. 50 Abs. 1 TRIPS sind die Gerichte befugt, schnelle und wirksame einstweilige Maßnahmen zu erlassen, um die Verletzung geistiger Eigentumsrechte zu verhindern. Darauf aufbauend schreibt Art. 9 Abs. 1 RL 2004/48/EG den Mitgliedstaaten vor, dass sie sicherstellen müssen, dass die Gerichte auf Antrag einstweilige Maßnahmen erlassen können, um die Verletzung geistigen Eigentums zu verhindern.

Die Gegner einer restriktiven Erlasspraxis bei einstweiligen Verfügungen in Patentsachen argumentieren darüber hinaus, dass Inhaber technischer Schutzrechte, wie Patentinhaber, besonders schutzlos gegenüber Eingriffen in ihr absolutes Recht sind, da sie keine Möglichkeit der Selbsthilfe haben.[1167] Andere Inhaber absoluter Schutzrechte, wie Eigentümer oder Besitzer, haben hingegen starke Abwehrrechte, wie die Selbsthilfe aus § 859 BGB, oder das Recht, Überhang zu entfernen und zu behalten gemäß § 910 BGB.[1168] Daher darf Patentinhabern nicht auch noch die Möglichkeit eines Schutzes durch einstweilige Verfügungen praktisch versagt werden.

d) Fazit

Die Entscheidungen der letzten Jahre zeigen keine einheitliche Linie bei der Handhabung einstweiliger Verfügungen in Patentsachen. Sogar in der Rechtsprechung

1163 Schultz-Süchting, GRUR 1988, 571, 574.
1164 Meier-Beck, GRUR 1988, 861, 862.
1165 vgl. BGH, Urteil vom 10.07.1979, X ZR 23/78, BGHZ 75, 116 ff. = GRUR 1979, 869 ff. – *Oberarmschwimmringe.*
1166 OLG Düsseldorf, Urteil vom 29.05.2008, 2 W 47/07, GRUR-RR 2008, 329, 330 – *Olanzapin.*
1167 Schultz-Süchting, GRUR 1988, 571, 576.
1168 Schultz-Süchting, GRUR 1988, 571, 576.

ein und desselben Gerichts wurden teilweise unterschiedliche Anforderungen an den Erlass gestellt, wie beim OLG Düsseldorf. Die Kleinleistungsschalter-Entscheidung[1169] und die Olanzapin-Entscheidung[1170] sind beste Beispiele für eine gelockerte Erlasspraxis des OLG Düsseldorf, während die Harnkatheterset-Entscheidung[1171] wieder erhöhte Anforderungen an den Erlass stellt. Auch beim OLG Karlsruhe zeigt sich keine einheitliche Linie in der Rechtsprechung. Mit der sehr progressiven Entscheidung „Knickarm-Markise“[1172] setzte es 1979 neue Maßstäbe, nahm einige Jahre später in der Entscheidung „Dutralene“[1173] aber wieder eine konservativere Haltung ein. Auch in seinen neueren Entscheidungen scheint das OLG Karlsruhe eher eine striktere Haltung zum Erlass einstweiliger Verfügungen zu haben und lehnt den Erlass der einstweiligen Verfügungen ab.[1174] Diese Uneinigkeit ist sehr bedauerlich, da sie ein großes Maß an Rechtsunsicherheit für die Parteien schafft. Außerdem fördert sie negative Auswüchse, wie das sog. „forum shopping“. Es wäre daher im Sinne von Rechtssicherheit und Gerechtigkeit der deutschen Justiz zu wünschen, dass die verschiedenen Oberlandesgerichte bald eine einheitliche Linie im Zusammenhang mit dem Erlass von einstweiligen Verfügungen einschlagen. Alternativ könnte auch darüber nachzudenken sein, wie sinnvoll tatsächlich die Nichtreversibilität von OLG-Entscheidungen in Verfügungssachen ist und ob diese nicht überdacht werden sollte.

Trotz dieser dargestellten Uneinigkeit der Gerichte kann aber zumindest festgehalten werden, dass der Erlass einer einstweiligen Verfügung nicht mehr länger die ganz große Ausnahme ist, die sie in früheren Jahren einmal war.[1175] Die Fälle, in denen einstweilige Verfügungen erlassen werden, haben sich über die letzten Jahrzehnte hinweg deutlich gemehrt.

In der Literatur spricht sich die Mehrzahl der Stimmen für einen weniger restriktiven Erlass einstweiliger Unterlassungsverfügungen aus. Kriterien aus der

---

1169 OLG Düsseldorf, Urteil vom 01. 03. 2007, 2 U 98/06, GRUR-RR 2007, 219 – *Kleinleistungsschalter.*

1170 OLG Düsseldorf, Urteil vom 29.05.2008, 2 W 47/07, GRUR-RR 2008, 329 ff. – *Olanzapin.*

1171 OLG Düsseldorf, Urteil v. 29.04.2010, 2 U 126/09, InstGE 12, 114, Rn. 14 (= BeckRS 2010, 15862) – *Harnkatheterset.*

1172 OLG Karlsruhe, Urteil vom 11. 07.1979, 6 U 13/79, GRUR 1979, 700 *Knickarm-Markise.*

1173 OLG Karlsruhe, Urteil vom 27.04.1988, 6 U 13/88, GRUR 1988, 900 – *Dutralene.*

1174 OLG Karlsruhe, Urteil vom 08.07.2009, 6 U 61/09, GRUR-RR 2009, 442, 443; OLG Karlsruhe, Urteil v. 22.09.2010, 6 U 104/10, (= BeckRS 2011, 02760).

1175 vgl. auch Bopp in: Festschrift für Helm, 2002, S. 275, 279.

ökonomischen Analyse des Rechts werden bisher weder von den Gerichten noch in der Literatur in nennenswertem Maße berücksichtigt. Nur in vereinzelten Gerichtsentscheidungen wurde auf die ökonomischen Folgen eines Verfügungserlasses im Rahmen der Interessenabwägung abgestellt.

2. Gebrauchsmusterrecht

Einstweilige Verfügungen werden nur mit großer Zurückhaltung aufgrund eines Gebrauchsmusters erteilt.[1176] Dies hängt eng mit den Besonderheiten der Erteilung von Gebrauchsmustern zusammen.

a) Die Gebrauchsmustereintragung

Die Voraussetzungen für die Eintragung und die Einzelheiten des Eintragungsverfahrens eines Gebrauchsmusters sind in §§ 4, 4a GebrMG und in der Gebrauchsmusterverordnung geregelt. Der Erfinder muss gemäß § 4 Abs. 1 GebrMG eine Anmeldung beim Patentamt einreichen. Diese muss gemäß § 4 Abs. 3 GebrMG den Namen des Anmelders enthalten, einen Antrag auf Eintragung des Gebrauchsmusters mit einer kurzen, genauen Bezeichnung des Gegenstandes des Gebrauchsmusters, einen oder mehrere Schutzansprüche, in denen angegeben ist, was unter Schutz gestellt werden soll, eine Beschreibung des Gegenstandes des Gebrauchsmusters sowie die Zeichnungen, auf die sich die Schutzansprüche oder die Beschreibung beziehen. Das DPMA prüft nach Eingang der Gebrauchsmusteranmeldung zum einen, ob die Formerfordernisse bei der Anmeldung eingehalten wurden, und zum anderen, ob bestimmte materielle Schutzvoraussetzungen vorliegen.[1177] Auf Seiten der materiellen Schutzvoraussetzungen prüft es nur, ob überhaupt eine technische Erfindung vorliegt und ob die Anmeldung keinen der nach § 2 GebrMG ausgeschlossenen Bereiche betrifft.[1178] Gemäß § 8 Abs. 1 S. 2 GebrMG findet aber gerade keine Prüfung auf Neuheit, erfinderischen Schritt und gewerbliche Anwendbarkeit statt.[1179] Die in §§ 1 und 3 GebrMG geregelten materiellen Voraussetzungen eines Gebrauchsmusters werden also nicht geprüft. Nach Abschluss dieser demzufolge formellen Prüfung wird das Gebrauchsmuster in das entsprechende Register beim DPMA eingetragen, § 8 Abs. 1 S. 1 GebrMG, und im Anschluss veröffentlicht, § 8 Abs. 3

1176 vgl. Schulz-Süchting, GRUR 1988, 571; Meier-Beck, GRUR 1988, 861; Bühring/Bühring, GebrMG, § 24, Rn. 77.

1177 vgl. Ahrens in: Pierson/Ahrens/Fischer, Recht des geistigen Eigentums, S. 108.

1178 vgl. Ahrens, Gewerblicher Rechtsschutz, S. 217.

1179 s.a. Ahrens in: Pierson/Ahrens/Fischer, Recht des geistigen Eigentums, S. 108.

GebrMG. Aufgrund der Tatsache, dass vor Eintragung des Gebrauchsmusters keine Prüfung der materiellen Schutzvoraussetzungen stattfindet, wird das Gebrauchsmuster auch als „ungeprüftes Schutzrecht" bezeichnet.[1180]

Die Gebrauchsmustererteilung unterscheidet sich damit vor allem durch den Prüfungsumfang von der Erteilung eines Patents.[1181] Während bei einer Gebrauchsmusteranmeldung vor Erteilung lediglich eine Prüfung der formellen Voraussetzungen erfolgt und auf der materiellen Seite nur geprüft wird, ob es sich überhaupt um eine technische Erfindung handelt und ob die Anmeldung keinen der nach § 2 GebrMG ausgeschlossenen Bereiche betrifft, erfolgt beim Patent neben der formellen auch eine umfassende Prüfung der materiellen Voraussetzungen der §§ 1 ff. PatG.[1182] Das im Vergleich zum Patent vereinfachte Eintragungsverfahren verfolgt vor allem den Zweck, Einzelerfindern sowie kleinen und mittleren Unternehmen schnell und günstig zu einem Schutzrecht zu verhelfen, mit dem sie ihre Alltagserfindungen schützen können.[1183] Das Patent ist also ein geprüftes Schutzrecht, während das Gebrauchsmuster ein ungeprüftes Schutzrecht ist. Dieser Unterschied ist bei dem Erlass einstweiliger Verfügungen zu berücksichtigen, da die Qualität der Prüfung vor Erteilung eines Schutzrechts Einfluss auf die Bewertung des Rechtsbestands des Verfügungsschutzrechts haben muss.

b) Rechtsprechung zu gebrauchsmusterrechtlichen einstweiligen Unterlassungsverfügungen

aa) Entscheidungen des OLG Düsseldorf

Das OLG Düsseldorf entschied über den Erlass einer einstweiligen Verfügung in einem Fall, in dem die Antragsgegnerin angeblich durch den Vertrieb bestimmter Isolierkannen ein Gebrauchsmuster der Antragstellerin verletzte.[1184] Das OLG gab der gegen das stattgebende LG Urteil eingelegten Berufung der Antragsgegnerin nicht statt und bestätigte stattdessen den Erlass der einstweiligen

1180 Mes, PatG, § 24 GebrMG, Rn. 3, 62; Ahrens, Gewerblicher Rechtsschutz, S. 217.

1181 vgl. die Ausführungen zum Patenterteilungeverfahren in Kapitel D. II. 1. a).

1182 Götting, Gewerblicher Rechtsschutz, § 20, Rn. 1 ff., § 21, Rn. 1, 9 ff.

1183 BT-Drucks. 10/3903, S. 1, 16; Ahrens in: Pierson/Ahrens/Fischer, Recht des geistigen Eigentums, S. 105.

1184 OLG Düsseldorf, Urteil vom 30.09.1982, 2 U 71/82, Mitt. 1982, 230 – *Warmhaltekanne.*

Verfügung[1185] Wie in den meisten patentrechtlichen Verfügungsverfahren ist auch in dieser gebrauchsmusterrechtlichen Streitigkeit die Schutzfähigkeit des Gebrauchsmusters wesentlicher Streitpunkt zwischen den Parteien.[1186] Das OLG stellte klar, dass sich der Erlass einer einstweiligen Verfügung in Gebrauchsmustersachen dann verbiete, wenn es Anhaltspunkte dafür gebe, dass die Schutzfähigkeit fraglich sei.[1187] Da das Gebrauchsmuster ungeprüft registriert werde und somit dessen erste Prüfung auf die Schutzfähigkeit im gerichtlichen Verfügungsverfahren erfolge, seien besonders hohe Anforderungen an die Glaubhaftmachung der Schutzfähigkeit zu stellen.[1188] Im vorliegenden Fall war das OLG der Ansicht, dass die Antragstellerin hinreichend Tatsachen zur Beurteilung der Schutzfähigkeit vorgetragen habe.[1189] Das erforderliche Maß der Glaubhaftmachung müsse im Rahmen der durchzuführenden Interessenabwägung ermittelt werden, bei der auch die wirtschaftlichen Interessen der Parteien zu berücksichtigen seien.[1190] Das Gericht stellte in diese Abwägung daher ein, dass die Antragsgegnerin ein reines Handelsunternehmen sei, das auch in der Lage sei, auf andere Waren auszuweichen.[1191] Ein Verzicht auf den Vertrieb der streitgegenständlichen Kannen sei der Antragsgegnerin daher eher zuzumuten, als dass es der Antragstellerin länger zuzumuten sei, die Schutzrechtsverletzung hinzunehmen.[1192]

Das Vorgehen des Gerichts, die Ansprüche, die an das erforderliche Maß der Glaubhaftmachung gestellt werden, im Rahmen der Interessenabwägung zu bewerten, wurde in der Literatur kritisiert.[1193] Zinngreber machte geltend, dass

---

1185 OLG Düsseldorf, Urteil vom 30.09.1982, 2 U 71/82, Mitt. 1982, 230 – *Warmhaltekanne.*

1186 OLG Düsseldorf, Urteil vom 30.09.1982, 2 U 71/82, Mitt. 1982, 230, 231 – *Warmhaltekanne.*

1187 OLG Düsseldorf, Urteil vom 30.09.1982, 2 U 71/82, Mitt. 1982, 230, 231 – *Warmhaltekanne.*

1188 OLG Düsseldorf, Urteil vom 30.09.1982, 2 U 71/82, Mitt. 1982, 230, 231 – *Warmhaltekanne.*

1189 OLG Düsseldorf, Urteil vom 30.09.1982, 2 U 71/82, Mitt. 1982, 230, 231 – *Warmhaltekanne.*

1190 OLG Düsseldorf, Urteil vom 30.09.1982, 2 U 71/82, Mitt. 1982,230, 231 – *Warmhaltekanne.*

1191 OLG Düsseldorf, Urteil vom 30.09.1982, 2 U 71/82, Mitt. 1982, 230, 231 – *Warmhaltekanne.*

1192 OLG Düsseldorf, Urteil vom 30.09.1982, 2 U 71/82, Mitt. 1982, 230, 231 – *Warmhaltekanne.*

1193 Anm. Zinngreber zu OLG Düsseldorf, Urteil vom 30.09.1982, 2 U 71/82, Mitt. 1982, 231, 232 – *Warmhaltekanne.*

die Glaubhaftmachungslast die Antragstellerin treffe, und ob sie für den einstweiligen Rechtsschutz ausreiche, müsse sich nach dem bestimmen, was die Antragstellerin hierzu unternommen habe.[1194] Wenn das erforderliche Maß davon abhinge, gegen wen Rechtsschutz erlangt werden solle, führe das dazu, dass im Verfügungsverfahren gegen den einen Antragsgegner höhere Anforderungen an die Glaubhaftmachung bestünden als in einem Verfügungsverfahren gegen einen anderen Antragsgegner.[1195]

In einer neueren Entscheidung wies das OLG Düsseldorf den Erlass einer einstweiligen Verfügung in einer Gebrauchsmustersache ab, da es den Rechtsbestand des streitgegenständlichen Gebrauchsmusters als zu unsicher bewertete.[1196] Es stellte klar, dass es bei einem einstweiligen Verfügungsverfahren in Gebrauchsmustersachen Voraussetzung sei, dass das Verfügungsschutzrecht bereits ein Löschungsverfahren vor den dafür zuständigen, mit technischer Sachkunde ausgestatteten Instanzen überstanden habe.[1197] Von diesem Erfordernis einer für den Verfügungskläger günstigen, kontradiktorischen Rechtsbestandsentscheidung könne nur in besonderen Ausnahmefällen abgewichen werden.[1198]

In der Literatur wurde diese sehr restriktive Rechtsprechung kritisiert.[1199] Das Erfordernis einer für den Antragsteller positiven Entscheidung über den Rechtsbestand im Löschungsverfahren wurde als zu weitgehend bewertet und die Anforderungen an eine Ausnahme von dieser Praxis als zu hoch.[1200]

bb) Entscheidungen des OLG Karlsruhe

Das OLG Karlsruhe bestätigte in einer älteren Entscheidung den landgerichtlichen Erlass einer einstweiligen Verfügung, die ein Gebrauchsmuster einer Waschtischarmatur zum Gegenstand hatte.[1201] Das OLG führte in dieser Entscheidung

1194 Anm. Zinngreber zu OLG Düsseldorf, Urteil vom 30.09.1982, 2 U 71/82, Mitt. 1982, 231, 232 – *Warmhaltekanne.*

1195 Anm.Zinngreber zu OLG Düsseldorf, Urteil vom 30.09.1982, 2 U 71/82, Mitt. 1982, 231, 232 – *Warmhaltekanne.*

1196 OLG Düsseldorf, Urteil vom 08.12.2011, I-2 U 79/11, GRUR-Prax 2012, 222.

1197 OLG Düsseldorf, Urteil vom 08.12.2011, I-2 U 79/11, GRUR-Prax 2012, 222.

1198 OLG Düsseldorf, Urteil vom 08.12.2011, I-2 U 79/11, GRUR-Prax 2012, 222.

1199 Anm. Rehmann zu OLG Düsseldorf, Urteil vom 08.12.2011 – I-2 U 79/11, in GRUR-Prax 2012, 222.

1200 Anm. Rehmann zu OLG Düsseldorf, Urteil vom 08.12.2011, I-2 U 79/11, in GRUR-Prax 2012, 222.

1201 OLG Karlsruhe, Urteil vom 25.11.1981, 6 U 190/81, GRUR 1982, 169 – *Einhebel-Mischarmatur.*

allgemein zum Erlass einstweiliger Verfügungen in Gebrauchsmustersachen aus, dass die frühere Zurückhaltung beim Erlass nicht angebracht gewesen sei.[1202] Wenn die Frage der Rechtsverletzung eindeutig bejaht werden könne und keine durchgreifenden Zweifel an der Schutzfähigkeit des streitgegenständlichen Gebrauchsmusters bestünden, könne dem Antrag auf Erlass der einstweiligen Verfügung stattgegeben werden.[1203] Im vorliegenden Fall war die Rechtsverletzung zwischen den Parteien unstreitig und das Gericht sah keine durchgreifenden Zweifel am Rechtsbestand des Klagegebrauchsmusters als gegeben an.[1204] Der Antrag stützte sich auf fünf verschiedene Schutzrechte der Antragstellerin (vier Gebrauchsmuster und ein Geschmacksmuster), wodurch das Risiko minimiert wird, dass der Unterlassungsanspruch durch einen Löschungsantrag gegen ein Schutzrecht nach Erlass der einstweiligen Verfügung entfällt.[1205] Außerdem wurde im Rahmen der Löschungsanträge durch die Antragsgegnerin kein neuer Stand der Technik vorgetragen, der Zweifel am Rechtsbestand an einem der Verfügungsgebrauchsmuster hervorgerufen hätte.[1206] Das Gericht berücksichtigte außerdem im Rahmen der Interessenabwägung, dass die wirtschaftliche Betätigungsfreiheit des Verfügungsgegners nicht unzumutbar beeinträchtigt werde, da nur die kumulative Verletzung aller fünf Verfügungsschutzrechte von dem Unterlassungsanspruch erfasst werde.[1207]

3. Geschmacksmusterrecht

a) Aktuelle Rechtsprechung

Im Geschmacksmusterrecht haben in der letzten Zeit vor allem die einstweiligen Verfügungsverfahren von Apple gegen Samsung vor den Düsseldorfer Gerichten für Aufsehen gesorgt.

1202 OLG Karlsruhe, Urteil vom 25.11.1981, 6 U 190/81, GRUR 1982, 169, 171 – *Einhebel-Mischarmatur.*

1203 OLG Karlsruhe, Urteil vom 25.11.1981, 6 U 190/81, GRUR 1982, 169, 171 – *Einhebel-Mischarmatur.*

1204 OLG Karlsruhe, Urteil vom 25.11.1981, 6 U 190/81, GRUR 1982, 169, 171 – *Einhebel-Mischarmatur.*

1205 OLG Karlsruhe, Urteil vom 25.11.1981, 6 U 190/81, GRUR 1982, 169, 171 – *Einhebel-Mischarmatur.*

1206 OLG Karlsruhe, Urteil vom 25.11.1981, 6 U 190/81, GRUR 1982, 169, 172 – *Einhebel-Mischarmatur.*

1207 OLG Karlsruhe, Urteil vom 25.11.1981, 6 U 190/81, GRUR 1982, 169, 171 – *Einhebel-Mischarmatur.*

Apple hatte eine einstweilige Verfügung gegen Samsung mit der Begründung beantragt, dass Samsung bei ihrem Tablet-PC Galaxy 10.1 das geschmacksmusterrechtlich geschützte Design des IPad widerrechtlich verletzen würde.[1208] Das LG Düsseldorf erließ die beantragte einstweilige Verfügung ohne vorherige Anhörung des Antragsgegners und legte Samsung zunächst ein europaweites, mit Ausnahme der Niederlande, umfassendes Verbot der Benutzung (Verkauf, Bewerben usw.) auf.[1209] Nach Widerspruch von Samsung änderte das LG Düsseldorf es zu einem deutschlandweiten Vertriebsverbot ab.[1210] Das LG Düsseldorf sah beim Geschmacksmuster von Apple ein ausreichendes Maß an Neuheit und Eigenart gegeben.[1211] Es ging ferner davon aus, dass auch eine vom Verfügungsgeschmacksmuster abweichende Gestaltung eines Tablet-PCs möglich sei, die die technische Funktion in gleicher Weise erfüllen würde.[1212] Es stellte fest, dass der Gesamteindruck der beiden streitgegenständlichen Tablet-PCs im Wesentlichen gleich sei.[1213] Das LG berücksichtigte in seiner Entscheidung besonders, dass zum Anmeldetag eine geringe Musterdichte vorlag, was zu einem weiten Schutzumfang des Geschmacksmusters führe.[1214] Darüber hinaus habe das Geschmacksmuster einen erheblichen Abstand zum Formenschatz und sei über Jahre hinweg nicht angegriffen worden. Das LG forderte in dieser Entscheidung für den Erlass der einstweiligen Verfügung kein bereits durchgeführtes Löschungsverfahren, das mit einer positiven Entscheidung für das Geschmacksmuster der Antragstellerin endete.

Das OLG Düsseldorf bestätigte in der Folgezeit die einstweilige Verfügung des LG gegen Samsung und dehnte sie auf die südkoreanische Mutter aus.[1215]

Samsung veränderte aufgrund dieser Entscheidung sein Galaxy Tab optisch. Apple beantragte auch hinsichtlich des optisch veränderten Nachfolgemodells eine Unterlassungsverfügung. LG und OLG Düsseldorf wiesen die beantragte Unterlassungsverfügung hinsichtlich des geänderten Modells ab, da das

---

1208 LG Düsseldorf, Beschluss vom 09.08.2011, 14c O 194/11, (= BeckRS 2011, 20778).

1209 LG Düsseldorf, Beschluss vom 09.08.2011, 14c O 194/11, (= BeckRS 2011, 20778).

1210 LG Düsseldorf, Urteil vom 09.09.2011, 14c O 194/11, GRUR-RR 2011, 361.

1211 LG Düsseldorf, Urteil vom 09.09.2011, 14c O 194/11, GRUR-RR 2011, 361, 365.

1212 LG Düsseldorf, Urteil vom 09.09.2011, 14c O 194/11, GRUR-RR 2011, 361, 366.

1213 LG Düsseldorf, Urteil vom 09.09.2011, 14c O 194/11, GRUR-RR 2011, 361, 366.

1214 LG Düsseldorf, Urteil vom 09.09.2011, 14c O 194/11, GRUR-RR 2011, 361, 369.

1215 OLG Düsseldorf, Urteil vom 31.01.2012, I-20 U 175/11, GRUR-RR 2012, 200 ff. – *Tablet PC;* vgl. auch: beck-aktuell, becklink 1021536, https://beck-online.beck.de/Dokument?vpath=bibdata%2Freddok%2Fbecklink%2F1021536.htm&showParallelFundstellenReadable=False (zuletzt besucht: 30. September 2016).

abgewandelte Modell Galaxy Tab 10.1 N ausreichend weit vom Apple Design entfernt sei.[1216]

In einer anderen Entscheidung bestätigte das OLG Düsseldorf die vorherige Entscheidung des LG Düsseldorf, den Erlass einer einstweiligen Verfügung aufgrund eines Gemeinschaftsgeschmacksmusters abzulehnen.[1217] Die Antragstellerin war Inhaberin eines Gemeinschaftsgeschmacksmusters für ein Schuhdesign und beantragte, einem Wettbewerber den Vertrieb eines Schumodells mit einem nahezu identischen Design zu untersagen.[1218] Das HABM hatte kurz zuvor die Nichtigkeit des Gemeinschaftsgeschmacksmusters festgestellt, wogegen die Antragstellerin allerdings Einspruch eingelegt hatte.[1219] Die Antragstellerin wandte als Argument für den Erlass der Unterlassungsverfügung unter anderem ein, dass das Schuhmodell ein aktueller Trend sei, der jetzt gerade hohen Umsatz einbrächte und dem Trendwechsel unterliege, weshalb es jetzt wichtig sei, Marktanteile zu sichern, und eine Abweisung der beantragten Verfügung sowie ein Abwarten des Hauptsacheverfahrens zu hohen irreparablen Schäden führen könnten.[1220] Das LG Düsseldorf lehnte den Verfügungsanspruch mit der Begründung ab, dass der Rechtsbestand aufgrund der Entscheidung des HABM zweifelhaft sei.[1221] Hinzu käme, dass der Antragsgegner einen wesentlichen Teil seines Umsatzes mit dem Schuhmodell erziele und ihm ein hoher Schaden drohe, so dass seine Interessen überwiegten.[1222]

b) *Stellungnahme*

Die dargestellten Entscheidungen zeigen, dass im Geschmacksmusterrecht der Erlass einstweiliger Verfügungen etwas weniger restriktiv gehandhabt wird als im Gebrauchsmusterrecht. Dies mag auf den ersten Blick überraschen, da das Geschmacksmuster, wie das Gebrauchsmuster, ein sogenanntes ungeprüftes Schutzrecht ist. Voraussetzung für die Eintragung eines Geschmacksmusters ist die Anmeldung beim DPMA zur Eintragung in das Musterregister.[1223] Das DPMA prüft vor der Eintragung aber nur, ob die formellen Voraussetzungen

---

1216 OLG Düsseldorf, Urteil vom 24.07.2012, I-20 U 35/12, 31.01.2012, GRUR-RR 2012, 352 ff. – *Tablet PC II*.
1217 OLG Düsseldorf, Urteil vom 08.07.2008, I-20 U 43/08, GRUR 2009, 142 ff. – *Crocs*.
1218 OLG Düsseldorf, Urteil vom 08.07.2008, I-20 U 43/08, GRUR 2009, 142, 143 – *Crocs*.
1219 OLG Düsseldorf, Urteil vom 08.07.2008, I-20 U 43/08, GRUR 2009, 142, 143 – *Crocs*.
1220 OLG Düsseldorf, Urteil vom 08.07.2008, I-20 U 43/08, GRUR 2009, 142 – *Crocs*.
1221 OLG Düsseldorf, Urteil vom 08.07.2008, I-20 U 43/08, GRUR 2009, 142 – *Crocs*.
1222 OLG Düsseldorf, Urteil vom 08.07.2008, I-20 U 43/08, GRUR 2009, 142, 143 – *Crocs*.
1223 Götting, Gewerblicher Rechtsschutz, § 42, Rn. 1.

des Schutzes eingehalten werden.[1224] Die Berechtigung des Anmelders und die materiellen Schutzvoraussetzungen, also Neuheit und Eigentümlichkeit, werden nicht geprüft.[1225]

Hintergrund für eine vom Gebrauchsmuster abweichende Rechtsprechungspraxis ist, dass Geschmacksmuster häufig kurzlebige Erzeugnisse schützen.[1226] Wenn man den Erlass einer einstweiligen Verfügung an zu hohe Anforderungen knüpft und den Schutzrechtsinhaber auf das Hauptsacheverfahren verweist, würde Schutzrechtsinhabern faktisch der Rechtsschutz versagt und die Durchsetzung des Schutzrechts vereitelt.[1227] Wenn der Schutzrechtsinhaber endlich ein Urteil erstritten und einen Titel im Hauptsacheverfahren erlangt hat, ist das durch das Geschmacksmuster geschützte Produkt oder Design häufig schon überholt und damit für den Schutzrechtsinhaber wertlos. Art. 50 TRIPS und die Durchsetzungsrichtlinie verfolgen aber den Zweck, die Rechte des Schutzrechtsinhabers zu stärken und ihm bessere Möglichkeiten zur Durchsetzung seiner Rechte zu verschaffen.[1228] Eine sehr restriktive Rechtsprechung verstößt daher im Geschmacksmusterrecht gegen die Durchsetzungsrichtlinie und Art. 50 TRIPS. Allerdings gilt auch im Geschmacksmusterrecht der Grundsatz, dass ein Erlass einer einstweiligen Verfügung grundsätzlich nicht in Betracht kommt, wenn bereits eine Entscheidung des DPMA oder auch des HABM zur Nichtigkeit des Musters vorliegt.

4. Markenrecht

Das Markengesetz enthält, wie auch die übrigen Spezialgesetze des Immaterialgüterrechts, keine besonderen Vorschriften zum einstweiligen Rechtsschutz, weshalb auf die allgemeinen §§ 935 ff. ZPO zurückgegriffen wird. Diese genügen auch den Vorgaben von Art. 50 TRIPS und Art. 9 DRL.[1229] Die Gerichte erlassen häufig einstweilige Unterlassungsverfügungen im Markenrecht.[1230] Sie dienen in erster Linie der Sicherung des Unterlassungsanspruchs aus § 14 Abs. 5 MarkenG.[1231]

1224 Götting, Gewerblicher Rechtsschutz, § 42, Rn. 7.

1225 Götting, Gewerblicher Rechtsschutz, § 42, Rn. 7.

1226 Eichmann/von Falckenstein, Geschmacksmustergesetz, § 42, Rn. 49.

1227 Eichmann/von Falckenstein, Geschmacksmustergesetz, § 42, Rn. 49.

1228 Eichmann/von Falckenstein, Geschmacksmustergesetz, § 42, Rn. 49.

1229 BT-Drucks. 16/5048, S. 30.

1230 vgl. Ekey in: Ekey/Klippel/Bender, Markenrecht, § 14, Rn. 490; i.Erg.auch: Ingerl/Rohnke, MarkenG, Vor §§ 14–19d, Rn. 190.

1231 Fezer, Markengesetz, § 14, Rn. 1078.

a) Die Rechtsprechung im Markenrecht

Als Beleg sei auf einige veröffentlichte Gerichtsentscheidungen der letzten Jahre verwiesen.

aa) Die Rechtsprechung des LG und OLG Köln

Das LG Köln hat eine einstweilige Unterlassungsverfügung gegen einen chinesischen Hersteller von Gefriergeräten wegen Benutzung der Marke „Zerowatt" erlassen, die vom OLG Köln bestätigt wurde.[1232] Die Antragstellerin in dem Verfahren war Inhaberin der Marke „Zerowatt", unter der sie Haushaltsgeräte vertrieb. Die Antragsgegnerin, ein chinesisches Unternehmen, hatte auf einer Messe in Köln Gefriergeräte unter der Marke „Zerowatt" ausgestellt. Die Antragsgegnerin behauptete, dass die Antragstellerin ihr kostenlos ein weltweites Recht zur Nutzung der Marke „Zerowatt" für den Verkauf von Gefriergeräten eingeräumt habe.[1233] Das Gericht bejahte die Dringlichkeit unter Anwendung des § 25 UWG und nahm auch keinen Wegfall der Wiederholungsgefahr aufgrund der zwischenzeitlichen Beendigung der Messe an.[1234] Der Verfügungsanspruch ergab sich aus § 107 i.V.m. § 14 Abs. 2 Nr. 1, 5 MarkenG, da nach Ansicht des Senats die Antragsgegnerin rechtswidrig die Marke der Antragstellerin verletzt hatte.[1235] Die Antragsgegnerin konnte wiederum nicht ausreichend glaubhaft machen, dass der von ihr vorgelegte Lizenzvertrag wirksam zustande gekommen war.[1236]

In einem Urteil aus dem Jahr 2004 bestätigte das LG Köln eine zuvor erlassene einstweilige Verfügung, die der Antragsgegnerin untersagte, zukünftig weiterhin das von ihr herausgegebene Jugendmagazin unter dem Titel „Z" zu vertreiben.[1237] Das Gericht begründete seine Entscheidung damit, dass eine Verwechslungsgefahr dieses Titels mit der für die Antragstellerin eingetragenen Wort-/Bildmarke „ZZ" bestünde, die die Antragstellerin als Titel einer Tageszeitung benutzte.[1238] Das Gericht bejahte den Verfügungsgrund unter Anwendung der Dringlichkeitsvermutung aus § 12 Abs. 2 UWG, die die Antragsgegnerin auch nicht widerlegen

---

1232 OLG Köln, Urteil vom 12. 4. 2002, 6 U 142/01, GRUR-RR 2002, 309 ff. – *Zerowatt.*

1233 OLG Köln, Urteil vom 12. 4. 2002, 6 U 142/01, GRUR-RR 2002, 309 – *Zerowatt.*

1234 OLG Köln, Urteil vom 12. 4. 2002, 6 U 142/01, GRUR-RR 2002, 309, 310 – *Zerowatt.*

1235 OLG Köln, Urteil vom 12. 4. 2002, 6 U 142/01, GRUR-RR 2002, 309, 310 – *Zerowatt.*

1236 OLG Köln, Urteil vom 12. 4. 2002, 6 U 142/01, GRUR-RR 2002, 309, 310 ff. – *Zerowatt.*

1237 LG Köln, Urteil vom 12.10.2004, 33 O 202/04, (= BeckRS 2011, 21979).

1238 LG Köln, Urteil vom 12.10.2004, 33 O 202/04, (= BeckRS 2011, 21979).

konnte.[1239] Das Gericht ging vom Vorliegen des Verfügungsanspruchs aus §§ 15 Abs. 2, 5 Abs. 3 MarkenG aufgrund einer Verwechslungsgefahr der Zeitschriftentitel „Z" und „ZZ" aus.[1240] Das Gericht ging davon aus, dass der Titel der Antragstellerin bundesweit bekannt sei und ausreichende Unterscheidungskraft besitze und zwischen dem Titel „ZZ" der Tageszeitung der Antragstellerin und dem Titel „Z" des Jugendmagazins der Antragsgegnerin zumindest eine deutliche Warennähe bei Branchenidentität vorliege.[1241]

bb) Die Rechtsprechung des OLG Hamburg

In einem Urteil vom 17. Januar 2008 erließ das OLG Hamburg unter Abänderung des entsprechenden Urteils des LG Hamburg eine einstweilige Verfügung aufgrund des Unternehmenskennzeichens Peek & Cloppenburg KG.[1242] Es untersagte der Peek & Cloppenburg Düsseldorf KG die weitere Internet-Werbung in der streitgegenständlichen Form.[1243] Die P&C Düsseldorf KG hatte bei der Neugestaltung ihrer Internet-Seite das Banner mit der Erläuterung, dass es sich bei der P&C Düsseldorf und der P&C Hamburg um zwei verschiedene Unternehmen handelt, so klein gestaltet, dass der Hinweis unauffällig und kaum lesbar war, während er vor Neugestaltung der Internetseite der Antragsgegnerin deutlich lesbar und dominant sichtbar war.[1244] Beide Unternehmen hatten bereits seit langem die Wirtschaftsräume, in denen sie tätig sind, klar aufgeteilt und nur in ihrem jeweiligen Wirtschaftsraum Werbung geschaltet.[1245] Die Internetwerbung der P&C Düsseldorf war jedoch im Wirtschaftsraum beider Unternehmen abrufbar.[1246] Das OLG urteilte, dass zwar weiterhin eine auch im Wirtschaftsraum der Antragstellerin abrufbare Internetwerbung der Antragsgegnerin zulässig sei; diese müsse jedoch einen dominanten, auffälligen und deutlich lesbaren Hinweis auf die zwei unabhängigen Unternehmen haben, um eine Verwechslungsgefahr zu vermeiden.[1247]

1239 LG Köln, Urteil vom 12.10.2004, 33 O 202/04, (= BeckRS 2011, 21979).
1240 LG Köln, Urteil vom 12.10.2004, 33 O 202/04, (= BeckRS 2011, 21979).
1241 LG Köln, Urteil vom 12.10.2004, 33 O 202/04, (= BeckRS 2011, 21979).
1242 OLG Hamburg, Urteil vom 17.01.2008, GRUR-RR 2009, 262 (= BeckRS 2009, 10785).
1243 OLG Hamburg, Urteil vom 17.01.2008, GRUR-RR 2009, 262 (= BeckRS 2009, 10785).
1244 OLG Hamburg, Urteil vom 17.01.2008, GRUR-RR 2009, 262 (= BeckRS 2009, 10785).
1245 OLG Hamburg, Urteil vom 17.01.2008, GRUR-RR 2009, 262 (= BeckRS 2009, 10785).
1246 OLG Hamburg, Urteil vom 17.01.2008, GRUR-RR 2009, 262 (= BeckRS 2009, 10785).
1247 OLG Hamburg, Urteil vom 17.01.2008, GRUR-RR 2009, 262 (= BeckRS 2009, 10785).

cc) *Die Rechtsprechung des LG Düsseldorf*

In einem Urteil aus dem Jahr 2001 bestätigte das LG Düsseldorf den Antrag auf Erlass einer einstweiligen Unterlassungsverfügung eines Unternehmens, das ein System zum Verkauf von Eintrittskarten unter der Bezeichnung „RR T" betrieb und die Wortmarke „RR" für sich geschützt hatte.[1248] Die Antragsgegnerin vertrieb ebenfalls Eintrittskarten, wobei sie in ihrer Werbung auf eine Telefonnummer hinwies, die sie als „RR M" bezeichnete.[1249] Das Gericht bejahte das Vorliegen eines Verfügungsanspruchs der Antragstellerin aus § 14 Abs. 2 Nr. 2, Abs. 5 MarkenG.[1250] Das Kennzeichen habe weder rein beschreibenden Charakter, noch sei eine Verwechslungsgefahr zu verneinen, da sich das von der Antragsgegnerin verwendete Kennzeichen „RR M" lediglich durch Hinzufügen des Bestandteils M von dem geschützten Zeichen der Antragstellerin unterscheide. Das Gericht bejahte schließlich den Verfügungsgrund unter Anwendung der Dringlichkeitsvermutung aus § 25 UWG.

b) *Stellungnahme*

Die besprochenen markenrechtlichen Entscheidungen zeigen, dass die Gerichte es in Fällen der Beantragung einer einstweiligen Unterlassungsverfügung aufgrund einer Markenrechtsverletzung fast ausschließlich mit rechtlichen Problemen zu tun haben und nur wenige oder gar keine Unklarheiten im tatsächlichen Bereich vorliegen. Insbesondere die Rechtsinhaberschaft steht durch die Eintragung fest oder kann mit Hilfe rein rechtlicher Erwägungen oftmals geklärt werden. Die Gerichte können auch selbst die Fragen der Kennzeichenverletzung, der Schutzfähigkeit des Kennzeichens und des Rechtsbestandes beurteilen, ohne auf die Hinzuziehung eines Sachverständigen angewiesen zu sein.[1251] Geht es um die Verkehrsgeltung oder Bekanntheit einer Marke, können die Gerichte geeignete Anforderungen an die Glaubhaftmachung stellen.[1252] Oftmals wird dann eine mündliche Verhandlung anberaumt und erst nach dieser die Unterlassungsverfügung erlassen. Dies unterscheidet die markenrechtlichen Fälle gerade von den patentrechtlichen oder gebrauchsmusterrechtlichen Anträgen auf Erlass einer einstweiligen Unterlassungsverfügung, wo häufig zahlreiche Probleme im tatsächlichen Bereich durch die Gerichte zu klären sind.

1248 LG Düsseldorf, Urteil vom 29.06.2001, 38 O 50/01, (= BeckRS 2010, 15421).
1249 LG Düsseldorf, Urteil vom 29.06.2001, 38 O 50/01, (= BeckRS 2010, 15421).
1250 LG Düsseldorf, Urteil vom 29.06.2001, 38 O 50/01, (= BeckRS 2010, 15421).
1251 Ingerl/Rohnke, MarkenG, Vor §§ 14–19d, Rn. 190.
1252 Ingerl/Rohnke, MarkenG, Vor §§ 14–19d, Rn. 190.

5. Urheberrecht

Im Urheberrecht haben neue Techniken und das Internet in den letzten Jahren für eine steigende Anzahl an Urheberrechtsverletzungen gesorgt, die durch alleinige Einleitung eines Hauptsacheverfahrens nicht wirksam und schnell genug bekämpft werden können.[1253] In diesen Fällen ist die Beantragung einer einstweiligen Verfügung für den Inhaber des Urheberrechts die einzige Möglichkeit, sich schnell und effektiv gegen die Rechtsverletzung zur Wehr zu setzen, bevor es zu erheblichen materiellen und ideellen Beeinträchtigungen kommt.[1254] Mangels spezieller Vorschriften finden auch im Urheberrecht die §§ 935, 940 ZPO Anwendung.[1255] Wie auch bei den anderen gewerblichen Schutzrechten, kommt eine einstweilige Verfügung in urheberrechtlichen Streitigkeiten nicht in Frage, wenn dem Fall eine besonders komplexe Sach- und Rechtslage zu Grunde liegt, die das Gericht mit den Mitteln des einstweiligen Verfügungsverfahrens nicht ausreichend bewerten kann.[1256] Im Rahmen der Prüfung der einstweiligen Verfügung sind die Prüfung von Rechtsinhaberschaft und Rechtsverletzung Prüfungsschwerpunkte, da die Ubiquität des Urheberrechts, Verwertungsketten und neue Nutzungsarten die Feststellung dieser Tatbestandsmerkmale erschweren.[1257] Da der wirksame Schutz des Urheberrechts ein allgemeiner Grundsatz des Europarechts ist, sind die §§ 935, 940 ZPO großzügig zu Gunsten des Verletzten auszulegen.[1258] Daher fällt auch die erforderliche Interessenabwägung im Zweifel zu Gunsten des Rechteinhabers aus.[1259]

Der Erlass einstweiliger Verfügungen im Urheberrecht war in den vergangenen Jahren zwar nicht nur in Ausnahmefällen, aber doch eher seltener zu beobachten.[1260] Nach Erkenntnissen von Gutsche soll dies aber weniger an den

---

1253 Gutsche in: Festschrift für Nordemann, Vorläufiger Rechtsschutz im Urheberrecht, S. 75.

1254 Gutsche in: Festschrift für Nordemann, Vorläufiger Rechtsschutz im Urheberrecht, S. 75; Kefferpütz in: Wandtke/Bullinger, Vor §§ 97 ff., Rn. 85.

1255 Lütje in: Möhring/Nicolini, Urheberrechtsgesetz, § 97, Rn. 147; Fromm/Nordemann, Urheberrecht, § 97, Rn. 199.

1256 Lütje in: Möhring/Nicolini, Urheberrechtsgesetz, 2. Aufl., § 97, Rn. 283.

1257 Gutsche in: Festschrift für Nordemann, Vorläufiger Rechtsschutz im Urheberrecht, S. 75.

1258 Fromm/Nordemann, Urheberrecht, § 97, Rn. 199.

1259 Fromm/Nordemann, Urheberrecht, § 97, Rn. 200.

1260 Musielak/Voit/Huber, ZPO, § 940, Rn. 24; für die einstweilige Verfügung zur Beweissicherung s. Bork, NJW 1997, 1665, 1668, 1671.

Gerichten als vielmehr an der mangelnden Vertrautheit der Antragsteller mit einstweiligen Verfügungen liegen.[1261]

a) Der Erwerb des Urheberrechts

Im Urheberrecht gilt gemäß § 7 UrhG das Schöpferprinzip, nach dem Urheber der Schöpfer des Werkes ist.[1262] Der Urheber erwirbt daher das Urheberrecht an seinem Werk durch originären Rechtserwerb, ipso iure, im Wege der Schöpfung.[1263] Der Erwerb des Schutzrechts knüpft damit an den Realakt der Schöpfung an, und nicht, wie bei den anderen gewerblichen Schutzrechten, an eine Erteilung durch den Staat.[1264] Dies ist ein wichtiger Unterschied zu anderen Schutzrechten. Voraussetzung für den Erwerb des Urheberrechts ist, dass ein Werk im Sinne des Urheberrechts vorliegt, wozu Werke der Literatur, Wissenschaft und Kunst zählen, §§ 1, 2 UrhG. Entscheidend dafür ist wiederum, dass das Werk durch eine schöpferische Gestaltungshöhe über das Handwerksmäßige, Durchschnittliche hinausragt.[1265]

b) Rechtsprechung im Urheberrecht

aa) Rechtsprechung des LG Köln

Das LG Köln hat in einem Urteil aus dem Jahr 2011 eine zuvor erlassene einstweilige Verfügung bestätigt, mit der es dem Antragsgegner untersagte, von der Antragstellerin konzipierte Werbetexte für Schuhe weiterhin zu benutzen.[1266] Die Parteien des Rechtsstreits betrieben beide jeweils einen online Versand für Schuhe.[1267] Die Geschäftsführerin der Antragstellerin hatte zu jedem Paar Schuhe einer Marke spezielle Texte entworfen, die die Eigenschaften des angebotenen Schuhs unter Verwendung bestimmter Adjektive näher beschrieben, seine Vorteile dem angesprochenen Käuferkreis ansprechend präsentierte und dazu die Auffindbarkeit in Suchmaschinen optimierte.[1268] Der Antragsgegner bestritt

---

1261 Gutsche in: Festschrift für Nordemann, Vorläufiger Rechtsschutz im Urheberrecht, S. 75.

1262 vgl. Schack, Urheber- und Urhebervertragsrecht, § 9, Rn. 252.

1263 Rehbinder/Peukert, Urheberrecht, § 17, Rn. 348; Schack, Urheber- und Urhebervertragsrecht, § 9, Rn. 252.

1264 Rehbinder/Peukert, Urheberrecht, § 17, Rn. 348.

1265 vgl. Rehbinder/Peukert, Urheberrecht, § 10, Rn. 221.

1266 LG Köln, Urteil vom 06.04.2011, 28 O 900/10, ZUM-RD 2012, 45 ff.

1267 LG Köln, Urteil vom 06.04.2011, 28 O 900/10, ZUM-RD 2012, 45.

1268 LG Köln, Urteil vom 06.04.2011, 28 O 900/10, ZUM-RD 2012, 45, 46 f.

den urheberrechtlichen Schutz der Texte, da die Texte nur die vom Hersteller angegebenen Eigenschaften des Schuhs zusammenfügten.[1269] Das Gericht sah als Verfügungsgrund einen Unterlassungsanspruch aus § 97 Abs. 1 UrhG als gegeben an, da die Sprachgestaltung der Texte die erforderliche Schöpfungshöhe erreichten.[1270] Die Feststellung der ausreichenden Schöpfungshöhe der Texte war insofern auch der rechtliche Schwerpunkt bei der Urteilsfindung.

bb) Rechtsprechung des OLG und des LG Hamburg

In einem Verfahren vor dem OLG Hamburg bestätigte dieses eine ursprünglich vom LG Hamburg erteilte einstweilige Verfügung.[1271] Gegenstand des Verfahrens war die Unterlassung des Vertriebs einer CD, auf der sich fünf Aufnahmen von Bryan Adams befanden.[1272] Die Prüfung von Rechtsinhaberschaft und Rechtsverletzung stellten sich in diesem Verfahren als besonders problematisch dar, da der Nachweis der Verwertungskette kompliziert war.[1273] Das OLG beurteilte die Rechtsinhaberschaft aber letztlich als ausreichend glaubhaft gemacht.[1274] Eine weitere Interessenabwägung, die bei anderen gewerblichen Schutzrechten und auch bei anderen Verfügungsverfahren im Urheberrecht einen nicht unbedeutenden Teil der Prüfung darstellt, nimmt das OLG in dieser Entscheidung nicht vor.

In einem anderen Urteil hob das LG Hamburg eine zuvor erlassene einstweilige Unterlassungsverfügung auf, die der Antragsgegnerin untersagt hatte, einen Film mit Hilfe von Filesharingsoftware der Öffentlichkeit zugänglich zu machen.[1275] Hintergrund der Unterlassungsverfügung war die Behauptung der Antragstellerin, der Inhaberin der Urheber- und Nutzungsrechte an dem Film, dass die Antragsgegnerin oder eines ihrer Familienmitglieder den Film mit Hilfe einer Filesharingsoftware im Internet der Öffentlichkeit zugänglich gemacht habe.[1276] Die Antragsgegnerin bestritt, dass sie oder eines ihrer Familienmitglieder dies

1269 LG Köln, Urteil vom 06.04.2011, 28 O 900/10, ZUM-RD 2012, 45, 47.
1270 LG Köln, Urteil vom 06.04.2011, 28 O 900/10, ZUM-RD 2012, 45, 47.
1271 OLG Hamburg, Urteil vom 28. 11. 2002, 3 U 77/02, GRUR-RR 2003, 135 – *Bryan Adams.*
1272 OLG Hamburg, Urteil vom 28. 11. 2002, 3 U 77/02, GRUR-RR 2003, 135 – *Bryan Adams.*
1273 OLG Hamburg, Urteil vom 28. 11. 2002, 3 U 77/02, GRUR-RR 2003, 135, 136 – *Bryan Adams.*
1274 OLG Hamburg, Urteil vom 28. 11. 2002, 3 U 77/02, GRUR-RR 2003, 135, 136 – *Bryan Adams.*
1275 LG Hamburg, Urteil vom 11.08.2010, 308 O 171/10, (= BeckRS 03600).
1276 LG Hamburg, Urteil vom 11.08.2010, 308 O 171/10, (= BeckRS 03600).

getan oder überhaupt jemals Filesharingsoftware benutzt hätten. Sie konnte durch eidesstattliche Versicherungen ihrer Familienmitglieder schließlich zur Überzeugung des Gerichts glaubhaft machen, dass weder sie noch eines ihrer Familienmitglieder zum streitgegenständlichen Zeitpunkt den Film öffentlich zugänglich gemacht hatten. Dem stand auch nicht entgegen, dass die Antragstellerin einen Screenshot vorlegen konnte, der zeigte, dass von einer mit der IP-Adresse der Antragstellerin identischen IP-Adresse an dem Datum um kurz vor 19 Uhr der Film öffentlich zugänglich gemacht wurde. Das Gericht hielt einen Irrtum bei der Feststellung von IP-Adresse und Anschrift der Antragsgegnerin oder eine rechtswidrige Benutzung ihres Zugangs für möglich und erachtete die von der Antragstellerin vorgelegten einstweiligen Verfügungen als glaubhaft.[1277]

cc) Rechtsprechung des OLG Karlsruhe

Auch das OLG Karlsruhe bestätigte in der Entscheidung „Bildschirmmasken" den Erlass einer einstweiligen Verfügung.[1278] In dieser Entscheidung ging es um den urheberrechtlichen Schutz der Bildschirmmasken eines Computerprogrammes und einem darauf basierenden Verbot der Vervielfältigung und Verbreitung eines Computerprogrammes, das die Bildschirmmasken des Programms des Schutzrechtsinhabers nachahmte. Das Gericht führt in dieser Entscheidung zum Erlass einstweiliger Verfügungen im Urheberrecht aus, dass sich ein Verfügungserlass ohne vorherige Anhörung des Antragsgegners häufig verbiete, da die Feststellung von Rechtsinhaberschaft und Rechtsverletzung oftmals sehr komplex sei und zugleich eine einstweilige Verfügung mit großen Schäden für den Gegner verbunden sein könne.[1279] Das Gericht sah es im vorliegenden Fall als ausreichend glaubhaft gemacht an, dass die Antragstellerin Inhaberin des Urheberrechts an der streitgegenständlichen Bildschirmmaske sei und die Antragsgegnerin rechtswidrig in deren Verwertungsrechte aus § 69c Nr. 1 und Nr. 3 UrhG eingegriffen habe.[1280]

1277 LG Hamburg, Urteil vom 11.08.2010, 308 O 171/10, (= BeckRS 03600).

1278 OLG Karlsruhe, Urteil vom 13.06.1994, 6 U 52/94, GRUR 1994, 726 ff. – *Bildschirmmasken.*

1279 OLG Karlsruhe, Urteil vom 13.06.1994, 6 U 52/94, GRUR 1994, 726, 728 – *Bildschirmmasken.*

1280 OLG Karlsruhe, Urteil vom 13.06.1994, 6 U 52/94, GRUR 1994, 729, 730 – *Bildschirmmasken.*

dd) *Rechtsprechung des OLG Celle*

Das OLG Celle versagte den Erlass einer einstweiligen Verfügung in einem Fall, in dem es um einen Anspruch auf Unterlassung der Herstellung, des Vertriebs und des Bewerbens eines Amiga Betriebssystems ging.[1281] Die tatsächlichen und rechtlichen Verhältnisse, die dem Fall zugrunde lagen, waren nach Ansicht des Gerichts so unklar und komplex, dass keine Entscheidung im summarischen Verfahren möglich sei.[1282] Das Gericht führte im Rahmen der Interessenabwägung außerdem aus, dass die Verfügungsklägerin kein dringendes Unterlassungsinteresse dargelegt habe, wohingegen die Verfügungsbeklagte durch den Erlass einer einstweiligen Verfügung beträchtliche wirtschaftliche Nachteile hinnehmen müsste.[1283]

ee) *Rechtsprechung des KG Berlin*

Das Kammergericht Berlin versagte den Erlass einer einstweiligen Verfügung in einem Fall, in dem die Parteien darum stritten, ob die Antragsgegnerin mit der Veröffentlichung eines Englisch-Wörterbuches auf CD-ROM das Urheberrecht an einem von der Antragstellerin auf CD-ROM herausgebrachten Englisch-Wörterbuch verletzte.[1284] Es begründete seine Entscheidung damit, dass im Urheberrecht die Feststellung des Bestehens eines Unterlassungsanspruchs häufig die Klärung besonders schwieriger rechtlicher und tatsächlicher Fragen erfordere.[1285] Dafür bestehe im Eilverfahren keine ausreichende Möglichkeit.[1286] Der Erlass einer urheberrechtlichen Unterlassungsverfügung komme daher nur dann in Betracht, wenn keine gewichtigen Zweifel an der Urheberrechtsverletzung bestünden.[1287] Der Antragstellerin war es aber nach Ansicht des Gerichts im Verfahren nicht gelungen, ausreichend glaubhaft zu machen, dass es sich bei dem Wörterbuch der Antragsgegnerin nicht um freie Benutzungen gemäß § 24 UrhG, sondern um bloße Bearbeitungen nach §§ 3, 23 UrhG handelte.[1288] Daher

---

1281 OLG Celle, Urteil vom 16.07.1997, 13 U 97/97, GRUR 1998, 50 – *AMIGA-Betriebssystem.*

1282 OLG Celle, Urteil vom 16.07.1997, 13 U 97/97, GRUR 1998, 50 – *AMIGA-Betriebssystem.*

1283 OLG Celle, Urteil vom 16.07.1997, 13 U 97/97, GRUR 1998, 50 – *AMIGA-Betriebssystem.*

1284 KG, Urteil vom 25.03.1994, 5 U 215/94, BB 1994, 1596.

1285 KG, Urteil vom 25.03.1994, 5 U 215/94, BB 1994, 1596.

1286 KG, Urteil vom 25.03.1994, 5 U 215/94, BB 1994, 1596.

1287 KG, Urteil vom 25.03.1994, 5 U 215/94, BB 1994, 1596, 1597.

1288 KG, Urteil vom 25.03.1994, 5 U 215/94, BB 1994, 1596, 1597.

blieben gewichtige Zweifel an der Urheberrechtsverletzung bestehen, die einem Verfügungserlass entgegenstehen.[1289]

ff) Rechtliche Stellungnahme

Die Auswertung der Entscheidungen der letzten Jahre hat ergeben, dass ein Erlass einstweiliger Verfügungen im Urheberrecht keine Ausnahme mehr darstellt. Die von einigen Gerichten, wie dem Kammergericht[1290], an das Patentrecht angelehnten, hohen Anforderungen an den Erlass und die Feststellung der Urheberrechtsverletzung sind abzulehnen. Die Rechtsprechung aus dem Patentrecht kann nicht auf das Urheberrecht übertragen werden, da schon die Voraussetzungen für die Erlangung des Schutzrechts in beiden Bereichen völlig unterschiedlich sind.[1291] Die Voraussetzungen für das Vorliegen des Urheberrechts werden erstmalig im Verletzungsprozess durch das Gericht geprüft. Anders als im Patentrecht sind die im Urheberrecht durch das Verletzungsgericht zu prüfenden Fragen nicht technischer Natur und daher vom Gericht leichter zu beurteilen. Schwierigkeiten können sich aber zum Beispiel daraus ergeben, dass aufgrund langer Verwertungsketten Rechtsinhaberschaft und Rechtsverletzung nur schwer im summarischen Verfahren mit hinreichender Wahrscheinlichkeit überprüft werden können. Auch in Fällen, in denen es um den Erlass eines Softwarevertriebsverbotes geht, sind einstweilige Verfügungen nur restriktiv und in einfach gelagerten Fällen möglich.[1292] In derartigen Fällen sind komplizierte technische Fragestellungen durch das Gericht zu beantworten. So ist ein Vergleich der beiderseitigen Quellencodes erforderlich, um zu bestimmen, ob eine Urheberrechtsverletzung vorliegt.[1293] Ein solcher Vergleich kann aber in einem einstweiligen Verfügungsverfahren nicht geleistet werden.[1294]

6. Ökonomische Analyse einstweiliger Unterlassungsverfügungen

Die dargestellte Rechtsprechung zu den einstweiligen Unterlassungsverfügungen im Bereich der Immaterialgüterrechte ist anhand des gewählten Maßstabs der ökonomischen Analyse des Rechts zu bewerten.

1289 KG, Urteil vom 25.03.1994, 5 U 215/94, BB 1994, 1596, 1597.

1290 KG, Urteil vom 25.03.1994, 5 U 215/94, BB 1994, 1596.

1291 vgl. Kapitel D. II. 5. a).

1292 OLG Celle, Entscheidung vom 09.09.1993, 13 U 105/93, CR 1994, 748; s.a. Musielak/Voit/Huber, ZPO, § 940, Rn. 24.

1293 OLG Celle, Entscheidung vom 09.09.1993, 13 U 105/93, CR 1994, 748.

1294 OLG Celle, Entscheidung vom 09.09.1993, 13 U 105/93, CR 1994, 748.

Unter ökonomischen Gesichtspunkten kann eine Unterlassungsverfügung gegenüber anderen rechtlichen Sanktionsinstrumenten vorzuziehen sein.[1295] Durch sie gelangt ein Recht zu demjenigen, der es am höchsten bewertet.[1296] Es wurde aber auch bereits dargelegt, dass dies kein allgemeingültiger Grundsatz ist und immer auf den Einzelfall abzustellen ist.[1297] In Fällen geringer Transaktionskosten ist der Grundsatz regelmäßig zutreffend.[1298] Es lässt sich die allgemeine Formel aufstellen, dass eine einstweilige Unterlassungsverfügung dann gewährt werden sollte, wenn die Wahrscheinlichkeit, dass der Antragsteller sich im Hauptsacheverfahren durchsetzen wird, multipliziert mit dem irreparablen Schaden, den der Antragsteller bis zur Gewährung einer Unterlassungsverfügung erleiden würde, größer ist als die Wahrscheinlichkeit, dass sich der Antragsgegner durchsetzen wird, multipliziert mit dem irreparablen Schaden, den dieser durch die Gewährung der einstweiligen Verfügung erleiden würde.[1299] Oder mit anderen Worten: eine einstweilige Unterlassungsverfügung sollte gewährt werden, wenn das Verhältnis der Siegeschancen des Antragstellers zu den Siegeschancen des Antragsgegners das Verhältnis des drohenden irreparablen Schadens des Antragsgegners zu dem drohenden irreparablen Schaden des Antragstellers übersteigt.[1300]

Zur Veranschaulichung dieser Formel soll das folgende Beispiel dienen.[1301] Wenn man annimmt, dass die Wahrscheinlichkeit, dass der Antragsteller im Hauptsacheverfahren obsiegt, bei 70% liegt, dann liegt auch das Risiko eines Irrtums bei Ablehnung des Antrags auf Erlass einer einstweiligen Verfügung bei 70%. Demgegenüber liegt das Risiko eines Irrtums im Falle eines Erlasses der beantragten einstweiligen Verfügung nur bei 30%. Wenn man weiterhin davon ausgeht, dass der irreparable Schaden, den der Antragsteller bei Verweigerung

---

1295 Peukert, Güterzuordnung als Rechtsprinzip, S. 103; Cooter/Ulen, Law & Economics, S. 100.

1296 Calabresi/Melamed, Harvard Law Review, Vol. 85 (1972), No. 6, S. 1092 ff., 1106.

1297 Kapitel B. V. 3.

1298 Cooter/Ulen, Law&Economics, S. 168 f.; Calabresi/Melamed, Harvard Law Review, Vol. 85 (1972), No. 6, S. 1092 ff., 1106.

1299 Leubsdorf, Harvard Law Review, Vol. 91 (1978), 525, 542; Posner, Economic Analysis of law, S. 760; vgl. allgemein: Cooter/Ulen, Law&Economics, S. 99 ff., 168 f.; Calabresi/Melamed, Harvard Law Review, Vol. 85 (1972), No. 6, S. 1092 ff., 1106; Landes/Posner, The Economic Structure of Intellectual Property Law, S. 16 ff.

1300 Posner, Economic Analysis of law, S. 760 (Fn.1); Leubsdorf, Harvard Law Review, Vol. 91 (1978), 525, 542.

1301 Das Beispiel ist angelehnt an die Darstellung bei Posner, Economic Analysis of law, S. 760.

der beantragten Verfügung erleiden würde, bei 60 000 Euro läge, während der irreparable Schaden, der dem Antragsgegner bei Erlass der Verfügung droht, 100 000 Euro betragen würde, dann müsste das Gericht aus ökonomischen Gesichtspunkten die einstweilige Verfügung erlassen, da die Kosten eines Irrtums beim Antragsteller 4.2 Mio. betragen gegenüber Kosten von nur 3 Mio. beim Antragsgegner.

Mit dieser Formel könnten Richter im Vorfeld einer Entscheidung berechnen, ob eine einstweilige Verfügung erlassen werden sollte oder nicht. Das Problem dieser auf den ersten Blick sicheren Berechnungsmöglichkeit ist jedoch, dass sich Wahrscheinlichkeiten eines Obsiegens oder Verlierens ebenso wie die genauen Beträge eines potentiellen irreparablen Schadens beider Seiten nur sehr schwer ermitteln lassen. Die Formel kann aber zumindest Anhaltspunkte für die Entscheidung eines Erlasses oder einer Ablehnung einer einstweiligen Verfügung geben. Richter sollten ferner bei ihrer Entscheidung über den Erlass einer einstweiligen Unterlassungsverfügung noch weitere Kriterien berücksichtigen: So sollte auch die Präventions- und Abschreckungswirkung einer einstweiligen Unterlassungsverfügung Berücksichtigung finden.[1302] Eine einstweilige Unterlassungsverfügung kann in zweierlei Hinsicht präventiv zukünftigen Rechtsverletzungen vorbeugen: Zum einen wird derjenige, gegen den eine einstweilige Unterlassungsverfügung erlassen wurde, in Anbetracht der hohen Ordnungsgelder kaum gegen diese verstoßen. Zum anderen könnte es einen generalpräventiven Charakter haben, wenn potentielle Rechtverletzer wissen, dass Gerichte beim Erlass einstweiliger Unterlassungsverfügungen nicht zögerlich sind. Sie könnten dadurch davon abgehalten werden, eine Rechtsverletzung überhaupt erst zu begehen. Auf der anderen Seite könnte ein nicht funktionierendes Sanktionensystem, in dem Rechtsinhaber praktisch kaum eine einstweilige Unterlassungsverfügung erlangen können, bewirken, dass neue Erfindungen und Innovationen nicht mehr veröffentlicht werden. Diese mögliche Folge hätte weitgehende negative ökonomische Auswirkungen für die Allgemeinheit.

Als weiteres Kriterium sollte in die Entscheidung mit einfließen, in welchem Umfang Informationen über den Sachverhalt und die Werte der verletzten Immaterialgüter zur Verfügung stehen. Liegen nur sehr unvollständige Informationen vor, ist bei einem Schutz über Schadensersatzansprüche das Risiko einer fehlerhaften Festsetzung der Höhe des Schadensersatzes besonders groß.[1303] Dies

---

1302 Ahrens, Der Wettbewerbsprozess, § 14, Rn. 3; Koziol, Grundfragen des Schadensersatzrechts, S. 23.

1303 vgl. Calabresi/Melamed, Harvard Law Review, Vol. 85 (1972), No. 6, S. 1092 ff., 1106, 1110.

bedeutet jedoch wiederum erhöhte Kosten für die Allgemeinheit, so dass in diesen Fällen eine einstweilige Unterlassungsverfügung vorzuziehen sein kann.

a) *Die Bewertung der patentrechtlichen Rechtsprechung*

Im Patentrecht zeigt die Analyse der Rechtsprechung, dass die Gerichte bis zum Ende der 1970er Jahre ihre Entscheidungen nicht an ökonomischen Gesichtspunkten orientierten. Die Gerichtspraxis, einstweilige Verfügungen nur in absoluten Ausnahmefällen zu erteilen und nur, wenn die Rechtsbeständigkeit des Patentes „über jeden Zweifel erhaben" ist, ist unter wohlfahrtsökonomischen Gesichtspunkten nicht effizient. Es erhöht die Missbrauchsgefahr, da das Schutzrecht so zunächst nicht durchsetzbar ist und dem Rechtsinhaber kein wirksames Mittel zur sofortigen Sanktion von Rechtsverletzungen an die Hand gegeben ist. Durch diese erhöhte Missbrauchsgefahr steigen auch die Kosten für die Allgemeinheit. Eine gewisse Zurückhaltung beim Erlass im Patentrecht, wie sie in den letzten Jahren bei vielen Gerichten zu beobachten war, kann aber dennoch effizient sein. Dies gilt für die Fälle, in denen sich die Wahrscheinlichkeit eines Obsiegens sehr schwer bestimmen lässt und der drohende irreparable Schaden entweder ebenfalls nicht abzuschätzen ist oder bei beiden Parteien etwa gleich hoch sein würde. Schwierigkeiten bei der Prognose über die Wahrscheinlichkeit eines Obsiegens des Rechtsinhabers sind im Patentrecht häufig anzutreffen, da die streitgegenständlichen Sachverhalte auf der tatsächlichen Ebene unklar sind. Dies unterscheidet das Patentrecht vom Wettbewerbsrecht oder Markenrecht, wo es meistens um rein rechtliche Fragestellungen geht. Darüber hinaus gibt es im Patentrecht tendenziell mehr Fälle hoher Transaktionskosten. Dies ergibt sich schon aus den häufig sehr aufwendigen, erforderlichen Patentrecherchen. Potentielle Rechtsverletzer müssen oft zunächst mit großem Kostenaufwand recherchieren, ob für ihre Erfindung bereits ein Schutzrecht besteht.

Die strikte Rechtsprechung, vor allem der Düsseldorfer Gerichte in den letzten Jahren, ist unter Anwendung des Maßstabs der ökonomischen Analyse des Rechts aber trotz dieser Umstände nicht zu befürworten. Die Düsseldorfer Gerichte haben, z.B. im Fall „Harnkatheterset"[1304], hohe Anforderungen an den Erlass der Unterlassungsverfügung gestellt und gefordert, dass ein Patent in der Regel bereits ein erstinstanzliches Einspruchs- oder Nichtigkeitsverfahren überstanden haben muss, um von einem Rechtsbestand des Patents im Verfügungsverfahren ausgehen zu können. Da das Patent ein geprüftes Schutzrecht ist

---

1304 OLG Düsseldorf, Urteil vom 29.04.2010, 2 U 126/09, InstGE 12, 114 (=BeckRS 2010, 15862) – *Harnkatheterset.*

und das Trennungsprinzip im Patentrecht gilt[1305], sind diese Anforderungen aus ökonomischer Sicht zu hoch und nicht effizient. Diese Anforderungen bedeuten, dass auch bei einer weit überwiegenden Wahrscheinlichkeit eines Obsiegens des Rechtsinhabers die Unterlassungsverfügung nicht erlassen würde, nur weil das Patent noch kein Einspruchs- oder Nichtigkeitsverfahren überstanden hat. Auch die weiteren Kriterien, wie Abschreckungs- und Präventionswirkung und Umfang der Sachverhaltsinformationen, blieben von den Gerichten weitgehend unberücksichtigt. Die Düsseldorfer Gerichte sollten ihre Rechtsprechung wieder lockern und stärker die Kriterien der ökonomischen Analyse berücksichtigen. Es ist zwar auch aus Effizienzgesichtspunkten zu befürworten, dass die Besonderheiten des Patentrechts mit seinen größeren Unsicherheiten im tatsächlichen Bereich berücksichtigt werden, jedoch darf nicht unberücksichtigt bleiben, dass das Patent ein geprüftes Schutzrecht ist und das Trennungsprinzip gilt.[1306]

Die Gerichte sollten sich beim Erlass einstweiliger Unterlassungsverfügungen im Patentrecht ebenfalls an der vorbenannten allgemeinen Formel[1307] orientieren und eine einstweilige Unterlassungsverfügung bereits dann gewähren, wenn das Verhältnis der Siegeschancen des Antragstellers zu den Siegeschancen des Antragsgegners das Verhältnis des drohenden irreparablen Schadens des Antragsgegners zu dem drohenden irreparablen Schaden des Antragstellers übersteigt.[1308] An den Rechtsbestand sollten auch im Patentrecht keine überzogenen Anforderungen gestellt werden. Die Gerichte sollten bei einem bestehenden Patent in der Regel vom Rechtsbestand ausgehen und diesen nur bei Vorliegen besonderer Anhaltspunkte anzweifeln. Die Analyse der Rechtsprechung hat zudem gezeigt, dass die Gerichte bisher nur vereinzelt berücksichtigen, wie groß die drohenden irreparablen Schäden von Antragsteller und Antragsgegner sind. Wie die zuvor dargestellte allgemeine Formel gezeigt hat, ist dieses Kriterium aber ein maßgeblicher Gesichtspunkt bei der Beurteilung der Effizienz einer Entscheidung über den Erlass einer einstweiligen Unterlassungsverfügung. Dies sollte von den Gerichten in Zukunft daher deutlich stärker berücksichtigt werden.

1305 vgl. die Ausführungen in OLG Düsseldorf, Urteil vom 1. 3. 2007, 2 U 98/06, GRUR-RR 2007, 219 – Kleinleistungsschalter.

1306 vgl. OLG Düsseldorf, Urteil vom 1. 3. 2007, 2 U 98/06, GRUR-RR 2007, 219 – Kleinleistungsschalter.

1307 s.o. Kapitel D. II. 6.

1308 s. Kap. D. II. 6.; Posner, Economic Analysis of law, S. 760 (Fn.1); Leubsdorf, Harvard Law Review, Vol. 91 (1978), 525, 542.

b) *Die Bewertung der gebrauchsmusterrechtlichen Rechtsprechung*

Im Gebrauchsmusterrecht hat die Analyse der Rechtsprechung gezeigt, dass dort nur sehr zurückhaltend einstweilige Verfügungen erlassen werden. Dies resultiert, wie bereits dargestellt wurde[1309], daraus, dass im Erteilungsverfahren eine rein formelle Prüfung stattfindet und somit die Gerichte in einem summarischen Verfahren schwer überprüfen können, ob das Gebrauchsmuster des Antragstellers tatsächlich Bestand haben wird. Daher ist die Wahrscheinlichkeit eines Obsiegens des Antragstellers in der Praxis sehr schwer abzuschätzen. Die Gerichte berücksichtigen zurzeit aber noch viel zu selten die aus ökonomischer Sicht entscheidenden Kriterien, wie die Höhe des irreparablen Schadens von Antragsteller und Antragsgegner. Bei Schwierigkeiten hinsichtlich der Abschätzung der Wahrscheinlichkeit eines Obsiegens im Hauptsacheverfahren sollte jedoch gerade verstärkt auf diese Kriterien abgestellt werden, um effiziente Entscheidungen zu fällen. Wenn demnach bei einer Entscheidung über einen Antrag auf Erlass einer einstweiligen Verfügung aufgrund eines Gebrauchsmusters der Rechtsbestand unklar ist und die Tendenz eher in die Richtung einer Niederlage des Antragstellers im Hauptsacheverfahren geht, sollte die beantragte Verfügung trotzdem erlassen werden, wenn der Antragsteller im Falle des Nichterlasses der Verfügung und späteren Obsiegens im Hauptsacheverfahren einen sehr großen irreparablen Schaden zu tragen hat, der den möglichen irreparablen Schaden des Antragsgegners weit übersteigt.

c) *Die Bewertung der geschmacksmusterrechtlichen Rechtsprechung*

In der geschmacksmusterrechtlichen Rechtsprechung ließ sich beobachten, dass ökonomische Gesichtspunkte häufiger berücksichtigt wurden als bei anderen Schutzrechten. Zum einen wird hier berücksichtigt, dass Geschmacksmuster oft nur für kurzlebige Trends erteilt werden und daher schneller, effektiver Rechtsschutz besonders wichtig ist. Zum anderen berücksichtigen die Gerichte bereits die Wahrscheinlichkeit eines Obsiegens der Parteien und die drohenden irreparablen Schäden.[1310] Die Rechtsprechung zu geschmacksmusterrechtlichen einstweiligen Unterlassungsverfügungen in den letzten Jahren ist daher nach den Kriterien der ökonomischen Analyse des Rechts effizient.

1309 s. Kapitel D. II. 2.

1310 OLG Düsseldorf, Urteil vom 08.07.2008, I-20 U 43/08, GRUR 2009, 142, 143 – *Crocs*.

d) *Die Bewertung der markenrechtlichen Rechtsprechung*

Wie die Analyse der Rechtsprechung gezeigt hat, geht es in den streitgegenständlichen Sachverhalten bei markenrechtlichen Anträgen auf Erlass einstweiliger Unterlassungsverfügungen vor allem um rechtliche und weniger um tatsächliche Fragestellungen. Insbesondere Fragen über das Bestehen oder Nichtbestehen einer Verwechslungsgefahr sind Schwerpunkt der Entscheidungen. Die Prognose zu den Wahrscheinlichkeiten eines Obsiegens des Antragstellers kann von den Gerichten einfacher und genauer getätigt werden als beispielsweise im Patentrecht, da sie die rechtlichen Probleme selbst ohne Einholung von Sachverständigengutachten beurteilen können. Die Gerichte können daher die zuvor aufgestellte Formel ohne Probleme anwenden. Unterlassungsverfügungen, die entsprechend dieser Formel erlassen werden, sind effizient. Die Anwendung der Formel auf die dargestellten markenrechtlichen Entscheidungen kommt in allen Fällen zu denselben Ergebnissen wie die Gerichte. Die Rechtsprechung ist daher nach den Kriterien der ökonomischen Analyse des Rechts als effizient zu bewerten.

e) *Die Bewertung der urheberrechtlichen Rechtsprechung*

Im Urheberrecht wurden in der Vergangenheit einstweilige Unterlassungsverfügungen seltener erlassen als im Markenrecht. Dies hängt mit der schwierigen Feststellung von Rechtsinhaberschaft und Rechtsverletzung bei langen Verwertungsketten im summarischen Verfahren zusammen. Wegen dieser Schwierigkeiten lässt sich die Wahrscheinlichkeit eines Obsiegens des Antragstellers oder des Antragsgegners oft nicht klar bestimmen. Die Gerichte müssten daher aus ökonomischer Sicht verstärkt auf die drohenden irreparablen Schäden abstellen. In den bereits analysierten Entscheidungen der deutschen Gerichte finden sich vereinzelt dahingehende Erwägungen, so zum Beispiel die urheberrechtliche Entscheidung des OLG Celle „AMIGA-Betriebssystem".[1311] In dieser Entscheidung hatte das Gericht den Erlass einer einstweiligen Unterlassungsverfügung mit der Begründung abgelehnt, dass zum einen die Wahrscheinlichkeit des Obsiegens des Antragstellers aufgrund der unklaren und komplexen tatsächlichen und rechtlichen Verhältnisse zweifelhaft sei. Zum anderen seien die zu erwartenden wirtschaftlichen Schäden des Antragsgegners bei Erlass der einstweiligen Unterlassungsverfügung groß, während der Antragsteller kein dringendes

---

1311 OLG Celle, Urteil vom 16.07.1997, 13 U 97/97, GRUR 1998, 50 – *AMIGA-Betriebssystem.*

Unterlassungsinteresse wegen großer irreparabler Schäden dargelegt habe. In dieser Entscheidung berücksichtigte das Gericht damit auch ökonomische Kriterien und traf eine effiziente Entscheidung. Diese Kriterien werden aber noch nicht in allen Entscheidungen berücksichtigt. Die Gerichte sollten daher zukünftig bei ihren Entscheidungen verstärkt die drohenden irreparablen Schäden der Parteien berücksichtigen; dies gilt insbesondere in den Fällen, in denen die Wahrscheinlichkeit des Obsiegens des Antragstellers schwer zu bestimmen ist.

f) Fazit

Die Bewertung der Rechtsprechung mit Hilfe der Grundsätze der ökonomischen Analyse des Rechts zeigt, dass die Gerichte bei der Entscheidung über den Erlass einer einstweiligen Verfügung zumindest in Ansätzen bereits Kriterien der ökonomischen Analyse des Rechts berücksichtigen. Das wesentliche Entscheidungskriterium der Gerichte ist die überwiegende Wahrscheinlichkeit eines Obsiegens des Antragstellers in der Hauptsache. Die Gerichte berücksichtigen daneben teilweise auch die Höhe eines irreparablen Schadens der Parteien. Allerdings verknüpfen sie nur selten, entsprechend der oben genannten Formel, die Wahrscheinlichkeit des Obsiegens mit der Höhe des irreparablen Schadens der jeweiligen Partei. Gerade diese Verknüpfung ist aber nach ökonomischen Gesichtspunkten entscheidend, da, wie das obige Beispiel bereits veranschaulicht hat, auch bei einer überwiegenden Wahrscheinlichkeit des Obsiegens des Antragstellers, der Erlass der einstweiligen Verfügung aus ökonomischen Gesichtspunkten nicht sinnvoll sein kann, wenn der Gegner irreparable Schäden erleiden würde, die in Verbindung mit seinen (geringeren) Chancen im Hauptsacheverfahren zu obsiegen, sehr hoch sind.

III. Das Hauptsacheverfahren

Wie die Analyse der Erlasspraxis der verschiedenen Gerichte gezeigt hat, kommt dem einstweiligen Rechtsschutzverfahren im Immaterialgüterrecht große Bedeutung zu, allerdings je nach Schutzrecht in unterschiedlich starkem Maße. Aber selbst dort, wo das einstweilige Verfügungsverfahren zum Erlass einer einstweiligen Unterlassungsverfügung für den Antragsteller führt, kann das spätere Hauptsacheverfahren noch von Bedeutung sein. Die im einstweiligen Rechtschutzverfahren erlassene Unterlassungsverfügung ist grundsätzlich nur eine einstweilige Regelung. Um eine endgültige Unterlassungsverfügung zu erlangen, muss der Schutzrechtsinhaber das Hauptsacheverfahren einleiten. Nur in Fällen, in denen der Schutzrechtsverletzer eine sog. Abschlusserklärung abgibt, ist die

Erhebung der Hauptsacheklage nicht mehr erforderlich.[1312] Das Hauptsacheverfahren hat für den Schutzrechtsinhaber den Vorteil, dass er auch Schadensersatzansprüche einklagen kann, was im einstweiligen Rechtsschutzverfahren nicht möglich ist.[1313]

1. Zuständigkeit

a) Sachliche Zuständigkeit

Für kennzeichenrechtliche Streitigkeiten bestimmt § 140 Abs. 1 MarkenG, dass, unabhängig vom Streitwert, die Landgerichte ausschließlich zuständig sind. Aufgrund der Ermächtigung in § 140 Abs. 2 MarkenG können die Landesregierungen durch Rechtsverordnung alle Kennzeichenstreitsachen einem Landgericht zuordnen. Parallele Vorschriften gibt es für alle Immaterialgüterrechte in den jeweiligen Spezialgesetzen. Für das Patentrecht in § 140 PatG, für das Gebrauchsmuster in § 27 GebrMG und für das Geschmacksmuster in § 52 GeschmMG. Aufgrund dieser Regelung sind, beispielsweise in NRW, alle Patentstreitigkeiten in der ersten Instanz, unabhängig vom Streitwert, dem LG Düsseldorf zugewiesen.

Im Urheberrecht sind gemäß §§ 105 UrhG, 23 Nr. 1 GVG im Unterschied dazu, abhängig vom Streitwert, Amtsgerichte oder Landgerichte zuständig.[1314] § 105 Abs. 1 UrhG ermächtigt die Landesregierungen aber wiederum mittels Rechtsverordnung dazu, alle in die Zuständigkeit der Landgerichte fallende Streitigkeiten auf ein Landgericht zu übertragen. § 105 Abs. 2 UrhG ermöglicht dementsprechend die Konzentration der amtsgerichtlichen Zuständigkeiten auf ein Amtsgericht.

b) Örtliche Zuständigkeit

Die örtliche Zuständigkeit richtet sich nach den allgemeinen Regelungen der §§ 12, 13 ff. ZPO. Von besonderer Relevanz ist im gewerblichen Rechtsschutz und Urheberrecht außerdem der besondere Gerichtsstand der unerlaubten Handlung gemäß § 32 ZPO. Da die Verletzung eines Schutzrechts eine unerlaubte Handlung darstellt, ist über § 32 ZPO eine Verfolgung der Verletzungshandlung

---

1312 Loewenheim/Rojahn, Hdb.d.Urheberrechts, § 93, Rn. 62 f.; Pierson, in: Pierson/Ahrens/Fischer, Recht des geistigen Eigentums, S. 450.

1313 Pierson, in: Pierson/Ahrens/Fischer, Recht des geistigen Eigentums, S. 450; Voß in: Fitzner/Lutz/Bodewig, Patentrechtskommentar, Vor §§ 139 ff. PatG, Rn. 240.

1314 Pierson, in: Pierson/Ahrens/Fischer, Recht des geistigen Eigentums, S. 445.

überall dort möglich, wo sie begangen wurde.[1315] Da sich im Immaterialgüterrecht die Verletzungshandlung typischerweise nicht nur auf einen Ort bezieht, sondern deutschlandweit erfolgt, gibt es mehrere zuständige Gerichte. Dadurch entsteht das Problem des sog. „forum shopping“, bei dem sich der Kläger das für ihn günstigste Gericht aussucht und dort Klage erhebt.[1316] Dieses Problem soll hier jedoch nur am Rande erwähnt und nicht weiter vertieft werden, da es für die vorliegende Arbeit keine Relevanz besitzt.

2. Allgemeine Voraussetzungen

Der Unterlassungsanspruch im Bereich der gewerblichen Schutzrechte wird mit Hilfe einer „normalen“ Leistungsklage durchgesetzt.[1317] Daher müssen die allgemeinen Prozessvoraussetzungen vorliegen. Die Unterlassungsklage muss ordnungsgemäß von einer parteifähigen, prozessfähigen und prozessführungsbefugten Partei erhoben werden.[1318] Der Klage dürfen weder die Rechtskraft eines anderen Urteils entgegenstehen, noch darf die Streitsache an einem anderen Gericht bereits anhängig sein (§ 261 Abs. 3 ZPO).[1319]

a) Parteien

Aktivlegitimiert sind nur Rechtsinhaber, ausschließliche Lizenznehmer, Nießbraucher oder Pfandgläubiger, da nur sie Ansprüche aus der Verletzung des Schutzrechts haben können.[1320]

Passivlegitimiert ist jeder, der an der patentverletzenden Handlung in irgendeiner Weise ursächlich mitgewirkt hat.[1321] Es gilt dasselbe wie für die Passivlegitimation im einstweiligen Rechtsschutzverfahren.[1322]

1315 Pierson, in: Pierson/Ahrens/Fischer, Recht des geistigen Eigentums, S. 445 f.

1316 vgl. zum Problem des “forum shopping”: Loewenheim/Rojahn, Hdb. d. Urheberrechts, § 92, Rn. 22, 24.

1317 vgl. Reichold in: Thomas/Putzo, ZPO, Vorbem. § 253, Rn. 3.

1318 Reichold in: Thomas/Putzo, ZPO, Vorbem. § 253, Rn. 15 ff.

1319 Reichold, in: Thomas/Putzo, ZPO, Vorbem. § 253, Rn. 23 f.; zu den einzelnen allgemeinen Prozessvoraussetzungen im Detail s.o. Kapitel D. I. 2. b).

1320 Einzelheiten zu der Aktivlegitimation bei den einzelnen Immaterialgüterrechten s.o. Kapitel C.

1321 vgl. Fezer, Markenrecht, § 14, Rn. 986; Dreier, in: Dreier/Schulze, UrhG, § 97, Rn. 23.

1322 Einzelheiten zu der Passivlegitimation bei den einzelnen Immaterialgüterrechten s.o. Kapitel C.

b) *Klageanspruch*

Klageanspruch ist der jeweilige spezialgesetzliche Unterlassungsanspruch, wie auch bei der einstweiligen Unterlassungsverfügung, also § 14 Abs. 5 MarkenG, § 97 Abs. 1 UrhG, § 139 Abs. 1 PatG, § 24 GebrMG und § 42 Abs. 1 GeschmMG.[1323] Tatbestandsvoraussetzungen sind bei allen spezialgesetzlichen Ansprüchen die Verletzung des jeweiligen Schutzrechtes und das Vorliegen der Begehungsgefahr (Wiederholungs- oder Erstbegehungsgefahr).

3. Weitere Voraussetzungen des Unterlassungsanspruchs

Wenn die allgemeinen Prozessvoraussetzungen und die Tatbestandsvoraussetzungen des spezialgesetzlichen Unterlassungsanspruchs vorliegen, gewähren die deutschen Gerichte grundsätzlich die begehrte Unterlassungsverfügung. Ausgehend vom deutschen Gesetzeswortlaut steht den Gerichten keinerlei Ermessensspielraum zu. Es stellt sich aber die Frage, ob eine gebundene Entscheidung über einen Unterlassungsantrag im Immaterialgüterrecht immer zu angemessenen und aus ökonomischer Sicht sinnvollen Entscheidungen führt oder ob nicht vielmehr noch weitere Gesichtspunkte mit in die Entscheidung der Gerichte einfließen müssten.

a) *Verhältnismäßigkeitsgesichtspunkte*

Betrachtet man das deutsche Recht, so stellt sich die Rechtslage hierzulande auf den ersten Blick so dar, dass eine Berücksichtigung des Verhältnismäßigkeitsgrundsatzes im Bereich der Immaterialgüterrechte nicht möglich ist.[1324] Die Anspruchsgrundlagen für einen Unterlassungsanspruch, wie § 139 Abs. 1 PatG, sehen keine Berücksichtigung von Verhältnismäßigkeitsgesichtspunkten beim Erlass der Unterlassungsverfügung vor.[1325] Eine vertiefte Diskussion um die unverhältnismäßige Durchsetzung von Unterlassungsansprüchen im Bereich der Immaterialgüterrechte entstand in Deutschland erst mit dem Auftreten der sog. Patent-Trolle in den letzten Jahren. Der Gesetzgeber nimmt daher möglicherweise erst jetzt den Regelungsbedarf der Thematik im Bereich der Immaterialgüterrechte wahr.

1323 Einzelheiten zu den verschiedenen immaterialgüterrechtlichen Unterlassungsansprüchen s.o. Kapitel C.

1324 Ohly, GRUR Int. 2008, 787, 795.

1325 Pitz in: Fitzner/Lutz/Bodewig, Patentrechtskommentar, § 139 PatG, Rn. 74; vgl.a. Ntouvas, GRUR Int. 2006, 889.

Gegen einen allgemeinen Verhältnismäßigkeitsvorbehalt für immaterialgüterrechtliche Unterlassungsansprüche wird ins Feld geführt, dass die immatrialgüterrechtlichen Ansprüche auf Vernichtung, Auskunft, Vorlage, Besichtigung und Einsichtnahme ausdrücklich unter dem Verhältnismäßigkeitsvorbehalt stehen (vgl. § 140a Abs. 4, § 140b Abs. 4, § 140c Abs. 2 und § 140d Abs. 2 PatG, §§ 24a, 24b, 24c und 24d GeschMG, §§ 18 ff. MarkenG).[1326] Hätte der Gesetzgeber die Intention gehabt, auch die vorstehend geregelten Unterlassungsansprüche unter einen Verhältnismäßigkeitsvorbehalt zu stellen, ist es nicht nachvollziehbar, wieso er vergleichbare Regelungen dazu nicht in das Gesetz aufnahm.

Zum Teil wird auch Art. 44 TRIPS als Argument dafür genannt, dass der Unterlassungsanspruch nicht unter dem Vorbehalt der Verhältnismäßigkeit stehen dürfe.[1327] Dieser gewährt Gerichten die Befugnis, Unterlassungsverfügungen wegen Rechtsverletzungen anzuordnen, Art. 44 Abs. 1 TRIPS. Art. 44 TRIPS scheint damit eine vorbehaltlose Gewährung des Unterlassungsanspruchs vorzusehen. Gleichzeitig verbietet Art. 1 Abs. 1 TRIPS, die Mindeststandards des Abkommens zu unterlaufen. Es ermöglicht den Mitgliedstaaten nur, den Rechtsinhabern in ihrem nationalen Recht einen höheren Schutz zu gewähren.[1328] Art. 44 Abs. 1 TRIPS soll aber nur gewährleisten, dass die Gerichte überhaupt die Befugnis haben, Unterlassungsverfügungen zu erlassen.[1329] Keineswegs schreibt er eine grundsätzliche vorbehaltlose Gewährung von Unterlassungsansprüchen vor.[1330]

Gegen einen Verhältnismäßigkeitsvorbehalt für Unterlassungsansprüche spricht auch die Rechtssicherheit. Derzeit wird dem Schutzrechtsinhaber im Zusammenhang mit der Geltendmachung von Unterlassungsansprüchen ein hohes Maß an Rechtssicherheit gewährleistet. Wenn die Voraussetzungen des § 139 Abs. 1 PatG oder der entsprechenden parallelen Anspruchsgrundlagen der anderen immaterialgüterrechtlichen Spezialgesetze vorliegen, kann der Rechtsinhaber mit Sicherheit davon ausgehen, dass er den Anspruch gerichtlich durchsetzen kann. Bei einer Berücksichtigung des Verhältnismäßigkeitsgrundsatzes wären die Entscheidungen der Gerichte weniger vorhersehbar. Ein geringeres Maß an Rechtssicherheit könnte sich negativ auswirken. Für den Wirtschaftsstandort

---

1326 LG Mannheim, Urteil vom , 2. 7. 2009, 7 O 94/08, InstGE 11, 9, 11 – *UMTS-fähiges Mobiltelefon;* Osterrieth, GRUR 2009, 540; Ohly, GRUR Int. 2008, 787, 795 f.; Pitz in: Fitzner/Lutz/Bodewig, Patentrechtskommentar, § 139 PatG, Rn. 74.

1327 Ohly, GRUR Int. 2008, 787, 797.

1328 Lüers, in: Busche/Stoll/Wiebe, TRIPS, Art. 1, Rn. 14.

1329 Vander/Steigüber, in: Busche/Stoll/Wiebe, TRIPS, Art. 44, Rn. 2, Art. 43, Rn. 3.

1330 vgl. Vander/Steigüber, in: Busche/Stoll/Wiebe, TRIPS, Art. 44, Rn. 2; Ohly, GRUR Int. 2008, 787, 797.

Deutschland ist das vorhandene hohe Maß an Rechtssicherheit ein Standortvorteil zu den Common Law Ländern. Dort steht die Einzelfallgerechtigkeit im Vordergrund und Gerichtsentscheidungen sind weniger klar vorhersehbar als in Deutschland.

Diesen ablehnenden Argumenten steht ein immer größer werdender Kreis von Befürwortern der Berücksichtigung von Verhältnismäßigkeitsgesichtspunkten beim Unterlassungsanspruch gegenüber.[1331] Sie weichen lediglich in der Begründung voneinander ab.

Einige Befürworter begründen die Berücksichtigung von Verhältnismäßigkeitsgesichtspunkten damit, dass der Verhältnismäßigkeitsgrundsatz in Deutschland ein allgemeiner Rechtsgrundsatz ist, der als Ausprägung des Rechtsstaatsprinzips sogar Verfassungsrang hat (Art. 19 Abs. 4 GG, Art. 14 Abs. 1 S. 2 GG, § 242 BGB).[1332] Dass dieser Verhältnismäßigkeitsgrundsatz auch bei der Auslegung immaterialgüterrechtlicher Ansprüche berücksichtigt werden muss, ergibt sich seit einigen Jahren ausdrücklich aus Art. 3 Abs. 2 der Durchsetzungsrichtlinie, nach dem die Rechtsbehelfe der Richtlinie wirksam, verhältnismäßig und abschreckend sein müssen. Hinzu kommt, dass Art. 3 Abs. 2 der Richtlinie fordert, dass die Maßnahmen und Rechtsbehelfe nach der Richtlinie so angewandt werden müssen, dass eine Gewähr gegen ihren Missbrauch gegeben ist. Als weiteres Argument für die Berücksichtigung von Verhältnismäßigkeitsgesichtspunkten kann Art. 12 der Durchsetzungsrichtlinie herangezogen werden.[1333] Er gewährt den Mitgliedstaaten die Möglichkeit, den Unterlassungsanspruch durch eine Geldentschädigung zu ersetzen, wenn der Verletzer schuldlos gehandelt hat, die Durchsetzung des Anspruchs zu einem unverhältnismäßig großen Schaden beim Verletzer führen würde und eine Entschädigung in Geld gegenüber dem Schutzrechtsinhaber angemessen ist. Die Vorschrift ist jedoch nicht zwingend und wurde vom deutschen Gesetzgeber bisher nur für das Urheberrecht in § 100 S. 1 UrhG umgesetzt.[1334]

Eine Einschränkung des Unterlassungsanspruchs durch den Verhältnismäßigkeitsgrundsatz ist daher über eine richtlinienkonforme Auslegung, entsprechend Art. 3 Abs. 2 der Durchsetzungsrichtlinie, und über die Berücksichtigung des

---

1331 Ohly, GRUR Int. 2008, 787, 798; Pitz in: Fitzner/Lutz/Bodewig, Patentrechtskommentar, § 139 PatG, Rn. 74; Kraßer, Patentrecht, § 35 VII 6.

1332 LG Mannheim, Urteil vom , 2. 7. 2009, 7 O 94/08, InstGE 11, 9, 11 – *UMTS-fähiges Mobiltelefon;* Pitz in: Fitzner/Lutz/Bodewig, Patentrechtskommentar, § 139 PatG, Rn. 78; vgl. Maunz/Dürig/Grzeszick, GG, Art. 20, Rn. 107 ff.

1333 Ohly, GRUR Int. 2008, 787, 797.

1334 vgl. Ohly, GRUR Int. 2008, 787, 797.

verfassungsrechtlich garantierten allgemeinen Verhältnismäßigkeitsgrundsatzes möglich.[1335] Bei jeder Beschränkung des Unterlassungsanspruchs muss aber berücksichtigt werden, dass er einen Kern aller geistigen Eigentumsrechte darstellt.[1336] Eine generelle Einschränkung durch den Verhältnismäßigkeitsgrundsatz stünde im Widerspruch dazu, dass die Rechtsfolgen von Schutzrechtsverletzungen nach Art. 3 Abs. 2 der Durchsetzungsrichtlinie wirksam und abschreckend sein sollen.[1337] Der Unterlassungsanspruch ist ein sehr „scharfes Schwert" für den Schutzrechtsinhaber und im Vergleich zum Schadensersatzanspruch das stärkere Rechtsinstrument, da damit beispielsweise ein sofortiger Verkaufs- und/ oder Produktionsstopp des Verletzers erreicht werden kann. Mit dem Unterlassungsanspruch kann der Schutzrechtsinhaber daher stärkeren Druck auf Dritte ausüben. Dieses starke Rechtsinstrument darf durch eine übermäßige, nicht absehbare Berücksichtigung von Verhältnismäßigkeitsgesichtspunkten nicht zu sehr geschwächt werden.[1338]

Der Verhältnismäßigkeitsvorbehalt kann daher beim immaterialgüterrechtlichen Unterlassungsanspruch in der Art und Weise gehandhabt werden, dass man ihn zwar grundsätzlich berücksichtigt, aber an das Vorliegen der Unverhältnismäßigkeit hohe Anforderungen stellt.[1339] Es muss aufgrund des klaren Wortlauts von § 139 Abs. 1 PatG und anderen parallelen immaterialgüterrechtlichen Vorschriften zum Unterlassungsanspruch die Regel bleiben, dass der Anspruch gewährt wird.[1340] Bei besonders eindeutiger Unverhältnismäßigkeit könnte dann der Verhältnismäßigkeitsvorbehalt eingreifen und zur Ablehnung eines Antrags auf Erlass einer Unterlassungsverfügung führen. Der Schutzrechtsinhaber würde nicht völlig rechtlos gestellt, da er „nur" auf seinen weiterbestehenden Schadensersatzanspruch verwiesen wird. Als Kriterien könnten beispielsweise eine fehlende eigene Marktbeteiligung des Rechtsinhabers, ohne eigene Forschungs- oder Produktionstätigkeit[1341], oder eine untergeordnete Bedeutung der geschützten

---

1335 Pitz in: Fitzner/Lutz/Bodewig, Patentrechtskommentar, § 139 PatG, Rn. 78.

1336 Ingerl/Rohnke, Markengesetz, Vor § 14, Rn. 382; Ohly, GRUR Int. 2008, 787, 797.

1337 Ohly, GRUR Int. 2008, 787, 797.

1338 Ingerl/Rohnke, Markengesetz, Vor § 14, Rn. 382.

1339 LG Mannheim, Urteil vom , 2. 7. 2009, 7 O 94/08, InstGE 11, 9, 11 f. – *UMTS-fähiges Mobiltelefon.*

1340 vgl. LG Mannheim, Urteil vom , 2. 7. 2009, 7 O 94/08, InstGE 11, 9, 11 f. – *UMTS-fähiges Mobiltelefon;* OLG Karlsruhe, Beschluss vom 11.5.2009, 6 U 38/09, InstGE 11, 124, 127 – *UMTS-Standard.*

1341 OLG Karlsruhe, Beschluss vom 11.5.2009, 6 U 38/09, InstGE 11, 124, 127 – *UMTS-Standard.*

Erfindung mit Blick auf das gesamte Produkt und eine damit verbundene unverhältnismäßige Zerstörung wirtschaftlicher Werte dienen.[1342] Weitere Kriterien könnten ein grobes Missverhältnis zwischen angemessener Lizenzgebühr und Nachteil des Verletzers bei sofortiger Unterlassung, ein geringes oder fehlendes Verschulden des Verletzers sowie ein unzumutbarer Kontrollaufwand für Händler und Importeure bei einem komplexen, patentverletzenden Produkt sein.[1343] Weiterhin können die Geltendmachung eines besonders „schwachen" und/oder alten Patentes, eine Geltendmachung aus taktischen Gründen erst bei bereits fortgeschrittener Entwicklung und Vermarktung eines verletzenden Produktes sowie ein systematisches Unterlaufen der rechtspolitischen Zielsetzung des Erfindungsschutzes als Kriterien dienen.[1344]

Neben einer Berücksichtigung des Verhältnismäßigkeitsgrundsatzes über eine richtlinienkonforme Auslegung, entsprechend Art. 3 Abs. 2 der Durchsetzungsrichtlinie, gibt es auch weitere Argumente, die für eine Berücksichtigung von Verhältnismäßigkeitsgesichtspunkten sprechen könnten. Einige schlagen vor, den Rechtsgedanken der §§ 251 Abs. 2 S. 1, 904, 906 Abs. 2, 912 Abs. 1 BGB auf den Unterlassungsanspruch in den gewerblichen Schutzrechten anzuwenden.[1345] Diesen Vorschriften ist der Grundsatz gemein, dass ein in bestimmten Situationen unverhältnismäßiger Unterlassungs- und Beseitigungsanspruch durch eine Geldentschädigung ersetzt werden kann.[1346] Die Rechtsprechung und eine im Schrifttum verbreitete Ansicht verallgemeinern diesen Rechtsgedanken für das Sachenrecht bereits dahingehend, dass der Unterlassungs- und Beseitigungsanspruch aus § 1004 Abs. 1 BGB ausnahmsweise ausgeschlossen und analog §§ 904, 906 Abs. 2, 912 Abs. 2 BGB in einen Zahlungsanspruch umgewandelt werden soll, wenn die Durchsetzung des Anspruchs für den Störer mit unverhältnismäßigen, billigerweise nicht mehr zumutbaren Aufwendungen oder Mühen verbunden wäre und die Geltendmachung daher rechtsmissbräuchlich

---

1342 Kraßer, Patenrecht, VII 6; Pitz in: Fitzner/Lutz/Bodewig, Patentrechtskommentar, § 139 PatG, Rn. 79; Schickedanz, GRUR Int. 2009, 901; 903.

1343 Pitz in: Fitzner/Lutz/Bodewig, Patentrechtskommentar, § 139 PatG, Rn. 79.

1344 Pitz in: Fitzner/Lutz/Bodewig, Patentrechtskommentar, § 139 PatG, Rn. 79; vgl. zu alten Patenten auch: Schickedanz, GRUR Int. 2009, 901; 902.

1345 Ohly, GRUR Int. 2008, 787, 796; Kraßer, Patentrecht, § 35 VII 6; vgl. allgemein zur Anwendung von § 251 BGB auf § 1004 BGB: Baldus, in: MüKo BGB, § 1004, Rn. 236 ff.

1346 Kraßer, Patentrecht, § 35 VII 6; BGH, Urteil vom 15.10.1999, V ZR 77/99, NJW 2000, 512, 515.

erscheint.[1347] Seit der Schuldrechtsreform wird auch eine analoge Anwendung des § 275 Abs. 2 BGB zur Begrenzung des § 1004 Abs. 1 BGB in Betracht gezogen.[1348] Dagegen wird jedoch eingewandt, dass die §§ 904, 906, 912 BGB Spezialvorschriften für besondere Konstellationen darstellen, die nicht verallgemeinert werden können.[1349] Die besonderen Einschränkungen dieser Sondervorschriften dürften nicht dadurch umgangen werden, dass man ihren Rechtsgedanken analog auf andere Unterlassungsansprüche außerhalb des Sachenrechts anwende.[1350] Außerdem sei der Schadensersatz ein Mehr zur Beseitigung und müsse mit besonderen Schranken ausgestattet werden.[1351] Daher ist einer analogen Anwendung des Rechtsgedankens aus §§ 904, 906, 912 BGB im Bereich des Sachenrechts in vergleichbaren Konstellationen zuzustimmen, im gewerblichen Rechtsschutz aber abzulehnen.[1352]

b) Anwendung des kartellrechtlichen Missbrauchsverbotes

Setzt man bei den Rechtsfolgen der Schutzrechtsverletzung an, könnte man darüber nachdenken, Normen heranzuziehen, die den Missbrauch eines Rechts oder einer Vorzugsstellung sanktionieren.[1353]

Dabei sind die Art. 102 AEUV, §§ 19, 20 GWB in Betracht zu ziehen, die den Missbrauch einer marktbeherrschenden Stellung verbieten.[1354] Wenn der Rechtsinhaber durch das Schutzrecht eine marktbeherrschende Stellung erlangt, könnte es einen Missbrauch im kartellrechtlichen Sinn darstellen, wenn er seinen bestehenden Unterlassungsanspruch immer durchsetzen kann.[1355] Eine frühere

---

1347 Ohly, GRUR Int. 2008, 787, 796 m.w.N.; Larenz/Canaris, Lehrbuch des Schuldrechts, Bd. II/2, § 86 VI 2; Baur/Stürner, Sachenrecht, § 12 IV Rn. 17, 21; dagegen: Staudinger/Gursky, BGB, § 1004, Rn. 154 ff.

1348 Canaris, JZ 2004, 214, 224; Ernst in: MüKo BGB, § 275, Rn. 15; Baldus in: MüKo BGB, § 1004, Rn. 239 f. BGH, Urteil vom 18.07.2008, V ZR 171/07, NJW 2008, 3123, 3124 (Rn. 17); dagegen: Staudinger/Gursky, BGB, § 1004, Rn. 154 ff.

1349 Ohly, GRUR Int. 2008, 787, 796 m.w.N.; Baldus in: MüKo BGB, § 1004, Rn. 239 f.

1350 Baldus in: MüKo BGB, § 1004, Rn. 239 f.

1351 Baldus in: MüKo BGB, § 1004, Rn. 297 f.

1352 vgl. zu den Möglichkeiten einer analogen Anwendung des § 912 BGB: Jauerning, BGB, § 912, Rn. 11; Säcker in: MüKo BGB, § 912, Rn. 49 ff.; zur analogen Anwendung des § 904 BGB: Staudinger/Seiler, BGB, § 904, Rn. 44 ff.; zur analogen Anwendung des § 906 BGB: Säcker in: MüKo BGB, § 906, Rn. 169.

1353 Ohly, GRUR Int. 2008, 787, 793.

1354 Ohly, GRUR Int. 2008, 787, 793; Osterrieth, GRUR 2009, 540, 543; Ullrich, GRUR 2007, 817, 826 f.

1355 Ohly, GRUR Int. 2008, 787, 793; Kraßer, Patentrecht, § 3 V 4.

Ansicht schloss die Anwendung kartellrechtlicher Missbrauchsregeln auf die gewerblichen Schutzrechte aus.[1356] Kartellrecht und gewerblicher Rechtsschutz haben nach dieser Ansicht zwei unterschiedliche Schutzrichtungen: Während das Kartellrecht den Wettbewerb als freie Institution erhalten will, beschränken die gewerblichen Schutzrechte die Wettbewerbsfreiheit, indem sie dem Einzelnen Abwehr- und Ausschlussrechte gegenüber anderen Marktteilnehmern gewähren.[1357] Jeder Schutzrechtsinhaber hätte aus rein kartellrechtlicher Sicht eine marktbeherrschende Stellung, die er bei jeder Verweigerung einer Lizenz bereits missbrauchen würde.[1358] Dieses Ergebnis kann nicht zutreffend sein. Die Rechtsinhaberschaft eines gewerblichen Schutzrechtes kann nicht bereits allein eine marktbeherrschende Stellung begründen.[1359] Kartellrecht und gewerblicher Rechtsschutz werden heute als komplementär zueinander angesehen, so dass ein Verstoß gegen die Missbrauchsverbote aus Art. 102 AEUV und §§ 19, 20 GWB durch die Ausübung geistiger Eigentumsrechte die Ausnahme ist.[1360] Dabei kommt es aber immer auf den Einzelfall an.[1361] Marktbeherrschend ist ein Unternehmen gemäß § 18 Abs. 1 GWB dann, wenn es keine Wettbewerber hat, keinem wesentlichen Wettbewerb ausgesetzt ist oder eine überragende Marktstellung hat.[1362] Auf dem Lizenzmarkt ist diese überragende Marktstellung dann zu verneinen, wenn die geschützte Technologie substituierbar ist.[1363] Wenn es sich also nicht um eine Schlüsselerfindung handelt, deren Benutzung der Verletzer durch Nutzung einer anderen ähnlichen Technologie umgehen kann, liegt keine marktbeherrschende Stellung des Schutzrechtsinhabers vor.[1364] Solche Schutzrechte sind aber gerade häufig Gegenstand von Rechtsstreitigkeiten.[1365] Die Verletzer wären hier in der Regel in der Lage, die Verletzung durch Nutzung einer anderen Technik zu umgehen, wenn sie von dem Schutzrecht rechtzeitig erfahren

---

1356 Ohly, GRUR Int. 2008, 787, 793 m.w.N.

1357 Götting, Gewerblicher Rechtsschutz, § 6, Rn. 27.

1358 Götting, Gewerblicher Rechtsschutz, § 6, Rn. 27.

1359 Kraßer, Patentrecht, § 3 V 1, § 42, A V 1.; Heinemann, Immaterialgüterschutz in der Wettbewerbsordnung, S. 28; Ohly, GRUR Int. 2008, 787, 793 m.w.N.

1360 Heinemann, Immaterialgüterschutz in der Wettbewerbsordnung, S. 1, 27; Ohly, GRUR Int. 2008, 787, 793 m.w.N.; Götting, Gewerblicher Rechtsschutz,, § 6, Rn. 29 f.

1361 Kraßer, Patentrecht, § 42, A V 1., 3.

1362 zur marktbeherrschenden Stellung nach § 18 Abs. 1 GWB im Einzelnen: vgl. Fuchs/Möschel, in: Immenga/Mestmäcker, GWB, § 18, Rn. 17 ff.

1363 Ohly, GRUR Int. 2008, 787, 793 m.w.N.

1364 Ohly, GRUR Int. 2008, 787, 793 m.w.N.

1365 Ohly, GRUR Int. 2008, 787, 793 m.w.N.

hätten.[1366] Etwas anderes gilt nur dann, wenn die geschützte Technologie Teil einer technischen Norm geworden ist.[1367] Dann ist es aufgrund der Standardisierung nicht mehr möglich, auf andere Techniken auszuweichen, was wiederum eine marktbeherrschende Stellung des Rechtsinhabers begründen kann.[1368] Ein Missbrauch dieser marktbeherrschenden Stellung wird aber auch hier nur ausnahmsweise anerkannt.[1369] Er ist zum Beispiel nicht bereits dann gegeben, wenn der Schutzrechtsinhaber eine Lizenz nur zu vergleichsweise überhöhten Lizenzgebühren vergeben will.[1370] Er erfordert regelmäßig das Vorliegen zusätzlicher Umstände, wie einer grundlosen Diskriminierung zwischen verschiedenen Lizenznehmern.[1371] Wenn der Missbrauch einer marktbeherrschenden Stellung unter diesen strengen Voraussetzungen bejaht werden kann, kann sich daraus nicht nur ein Schadensersatzanspruch ergeben, sondern der Missbrauchseinwand kann auch als Einrede einem Unterlassungsanspruch des Rechtsinhabers entgegengehalten werden.[1372]

c) Spezialgesetzliche Einwendungen gegen den Unterlassungsanspruch

In den einzelnen Spezialgesetzen des gewerblichen Rechtsschutzes sind Regelungen enthalten, die die Geltung der Schutzrechte von vornherein einschränken.[1373] Im Patentgesetz finden sich zum Beispiel in den §§ 11 ff. PatG Begrenzungen des Patentrechts. § 11 PatG regelt, auf welche Handlungen sich das Patentrecht von vornherein nicht erstreckt und die damit grundsätzlich zulässig sind. Dazu zählen unter anderem Handlungen im privaten Bereich oder Handlungen zu Versuchszwecken. § 12 PatG trifft Regelungen über Vorbenutzungsrechte. Danach hat das Patent keine Wirkung gegenüber demjenigen, der die Erfindung bereits vor der Anmeldung benutzt hat oder die dafür erforderlichen Veranstaltungen getroffen hat. Er kann die Erfindung zumindest in seinem eigenen Betrieb weiterhin benutzen. Gemäß § 13 PatG treten die Wirkungen des Patents ebenfalls nicht ein, wenn die Bundesregierung anordnet, dass die Erfindung für

---

1366 Ohly, GRUR Int. 2008, 787, 793 f. m.w.N.

1367 Ullrich, GRUR 2007, 817, 827; Ohly, GRUR Int. 2008, 787, 794.

1368 Ullrich, GRUR 2007, 817, 827; Ohly, GRUR Int. 2008, 787, 794.

1369 Ullrich, GRUR 2007, 817, 827; Ohly, GRUR Int. 2008, 787, 794.

1370 BGH, Urteil vom 06.05.2009, KZR 39/06, GRUR Int. 2009, 747, 749 – *Orange Book Standard.*

1371 Ohly, GRUR Int. 2008, 787, 794; vgl. auch EuGH, Urteil vom 16.7.2015, GRUR 2015, 764 ff. – *Huawei.*

1372 Götting, Gewerblicher Rechtsschutz, § 6 Rn. 34; Ohly, GRUR Int. 2008, 787, 794.

1373 vgl. Ahrens in: Pierson/Ahrens/Fischer, Recht des geistigen Eigentums, S. 89.

die öffentliche Wohlfahrt oder im Interesse der Sicherheit des Staates benutzt werden soll. Ähnliche Regelungen finden sich zum Teil auch in den anderen Spezialgesetzen, wie in §§ 12, 13 GebrMG. Diese Regelungen verhindern bereits die Entstehung des Unterlassungsanspruches, da sie die Entstehung des Patentschutzes bzw. Gebrauchsmusterschutzes verhindern. In den Fällen der missbräuchlichen Ausnutzung eines Schutzrechtes, stellen sie aber kein wirksames Mittel dar, mit dem sich der Verletzer gegen den Unterlassungsanspruch des Rechtsinhabers wehren kann.

Neben den Regelungen der §§ 11 ff. PatG begrenzt auch die Regelung über die Zwangslizenz in § 24 PatG die Rechte des Patentinhabers. Danach hat dieser unter bestimmten Voraussetzungen, einem anderen eine Lizenz für die Benutzung seiner Erfindung zu erteilen. Diese Regelung kann für den Verletzer unter Umständen eine Möglichkeit darstellen, gegen die missbräuchliche Ausnutzung des Patents anzugehen. Die Voraussetzungen sind jedoch hoch, da die Erteilung einer Zwangslizenz als starker Eingriff in das Eigentumsrecht am Patent im öffentlichen Interesse geboten sein muss.[1374] Gemäß § 24 Abs. 1 PatG ist es neben dem erfolglosen Bemühen um eine Lizenz zu angemessenen Bedingungen auch erforderlich, dass das öffentliche Interesse die Erteilung der Zwangslizenz gebietet.[1375] Gemäß § 24 Abs. 2 PatG erteilt das Patentgericht eine Zwangslizenz außerdem in dem Fall, dass der Lizenzsucher eine patentierte Erfindung hat, die er ohne die Verletzung eines älteren Patents nicht verwerten kann. Wenn er sich erfolglos um die Erteilung einer Lizenz für die Nutzung des älteren Patents bemüht hat (§ 24 Abs. 2 Nr. 1) und wenn seine Erfindung gegenüber der des älteren Patents einen wichtigen technischen Fortschritt von erheblicher wirtschaftlicher Bedeutung darstellt (§ 24 Abs. 2 Nr. 2), hat er einen Anspruch auf Einräumung einer Zwangslizenz gegenüber dem Inhaber des älteren Patentrechts. Wenn der Verletzer diese hohen Voraussetzungen erfüllt, kann er dem Unterlassungsanspruch des Patentinhabers seinen Anspruch auf Erteilung einer Zwangslizenz entgegenhalten. In den meisten Fällen wird der Verletzer aber Schwierigkeiten haben, diese Voraussetzungen zu erfüllen, so dass ihm der Anspruch aus § 24 PatG nicht weiterhelfen wird.

d) Allgemeiner Einwand des Rechtsmissbrauchs

Aus § 242 BGB ergibt sich der allgemeine Grundsatz, dass eine unzulässige Rechtsausübung verboten ist. Jeder muss danach bei der Ausübung seiner Rechte

1374 Benkard/Rogge, PatG, § 24 PatG, Rn. 4, 16; Mes, PatG, § 24 PatG, Rn. 14.
1375 vgl. Mes, PatG, § 24 PatG, Rn. 9 ff., 14 ff.

und Erfüllung seiner Pflichten nach Treu und Glauben handeln.[1376] Die missbräuchliche Ausübung oder Durchsetzung eines Rechts wird verwehrt.[1377]

Der EuGH definiert den Grundsatz allgemein so, dass bei kumulativem Vorliegen der folgenden zwei Voraussetzungen von einem Rechtsmissbrauch ausgegangen werden kann: zum einen müssen die Voraussetzungen für die Gewährung einer Leistung künstlich geschaffen worden sein, zum anderen muss das Rechtsgeschäft in erster Linie getätigt worden sein, um sich einen dem Zweck der rechtlichen Regelung widersprechenden finanziellen Vorteil zu verschaffen.[1378] Das zentrale Element der Defintion ist darin zu sehen, dass eine Rechtsposition für einen Zweck missbraucht wird, der dem Sinn und Zweck der dahinterstehenden gesetzlichen Regelung zuwiderläuft.[1379]

Der allgemeine Einwand des Rechtsmissbrauchs findet grundsätzlich für die gesamte Rechtsordnung Anwendung.[1380] Abgesehen von den Normen, in denen er seinen ausdrücklichen Niederschlag gefunden hat, wird er aber nur mit großer Zurückhaltung angewandt, da § 242 BGB nicht zu weit ausgedehnt werden soll.[1381] Er findet daher nur Anwendung, wenn eine Situation besteht, bei der es nach einer sorgfältigen Interessenabwägung untragbar erscheint, die Rechtsfolgen des Gesetzes hinzunehmen.[1382]

In den einzelnen Gesetzen der gewerblichen Schutzrechte ist der Rechtsmissbrauchseinwand an einigen wenigen Stellen ausdrücklich kodifiziert. Im Markenrecht ist seine Anwendung seit langem wegen der ausdrücklichen Regelung in Art. 3 Abs. 2 d) der ersten Markenrechtsrichtlinie (89/104/EWG) und wegen der gesetzlichen Regelungen zur missbräuchlichen Markenanmeldung in §§ 25, 26 MarkenG anerkannt.[1383] Danach ist eine blockierende Anmeldung einer Marke – unter Berücksichtigung der 5-jährigen Schonfrist – unzulässig.

Art. 3 der Durchsetzungsrichtlinie kodifiziert den Einwand des Rechtsmissbrauchs erstmals mit Geltung für alle Schutzrechte.[1384]

1376 vgl. Palandt/Grüneberg, § 242, Rn. 1.

1377 Roth/Schubert in: MüKo BGB, § 242, Rn. 197.

1378 EuGH, Urteil vom 14.12.2000, C-110/99, 39 – *Emsland-Stärke.*

1379 Metzger, in: de la Feria/Vogenauer, 235, 239 f.

1380 Busse/Keukenschrijver, Patentgesetz, § 139 PatG, Rn. 189; Ohly, GRUR Int. 2008, 787, 794; BGH, NJW-RR 2001, 975, 976.

1381 Looschelders/Olzen in: Staudinger, BGB, 2009, § 242, Rn. 216.

1382 Looschelders/Olzen in: Staudinger, BGB, 2009, § 242, Rn. 220.

1383 Metzger, in: de la Feria/Vogenauer, 235, 241 f.

1384 Metzger, in: de la Feria/Vogenauer, 235, 242.

Die ausdrückliche Berücksichtigung des Rechtsmissbrauchseinwandes in Art. 3 der Durchsetzungsrichtlinie spricht dafür, dass dieser Einwand auch im Rahmen der Entscheidung über einen Unterlassungsanspruch zu berücksichtigen ist. Dagegen wird jedoch unter anderem vorgebracht, dass im Wettbewerbsrecht der in § 8 Abs. 1 S. 1 UWG geregelte wettbewerbsrechtliche Unterlassungsanspruch – im Gegensatz zum Unterlassungsanspruch in den gewerblichen Schutzrechten – nach § 8 Abs. 4 UWG unter einem ausdrücklichen Missbrauchsvorbehalt steht.[1385] Der Umstand, dass der Gesetzgeber das Problem einer missbräuchlichen Durchsetzung von Unterlassungsansprüchen im Wettbewerbsrecht gesehen hat, aber bei den gewerblichen Schutzrechten keine Regelung dazu getroffen hat, könnte darauf hindeuten, dass er dort den Unterlassungsanspruch immer vorbehaltlos gewähren wollte.[1386] Andererseits sind die Situationen im Wettbewerbsrecht und im gewerblichen Rechtsschutz unterschiedlich.

Für das Markenrecht hat der BGH bereits in einem konkreten Fall den Einwand des Rechtsmissbrauchs angewandt und entschieden, dass es unzulässig ist, eine Marke ohne Benutzungswillen missbräuchlich auszunutzen.[1387] In diesem Fall hatte eine Privatperson die Marke „Classe E" für sich angemeldet, kurz bevor die DaimlerChrysler AG die Mercedes E-Klasse einführen wollte.[1388] Die Marke wurde hier auch für Waren der Klasse 12 „vehicules" eingetragen. Die Parteien führten Lizenzverhandlungen, es kam aber, zumindest für Deutschland, nicht zum Abschluss eines Lizenzvertrages, da die Verhandlungen scheiterten. Daimler beantragte schließlich beim DPA die teilweise Schutzentziehung und klagte auf Feststellung, dass dem Markeninhaber keine Rechte gegen sie zustünden. Der BGH gab der Klage von Daimler mit der Begründung statt, dass die Berufung des Rechtsinhabers auf seine gegenüber dem Verletzer formal bessere Rechtsposition missbräuchlich sein kann, da die Ausübung der Rechte gegenüber dem Verletzer unlauter sei und dem Rechtsinhabers daher gemäß § 242 BGB keine Rechte aus der Marke „Classe E" gegenüber Daimler zustünden.[1389] Dem steht nach Ansicht des BGH auch nicht entgegen, dass das Markengesetz weder das Erfordernis der Benutzung der Marke im eigenen Geschäftsbetrieb noch die Absicht der eigenen Benutzung der Marke beinhalte. Vielmehr reiche

1385 vgl. Ohly, GRUR Int. 2008, 787, 795.

1386 Ohly, GRUR Int. 2008, 787, 795.

1387 BGH, Urteil vom 23.11.2000, I-ZR 93/98, NJW-RR 2001, 975 ff. – *Classe E;* vgl.a. Osterrieth, GRUR 2009, 540, 543 f.

1388 BGH, Urteil vom 23.11.2000, I-ZR 93/98, NJW-RR 2001, 975 – *Classe E.*

1389 BGH, Urteil vom 23.11.2000, I-ZR 93/98, NJW-RR 2001, 975 – *Classe E.*

eine generelle Benutzungsabsicht aus, der auch damit genüge getan wird, dass ein Dritter die Marke in Lizenz oder aufgrund einer Übertragung benutzt.[1390] Es könne aber trotzdem die Ausübung der Rechte aus einer Marke missbräuchlich sein, wenn die Marke lediglich zu dem Zweck angemeldet worden sei, andere mit Unterlassungs- und sonstigen Ansprüchen zu überziehen.[1391] Von einer solchen missbräuchlichen Rechtsausübung könne nach der Ansicht des BGH in diesem Fall dann ausgegangen werden, wenn der Markenanmelder eine Vielzahl von Marken für unterschiedliche Waren und Dienstleistungen anmelde, deren konkrete Benutzung in einem eigenen Geschäftsbetrieb er aber nicht plane und die auch nicht in ein konkretes Beratungskonzept für dritte Unternehmen eingebunden seien. Ferner spreche für einen Rechtsmissbrauch im vorliegenden Fall auch, dass der Markeninhaber einen Lizenzbetrag von Daimler gefordert habe, der aufgrund der nur geringen Unterscheidungskraft der Marke keine Entsprechung in ihrem schöpferischen Wert gefunden habe.[1392]

Fraglich ist, ob diese markenrechtliche Rechtsprechung auch ohne weiteres auf die anderen gewerblichen Schutzrechte übertragen werden kann. Die Sachverhaltskonstellationen sind auch in potentiellen Missbrauchsfällen bei anderen Schutzrechten vergleichbar; Schutzrechte werden zweckentfremdet und funktionswidrig eingesetzt.[1393] Andererseits sind die Funktionen unterschiedlich. Marken dienen zuvorderst dazu, die Waren und Dienstleistungen eines Unternehmens zu kennzeichnen und sie von denen eines anderen Unternehmens unterscheidbar zu machen.[1394] Die Funktionen der anderen gewerblichen Schutzrechte sind eher darin zu sehen, Schutz für neue Erfindungen zu gewähren und/oder Anreize für neue Entwicklungen und Innovationen und deren Veröffentlichung zu geben.[1395]

In typischen Missbrauchsfällen verfolgen Schutzrechtsinhaber die Intention, Rechte zu benutzen, um Dritte mit Unterlassungsansprüchen zu überziehen oder damit zu drohen und so einen möglichst hohen Gewinn zu erzielen.[1396]

1390 BGH, Urteil vom 23.11.2000, I-ZR 93/98, NJW-RR 2001, 975 – *Classe E;* s. zum Erfordernis eines generellen Benutzungswillens auch: Fezer, Markenrecht, § 3, Rn. 230.

1391 BGH, Urteil vom 23.11.2000, I-ZR 93/98, NJW-RR 2001, 975 – *Classe E.*

1392 BGH, Urteil vom 23.11.2000, I-ZR 93/98, NJW-RR 2001, 975, 978 – *Classe E;* vgl.a. Osterrieth, GRUR 2009, 540, 543 f.

1393 Ohly, GRUR Int. 2008, 787, 795.

1394 Lange, Marken- und Kennzeichenrecht, § 3, Rn. 629.

1395 vgl. Kapitel B. V. 2.; Benkard/Rogge, Patentgesetz, Einleitung, Rn. 1.

1396 BGH, Urteil vom 23.11.2000, I-ZR 93/98, NJW-RR 2001, 975 – *Classe E;* Ohly, GRUR Int. 2008, 787, 794.

Sie nutzen funktionswidrig allein die Blockadewirkung der Schutzrechte aus.[1397] Zwar ist es zumindest im Patentrecht anerkannt, Sperrpatente anzumelden, um beispielsweise die Markteinführung eines neuen Produkts abzusichern.[1398] Dies geschieht dann aber zumindest durch Marktteilnehmer, die in einem Wettbewerbsverhältnis stehen, und nicht, wie häufig in den Missbrauchsfällen, durch nicht am Markt vertretene reine Verwertungsgesellschaften.

Eine weitere Gemeinsamkeit kann man darin sehen, dass sowohl das streitgegenständliche Markenrecht im „Classe E"-Fall als auch ein Großteil der Schutzrechte in anderen typischen Missbrauchskonstellationen einen geringen Wert haben, der in keinem Verhältnis zu den geforderten Lizenzbeträgen steht.[1399] Die Aussicht auf die Erlangung der geforderten hohen Lizenzbeträge besteht nur aufgrund der besonderen Drucksituation des Verletzers. Im Fall „Classe E" hatte die Daimler AG bereits Mitte 1993 damit begonnen, in Werbung und Preislisten den Namen E-Klasse bzw. Classe E in Frankreich und Italien für die Autos ihrer mittleren Baureihe zu verwenden. Der Markenrechtsinhaber trat mit seinen Lizenzforderungen erst danach an Daimler heran. Die Daimler AG hatte also bereits ihre gesamte Marketingkampagne mit dem Namen E-Klasse bzw. Classe E gestartet und entsprechende Preislisten und Prospekte gedruckt, als sie von den vorrangigen Markenrechten des Klägers erfuhr. Dadurch waren sie in einer Drucksituation, die der Markeninhaber durch seine überhöhten Lizenzforderungen bewusst ausnutzte. Daimler hatte nur die Wahl, entweder die Forderungen zu akzeptieren oder ihre komplette Marketingkampagne zu ändern, was mit noch deutlich höheren Kosten und einem möglichen Imageverlust verbunden gewesen wäre.

Als weitere Gemeinsamkeit zwischen dem „Classe E"- Fall des BGH und typischen Missbrauchskonstellationen bei anderen Schutzrechten lässt sich der Umstand ausmachen, dass häufig weder der Markeninhaber im einen Fall[1400] noch der missbräuchliche Schutzrechtsinhaber im anderen Fall[1401] im Wettbewerb mit den Schutzrechtsverletzern stehen. Dies unterscheidet sie auch gleichzeitig von den meisten anderen Fällen, in denen Inhaber von Schutzrechten Unterlassungsansprüche berechtigt geltend machen. Üblicherweise stehen die Unterlassungskläger im Wettbewerb mit dem Verletzer und klagen auf Unterlassung, um ihre Vorrangstellung im Markt zu bewahren und irreparable Schäden zu verhindern.

1397 Ohly, GRUR Int. 2008, 787, 795.
1398 Ohly, GRUR Int. 2008, 787, 795.
1399 vgl. Osterrieth, GRUR 2009, 540, 543f.
1400 vgl. BGH, Urteil vom 23. 11. 2000, I ZR 93/98, NJW-RR 2001, 975, 977 f. – *Classe E.*
1401 vgl. Osterrieth, GRUR 2009, 540, 542, 544.

Davon gibt es nur einige wenige Ausnahmen, wie bei der zulässigen Vergabe von Lizenzen durch Universitäten oder kleine Erfinder.

Im Rahmen der Prüfung der Übertragbarkeit dieser Rechtsprechung auf andere gewerbliche Schutzrechte müssen neben diesen Gemeinsamkeiten auch die Unterschiede berücksichtigt werden. Die Situation im Markenrecht unterscheidet sich insofern vom Patentrecht und den anderen Schutzrechten, als dass es dort keinen Benutzungszwang gibt.[1402] Zwar gibt es auch im Markenrecht nicht mehr den individuellen Benutzungszwang des WZG, sondern nur den eingeschränkten nach §§ 25, 26 MarkenG.[1403] Im Fall Classe E stellte der BGH aber klar, dass zumindest eine generelle Benutzungsabsicht für Marken bereits bei der Anmeldung erforderlich ist.[1404] Im Patentrecht gibt es weder einen Benutzungszwang für ältere Patente noch ist anerkannt, dass bei der Anmeldung eine generelle Benutzungsabsicht vorliegen müsste.

Im Zusammenhang damit steht auch der Unterschied, dass der nicht zweckentsprechende Einsatz von Patenten im Gegensatz zu Marken teilweise zulässig ist.[1405] Zumindest ist es anerkannt, dass ein Patentinhaber bei der Markteinführung eines patentierten neuen Produkts Sperrpatente anmelden kann, um die Markteinführung abzusichern.[1406] Hier geht es dem Schutzrechtsinhaber um die Sperrwirkung selbst. In typischen Missbrauchs-Konstellationen geht es dem Schutzrechtsinhaber aber nicht um die Sperrwirkung seines Schutzrechtes, denn dadurch erzielt er keine Einnahmen. Er will keine eigene oder fremde innovative Leistung schützen, sondern die Markteinführung eines innovativen Produkts verhindern.[1407] Ihm geht es einzig darum, die Sperrwirkung des Schutzrechts dahingehend auszunutzen, Unterlassungs- und/oder Schadensersatzansprüche gegen Dritte geltend zu machen, um diese zum Abschluss von Lizenzverträgen zu bewegen.[1408] Eine derart funktionswidrige Benutzung eines Schutzrechts muss aber unzulässig sein, da sie noch über die zulässige Ausnutzung einer Sperrwirkung hinausgeht. Daher liegt der auf den ersten Blick bestehende Unterschied zwischen den Konstellationen bei genauerer Betrachtung gar nicht vor.

1402 Ohly, GRUR Int. 2008, 787, 795.

1403 Fezer, Markenrecht, § 25, Rn. 1; BGH, Urteil vom 23. 11. 2000, I ZR 93/98 , NJW-RR 2001, 975, 977 – *Classe E.*

1404 BGH, Urteil vom 23. 11. 2000, I ZR 93/98 , NJW-RR 2001, 975, 977 – *Classe E;* Fezer, Markenrecht, § 3, Rn. 230.

1405 Ohly, GRUR Int. 2008, 787, 795.

1406 Ohly, GRUR Int. 2008, 787, 795.

1407 Ohly, GRUR Int. 2008, 787, 795.

1408 Ohly, GRUR Int. 2008, 787, 795.

Ein weiterer Unterschied zwischen der Konstellation im markenrechtlichen Fall „Classe E“ und typischer Missbrauchskonstellationen bei anderen gewerblichen Schutzrechten ist darin zu sehen, dass in dem markenrechtlichen Fall der Markeninhaber sich etwas angeeignet hat, das ihm nicht gehört.[1409] Er will eine gängige Bezeichnung, ohne große Unterscheidungskraft, zu seinen Gunsten monopolisieren, wohingegen Schutzrechtsinhaber in anderen typischen Missbrauchskonstellationen ein Schutzrecht rechtmäßig erwerben, ohne in fremde Besitzstände einzugreifen.[1410]

Eng damit verknüpft ist auch ein weiterer Unterschied. So wird ein Patent oder ein anderes Schutzrecht für eine eigene Leistung des Erfinders erteilt, während die Anmeldung einer Marke keine eigene, zu honorierende Leistung darstellt.[1411] Dieser Umstand hängt auch mit den unterschiedlichen Funktionen der Schutzrechte zusammen. Eine Marke wird zur Unterscheidung und Kennzeichnung von Waren und Dienstleistungen eines Unternehmens von gleichartigen Produkten anderer Unternehmen erteilt. Die übrigen gewerblichen Schutzrechte dienen vor allem der Innovationsförderung. Die Leistung des Markeninhabers ist also eher nach der Anmeldung zu sehen, indem er seine Produkte auf den Markt bringt und eine „starke Marke“ aufbaut, während die eines Patent-/Geschmacksmuster-/Gebrauchsmusterinhabers und auch die eines Urhebers bereits vor der Anmeldung liegt.

Trotz dieser aufgezeigten Unterschiede zwischen den beiden Konstellationen überwiegen die Gemeinsamkeiten. Der BGH legte in seiner Entscheidung „Classe E“ besonderen Wert zum einen darauf, dass der schöpferische Wert der geistigen Leistung bei der Marke „Classe E“ aufgrund ihrer geringen Unterscheidungskraft nicht hoch sei.[1412] Zum anderen maß er der Tatsache besonderes Gewicht bei, dass der Schutzrechtsinhaber noch nicht einmal über einen generellen Benutzungswillen der Marke verfüge, sondern das Schutzrecht nur mit dem Hintergedanken angemeldet hatte, sie zu benutzen, um auf andere Unternehmen Druck auszuüben und sie zum Abschluss überzogener Lizenzvereinbarungen zu bewegen.[1413] Zuletzt hielt der BGH es für besonders bedeutend, dass der Schutzrechtsinhaber eine Vielzahl von Marken angemeldet hatte und diese mit

1409 Ohly, GRUR Int. 2008, 787, 795.

1410 Ohly, GRUR Int. 2008, 787, 795; BGH, Urteil vom 23. 11. 2000, I ZR 93/98, NJW-RR 2001, 975 – *Classe E.*

1411 Ohly, GRUR Int. 2008, 787, 795.

1412 Osterrieth, GRUR 2009, 540, 543f.

1413 BGH, Urteil vom 23.11.2000, I-ZR 93/98, NJW-RR 2001, 975 – *Classe E.*

dem Hintergedanken „hortete“, dass er Dritte mit Schadensersatz- oder Unterlassungsansprüchen überziehen könne.[1414]

Gerade diese Merkmale von besonderem Gewicht sind aber auch in ähnlichen Konstellationen bei anderen Schutzrechten in vergleichbarer Weise vorhanden. In Missbrauchskonstellationen im Bereich der anderen gewerblichen Schutzrechte sollte daher von einer Übertragbarkeit dieser Rechtsprechung grundsätzlich insoweit ausgegangen werden, als dass der Sachverhalt in diesen wesentlichen Punkten übereinstimmt. Es ist aber stets für jeden Einzelfall zu prüfen, ob die Vergleichbarkeit auch unter den konkreten Umständen gegeben ist. Dies wird in der Praxis wohl eher eine Ausnahme sein.[1415]

Zusammenfassend lässt sich feststellen, dass der allgemeine Grundsatz des Rechtsmissbrauchs in besonders eindeutigen Missbrauchskonstellationen in allen gewerblichen Schutzrechten bei Unterlassungsansprüchen Anwendung finden muss. Dies ergibt sich zum einen aus der Kodifizierung des Grundsatzes in Art. 3 der Durchsetzungsrichtlinie, der dessen Geltung für alle Schutzrechte klarstellt. Zum anderen ergibt sich dies aus der im Einzelfall übertragbaren, markenrechtlichen Rechtsprechung des BGH, die die Anwendung des Rechtsmissbrauchseinwandes in einem markenrechtlichen Missbrauchsfall bereits ausdrücklich anerkannt hat.

e) Übertragung der US-amerikanischen Rechtsprechung

Ein aktuelles Beispiel für die praktische Relevanz der Diskussion über die Berücksichtigung zusätzlicher Gesichtspunkte bei Unterlassungsansprüchen sind die sog. Patent-Trolle.

Patent-Trolle werden anhand mehrerer Merkmale charakterisiert: Zum einen sind sie nicht selbst erfinderisch tätig, sondern erlangen ihre Patente dadurch, dass sie fremde Patente, z.B. aus Unternehmensinsolvenzen, in großer Anzahl aufkaufen, und sie sind nicht produzierend tätig und beabsichtigen auch nicht, ihre aufgekauften Patente zur Herstellung von Produkten zu nutzen.[1416] Vielmehr verdienen sie ihr Geld damit, auf das Patent angewiesene Unternehmen ausfindig zu machen, sie abzumahnen und mittels Androhung von Unterlassungsklagen, hohe Lizenzgebühren zu erzielen.[1417]

1414 BGH, Urteil vom 23.11.2000, I-ZR 93/98, NJW-RR 2001, 975, 977 – Classe E.

1415 Osterrieth, GRUR 2009, 540, 545; Ohly, GRUR Int. 2008, 787, 795.

1416 Osterrieth, GRUR 2009, 540, 542; Ohly, GRUR 2008, 787.

1417 Ohly, GRUR 2008, 787.

In den USA gibt es – insbesondere aufgrund des vermehrten Auftretens von Patent-Trollen – schon seit mehreren Jahren eine rege Diskussion über die Frage, ob Unterlassungsverfügungen im Bereich der Immaterialgüterrechte unter einen Verhältnismäßigkeitsvorbehalt zu stellen sind. Ausgelöst in erster Linie durch die US-amerikanische Diskussion, werden die rechtlichen Möglichkeiten zur Bekämpfung verstärkt auch in Deutschland thematisiert. Möglicherweise lassen sich aus der US-amerikanischen Diskussion um Patent-Trolle, Argumente auf die deutsche Situation im Immaterialgüterrecht übertragen.

Im Folgenden sollen daher die bestehenden Ansätze näher beleuchtet und eine Antwort auf die Frage der Übertragbarkeit gesucht werden.

Zunächst wird die Lage und Rechtsprechung in den USA dargestellt. Dadurch soll das erforderliche Grundverständnis für die Diskussion in Deutschland geschaffen werden. Im Anschluss werden die Lage in Deutschland und die bestehenden Unterschiede zum US-amerikanischen Patentsystem analysiert. Die Kenntnis dieser Parameter ist notwendig, um die Frage nach der Übertragbarkeit der US-amerikanischen Rechtsprechung beantworten zu können.

aa) Die Rechtsprechung in den USA

In den USA sind Unternehmen, die das dargestellte Geschäftsmodell eines Patent-Trolles betreiben, schon seit mehreren Jahren aktiv. Mehrere Gerichte, inklusive des US-Supreme Court, haben sich bereits mit den Geschäftspraktiken der Patent-Trolle auseinandersetzen müssen. Dabei ging es immer darum, ob den so agierenden Unternehmen aufgrund ihrer Patente ein Unterlassungsanspruch gegen potentielle Verletzter zu gewähren war oder ob ihnen lediglich ein Schadensersatzanspruch aufgrund einer Patentverletzung zugestanden werden sollte. Anders als im deutschen Recht gilt im US-amerikanischen Deliktsrecht der Grundsatz, dass immer zuerst Schadensersatz als Ausgleich für die Rechtsverletzung gewährt wird und nur, wenn dieser zur Kompensation nicht ausreicht, auf Unterlassung verurteilt wird.[1418]

Rechtsgrundlage für den Erlass von Unterlassungsverfügungen ist § 283 US Patent Act (35 U.S.C. 283 Injunction[1419]).[1420] Grundsätzlich dürfen Gerichte in den USA Unterlassungsverfügungen in Übereinstimmung mit den „Equity

1418 Holyoak/Torremans, Intellectual Property Law, S. 582; Hay, US-amerikanisches Recht, Rn. 191 (S. 71); s.a. Hay, Law of the United States, S. 82 f.

1419 US Patent Act abrufbar unter: http://www.uspto.gov/web/offices/pac/mpep/consoli dated_laws.pdf.

1420 Morrison, Fundamentals of American Law, S. 519.

Principles" anordnen (35 U.S.C. 283 Injunction). Die Gerichte treffen eine Ermessensentscheidung, jedoch nicht – wie grundsätzlich in Deutschland – eine gebundene Entscheidung über den Erlass einer Unterlassungsverfügung. In den USA ist das Ermessen in Fällen von Unterlassungsanordnungen durch richterlich gebildetes Gewohnheitsrecht konkretisiert und wird als sog. „four-factor-test of equitable relief" bezeichnet.[1421] Danach besteht eine Unterlassungspflicht, wenn vier Faktoren vorliegen.[1422] Dem Schutzrechtsinhaber muss ein irreparabler, nicht wiedergutzumachender Schaden drohen.[1423] Zweitens stellen die bestehenden gesetzlichen Rechtsmittel keinen ausreichenden Ausgleich für den entstandenen Schaden dar.[1424] Weitere Voraussetzung ist, dass der Unterlassungspflichtige durch eine Unterlassungsverfügung nicht übermäßig beschwert wird.[1425] Vierte Voraussetzung des four-factor tests ist schließlich, dass die Unterlassungsverfügung im Einzelfall dem öffentlichen Interesse nicht undienlich ist.[1426]

Die bekannteste und wichtigste Entscheidung dazu ist MercExchange vs. Ebay des U.S. Supreme Court aus dem Jahre 2006.[1427] In dem Verfahren standen sich die MercExchange, L.L.C. und die Firmen Ebay Inc. und Half.com, Inc. gegenüber. Half.com, Inc. Ist eine Tochtergesellschaft von Ebay, die genauso wie Ebay eine Auktionsplattform betreibt, über die Waren versteigert oder über eine Sofort-Kaufen Option direkt gekauft werden können.[1428] MercExchange hingegen ist Eigentümerin einer Reihe von Patenten, die sie weder selbst entwickelt noch

---

1421 Ntouvas, GRUR Int. 2006, 889, 890.

1422 Ntouvas, GRUR Int. 2006, 889, 890.

1423 U.S. Supreme Court, Urteil vom 15.5.2006 – EBAY INC. ET AL.v. MERCEXCHANGE, L.L.C.), eBay v. MercExchange, GRUR Int. 2006, 782, 783; Ntouvas, GRUR Int. 2006, 889, 890.

1424 U.S. Supreme Court, Urteil vom 15.5.2006 – EBAY INC. ET AL.v. MERCEXCHANGE, L.L.C.), eBay v. MercExchange, GRUR Int. 2006, 782, 783; Ntouvas, GRUR Int. 2006, 889, 890.

1425 U.S. Supreme Court, Urteil vom 15.5.2006 – EBAY INC. ET AL.v. MERCEXCHANGE, L.L.C.), eBay v. MercExchange, GRUR Int. 2006, 782, 783; Ntouvas, GRUR Int. 2006, 889, 890.

1426 U.S. Supreme Court, Urteil vom 15.5.2006 – EBAY INC. ET AL.v. MERCEXCHANGE, L.L.C.), eBay v. MercExchange, GRUR Int. 2006, 782, 783; Ntouvas, GRUR Int. 2006, 889, 890.

1427 U.S. Supreme Court, Urteil vom 15.5.2006 – EBAY INC. ET AL.v. MERCEXCHANGE, L.L.C.), eBay v. MercExchange, GRUR Int. 2006, 782.

1428 U.S. Supreme Court, Urteil vom 15.5.2006 – EBAY INC. ET AL.v. MERCEXCHANGE, L.L.C.), eBay v. MercExchange, GRUR Int. 2006, 782.

selbst benutzt hat, sondern einzig und allein dafür aufkauft, um sie an andere Firmen zu lizenzieren.[1429] Dazu zählt auch das Patent für eine mittlerweile allgemein bekannte Geschäftsmethode, die eingesetzt werden kann, um den Verkauf von Waren über einen Internet Marktplatz zu erleichtern.[1430] MercExchange hatte bereits Lizenzverträge mit anderen Unternehmen über dieses Patent geschlossen und versuchte, auch mit Ebay einen Lizenzvertrag auszuhandeln.[1431] Ebay und Half.com benutzten die Geschäftsmethode im Rahmen der „Sofort-Kaufen“ Auktionen.[1432] Nachdem die Lizenzverhandlungen mit Ebay gescheitert waren, erhob MercExchange Klage auf Unterlassung und Schadensersatz gegen Ebay.

Das erstinstanzliche Gericht, der District Court of the Northern District of Virginia, gab der Schadensersatzklage von MercExchange statt, lehnte den Unterlassungsanspruch aber ab.[1433] Der District Court hatte im Rahmen des bereits erwähnten „four-factor tests“ festgestellt, dass allein die Bereitschaft des Patentinhabers zur Lizenzerteilung, verbunden mit einer mangelnden eigenen gewerblichen Nutzung des streitgegenständlichen Patents, darauf hinweise, dass er keinen irreparablen Schaden erleiden würde, wenn die Unterlassungsanordnung nicht erginge. Aus diesem Grunde verneinte der District Court das erste Kriterium des „four-factor tests“ und damit den Unterlassungsanspruch und gewährte folglich nur den geltend gemachten Schadensersatz.

Nach eingelegter Berufung bestätigte das Gericht zweiter Instanz den Schadensersatzanspruch von MercExchange und erweiterte das Urteil erster Instanz um die Anordnung der Unterlassung der Patentverletzung.[1434] Das Berufungsgericht argumentierte entgegengesetzt zum erstinstanzlichen District Court. Es vertrat die Ansicht, dass ein Unterlassungsanspruch bereits immer dann zu gewähren sei, wenn Rechtsverletzung und Rechtsbestand des Patents festgestellt seien. Nur in absoluten Ausnahmefällen und unter besonderen Umständen könne eine Unterlassungsanordnung dann noch verneint werden. Das Berufungsgericht begründete seine Auffassung damit, dass das Patent gemäß § 261 i.V.m. § 154 (a)(1) US Patent Act ein Eigentumsrecht sei, das es dem Schutzrechtsinhaber

---

1429 Ntouvas, GRUR Int. 2006, 889.

1430 U.S. Supreme Court, Urteil vom 15.5.2006 – EBAY INC. ET AL.v. MERCEXCHANGE, L.L.C.), eBay v. MercExchange, GRUR Int. 2006, 782; Ohly, GRUR 2008, 787, 788.

1431 Ntouvas, GRUR Int. 2006, 889.

1432 Ntouvas, GRUR Int. 2006, 889.

1433 U.S. District Court of the Northern District of Virginia, Urteil v. 6. August 2003, 275 F.Supp.2d 695 (E.D.Va. 2003).

1434 U.S. Court of Appeals Federal Circuit, Urteil vom 16. 3.2005 – MERCEXCHANGE, LLC v. EBAY, INC. – 401 F.3d 1323 (Fed. Cir. 2005), S. 1339 f.

ermögliche, andere von jedweder Nutzung auszuschließen. Das Berufungsgericht sprach MercExchange neben dem Schadensersatzanspruch daher auch den begehrten Unterlassungsanspruch gegen Ebay zu.

Gegen die Unterlassungsanordnung legte Ebay wiederum vor dem Supreme Court Revision ein.[1435] Der Supreme Court hob das Urteil des Berufungsgerichtes auf und verwies die Sache schließlich an den District Court zurück.[1436] Das Gericht begründete seine Entscheidung damit, dass weder der District Court noch das Berufungsgericht den „four-factor test" ausreichend berücksichtigt und richtig angewandt hatten. Der Supreme Court bezog in seiner Entscheidung keine Stellung dazu, ob in dem Verfahren letztlich eine Unterlassungsverfügung ergehen solle oder nicht, da dies eine eigene Ermessensentscheidung des District Courts sei. Der District Court müsse bei seiner Ermessenentscheidung aber die traditionellen „equity principles" und damit auch den „four-factor test" berücksichtigen, der in patentrechtlichen Streitigkeiten genauso Anwendung finde wie in anderen Verfahren. Außerdem führte der Supreme Court aus, dass die Tatsache, dass MercExchange bereit sei, das Patent zu lizenzieren, und dass sie nicht selbst von ihrem Patent Gebrauch machten, keinesfalls allein als Gründe dafür ausreichten, eine Unterlassungsverfügung zu verneinen. Es gebe immer auch Einzelerfinder oder Hochschulforscher, die ihre Patente nur lizenzieren und nicht selbst auf den Markt bringen wollten.[1437]

Nach diesem Urteil des Supreme Court verhandelte der District Court erneut über die Sache und verneinte einen Unterlassungsanspruch.[1438] Er entschied, dass der MercExchange zugesprochene Schadensersatzanspruch von 30 Millionen US-Dollar ausreichend sei. Im Februar 2008 gaben Ebay und MercExchange bekannt, dass man sich letztlich darauf geeinigt habe, dass Ebay drei Patente von MercExchange gegen Zahlung einer geheim gehaltenen Summe übernähme.[1439]

1435 U.S. Supreme Court, Urteil vom 15.5.2006 – EBAY INC. ET AL.v. MERCEXCHANGE, L.L.C.), eBay v. MercExchange, GRUR Int. 2006, 782, 783.

1436 U.S. Supreme Court, Urteil vom 15.5.2006 – EBAY INC. ET AL.v. MERCEXCHANGE, L.L.C.), eBay v. MercExchange, GRUR Int. 2006, 782, 783.

1437 U.S. Supreme Court, Urteil vom 15.5.2006 – EBAY INC. ET AL.v. MERCEXCHANGE, L.L.C.), eBay v. MercExchange, GRUR Int. 2006, 782, 783; Ntouvas, GRUR Int. 2008, 889, 890.

1438 U.S. District Court of the Northern District of Virginia, MercExchange, LLC v. eBay, Inc. and Half.com, Inc., Case 2:01-cv-00736-JBF-JEB.

1439 "Ebay, Inc. and MercExchange, LL.C. Reach Settlement Agreement", Ebay Pres semitteilung, abrufbar über: http://investor.ebay.com/common/mobile/iphone/release detail.cfm?ReleaseID=296670&CompanyID=ebay#; siehe auch Meldung der Nachrichtenagentur Reuters, abrufbar unter: http://www.reuters.com/article

Seitdem sind in den USA noch weitere Gerichtsentscheidungen in Verfahren ergangen, an denen sog. Patent-Trolle beteiligt waren. Sie entschieden alle unter Berücksichtigung des „four-factor tests". Der District Court for the Eastern District of Texas entschied beispielsweise im Fall der Klage des Patent-Trolls z4 Technologies gegen Microsoft und Autodesk zu Gunsten von Microsoft und Autodesk und erließ keine Unterlassungsverfügung.[1440] Die Berücksichtigung des „four-factor tests" bedeutet aber nicht, dass es für Schutzrechtsinhaber unmöglich geworden ist, eine Unterlassungsverfügung zu erlangen, vielmehr nehmen die Gerichte nur eine genauere, einzelfallbezogene Abwägung der widerstreitenden Interessen vor.[1441] Daher hat es auch nach dem Urteil des Supreme Court noch erfolgreiche Klagen auf Unterlassung durch Schutzrechtsinhaber gegeben.[1442]

bb) Die Lage in Deutschland und Europa – Unterschiede zum amerikanischem Patentsystem

Bei der Frage nach der Übertragbarkeit dieser US-amerikanischen Rechtsprechung, ist zunächst zu analysieren, ob die rechtliche Ausgangssituation in den USA und in Deutschland vergleichbar ist.

Das deutsche und das amerikanische Patentsystem weisen einige wesentliche Unterschiede auf.[1443] In Deutschland ist die Praxis der Patenterteilung deutlich strenger als in den USA.[1444] Ein Patent wird hierzulande erteilt, wenn es die Voraussetzungen der Neuheit, Erfindungshöhe und gewerblichen Anwendbarkeit erfüllt. In den USA ergeben sich die Voraussetzungen für die Erteilung eines Patents aus § 101 US Patent Act. Dort heißt es:

„*Whoever invents or discovers any new and useful process, machine, manufacture, or composition of matter, or any new and useful improvement thereof, may obtain a patent therefor, subject to the conditions and requirements of this title*".

/2008/02/29/ebay-mercexchange-idUSN2859428420080229 (zuletzt besucht: 22. Juni 2015).

1440 z4 Technologies, Inc. v. Microsoft Corporation and Autodesk, Inc., Urteil vom 14. Juni 2006, Case: 6:06-cv-142.

1441 vgl. Ohly, GRUR Int. 2008, 787, 789.

1442 s. Ohly, GRUR Int. 2008, 787, 789, der als Beispiele für erfolgreiche Unterlassungsanträge die Verfahren Canon v.GCC Intern Ltd., 263 Fed.Appx. 57 (C.A. Fed., 2008) und College NET, Inc. v. XAP Corp., WL 1805539 (D.Or., 2008) nennt.

1443 Ohly, GRUR Int. 2008, 787, 791.

1444 Ohly, GRUR Int. 2008, 787, 791 f.

Die Erteilung eines Patents ist in den USA demnach von der Erfüllung von sieben Voraussetzungen abhängig: die Erfindung muss patentfähig sein, sie muss nützlich, neu, originär und nicht naheliegend sein und der Antragsteller darf nicht dem Verbot bestimmter Tätigkeiten gemäß 35 U.S.C. § 102 (b) zuwidergehandelt haben.[1445] Hinzu kommt, dass der Antragsteller die Erfindung detailliert offenbaren muss.[1446]

Patentfähig sind nach US-amerikanischem Recht allgemein nützliche Erfindungen, worunter im Einzelnen Verfahren, Maschinen, Vorrichtungen und Zusammensetzungen von Stoffen fallen können sowie Designs und Pflanzen (35 U.S.C. §§ 101, 161, 171).[1447]

Diese Voraussetzungen der Patenterteilung werden von den US-amerikanischen Ämtern und Gerichten sehr weit ausgelegt.[1448] Dies ist der entscheidende Unterschied zu Deutschland. So ist das Kriterium der Neuheit gemäß § 102 des Patent Act in den USA bereits erfüllt, wenn die Erfindung nur in den USA noch nicht benutzt wurde.[1449] Eine Vorbenutzung außerhalb der USA spielt keine Rolle.[1450] Im deutschen und anderen europäischen Patentsystemen ist hingegen bereits jede Vorbenutzung, egal ob im Inland oder im Ausland, neuheitsschädlich.[1451] Ebenso verhält es sich mit den Anforderungen an die Erfindungshöhe, die in den USA weniger streng sind als in Deutschland.[1452] Gerade diese geringere Qualität der erteilten Patente erhöht in den USA die Missbrauchsgefahr und damit die Anfälligkeit für Angriffe durch Patent-Trolle.[1453]

Hinzu kommt, dass es im US-amerikanischem Recht in der Vergangenheit kein Einspruchsverfahren gab, wie im deutschen Recht, was dazu führte, dass ein aufwändiger Rechtsstreit vor Gericht notwendig war, um durch ein sog. Reexamination-Verfahren das Patent anzufechten oder durch ein Reissue-Verfahren

---

1445 Morrison, Fundamentals of American Law, S. 513.

1446 Morrison, Fundamentals of American Law, S. 513, 516; vgl. detailliert zu den Anforderungen an die Offenbarung: Mayer/Schlenk, Das US-Patent, Rn. 86 ff.

1447 Morrison, Fundamentals of American Law, S. 513.

1448 Morrison, Fundamentals of American Law, S. 513; vgl. auch: US Court of Appeals for the Federal Circuit, State Street Bank & Trust Company v. Signature Financial Group Inc., Urteil vom 23. Juli 1998, GRUR Int. 1999, 633, 635 f.

1449 Mayer/Schlenk, Das US-Patent, Rn. 316, 327.

1450 Mayer/Schlenk, Das US-Patent, Rn. 109.

1451 Götting, Gewerblicher Rechtsschutz, § 11, Rn. 3.

1452 US Court of Appeals for the Federal Circuit, State Street Bank & Trust Company v. Signature Financial Group Inc., Urteil vom 23. Juli 1998, GRUR Int. 1999, 633, 636 f.

1453 Ohly, GRUR Int. 2008, 787, 791 f.; vgl. auch: Mayer/Schlenk, Das US-Patent, Rn. 75.

zu korrigieren.[1454] Einige dieser Schwächen des amerikanischen Patentrechts wurden aber vor einigen Jahren durch eine Novelle beseitigt.[1455] Im September 2011 wurde der Leahy-Smith America Invents Act unterzeichnet, der zahlreiche Änderungen des Patentrechts in den USA mit sich bringt.[1456] So werden ein Post-Grand Review und ein Inter Partes Review Verfahren eingeführt, die mit unserem Einspruchsverfahren und unserem Nichtigkeitsverfahren Ähnlichkeiten aufweisen.[1457] Eine bedeutende Änderung ist außerdem die Einführung des sog. First-Inventor-to-File Prinzips, statt des bisherigen first-to-invent Prinzips, das das amerikanische System der Patentanmeldung mehr an das europäische System annähert.[1458] Die US-Regierung verfolgt mit der Patentrechtsnovelle in erster Linie die folgenden Ziele: Sie will die Qualität der Patente erhöhen und so langfristig dem Treiben der Patent-Trolle entgegenwirken, sie will das Anmeldeverfahren verbessern, den Schadensersatz reformieren und sie will für mehr Rechtssicherheit sorgen.[1459]

Gerade im Bereich der Informationstechnologie hat der schnelle technische Fortschritt dazu beigetragen, dass auch in Deutschland und Europa die erfinderischen Schritte, die patentiert werden, immer kleiner werden.[1460] Gleichzeitig nimmt die wirtschaftliche Bedeutung von Patenten weltweit mehr und mehr zu und die Zahl der Patentanmeldungen wächst stetig.[1461] Dies alles führt zu einer unüberschaubaren Vielzahl von Patenten, die teilweise auch Gegenstand von neuen Standards sind und damit von Wettbewerbern praktisch nicht umgehbar.[1462] Gleichzeitig steigen die Zweifel am Rechtsbestand von Patenten.[1463] Für die Patentprüfer wird es immer schwieriger, den relevanten Stand der Technik vollumfänglich zu recherchieren und zu berücksichtigen, insbesondere die Einbeziehung ausländischer Druckschriften, die nicht in englischer Sprache verfasst sind, stellt die Patentprüfer vor große Herausforderungen.[1464]

1454 Mayer/Schlenk, Das US-Patent, Rn. 75, 85 (Synopse S. 24), Einzelheiten zum Reissue- und Reexamination-Verfahren Rn. 862 ff.; vgl. auch Ohly, GRUR Int. 2008, 787, 792.

1455 Janicke, GRUR Int. 2011, 887 ff.

1456 Leahy-Smith America Invents Act abrufbar unter: http://www.uspto.gov/aia_implementation/20110916-pub-l112-29.pdf

1457 Janicke, GRUR Int. 2011, 887, 888 f.

1458 Janicke, GRUR Int. 2011, 887; Takenaka, GRUR Int. 2012, 304.

1459 Kaltner, GRUR Int. 2012, 391, 392; Mayer/Schlenk, Das US-Patent, Rn. 69, 75, 77 ff.

1460 Ohly, GRUR Int. 2008, 787, 792.

1461 Osterrieth, GRUR 2009, 540 m.w.N.

1462 vgl. Ullrich, GRUR 2007, 817 ff.; Schickedanz, GRUR 2009, 901, 902, 907.

1463 Osterrieth, GRUR 2009, 540, 541.

1464 Osterrieth, GRUR 2009, 540, 541.

Diese Situation führt dazu, dass auch in Deutschland Patent-Trolle erfolgreich tätig sein können. Sie können Patente für kleine Bauteile in komplexen Vorrichtungen aufkaufen oder alte Patente, z.B. aus Insolvenzen, für wichtige Techniken erwerben. Was in Deutschland die Lage für Patent-Trolle im Vergleich zu den USA sogar noch einfacher macht, ist das hohe Drohpotential eines Unterlassungsanspruchs hierzulande.[1465] Im deutschen Recht steht dem entscheidenden Gericht bzgl. eines Unterlassungsanspruchs grundsätzlich kein Ermessen zu.[1466]

Nach dieser Gefahrenanalyse verwundert es nun auch nicht, dass es kürzlich den ersten Fall mit Beteiligung eines sog. Patent-Trolls auch vor einem deutschen Gericht gegeben hat. Kläger war das süddeutsche Unternehmen IP-Com.[1467] IP-Com bezeichnet sich selbst als „Lizenzmanager für Patente“[1468]. Das Unternehmen hat mittlerweile über 1000 Patente, vor allem aus dem Mobilfunksektor, aufgekauft. Darunter befindet sich auch ein Patent, das für den UMTS Standard essentiell ist.[1469] IP-Com erhob aus diesem Patent Klage gegen Nokia wegen Verletzung des Patents durch Nokia Mobiltelefone.[1470] Das LG Mannheim erließ auch die beantragte gerichtliche Unterlassungsverfügung gegen Nokia.[1471] Mittlerweile hat Nokia auch im Parallelverfahren in Großbritannien gegen IP-Com verloren.[1472] IP-Com hat in Deutschland vor dem LG Mannheim ebenfalls

1465 Ohly, GRUR Int. 2008, 787, 792.

1466 Ohly, GRUR Int. 2008, 787, 792.

1467 Schickedanz, GRUR Int. 2009, 901.

1468 http://www.ipcom-munich.com/home.html

1469 Schlappe für Nokia in Patentstreit mit IPCom“, vom 19.02.2011, abrufbar unter: http://www.heise.de/newsticker/meldung/Schlappe-fuer-Nokia-in-Patentstreit-mit-IPCom-1193354.html(zuletzt besucht: 22. Juni 2015).

1470 „Schlappe für Nokia in Patentstreit mit IPCom“, vom 19.02.2011, abrufbar unter: http://www.heise.de/newsticker/meldung/Schlappe-fuer-Nokia-in-Patentstreit-mit-IPCom-1193354.html; Klingler, „Patentstreit mit Nokia: LG Mannheim gibt IPCom statt“, vom 20.04.2012, abrufbar unter: http://www.zdnet.de/41561766/patentstreit-mit-nokia-lg-mannheim-gibt-ipcom-recht/ (zuletzt besucht: 22. Juni 2015).

1471 LG Mannheim, Urteil vom 18.02.2011, Az.: 7 O 100/10 (n.v.), s. Kurzmeldung (becklink 1010257) abrufbar unter: http://beck-online.beck.de/Default.aspx?words=becklink+1010257&btsearch.x=42&fVerlage=true&btsearch.x=44&btsearch.y=16; s.a. Pressemitteilung von IP-Com, abrufbar unter: http://www.ipcom-munich.com/pdf/110218_IPCom%20Patent100aDecision.pdf (zuletzt besucht: 22. Juni 2015).

1472 s.Pressemitteilung von IP-Com, abrufbar unter: http://www.ipcom-munich.com/pdf/110616_IPCom_Patent100a_UK.pdf (zuletzt besucht: 22. Juni 2015).

eine Unterlassungsverfügung gegen HTC erlangt, die sie derzeit versucht durchzusetzen.[1473]

cc) Fazit

Trotz der mittlerweile auch in Deutschland bestehenden Gefahren durch Patent-Trolle, kann die US-amerikanische Rechtsprechung nicht ohne weiteres auf Deutschland übertragen werden. Dies ergibt sich zum einen aus den großen Unterschieden hinsichtlich der Erteilungspraxis der Ämter und der Auslegung des Neuheitsbegriffes. Zum anderen ergibt sich dies daraus, dass im amerikanischen Recht Ermessensgesichtspunkte aufgrund der Equity-Principles und dem Four-Factor-Test vom Gericht berücksichtigt werden müssen. Im deutschen Recht ist der Unterlassungsanspruch als „zwingender" Anspruch ausgestaltet, ein Ermessen lässt sich erst aufgrund von Art. 3 der Durchsetzungsrichtlinie in den dargestellten Grenzen berücksichtigen.

dd) Mögliche Mittel gegen Patent-Trolle in Deutschland

Der Unterlassungsanspruch ist bei allen gewerblichen Schutzrechten derart ausgestaltet, dass dem Gericht grundsätzlich kein Ermessen zusteht. Dies unterscheidet das deutsche Recht wesentlich vom US-amerikanischen Recht, wo, zum Bespiel in § 283 US Patent Act, dem Gericht Ermessen bei der Entscheidung über den Erlass einer Unterlassungsverfügung eingeräumt wird, da der Unterlassungsanspruch dem Equity-Recht entstammt und daher nach den Kriterien dieses „Billigkeitsrechts" zu beurteilen ist.[1474] Wie das Beispiel der Patent-Trolle zeigt, kann der gebundene Erlass von Unterlassungsverfügungen aber im Einzelfall zu unverhältnismäßigen Ergebnissen führen.

Daher stellt sich die Frage, wie im deutschen Recht dieser Missbrauchskonstellation effizient begegnet werden kann.

Im deutschen Recht gibt es drei Ansatzpunkte. Man kann bei der Erteilung des Schutzrechts ansetzen, nach verfahrensrechtlichen Möglichkeiten suchen oder aber bei den Rechtsfolgen einer Schutzrechtsverletzung ansetzen.

Die Möglichkeiten, über eine Korrektur der Rechtsfolgen Missbrauchskonstellationen zu bekämpfen, wurden bereits ausgeführt. Bei Patent-Trollen eignet sich hier insbesondere eine Korrektur über den Verhältnismäßigkeitsgrundsatz,

---

1473 LG Mannheim, Az.: 7 O 94/08 (n.v.), vgl. Pressemitteilung IP-Com, abrufbar unter: http://www.ipcom-munich.com/pdf/111128_IPCom%20Patent100Enforcement.pdf (zuletzt besucht: 22. Juni 2015).

1474 Mayer/Schlenk, Das US-Patent, Rn. 1005 f.

der über Art. 3 der Durchsetzungsrichtlinie auf alle Schutzrechte anzuwenden ist.[1475]

Setzt man bei den Erteilungsvoraussetzungen des Patents an, bestünde die Möglichkeit, diese strenger zu handhaben.[1476] Das Missbrauchspotential entsteht, wie oben bereits dargelegt, vor allem durch schwache Patente.[1477] Eine strengere Auslegung der Voraussetzungen für Neuheit und Erfindungshöhe und eine konsequente Prüfung durch die zuständigen Behörden würde die Anzahl an Patenten, die nicht zur Absicherung von eigenen Entwicklungs- oder Produktionstätigkeiten benötigt werden, verringern.[1478] Diese Möglichkeit kann sicherlich in einigen Fällen Missbrauch vorbeugen, löst das Problem jedoch nicht für alle Konstellationen. Darüber hinaus wäre eine konsequentere Prüfung mit großem Aufwand und dementsprechend höheren Kosten verbunden. Die tatsächlich zu erwartenden positiven Effekte einer strengeren Auslegung und konsequenteren Patentprüfung in Deutschland dürften daher aus ökonomischer Sicht nicht effizient und sinnvoll sein. In den USA hingegen hätte die strengere Auslegung der Erteilungsvoraussetzungen deutlich größere Auswirkungen und positivere Effekte als in Deutschland, da hierzulande die Voraussetzungen im Vergleich zur Praxis der Ämter in den USA bereits relativ streng gehandhabt werden.

Auch auf der prozessualen Ebene gäbe es einige Möglichkeiten, dem Missbrauch von Schutzrechten in Deutschland entgegenzuwirken. Man könnte die bisher sehr strengen Voraussetzungen, die an eine Aussetzung des Verletzungsprozesses gem. § 148 ZPO gestellt werden, lockern und damit vermehrt den Ausgang der Nichtigkeitsprozesse abwarten.[1479] Das würde aber auch nur einige der problematischen Fälle lösen. In vielen der bereits entschiedenen Fälle von Klagen durch Patent-Trolle ging es gerade um Patente, die einer Nichtigkeitsklage standhielten.

Eine andere Möglichkeit auf prozessualer Ebene wäre, die Anforderungen an eine Einstellung der Zwangsvollstreckung gem. § 712 ZPO zu lockern.[1480] Die Voraussetzungen unter denen einem Antrag des Schuldners auf Einstellung der Zwangsvollstreckung stattgegeben wird, sind seit jeher hoch.[1481] Erforderlich ist, dass die Zwangsvollstreckung des Urteils zu einem unersetzbaren Nachteil

1475 vgl. Kapitel D. III. 3. a) – d).
1476 Ohly, GRUR Int. 2008, 787, 792.
1477 vgl. Ohly, GRUR Int. 2008, 787, 792.
1478 Ohly, GRUR Int. 2008, 787, 792.
1479 Ohly, GRUR Int. 2008, 787, 792; vgl. auch Osterrieth, GRUR 2009, 540, 543.
1480 Ohly, GRUR Int. 2008, 787, 792; vgl. auch Osterrieth, GRUR 2009, 540, 543.
1481 Götz, in: MüKo ZPO, § 712, Rn. 3; Osterrieth, GRUR 2009, 540, 543.

führen würde.[1482] Die üblichen Folgen eines Unterlassungsanspruchs, wie die Einstellung der Produktion des schutzrechtsverletzenden Produkts, sind dabei nicht ausreichend, um die Voraussetzung des unersetzbaren Nachteils zu erfüllen.[1483] Vielmehr sind der Existenzverlust oder die Einstellung des gesamten Betriebes Voraussetzung für § 712 ZPO.[1484] Um über § 712 ZPO den Missbrauch von Schutzrechten wirksam bekämpfen zu können, müssten allgemein große Schäden ausreichend sein, zum anderen müsste auch Berücksichtigung finden können, wer Schutzrechtsinhaber ist. Eine derartige Auslegung geht sehr weit über den Wortlaut von § 712 Abs. 1 ZPO hinaus. Für die Berücksichtigung der besonderen Eigenschaften des jeweiligen Schutzrechtsinhabers, wie zum Beispiel der Aspekt, ob er selbst forscht oder produziert, liegt kein Ansatzpunkt im Wortlaut vor. Sie kann auch nicht durch eine historische Auslegung oder eine Auslegung nach dem Sinn und Zweck der Norm gerechtfertigt sein. § 712 ZPO ist eine Vorschrift, die dem Schuldnerschutz in Ausnahmefällen dient und deshalb nicht weiter zu Gunsten des Schuldners ausgedehnt werden darf.[1485] Dies ergibt sich nicht nur aus dem Ausnahmecharakter der Vorschrift, sondern auch aus § 712 Abs. 2 ZPO, die den Interessen des Gläubigers letztlich den Vorrang einräumt.[1486] Eine Möglichkeit könnte jedoch in der Einstellung der Zwangsvollstreckung gegen Sicherheitsleistung gesehen werden, §§ 712, 719 ZPO.[1487]

4. Substantiierung und Beweis

Für den Erlass einer Unterlassungsverfügung im Hauptsacheverfahren ist jedoch nicht nur das Vorliegen der Voraussetzungen erforderlich. Vielmehr muss der Kläger alle anspruchsbegründenden Voraussetzungen des jeweiligen spezialgesetzlichen Unterlassungsanspruchs schlüssig darlegen und gegebenenfalls beweisen; der Beklagte muss die anspruchsvernichtenden, -hindernden und -hemmenden Tatsachen darlegen und beweisen.[1488] Schlüssig ist die Darlegung der Tatsachen dann, wenn sie in Verbindung mit einem Rechtssatz geeignet und erforderlich ist, das geltend gemachte Recht als in der Person des Darlegenden

1482 Seiler, in: Thomas/Putzo, ZPO, § 712, Rn. 4; Götz, in: MüKo ZPO, § 712, Rn. 3.
1483 BGH, Urteil v. 20.06.2000, X ZR 88/00, GRUR 2000, 862; Osterrieth, GRUR 2009, 540, 543.
1484 Seiler, in: Thomas/Putzo, ZPO, § 712, Rn. 4.
1485 Musielak/Voit/Lackmann, ZPO, § 712 ZPO, Rn. 1.
1486 Musielak/Voit/Lackmann, ZPO, § 712 ZPO, Rn. 1.
1487 OLG Karlsruhe, GRUR-RR 2010, 120 ff.
1488 Mes, PatG, § 139 PatG, Rn. 375; Busse/Keukenschrijver, Patentgesetz, § 139, Rn. 204 ff.

gerechtfertigt erscheinen zu lassen.[1489] Im Gegensatz zum einstweiligen Rechtsschutzverfahren, in dem nur eine Glaubhaftmachung der entscheidungserheblichen Tatsachen erforderlich ist, muss der Kläger im Hauptsacheverfahren den Vollbeweis erbringen.[1490] Eine Tatsache gilt daher gemäß § 286 Abs. 1 ZPO erst dann als bewiesen, wenn das Gericht von der Wahrheit überzeugt ist.[1491] Beweisbedürftig sind dabei alle Tatsachenbehauptungen, die für die Gegenpartei ungünstig, rechtserheblich oder von ihr bestritten und noch nicht bewiesen sind und weder offenkundig noch Gegenstand einer Vermutung sind.[1492] Der Kläger hat daher zum Beispiel die Beweislast für die Besorgnis künftiger Rechtsverletzungen, wobei er sich für die Wiederholungsgefahr auf den Beweis des ersten Anscheins berufen kann.[1493] Die Beweisführung läuft im Prozess in zwei Stufen ab, der Kläger hat zunächst die entsprechenden Beweisanträge zu stellen, woraufhin dann der Beweis erhoben wird.[1494] Der Beweis kann dabei mit den Beweismitteln der §§ 355 ff. ZPO erbracht werden: dem Augenschein, dem Zeugenbeweis, dem Sachverständigenbeweis, dem Urkundenbeweis und der Parteivernehmung.[1495]

Im Patentrecht findet für Verfahrenspatente neben den allgemeinen Regelungen zur Beweislast die Sonderregelung in § 139 Abs. 3 PatG Anwendung. Danach gilt das mutmaßlich rechtsverletzende Erzeugnis des Beklagten als nach dem patentierten Verfahren hergestellt, bis der Beklagte das Gegenteil bewiesen hat, § 139 Abs. 3 S. 1 PatG.[1496] § 139 Abs. 3 S. 1 PatG begründet damit eine Beweislastumkehr zu Lasten des Beklagten.[1497] Entgegen den allgemeinen Beweislastregeln muss er darlegen und beweisen, dass sein Erzeugnis von gleicher Beschaffenheit nicht nach dem patentierten Verfahren hergestellt wurde.[1498] Damit diese Beweiserhebung vom Kläger nicht zur Ausforschung von Konkurrenten missbraucht wird, regelt § 139 Abs. 3 S. 2 PatG, dass bei der Beweiserhebung die Herstellungs- und Betriebsgeheimnisse des Beklagten zu wahren sind.[1499]

1489 Voß in: Fitzner/Lutz/Bodewig, Patentrechtskommentar, Vor §§ 139 PatG, Rn. 121.
1490 Schellhammer, Zivilprozess, Rn. 1908; Musielak/Voit/Huber, ZPO, § 294, Rn. 2; § 920, Rn. 9.
1491 vgl. Musielak/Voit/Foerste, ZPO, § 286, Rn. 1, 18.
1492 Reichold, in: Thomas/Putzo/, ZPO, Vor §§ 284, Rn. 1.
1493 Schulte/Voß/Kühnen, PatG, § 139 PatG, Rn. 71.
1494 Reichold, in: Thomas/Putzo, ZPO, Vor §§ 284, Rn. 2.
1495 Reichold, in: Thomas/Putzo, ZPO, Vor §§ 284, Rn. 4.
1496 Busse/Keukenschrijver, Patentgesetz, § 139, Rn. 209.
1497 Pitz in: Fitzner/Lutz/Bodewig, Patentrechtskommentar, § 139 PatG, Rn. 253.
1498 Mes, PatG, § 139 PatG, Rn. 420.
1499 vgl. Mes, PatG, § 139 PatG, Rn. 422.

Im Geschmacksmusterrecht findet sich in § 39 GeschmMG eine Sonderregelung, wonach zugunsten des Rechtsinhabers vermutet wird, dass das Geschmacksmuster alle materiell-rechtlichen Schutzvoraussetzungen erfüllt.[1500] Es wird vermutet, dass das Geschmacksmuster die Voraussetzungen der Musterfähigkeit, Neuheit und Eigenart erfüllt und nicht vom Schutz ausgeschlossen ist.[1501] Diese Regelung ist eine widerlegbare, gesetzliche Vermutung, der Anspruchsgegner trägt daher die Darlegungs- und Beweislast dafür, dass das angegriffene Geschmacksmuster nicht die materiell-rechtlichen Schutzvoraussetzungen erfüllt.[1502]

5. Inhalt der endgültigen Unterlassungsverfügung

Die Entscheidung des Gerichts ergeht durch Urteil. Wenn das Gericht die Klage nicht bereits aus prozessualen Gründen durch Prozessurteil abweist, ergeht ein Sachurteil.[1503] Das den Anträgen stattgebende Urteil ist ein Leistungsurteil auf Unterlassung.[1504] Im Tenor wird dem Beklagten verboten, die streitgegenständliche Handlung weiter vorzunehmen bzw. auszuüben. Das Gericht muss dabei darauf achten, dass es im Tenor nicht über das Beantragte hinausgeht.[1505] Im Gegensatz zur einstweiligen Unterlassungsverfügung gilt dieses Verbot dann endgültig. Die Geltungsdauer einer endgültigen Unterlassungsverfügung findet jedoch naturgemäß mit dem Ablauf des Schutzrechts eine Begrenzung.[1506] Dem Beklagten ist die Handlung also nach Ablauf des Patents, Geschmacksmusters usw. wieder erlaubt. Das Urteil enthält regelmäßig bereits eine Ordnungsmittelandrohung und eine Erklärung zur vorläufigen Vollstreckbarkeit.[1507]

6. Ökonomische Analyse der endgültigen Unterlassungsverfügung

Beachtet man die bereits dargelegten Grundlagen der ökonomischen Analyse, müsste sich ein Gericht bei der Entscheidung über eine zivilrechtliche Sanktion, wie die endgültige Unterlassungsverfügung, und ihren Umfang immer die Frage

---

1500 vgl. Eichmann/Von Falckenstein, GeschmMG, § 39, Rn. 1 ff.

1501 Eichmann/Von Falckenstein, GeschmMG, § 39, Rn. 3.

1502 Eichmann/Von Falckenstein, GeschmMG, § 42, Rn. 39.

1503 Benkard/Rogge/Grabinski, PatG, § 139 PatG, Rn. 133.

1504 Benkard/Rogge/Grabinski, PatG, § 139 PatG, Rn. 133.

1505 Mes, PatG, § 139 PatG, Rn. 494; vgl. auch Köhler, in: Köhler/Bornkamm, UWG, § 12, Rn. 2.107.

1506 Mes, PatG, § 139 PatG, Rn. 496; Schulte/Voß/Kühnen, PatG, § 139, Rn. 43.

1507 Benkard/Rogge/Grabinski, PatG, § 139 PatG, Rn. 136.

stellen, wie abschreckend diese sein muss, um effizient zu sein. Das Gericht müsste abschätzen können, ab wann die von der Sanktion Betroffenen die Sanktion befolgen. Nach dem Modell vom homo oeconomicus wird der von der Sanktion Betroffene sich nach deren Verhängung für das Verhalten entscheiden, das ihm den höchsten Nutzen bietet.[1508] Er wird sich nur dann für die Befolgung entscheiden, wenn ihm dies den höchsten eigenen Nutzen bringt. Ansonsten wird er gegen die Sanktion verstoßen. Die Sanktion muss daher so hoch bemessen sein, dass der Verstoß gegen sie für den Betroffenen einen geringeren Nutzen hat als ihre Befolgung. Die Sanktion darf aber auch nicht deutlich höher bemessen sein, als nach diesen Grundsätzen erforderlich, da sie ansonsten höhere Kosten als nötig hervorrufen würde. Sie muss eine optimale Verteilung der Güter und Rechte zur Folge haben, da sie ansonsten aus wohlfahrtsökonomischen Gesichtspunkten nicht effizient wäre.[1509]

Für den konkreten Fall der Unterlassungsverfügung heißt das, dass diese nur dann ihren Zweck erfüllt, wenn der Beklagte den höchsten Nutzen erlangt, indem er das Unterlassungsgebot befolgt. Dies ist aber nur dann der Fall, wenn die Sanktion so abschreckend ist, also das Ordnungsgeld für jeden Fall der Zuwiderhandlung höher bemessen ist als der Nutzen bzw. Gewinn, den der Beklagte aus dem Verstoß gegen das Unterlassungsgebot ziehen würde.

Nach Anwendung des Kaldor-Hicks Kriteriums ist die Unterlassungsverfügung dann effizient, wenn die Vorteile der besser gestellten Personen so groß sind, dass sie die Benachteiligten hypothetisch entschädigen könnten.[1510] Der durch die Unterlassungsverfügung Begünstigte, in der Regel der den Erlass begehrende Kläger, muss also durch die Unterlassungsverfügung so viele Vorteile erlangen, dass er die Nachteile desjenigen, gegen den sich die Unterlassungsverfügung richtet, hypothetisch ausgleichen könnte.

Stellt man sich einen Fall vor, in dem die Parteien des Rechtsstreits beide ein bestimmtes Produkt zu dem gleichen Preis anbieten, führt die Unterlassungsverfügung zunächst dazu, dass der Beklagte das Produkt nicht weiter anbieten darf. Wenn der Kläger in der Folge dann mindestens die gleiche Anzahl an Produkten mehr verkauft, die sonst der Beklagte zu dem gleichen Preis verkauft hätte, ist die Unterlassungsverfügung effizient, weil der Kläger hypothetisch die Verluste des Beklagten ausgleichen könnte.

1508 vgl. dazu ausführlich Kapitel B. V. 1. d) aa).
1509 Rühl, Statut und Effizienz, S. 139.
1510 s. Kapitel B. V. 1. e).

Schwieriger ist die Beurteilung der Effizienz in dem Fall, in dem der Beklagte das Produkt deutlich günstiger anbietet als der Kläger. Wenn der Beklagte nach Erlass der Unterlassungsverfügung dieselbe Menge des Produktes mehr verkaufen würde, die beim Beklagten wegfielen, ist die Regelung effizient, da der Kläger aufgrund des höheren Preises sogar noch deutlich mehr Umsatz macht, als der Beklagte Verluste erleidet. Es ist jedoch wahrscheinlich, dass es zahlreiche Käufer geben wird, die das Produkt nur für den günstigen Preis gekauft hätten, aber nicht bereit sind, den höheren Preis zu zahlen und stattdessen auf Ersatzprodukte ausweichen. Die Regelung ist nicht effizient, wenn der Kläger nach der Unterlassungsverfügung nur so wenige Produkte mehr verkaufen kann, dass seine Umsatzsteigerung geringer ist als der Verlust, den der Beklagte durch die Befolgung des Unterlassungsgebotes erleidet. Dann ist der Kläger nicht in der Lage, hypothetisch die Verluste auszugleichen, die der Beklagte durch die Unterlassungsverfügung erleidet.

Aus ökonomischer Sicht spricht in diesen Fällen nach dem vorbenannten einiges dafür, keine Unterlassungsverfügung zu erlassen. Jedoch gibt es weitere Kriterien, die bei einer ökonomischen Bewertung von endgültigen Unterlassungsverfügungen Beachtung finden sollten.

In der Literatur wird im Zusammenhang mit einstweiligen Unterlassungsverfügungen diskutiert, die Sorgfalt auf Seiten des Verletzers zu berücksichtigen.[1511] Begeht der Beklagte die Verletzungshandlung vorsätzlich, könnte danach der Erlass einer Unterlassungsverfügung eher in Betracht kommen als bei einer nur fahrlässigen oder gar schuldlosen Verletzungshandlung. Dieses Kriterium könnte möglicherweise auch beim Erlass endgültiger Unterlassungsverfügungen Berücksichtigung finden. Die spezialgesetzlichen Unterlassungsansprüche der Immaterialgüterrechte werden allerdings verschuldensunabhängig gewährt. Hinzu kommt, dass der in den Spezialgesetzen benachbarte Schadensersatzanspruch ausdrücklich immer nur im Falle einer vorsätzlichen oder fahrlässigen Begehung der Verletzungshandlung gewährt wird. Im Gesetzeswortlaut gibt es daher keinerlei Grundlage für die Berücksichtigung von Verschuldensgesichtspunkten beim Erlass von Unterlassungsverfügungen. Auch aus ökonomischer Sicht sprechen keine überzeugenden Argumente für die Berücksichtigung eines etwaigen Verschuldens des Verletzers. Eine Berücksichtigung dieses Kriteriums sollte daher im Rahmen der ökonomischen Bewertung von Unterlassungsverfügungen eher verneint werden.

1511 Boemke, in: Berger, Einstweiliger Rechtsschutz im Zivilrecht, S. 212 f.; Holzapfel, GRUR 2003, 287, 290.

Des Weiteren könnte berücksichtigt werden, ob der Erlass einer Unterlassungsverfügung überhaupt eine geeignete und effiziente Sanktion ist oder ob nicht möglicherweise ein Schadensersatzanspruch effizienter ist. Nach der ökonomischen Analyse des Rechts ist Schadensersatz als Sanktion immer dann effizienter als der Erlass einer Unterlassungsverfügung, wenn die Transaktionskosten so hoch sind, dass sie Verhandlungen ausschließen.[1512] Der Erlass von Unterlassungsverfügungen ist hingegen dann effizienter als die Gewährung von Schadensersatz, wenn die Transaktionskosten niedrig sind.[1513] Die Höhe der Transaktionskosten ist daher im Rahmen der ökonomischen Analyse des Rechts ein wichtiges Kriterium, das stets Berücksichtigung finden sollte. Je nach Höhe der Transaktionskosten kann die Gewährung von Schadensersatz im Einzelfall vorzuziehen sein.

Auch die zuvor dargestellten Fälle der Patent-Trolle sind nach den Kriterien der ökonomischen Analyse zu bewerten. Wenn in diesen Fällen eine Unterlassungsverfügung gegen den Rechtsverletzer ergeht, ist dieser nicht mehr in der Lage, sein Produkt zu verkaufen, obwohl, wie dargestellt wurde, meist nur ein kleines Element seines Gesamtproduktes die Rechte des Unterlassungsklägers verletzt. Hinzu kommt, dass im Vergleich zum Gesamtprodukt dieses Element einen relativ geringen Wert hat. Auf der anderen Seite hat der Unterlassungskläger keine direkten Vorteile aus dem Erlass der Verfügung, da er kein Wettbewerber des Rechtsverletzers ist. Er hat daher auch keinen größeren Umsatz durch die Verfügung. Vielmehr dient ihm die Verfügung lediglich als Druckmittel, um einen möglichst hohen Lizenzbetrag auszuhandeln. Wenn die Vorteile des Rechtsverletzers durch den Vertrieb seines Gesamtprodukts höher sind als die Vorteile des Patent-Trolls durch die Unterlassungsverfügung, ist diese nicht effizient. Da das geschützte Patent des Patent-Trolls meist nur ein kleines Element ist, welches einfach durch andere Technologien zu ersetzen wäre, und da das Gesamtprodukt des Rechtsverletzers regelmäßig einen deutlich höheren (Markt-) Wert hat, ist der Erlass einer Unterlassungsverfügung in der Mehrzahl der beschriebenen Fälle von Patent-Trollen nicht effizient. Die Gewährung von Schadensersatz wäre in Fällen von Patent-Trollen daher die effizientere Sanktion.

1512 Cooter/Ulen, Law&Economics, S. 99.

1513 Cooter/Ulen, Law&Economics, S. 100.

E. Rechtsfolgen

I. Reichweite des Titels

Der Schwerpunkt dieser Arbeit liegt in den Voraussetzungen und der praktischen Handhabung von einstweiligen und endgültigen Unterlassungsverfügungen. Nichtsdestotrotz soll zu guter Letzt noch kurz auf die Rechtsfolgen von Unterlassungsverfügungen eingegangen werden, da ohne eine wirksame Durchsetzung der Titel wertlos ist.

Die einstweilige Unterlassungsverfügung hat, anders als die endgültige Unterlassungsverfügung, keinerlei bindende Wirkungen für das Hauptsacheverfahren.[1514]

1. Räumliche Reichweite

Die gewerblichen Schutzrechte werden durch den hoheitlichen Akt eines Staates verliehen. Sie entfalten ihre Wirkung räumlich nur in diesem Bereich und nicht in anderen Staaten. Dieser Grundsatz wird im Immaterialgüterrecht auch als Territorialitätsprinzip bezeichnet.[1515] Das Territorialitätsprinzip lässt sich nicht genau definieren und muss immer im Sachzusammenhang interpretiert werden; anerkannt ist aber, dass es nicht nur eine räumliche, sondern auch eine prozessuale Komponente hat.[1516] Daher gilt das von deutschen Gerichten durch die Unterlassungsverfügung ausgesprochene Verbot der Verletzungshandlung bei nationalen Schutzrechten nur innerhalb Deutschlands.[1517] Die deutschen Gerichte können nur dann Unterlassungsverfügungen mit Wirkung für ausländische Territorien aussprechen, wenn sie das international zuständige Gericht sind und über die Verletzung eines in dem ausländischen Territorium geschützten Rechts zu urteilen haben.[1518]

1514 Heiderhoff in: Berger, Einstweiliger Rechtsschutz im Zivilrecht, S. 368.

1515 vgl. zum Territorialitätsprinzip: von Welser, in: Wandtke/Bullinger, UrhG, Vor §§ 120 ff., Rn. 5; Staudinger/*Fezer/Koos,* BGB, Buch EGBGB/IPR, D. Rn. 883 ff.; Pitz, Patentverletzungsverfahren, Teil 2, Rn. 24a.

1516 von Welser, in: Wandtke/Bullinger, UrhG, Vor §§ 120 ff., Rn. 5; Grosheide, GRUR Int. 2000, 310, 313.

1517 vgl. für das Markenrecht: Fezer, Markenrecht, I. Rn. 14.

1518 Staudinger/*Fezer/Koos,* BGB, Buch EGBGB/IPR, D. Rn. 1152.

Das Territorialitätsprinzip kann insbesondere bei Schutzrechtsverletzungen im Internet zu Problemen führen. Ein typisches Beispiel dafür liegt vor, wenn ein Unternehmen im Internet mit einer Marke wirbt oder sie als Domainnamen verwendet und diese Marke zwar am Serverstandort für das werbende Unternehmen, in Deutschland aber für ein anderes Unternehmen, geschützt ist.[1519] Kollisionsrechtlich ist dann nach herrschender Meinung das deutsche Recht jedenfalls dann anwendbar, wenn die Homepage gezielt auch deutsche Verbraucher anspricht.[1520] Nach anderer Ansicht soll das deutsche Recht dann Anwendung finden, wenn eine hinreichende Auswirkung auf den nationalen Markt gegeben ist.[1521] Diese Problematik soll jedoch an dieser Stelle nicht weiter vertieft werden, da sie den Rahmen der vorliegenden Arbeit sprengen würde.

2. Personelle Reichweite

In personeller Hinsicht bezieht sich die Unterlassungsverfügung gemäß § 890 ZPO nur auf denjenigen, der selbst die zu unterlassende Rechtverletzung begangen hat. Die Unterlassungsverfügung wirkt daher nur zwischen den Parteien des Verfahrens.

II. Vollziehung

1. Vollziehung einstweiliger Unterlassungsverfügungen

Die Vollziehung einstweiliger Unterlassungsverfügungen erfolgt gem. §§ 936, 928 i.V.m. § 890 ZPO. Sie kann und sollte von einer Sicherheitsleistung gem. §§ 936, 921 S. 2 ZPO abhängig gemacht werden, um mögliche Schadensersatzansprüche des Antragsgegners abzusichern. Einstweilige Verfügungen sind grundsätzlich sofort mit Erlass des Beschlusses oder Verkündung des Urteils vollstreckbar. Als Besonderheit bei der Vollstreckung einstweiliger Unterlassungsverfügungen gilt die Vollziehungsfrist gem. § 936, 929 Abs. 2 ZPO. Danach kann die Vollziehung der einstweiligen Verfügung nur innerhalb eines Monats nach der Verkündung bzw. Zustellung erfolgen. Nach Ablauf dieser Frist ist die Vollziehung unstatthaft und der Antragssteller müsste eine neue Verfügung beantragen, eine Verlängerung oder Wiedereinsetzung ist nicht möglich. Bei einer Verfügung im Beschlussverfahren muss der Gläubiger dem Schuldner die Verfügung im Parteibetrieb

---

1519 Fezer, Markenrecht, I Rn. 14 f.; Staudinger/*Fezer/Koos,* BGB, Buch EGBGB/IPR, D. Rn. 1153.

1520 Staudinger/*Fezer/Koos,* BGB, Buch EGBGB/IPR, D. Rn. 1153.

1521 Staudinger/*Fezer/Koos, BGB,* Buch EGBGB/IPR, D. Rn. 1153.

innerhalb dieser Monatsfrist zustellen. Die Zustellung ist in diesem Fall zugleich Wirksamkeitszustellung gem. §§ 936, 922 Abs. 2. Eine im Urteilsverfahren ergangene einstweilige Unterlassungsverfügung ist bereits mit ihrer Verkündung wirksam. Die Vollziehung erfolgt durch eine Zustellung im Parteibetrieb, wenn die Verfügung bereits eine Ordnungsmittelandrohung enthält. Eine Amtszustellung ist nicht ausreichend, da der Antragsteller seinen Willen zur Vollziehung und damit die Bereitschaft zur Übernahme des Haftungsrisikos nach § 945 ZPO eindeutig bekunden muss. Die Zustellung erfolgt durch Übergabe einer Ausfertigung oder beglaubigten Abschrift der einstweiligen Unterlassungsverfügung. Die Übergabe einer Abschrift des Beschlusses oder einer beglaubigten Abschrift von einer Abschrift reichen nicht aus für die rechtzeitige Vollziehung der Unterlassungsverfügung.

2. Vollziehung endgültiger Unterlassungsverfügungen

Endgültige Unterlassungsverfügungen sind für vollstreckbar zu erklären, entweder gegen Sicherheitsleistung gemäß § 709 S. 1 ZPO oder bei Urteilen ohne Sicherheitsleistung nach § 708 ZPO.[1522]

3. Rechtsmittel und Rechtsbehelfe

a) Rechtsmittel und Rechtsbehelfe gegen einstweilige Unterlassungsverfügungen

Die Wahl von Rechtsmittel oder Rechtsbehelf, mit denen gegen eine erlassene einstweilige Verfügung vorgegangen werden kann, ist davon abhängig, ob die einstweilige Verfügung ohne mündliche Verhandlung durch Beschluss oder nach mündlicher Verhandlung durch Urteil ergangen ist.

aa) Rechtsmittel und Rechtsbehelfe bei einstweiliger Verfügung durch Beschluss

Dem Antragsgegner kann nach Erlass einer einstweiligen Verfügung durch Beschluss mit dem Widerspruch nach § 924 ZPO, der Aufhebung nach §§ 926, 927 ZPO oder der sofortigen Beschwerde nach § 567 Abs. 1 Nr. 2 ZPO gegen diesen Beschluss vorgehen.

1522 Mes, PatG, § 139 PatG, Rn. 424.

(1) Widerspruch, § 924 ZPO

Der Widerspruch gemäß § 924 ZPO ist statthaft gegen einstweilige Verfügungen, die durch Beschluss ergehen und hat keinen Devolutiveffekt.[1523] Die Entscheidung wird von dem Gericht getroffen, das bereits die einstweilige Verfügung erlassen hat. Die Einlegung des Widerspruchs bewirkt, dass das Gericht einen Termin zur mündlichen Verhandlung bestimmt, § 924 Abs. 2 S. 2 ZPO. Sie bewirkt aber keine Hemmung der Vollziehung der erlassenen einstweiligen Verfügung, da der Widerspruch keinen Suspensiveffekt hat, § 924 Abs. 3 ZPO.[1524] Eine Frist für die Einlegung des Widerspruchs besteht nicht, der Antragsteller kann in Ausnahmefällen höchstens sein Widerspruchsrecht verwirken.[1525] Das Gericht entscheidet dann nach der mündlichen Verhandlung nochmals über die einstweilige Verfügung. So soll dem Antragsgegner die Möglichkeit gegeben werden, sich gegen die Verfügung zu verteidigen, und das Gericht kann seine im schnellen Beschlussverfahren getroffene Entscheidung nochmals überdenken und gegebenenfalls selbst korrigieren.[1526] Das Gericht hat bei der Widerspruchsentscheidung den gesamten Sach- und Streitstand zu berücksichtigen, der bis zum Ende der mündlichen Verhandlung vorgetragen wird.[1527] Es entscheidet also nicht darüber, ob die erlassene einstweilige Verfügung von Anfang an rechtmäßig war, sondern ob sie bei Ende der mündlichen Verhandlung gerechtfertigt ist.[1528]

(2) Aufhebung, § 926, § 927 ZPO

Das Aufhebungsverfahren nach §§ 926, 936 ZPO bezweckt den Schutz des durch die vorläufige Maßnahme belasteten Antragsgegners.[1529] § 926 Abs. 1 ZPO gibt dem Antragsgegner die Möglichkeit, bei Gericht zu beantragen, dass dieses dem Antragsteller eine Frist zur Erhebung der Klage in der Hauptsache

---

1523 Ebmeier/Schöne, Der einstweilige Rechtsschutz, C.IV.1. (S. 98); Heiderhoff in: Berger, Einstweiliger Rechtsschutz im Zivilrecht, S. 380.

1524 Haertlein in: Kindl/Meller-Hannich/Wolf, Gesamtes Recht der Zwangsvollstreckung, § 924, Rn. 14; Heiderhoff in: Berger, Einstweiliger Rechtsschutz im Zivilrecht, S. 380; Zöller/Vollkommer, ZPO, § 924, Rn. 12 f.

1525 Heiderhoff in: Berger, Einstweiliger Rechtsschutz im Zivilrecht, S. 383.

1526 Drescher in: MüKo ZPO, § 924, Rn. 1; Heiderhoff in: Berger, Einstweiliger Rechtsschutz im Zivilrecht, S. 381;

1527 Voß in: Fitzner/Lutz/Bodewig, Patentrechtskommentar, Vor §§ 139 ff. PatG, Rn. 316.

1528 Voß in: Fitzner/Lutz/Bodewig, Patentrechtskommentar, Vor §§ 139 ff. PatG, Rn. 316.

1529 Ebmeier/Schöne, Der einstweilige Rechtsschutz, C.IV.1. (S. 118).

setzt.[1530] Wenn der Antragsteller grundlos innerhalb der Frist nach § 926 Abs. 1 ZPO keine Hauptsacheklage erhebt, kann der Antragsgegner nach § 926 Abs. 2 ZPO die Aufhebung der einstweiligen Unterlassungsverfügung beantragen.[1531] Der Fortbestand der einstweiligen Unterlassungsverfügung wird so von der Durchführung des Hauptsacheverfahrens abhängig gemacht.[1532] Es würde dem eigentlichen reinen Sicherungszweck des einstweiligen Rechtsschutzverfahrens zuwider laufen, wenn der Antragsgegner auf Dauer der einstweiligen Maßnahme unterworfen wäre.[1533] Gerade der Antragsteller kann aber ein Interesse an einer Verzögerung des Hauptsacheverfahrens haben, da er möglicherweise nicht in der Lage ist, über die Glaubhaftmachung hinaus den im Hauptsacheverfahren erforderlichen Vollbeweis zu erbringen.[1534] Dieses Interesse wird im Fall einstweiliger Unterlassungsverfügungen noch dadurch verstärkt, dass der Antragsteller durch den Erlass der Verfügung nicht nur eine Sicherung, sondern bereits ein Unterlassungsverbot und damit bereits eine Befriedigung erlangt.

Das Aufhebungsverfahren nach § 926 ZPO ist zweistufig; der Antragsgegner muss zunächst einen Antrag auf Fristsetzung und nach abgelaufener Frist einen neuen Antrag auf Aufhebung stellen.[1535] Der Antrag auf Fristsetzung gemäß § 926 Abs. 1 ZPO ist schriftlich oder zu Protokoll der Geschäftsstelle des Rechtspflegers beim Verfügungsgericht zu stellen, wobei kein Anwaltszwang besteht.[1536] Für den Antrag auf Aufhebung nach § 926 Abs. 2 ZPO herrscht hingegen Anwaltszwang. Er ist schriftlich oder beim Amtsgericht zu Protokoll der Geschäftsstelle einzureichen.[1537] Der Gläubiger der Unterlassungsverfügung kann sich gegen eine Fristsetzung zur Klageerhebung gemäß § 926 Abs. 1 ZPO durch Einlegung einer Erinnerung nach § 11 Abs. 2 RPflG wehren, wenn der Rechtspfleger die Entscheidung über die Fristsetzung getroffen hat.[1538] Wenn ausnahmsweise ein Richter die Entscheidung getroffen hat, steht dem Gläubiger kein Rechtsmittel

---

1530 vgl. Zöller/*Vollkommer,* ZPO, § 926, Rn. 1, 7 ff.

1531 Ebmeier/Schöne, Der einstweilige Rechtsschutz, C.IV.1. (S. 127).

1532 vgl. Zöller/*Vollkommer,* ZPO, § 926, Rn. 1.

1533 vgl. Zöller/*Vollkommer,* ZPO, § 926, Rn. 1.

1534 Musielak/Voit/Huber, ZPO, § 926, Rn. 1.

1535 Heiderhoff in: Berger, Einstweiliger Rechtsschutz im Zivilrecht, S. 388.

1536 Zöller/*Vollkommer,* ZPO, § 926, Rn. 8, Heiderhoff in: Berger, Einstweiliger Rechtsschutz im Zivilrecht, S. 388.

1537 Ebmeier/Schöne, Der einstweilige Rechtsschutz, C.IV.1. (S. 136); Heiderhoff in: Berger, Einstweiliger Rechtsschutz im Zivilrecht, S. 390.

1538 Heiderhoff in: Berger, Einstweiliger Rechtsschutz im Zivilrecht, S. 390.

zur Verfügung.[1539] Der Gläubiger ist aber trotzdem nicht schutzlos, da er im Aufhebungsverfahren nach § 926 Abs. 2 ZPO alle Einwände gegen die Fristsetzung vorbringen kann.[1540] Gegen die Aufhebungsentscheidung nach § 926 Abs. 2 ZPO kann der Gläubiger Berufung einlegen.[1541]

Im Zusammenhang mit dem Aufhebungsverfahren nach § 926 ZPO stellt sich die Frage, ob die deutschen Regelungen zur Aufhebung die Anforderungen des Art. 50 Abs. 6 TRIPS erfüllen. Nach Art. 50 Abs. 6 TRIPS werden einstweilige Verfügungen auf Antrag des Antragsgegners aufgehoben, wenn das Hauptsacheverfahren nicht innerhalb einer vom Gericht festzulegenden Frist oder, falls es zu keiner Festlegung kommt, nach 20 Arbeitstagen oder 31 Kalendertagen eingeleitet wird.[1542] Das deutsche Recht unterscheidet sich von der TRIPS- Regelung also insofern, als dass der Antragsgegner nach § 926 Abs. 1 ZPO selbst einen Antrag auf Fristbestimmung stellen muss und nach Ablauf der Frist nach § 926 Abs. 2 ZPO einen erneuten Antrag auf Aufhebung.[1543] Das TRIPS- Abkommen sieht eine gesetzliche Frist vor, innerhalb derer der Antragsteller das Hauptsacheverfahren einleiten muss, während die ZPO dem Antragsgegner nur die Möglichkeit einräumt, durch Antragstellung eine Fristsetzung zu erreichen.[1544] Die ZPO-Regelung gewährt dem Gläubiger der einstweiligen Verfügung darüber hinaus die Möglichkeit der Heilung eines Fristversäumnisses bis zum Ende der mündlichen Verhandlung. Gemäß der TRIPS- Regelung hingegen, die die Verfahrensbeschleunigung bezweckt, muss der Gläubiger innerhalb der Frist Klage erheben, ohne dass es die Möglichkeit einer Heilung gibt.[1545] Er muss daher innerhalb der gesetzlichen Frist Klage erheben, ohne dass er weiß, ob der Schuldner überhaupt jemals die Aufhebung der Verfügung beantragen wird oder sie möglicherweise sogar anerkennt.[1546] Die Regelung in § 926 ZPO genügt daher nicht den Anforderungen, die Art. 50 Abs. 6 TRIPS an das Aufhebungsverfahren

---

1539 Heiderhoff in: Berger, Einstweiliger Rechtsschutz im Zivilrecht, S. 390; Drescher in: MüKo ZPO, § 926, Rn. 10.

1540 Drescher in: MüKo ZPO, § 926, Rn. 10.

1541 Heiderhoff in: Berger, Einstweiliger Rechtsschutz im Zivilrecht, S. 393.

1542 vgl. zu Art. 50 Abs. 6 TRIPS die Ausführungen bei Busche/Stoll/Wiebe, TRIPS, 2007, Art. 50, Rn. 28 ff.

1543 Karg, ZUM 2000, 934, 937 f.; Groh/Wündisch, GRUR Int. 2001, 497, 506.

1544 s.a. Karg, ZUM 2000, 934, 938.

1545 vgl. Karg, ZUM 2000, 934, 938; v. Bogdandy, NJW 1999, 2088, 2090; Groh/Wündisch, GRUR Int. 2001, 497, 505 f.

1546 vgl. Karg, ZUM 2000, 934, 938.

stellt.[1547] Da Art. 50 Abs. 6 TRIPS aber unmittelbar anwendbar ist bzw. von den Gerichten bei der Anwendung der nationalen Vorschriften soweit wie möglich zu berücksichtigen ist, müssen die Gerichte die Regelung anwenden, wenn der tatbestandliche Anwendungsbereich des Abkommens berührt ist.[1548]

(3) Aufhebung wegen veränderter Umstände, § 927 ZPO

§ 927 ZPO gewährt dem Antragsgegner und Schuldner der einstweiligen Verfügung eine weitere Möglichkeit die Aufhebung der Verfügung zu erreichen. Danach kann er die Aufhebung beantragen, wenn sich die Umstände verändert haben, insbesondere wegen Erledigung des Verfügungsgrundes oder auf Grund des Erbietens zur Sicherheitsleistung, § 927 Abs. 1 ZPO. Das Aufhebungsverfahren nach § 927 ZPO zielt damit auf Fälle ab, in denen die Aufrechterhaltung der Unterlassungsverfügung nicht mehr gerechtfertigt ist, weil sich die Umstände nach Verfügungserlass entscheidend geändert haben.[1549] Der Begriff der veränderten Umstände ist weit auszulegen, der Maßstab des § 767 Abs. 2 ZPO ist nicht anwendbar.[1550] Die Umstände müssen nachträglich eingetreten sein, möglich ist aber auch eine nur veränderte Beweislage oder dass dem Schuldner Tatsachen erst nachträglich bekannt werden, die bereits bei Erlass der Verfügung vorlagen.[1551] Die Entscheidung des Gerichts über die Aufhebung ergeht durch Urteil. Die Aufhebungsentscheidung hat ex nunc Wirkung.[1552] Als statthaftes Rechtsmittel gegen die Aufhebungsentscheidung steht beiden Parteien die Berufung zu.[1553]

(4) Sofortige Beschwerde, § 567 Abs. 1 Nr. 2 ZPO

Wenn das Gericht den Antrag auf Erlass einer einstweiligen Unterlassungsverfügung durch Beschluss ablehnt, kann der Schuldner dagegen mit der sofortigen Beschwerde gemäß § 567 Abs. 1 Nr. 2 ZPO vorgehen. Er hat den entsprechenden Antrag innerhalb einer Notfrist von zwei Wochen beim Beschwerdegericht

---

1547 Karg, ZUM 2000, 934, 938; Groh/Wündisch, GRUR Int. 2001, 497, 505; v. Bogdandy, NJW 1999, 2088, 2090.

1548 vgl. Karg, ZUM 2000, 934, 938; EuGH, ZUM-RD, 2001, 533, 538 (Hermés).

1549 Heiderhoff in: Berger, Einstweiliger Rechtsschutz im Zivilrecht, S. 394.

1550 Heiderhoff in: Berger, Einstweiliger Rechtsschutz im Zivilrecht, S. 396; Zöller/*Vollkommer*, ZPO, § 927, Rn. 4.

1551 Heiderhoff in: Berger, Einstweiliger Rechtsschutz im Zivilrecht, S. 396.

1552 Zöller/*Vollkommer*, ZPO, § 927, Rn. 14; Heiderhoff in: Berger, Einstweiliger Rechtsschutz im Zivilrecht, S. 399.

1553 Heiderhoff in: Berger, Einstweiliger Rechtsschutz im Zivilrecht, S. 399; Ebmeier/Schöne, Der einstweilige Rechtsschutz, C.IV.1. (S. 148).

einzulegen.[1554] Weist das Beschwerdegericht die Beschwerde zurück, stehen dem Antragsteller keine Rechtsmittel dagegen zur Verfügung.[1555]

bb) Rechtsmittel bei einstweiliger Verfügung durch Urteil

Statthaftes Rechtsmittel gegen alle im Eilverfahren ergangenen erstinstanzlichen Endurteile ist die Berufung gemäß § 511 ff. ZPO.[1556] Es gelten dafür die allgemeinen Vorschriften, insbesondere muss die Berufungssumme von mindestens 600 Euro erreicht sein, § 511 Abs. 2 Nr. 1 ZPO.[1557] Es muss auch ein Berufungsgrund gemäß § 513 ZPO vorliegen, wobei im Rahmen der Berufungsgründe nach §§ 529 ff. ZPO die Anforderungen an die Zulässigkeit des Vortrags von neuem Prozessstoff an die besondere Situation der Eilbedürftigkeit im einstweiligen Verfügungsverfahren anzupassen ist.[1558] Auch im Verlauf des Berufungsverfahrens müssen die Besonderheiten des einstweiligen Verfügungsverfahrens berücksichtigt werden, insbesondere reicht auch hier die Glaubhaftmachung der erheblichen Tatsachen aus.[1559]

b) Rechtsmittel gegen endgültige Unterlassungsverfügungen

aa) Berufung

Gegen ein erstinstanzliches Endurteil, das eine endgültige Unterlassungsverfügung enthält, ist die Berufung nach §§ 511 ff. ZPO statthaft.[1560] Die Parteien haben dabei zu berücksichtigen, dass die Berufung keine neue Tatsacheninstanz ist. Das Berufungsgericht ist im Wesentlichen an die erstinstanzlichen Tatsachenfeststellungen gebunden und überprüft das Urteil nur auf die korrekte Rechtsanwendung und auf die Vollständigkeit der getroffenen Feststellungen und die Beseitigung von Fehlern.[1561]

1554 Voß in: Fitzner/Lutz/Bodewig, Patentrechtskommentar, Vor §§ 139 ff. PatG, Rn. 327; Heiderhoff in: Berger, Einstweiliger Rechtsschutz im Zivilrecht, S. 402.

1555 Ebmeier/Schöne, Der einstweilige Rechtsschutz, C.IV.1. (S. 115).

1556 Voß in: Fitzner/Lutz/Bodewig, Patentrechtskommentar, Vor §§ 139 ff. PatG, Rn. 329.

1557 Heiderhoff in: Berger, Einstweiliger Rechtsschutz im Zivilrecht, S. 378.

1558 Heiderhoff in: Berger, Einstweiliger Rechtsschutz im Zivilrecht, S. 378; Ebmeier/Schöne, Der einstweilige Rechtsschutz, C.IV.1. (S. 117).

1559 Heiderhoff in: Berger, Einstweiliger Rechtsschutz im Zivilrecht, S. 378 f.

1560 vgl. Voß in: Fitzner/Lutz/Bodewig, Patentrechtskommentar, Vor §§ 139 ff. PatG, Rn. 214.

1561 Voß in: Fitzner/Lutz/Bodewig, Patentrechtskommentar, Vor §§ 139 ff. PatG, Rn. 214.

bb) Revision

Die Revision ist das statthafte Rechtsmittel gegen Endurteile der Oberlandesgerichte, § 542 Abs. 1 ZPO, typischerweise also gegen Berufungsurteile.[1562] Das Revisionsgericht überprüft das Berufungsurteil nur auf Rechtsfehler, an die tatsächlichen Feststellungen der Vorinstanz ist es grundsätzlich gebunden.[1563]

III. Schadensersatz

1. Schadensersatzansprüche aufgrund einstweiliger Unterlassungsverfügungen

§ 945 ZPO gewährt dem Antragsgegner einer einstweiligen Unterlassungsverfügung einen verschuldensunabhängigen Schadensersatzanspruch gegen den Antragsteller. Der Anspruch greift immer dann, wenn sich die einstweilige Anordnung als von Anfang an ungerechtfertigt erweist oder sie nach § 926 Abs. 2 ZPO oder § 943 Abs. 3 ZPO aufgehoben wird. Der Antragsgegner kann dann alle Schäden ersetzt verlangen, die ihm durch die Vollziehung der Unterlassungsanordnung entstanden sind. Der Schadensersatzanspruch aus § 945 ZPO ist ein Fall der Risikohaftung, die den Antragsteller trifft, weil er in einer ungewissen Rechtslage die gefahrgeneigten Maßnahmen des einstweiligen Rechtsschutzes in Anspruch genommen hat.[1564] Er bezweckt den Schutz des Schuldners.[1565] Das einstweilige Rechtsschutzverfahren benachteiligt den Antragsgegner, da es den behaupteten Anspruch nur summarisch prüft und lediglich die Glaubhaftmachung der entscheidungserheblichen Tatsachen erfordert.[1566] Hinzu kommt, dass möglicherweise im Vorfeld des Verfügungserlasses keine mündliche Verhandlung oder Anhörung des Gegners stattgefunden haben.[1567] Daher ist das Risiko von Fehlentscheidungen größer als im Hauptsacheverfahren.[1568] Des Weiteren erlangt der Antragsteller im einstweiligen Rechtsschutz immer nur einen vorübergehenden Titel, eine endgültige Entscheidung ist dem Hauptsacheverfahren

---

1562 vgl. Zöller/Heßler, ZPO, § 540, Rn. 1; Voß in: Fitzner/Lutz/Bodewig, Patentrechtskommentar, Vor §§ 139 ff. PatG, Rn. 227.

1563 Voß in: Fitzner/Lutz/Bodewig, Patentrechtskommentar, Vor §§ 139 ff. PatG, Rn. 230.

1564 Gaul/Schilken/Becker-Eberhard, Zwangsvollstreckungsrecht, § 80, Rn. 1.

1565 Schuschke/Walker, Vollstreckung und Vorläufiger Rechtsschutz, § 945, Rn. 1; Becker-Eberhard in: Berger, Einstweiliger Rechtsschutz im Zivilrecht, S. 433 f.

1566 Becker-Eberhard in: Berger, Einstweiliger Rechtsschutz im Zivilrecht, S. 433.

1567 Drescher in: MüKo ZPO, § 945, Rn. 3; Becker-Eberhard in: Berger, Einstweiliger Rechtsschutz im Zivilrecht, S. 433 f.

1568 Schuschke/Walker, Vollstreckung und Vorläufiger Rechtsschutz, § 945, Rn. 1.

vorbehalten. Wenn der Antragsteller nach Erlass der einstweiligen Verfügung dann, trotz seines Wissens um diese Umstände und die bloße Vorläufigkeit seines Titels, aus diesem vollstreckt, ist es gerechtfertigt, wenn er dem Anspruchsgegner den aus der Vollziehung entstandenen Schaden ersetzen muss. Die Umstände des einstweiligen Rechtsschutzverfahrens rechtfertigen auch die Tatsache, dass der Antragsteller letztlich verschuldensunabhängig für eine Fehlentscheidung des Gerichts einstehen muss.

Voraussetzung für das Vorliegen eines Schadensersatzanspruchs des Antragsgegners gegen den Antragsteller nach § 945 ZPO ist, dass eine einstweilige Verfügung (oder ein Arrest) angeordnet und vollzogen wurde.[1569] Dem Antragsgegner muss ferner durch die Vollziehung oder durch eine Sicherheitsleistung zur Abwendung ein Schaden entstanden sein und die Verfügung muss von Anfang an ungerechtfertigt angeordnet worden oder nach § 926 Abs. 2 oder § 943 Abs. 3 ZPO aufgehoben worden sein.[1570]

Der Antragsgegner muss einen Schaden erlitten haben, der kausal dadurch verursacht wurde, dass der Antragsteller die einstweilige Verfügung vollzogen hat oder dadurch, dass der Antragsgegner zur Abwendung der Vollziehung Sicherheit geleistet hat.[1571] Es ist dabei unerheblich, ob die Vollziehung abgeschlossen wurde oder nicht erfolgreich war.[1572] Vielmehr reicht die Einleitung der Vollziehung aus.[1573] Bei Unterlassungsverfügungen sind hier Besonderheiten zu berücksichtigen. Diese ergeben sich daraus, dass Unterlassungsverfügungen nicht unmittelbar, sondern nur mittelbar vollzogen werden, denn die Unterlassung als unvertretbare Handlung kann nur vom Antragsgegner persönlich geleistet werden und ist nicht zwangsweise durchsetzbar.[1574] Es wird erst eine Zuwiderhandlung des Schuldners gegen die Unterlassungsverfügung durch Ordnungsmittel sanktioniert.[1575] Der Schuldner ist also bereits durch die Verfügung selbst gezwungen, sich an das Unterlassungsgebot zu halten, da er ansonsten durch die Ordnungsmittel zusätzlich beschwert und sanktioniert wird.[1576]

1569 vgl. Seiler, in: Thomas/Putzo, ZPO, § 945, Rn. 1 ff.

1570 vgl. Seiler, in: Thomas/Putzo, ZPO, § 945, Rn. 1 ff.

1571 Schuschke/Walker, Vollstreckung und Vorläufiger Rechtsschutz, § 945, Rn. 30.

1572 Ebmeier/Schöne, Der einstweilige Rechtsschutz, C.VI.6. (S. 209).

1573 Schuschke/Walker, Vollstreckung und Vorläufiger Rechtsschutz, § 945, Rn. 31.

1574 Becker-Eberhard in: Berger, Einstweiliger Rechtsschutz im Zivilrecht, S. 445; Schuschke/Walker, Vollstreckung und Vorläufiger Rechtsschutz, § 945, Rn. 31.

1575 Schuschke/Walker, Vollstreckung und Vorläufiger Rechtsschutz, § 945, Rn. 31.

1576 Schuschke/Walker, Vollstreckung und Vorläufiger Rechtsschutz, § 945, Rn. 31.

Die Voraussetzung der von Anfang an ungerechtfertigten Anordnung erfordert, dass die Verfügung bereits im Zeitpunkt ihres Erlasses im Widerspruch zur materiellen Rechtslage ergangen ist.[1577] Ein Sonderfall liegt dann vor, wenn sich die einstweilige Verfügung auf einen Anspruch stützt, der rückwirkend entfällt.[1578] Nur wenn der Anspruch mit ex-tunc Wirkung entfällt, sind die Voraussetzungen des § 945 ZPO erfüllt; entfällt der Anspruch lediglich nachträglich mit ex-nunc Wirkung, sind die Voraussetzungen von § 945 ZPO nicht erfüllt.[1579]

2. Schadensersatzansprüche aufgrund endgültiger Unterlassungsverfügungen

Der Schuldner einer endgültigen Unterlassungsverfügung hat nach § 717 Abs. 2 ZPO die Möglichkeit, Schadensersatz geltend zu machen, wenn das Urteil im Nachhinein aufgehoben oder abgeändert wird. Dieser Schadensersatzanspruch ist damit das Pendant zum Anspruch aus § 945 ZPO für Fälle endgültiger Unterlassungsverfügungen. Er stellt eine verschuldensunabhängige Gefährdungshaftung dar, ähnlich wie § 945 ZPO. Daraus lässt sich auch der Haftungszweck des § 717 Abs. 2 ZPO erklären. Der Vollstreckungsgläubiger weiß, dass sein Urteil nur vorläufig vollstreckbar und noch nicht endgültig rechtskräftig ist. Vollstreckt er trotz des Wissens um diese ungewisse Rechtslage, muss er die daraus resultierenden Schäden zu Recht tragen. Voraussetzungen des Anspruchs aus § 717 Abs. 2 ZPO sind, dass ein für vorläufig vollstreckbar erklärtes Urteil aufgehoben oder abgeändert wurde, nachdem der Vollstreckungsgläubiger bereits die Vollstreckung aus dem Urteil betrieben hat.[1580] Als Folge des Vollstreckungseingriffs muss es beim Gläubiger des Schadensersatzanspruchs aus § 717 Abs. 2 ZPO zu einem Schaden gekommen sein. Es wird dabei nur der Schaden ersetzt, der unmittelbar durch die Vollstreckung entstanden ist, wozu aber auch der weitere Schaden zählt, der über die Leistung zur Abwendung der Zwangsvollstreckung hinausgeht, insbesondere der Zinsschaden.[1581]

1577 Schuschke/Walker, Vollstreckung und Vorläufiger Rechtsschutz, § 945, Rn. 6; Drescher in: MüKo ZPO, § 945, Rn. 6.

1578 Schuschke/Walker, Vollstreckung und Vorläufiger Rechtsschutz, § 945, Rn. 6.

1579 Ebmeier/Schöne, Der einstweilige Rechtsschutz, C.VI.4. (S. 204).

1580 vgl. Seiler, in: Thomas/Putzo, ZPO, § 717, Rn. 8 ff.

1581 Seiler, in: Thomas/Putzo, ZPO, § 717, Rn. 14.

IV. Fazit

Der Inhaber eines Immaterialgüterrechts hat nach dessen Verletzung zwei Möglichkeiten gegen den Verletzer vorzugehen: das einstweilige Rechtsschutzverfahren oder das Hauptsacheverfahren. Welchen Weg er einschlägt oder ob er sogar gleichzeitig einen Antrag auf einstweiligen Rechtsschutz und eine Hauptsacheklage bei Gericht einreicht, hängt im Wesentlichen davon ab, welches Schutzrecht verletzt wurde und wie sich der konkrete Sachverhalt darstellt. Das einstweilige Rechtsschutzverfahren hat seit jeher vor allem im Markenrecht besondere Bedeutung und kann dort oftmals erfolgreich betrieben werden, da sich die Sachverhalte hier auch im summarischen Verfahren ohne weiteres glaubhaft machen lassen. Bei anderen Schutzrechten, wie dem Patentrecht, Gebrauchsmusterrecht oder Urheberrecht, galten Anträge im einstweiligen Rechtsschutzverfahren in der Vergangenheit als wenig erfolgversprechend. Eine Abweisung sämtlicher Anträge auf Erlass von Unterlassungsverfügungen ist aus Sicht der ökonomischen Analyse des Rechts nicht effizient.

Seit den 1980er Jahren hat insbesondere die patentrechtliche Rechtsprechung begonnen, die Voraussetzungen weniger streng auszulegen und einer größeren Anzahl von Anträgen stattzugeben. Nach TRIPS und Durchsetzungsrichtlinie ist eine moderatere Auslegung der Voraussetzungen nun auch gemeinschafts- und völkerrechtlich geboten. Trotzdem ist die Rechtsprechung der Oberlandesgerichte in diesem Bereich noch uneinheitlich. Wenn die Sachverhalte zu komplex sind, um sie im summarischen einstweiligen Rechtsschutzverfahren glaubhaft zu machen, was vor allem im Patentrecht vorkommt, ist die Erhebung der Hauptsacheklage erfolgversprechender. Aus Sicht der ökonomischen Analyse des Rechts sollten die Gerichte beim Erlass von Unterlassungsverfügungen weniger restriktiv entscheiden. Gerade im Patentrecht ist die Erlasspraxis einiger Gerichte aus Effizienzgesichtspunkten nicht sinnvoll. Die Analyse der Rechtsprechung hat auch gezeigt, dass die ökonomische Analyse des Rechts bisher in der Rechtsprechung kaum Berücksichtigung findet.

Im Hauptsacheverfahren ist im Patentrecht in den letzten Jahren verstärkt das Problem des Missbrauchs von Schutzrechten aufgetaucht. Ausgehend von sogenannten Patent-Trollen in den USA und der dortigen Rechtsprechung, wird auch in Deutschland diskutiert, ob der Unterlassungsanspruch unter dem Vorbehalt der Verhältnismäßigkeit stehen sollte. Zwar lässt der Wortlaut des § 139 PatG und der anderen spezialgesetzlichen Unterlassungsansprüche die Berücksichtigung von Verhältnismäßigkeitsgesichtspunkten nicht zu. Aus Art. 3 der Durchsetzungsrichtlinie ergibt sich aber, dass die Unterlassungsansprüche in den Immaterialgüterrechten richtlinienkonform dahingehend auszulegen sind, dass der Verhältnismäßigkeitsgrundsatz auch für diese Unterlassungsansprüche gilt. An eine Unverhältnismäßigkeit sind trotzdem hohe Ansprüche zu stellen, so dass der Unterlassungsanspruch nur in besonderen Konstellationen aus diesem Grund verneint werden kann.

Nach den Kriterien der ökonomischen Analyse des Rechts ist der Erlass von Unterlassungsverfügungen in den typischen Fällen von Patent-Trollen nicht sinnvoll. Es ist hier effizienter, vorrangig Schadensersatz zu gewähren. Dies ergibt sich schon daraus, dass bei typischen Patent-Trollen die Vorteile des Rechtsverletzers durch den Vertrieb des rechtsverletzenden Gesamtprodukts regelmäßig höher sind als die Vorteile, die der Patent-Troll durch die Unterlassungsverfügung erlangen kann.

Die vorliegende Arbeit zeigt unter anderem, dass die Kriterien der ökonomischen Analyse des Rechts bisher zu wenig Berücksichtigung in der aktuellen Rechtsprechung zu Unterlassungsverfügungen finden. Darüber hinaus hat sich im Rahmen der durchgeführten Analyse gezeigt, dass es Konstellationen gibt, in denen der Verweis des Rechtsinhabers auf seinen Schadensersatzanspruch aus ökonomischer Sicht vorzugswürdig ist.

Literaturverzeichnis

A

van Aaken, Anne, „Rational Choice“ in der Rechtswissenschaft – Zum Stellenwert der ökonomischen Theorie im Recht, Baden-Baden 2003, [zitiert als: van Aaken, Rational Choice].

Adams, Michael, Ökonomische Analyse der Gefährdungs- und Verschuldenshaftung, Heidelberg 1985.

Ahrens, Claus, Gewerblicher Rechtsschutz, Tübingen 2008.

Ahrens, Hans-Jürgen, Der Wettbewerbsprozess – Ein Praxishandbuch, 6. Auflage, Köln 2009.

Ahrens, Thomas/ Fischer, Karsten/ Pierson, Matthias, Recht des geistigen Eigentums – Patente, Marken, Urheberrecht, Design, 2. Auflage, München 2010.

Albert, Hans, Kritische Vernunft und rationale Praxis, Tübingen 2011.

Amschewitz, Dennis, Die Durchsetzungsrichtlinie und ihre Umsetzung im deutschen Recht, Tübingen 2008.

Arens, Peter, Verfügungsanspruch und Interessenabwägung beim Erlass einstweiliger Verfügungen, in: Ficker, Hans-Claudius u.a. (Hrsg.), Festschrift für Ernst von Caemmerer zum 70. Geburtstag, 1978, S. 75–86.

Assmann, Heinz-Dieter, Die Transformationsprobleme des Privatrechts und die Ökonomische Analyse des Rechts, in: Assmann, Heinz-Dieter/ Kirchner, Christian/ Schanze, Erich, Ökonomische Analyse des Rechts, Kronberg/ Ts. 1978, S. 21–74.

B

Balz, Manfred, Paradigmenwechsel im Warenzeichenrecht? – Zu einigen Grundsatzproblemen der Europamarke, Rabels Zeitschrift für ausländisches und internationales Privatrecht 1981, S. 317–332.

Barger, Jo, „Schlappe für Nokia in Patentstreit mit IPCom“, 19.02.2011, abrufbar unter: http://www.heise.de/newsticker/meldung/Schlappe-fuer-Nokia-in-Patentstreit-mit-IPCom-1193354.html.

Baumgärtl, Gottfried/ Laumen, Hans-Willi/ Prütting, Hanns, Handbuch der Beweislast – Grundlagen, 2. Auflage, Köln 2009.

Baur, Fritz/ Baur, Jürgen/ Stürner, Rolf, Sachenrecht, 18. Auflage, München 2009.

Baur, Fritz/ Stürner, Rolf/ Bruns, Alexander, Zwangsvollstreckungsrecht, 13. Auflage, Heidelberg 2006.

Bechtold, Stefan, Zur rechtsökonomischen Analyse im Immaterialgüterrecht, GRUR Int. 2008, 484–488.

Benkard, Georg (Begr.), Patentgesetz Gebrauchsmustergesetz, 10. Auflage, München 2006, [zitiert als: Benkard/Bearbeiter, PatG].

ders., Patentgesetz Gebrauchsmustergesetz, 9. Auflage, München 1993.

Berger, Christian, Einstweiliger Rechtsschutz im Zivilrecht, Berlin 2006.

Berneke, Wilhelm/ Schüttpelz, Erfried, Die einstweilige Verfügung in Wettbewerbssachen, 3. Auflage, München 2015.

Blakeney, Michael, Trade Related Aspects of Intellectual Property Rights: A Concise Guide to the TRIPS Agreement, London 1996.

von Bogdandy, Armin, Die Überlagerung der ZPO durch das WTO-Recht, NJW 1999, 2088–2090.

Bodewig, Theo/ Wandtke, Artur, Die doppelte Lizenzgebühr als Berechnungsmethode im Lichte der Durchsetzungsrichtlinie, GRUR 2008, 220–229.

Böhler, Roland, Einstweilige Verfügungen in Patentsachen, GRUR 2011, 965–971.

Bötticher, Eduard, Zur Ausrichtung der Sanktion nach dem Schutzzweck der verletzten Privatrechtsnorm, in: Archiv für civilistische Praxis 158, 385–409.

Bopp, Thomas, Die einstweilige Verfügung in Patentsachen, in: Bopp, Thomas/ Tilmann, Winfried (Hrsg.), Recht und Wettbewerb – Festschrift für Horst Helm, München 2002, S. 275–286.

Bork, Reinhard, Effiziente Beweissicherung im Urheberverletzungsprozess – dargestellt am Beispiel raubkopierter Computerprogramme, GRUR 1998, 1665–1672.

Brox, Hans/ Walker, Wolf-Dietrich, Zwangsvollstreckungsrecht, 10. Auflage, München 2014.

Bühring, Manfred/ Braitmayer, Sven-Erik/ Schmid, Christoph, Gebrauchsmustergesetz, 8. Auflage, Köln 2011 [zitiert als: Bühring/Bearbeiter, GebrMG].

Busche, Jan, Mittelbare Patentverletzung – zu den dogmatischen Grundlagen eines Rechtsinstituts GRUR 2009, 236–240.

Busche, Jan/ Stoll, Peter-Tobias/ Wiebe, Andreas (Hrsg.), TRIPs, 2. Auflage, Köln 2013 [zitiert als: Bearbeiter, in: Busche/Stoll/Wiebe/Wiebe, TRIPs].

Büscher, Wolfgang/ Dittmer, Stefan/ Schiwy, Peter (Hrsg.), Gewerblicher Rechtsschutz Urheberrecht Medienrecht Kommentar, 3. Auflage, Köln 2015.

Busse, Rudolf (Begr.), Keukenschrijver, Alfred (Hrsg.), Patentgesetz, 7. Auflage, Berlin/Boston 2013 [zitiert als: Busse/(-Bearbeiter), Patentgesetz].

C

Calabresi, Guido, The Costs of Accidents – A Legal and Economic Analysis, New Haven u.a. 1970.

Calabresi, Guido/ Melamed, A. Douglas, Property Rules, Liability Rules, and Inalienability: One View of the Cathedral, Harvard Law Review, Vol. 85, No. 6, 1972, S. 1089–1128.

Canaris, Claus-Wilhelm, Funktion, Struktur und Falsifikation juristischer Theorien, Juristenzeitung 1993, S. 377–391.

ders., Die Behandlung nicht zu vertretender Leistungshindernisse nach § 275 Abs. 2 BGB beim Stückkauf, Juristenzeitung 2004, S. 214–225.

Calliess, Christian/ Ruffert, Matthias (Hrsg.), EUV/AEUV – Das Verfassungsrecht der Europäischen Union mit Europäischer Grundrechtecharta – Kommentar, 4. Auflage, München 2011 [zitiert als: Calliess/Ruffert/ (-Bearbeiter), EUV/AEUV].

Cavelier, German, Enforcement of Intellectual Property Rights, in: Intellectual Property & International Trade – A Guide to the Uruguay Round TRIPS Agreement, International Chamber of Commerce (Hrsg.), Paris 1996, S. 65–69

Coase, Ronald, The Problem of Social Cost, in: Journal of Law & Economics, Vol. 3, 1960, S. 1–44.

ders, Das Problem der sozialen Kosten (dt. Übersetzung), in: Assmann, Heinz-Dieter/ Kirchner, Christian/ Schanze, Erich, Ökonomische Analyse des Rechts, S. 146–202.

Cooter, Robert/Ulen, Thomas, Law&Economics, 6th Edition, Boston u.a. 2012.

Cordray, Monique, GATT v. WIPO, in: Journal of the Patent & Trademark Office Society, Volume 76 (1994), 121–144.

Creuzfeldt, David, Die Dringlichkeit der einstweiligen Verfügung im gewerblichen Rechtsschutz und im Urheberrecht, Frankfurt a.M. u.a. 2010 [zitiert: Creuzfeldt, Die Dringlichkeit der einstweiligen Verfügung].

D

Deutsch, Erwin, Allgemeines Haftungsrecht, 2. Auflage, Berlin u.a. 1995.

Dreier, Thomas, Die Umsetzung der Urheberrechtsrichtlinie 2001/29/EG in deutsches Recht; ZUM 2002, S. 28–43.

Dreier, Thomas, TRIPS und die Durchsetzung von Rechten des geistigen Eigentums, GRUR Int. 1996, 205–218.

Dreier, Thomas/Schulze, Gernot, Urheberrechtsgesetz Kommentar, 4. Auflage, München 2013 [zitiert als: Bearbeiter, in: Dreier/Schulze, UrhG].

Dreyer, Gunda/ Meckel, Astrid/ Kotthoff, Jost, Urheberrecht, 3. Auflage, Heidelberg u.a. 2013 [zitiert als: Bearbeiter, in: HK-UrhR].

E

Ebmeier, Marie-Theres/ Schöne, Sigrid, Der einstweilige Rechtsschutz – Handbuch zu Arrest und einstweiliger Verfügung, Düsseldorf 1997.

Ehlers, Dirk/ Wolffgang, Hans-Michael/ Pünder, Hermann (Hrsg.), Rechtsfragen des internationalen Schutzes geistigen Eigentums, Köln 2002.

Eichmann, Helmut/ Vogel von Falckenstein, Roland, Geschmacksmustergesetz, 4. Auflage, München 2010 [zitiert als: Eichmann/Von Falckenstein, GeschmMG].

Eidenmüller, Horst, Effizienz als Rechtsprinzip – Möglichkeiten und Grenzen der ökonomischen Analyse des Rechts, 3. Auflage, Tübingen 2005.

Eisenmenger, Sven, Privatisierung der Justiz aus rechtlicher und ökonomischer Sicht, Köln 2012.

Ekey, Friedrich/ Klippel, Diethelm/ Bender, Achim, Markenrecht Band 1 – Markengesetz und Markenrecht ausgewählter ausländischer Staaten, 2. Auflage, Heidelberg u.a. 2009 [zitiert als: Bearbeiter, in: Ekey/Klippel/Bender, Markenrecht].

Endres, Alfred, Ökonomische Grundlagen des Haftungsrechts, Heidelberg 1991.

Esser, Josef/ Weyers, Hans-Leo, Schuldrecht Band II Besonderer Teil Teilband 2 – Gesetzliche Schuldverhältnisse, 8. Auflage, Heidelberg 2000.

F

von Falck, Andreas, Einstweilige Verfügungen in Patent- und Gebrauchsmustersachen, Mitt. 2002, S. 429–438.

Faupel, Rainer, GATT und geistiges Eigentum – Ein Zwischenbericht zu Beginn der entscheidenden Verhandlungsrunde, GRUR Int. 1990, S. 255–266.

Federhen, Ludwig, Bezirksgruppe Südwest – Die einstweilige Verfügung in Patent- und Gebrauchsmustersachen (Ist eine Änderung der Rechtsprechung möglich?), GRUR 1968, 359.

Fezer, Karl-Heinz, Aspekte einer Rechtskritik an der economic analysis of law und am property rights approach, Juristenzeitung, 1986, 817–824.

ders., Nochmals: Kritik an der ökonomischen Analyse des Rechts, Juristenzeitung, 1988, 223–228.

ders., Markenrecht – Kommentar zum Markengesetz, zur Pariser Verbandsübereinkunft und zum Madrider Markenabkommen, 4. Auflage, München 2009.

ders., Handbuch der Markenpraxis – Markenverfahrensrecht, Markenvertragsrecht, München 2012.

Fitzner, Uwe/ Lutz, Raimund/ Bodewig, Theo (Hrsg.), Patentrechtskommentar – PatG, GebrMG, IntPatÜG, PCT und EPÜ mit Nebenvorschriften, 4. Auflage, München 2012 [zitiert als: Bearbeiter in: Fitzner/Lutz/Bodewig, Patent].

Flechsig, Norbert, Grundlagen des Europäischen Urheberrechts – die Richtlinie zur Harmonisierung des Urheberrechtsschutzes in Europa und die Anforderungen an ihre Umsetzung in deutsches Recht, ZUM 2002, S. 1–21.

Fromm, Friedrich Karl/ Nordemann, Wilhelm (Begr.), Urheberrecht, 11. Auflage, Stuttgart 2014.

G

von Gamm, Otto-Friedrich, Geschmacksmustergesetz, 2. Auflage, München 1989 [zitiert als: von Gamm, GeschmMG].

Gaul, Hans Friedhelm/ Schilken, Eberhard/ Becker-Eberhard, Ekkehard, Zwangsvollstreckungsrecht, 12. Auflage, München 2010.

Gervais, Daniel, The TRIPS Agreement: Drafting History and Analysis, 2. Auflage, London 2003.

Gloy, Wolfgang (Begr.)/ Loschelder, Michael (Hrsg.)/ Erdmann, Willi (Hrsg.), Handbuch des Wettbewerbsrechts, 4. Auflage, München 2010.

Götting, Horst-Peter, Gewerblicher Rechtsschutz, 10. Auflage, München 2014.

Groh, Thomas/ Wündisch, Sebastian, Die Europäische Gemeinschaft und TRIPS: Hermés, Dior und die Folgen, GRUR Int. 2001, 497–506.

Grosheide, Wilhelm, Durchsetzung von Urheberrechten im Wege einstweiliger Maßnahmen, GRUR Int. 2000, 310–324.

Günther, Philipp Helmut/ Beyerlein, Thorsten, Kommentar zum Geschmacksmustergesetz, 2. Auflage, Frankfurt a.M. 2011 [zitiert als: Bearbeiter, in: Günther/Beyerlein, GeschmMG].

Gutsche, Karsten, Vorläufiger Rechtsschutz im Urheberrecht, in: Zollner, Bernward/ Fitzner, Uwe, Festschrift für Wilhelm Nordemann, Baden-Baden 1999, S. 75–87.

H

Habscheid, Walther, Anmerkung zu OLG Nürnberg, Beschluß vom 7. 9. 1972, 2 W 108/72, NJW 1973, 375–376.

Hasselblatt, Gordian N., Münchener Anwalts-Handbuch Gewerblicher Rechtsschutz, 4. Auflage, München 2012.

Harte-Bavendamm, Henning/ Henning-Bodewig, Frauke, Gesetz gegen den unlauteren Wettbewerb (UWG) mit Preisangabenverordnung – Kommentar, 3. Auflage, München 2013 [zitiert als: Harte-Bavendamm/Henning-Bodewig/(-Bearbeiter)].

Hay, Peter, Law of the United States, 2. Auflage, München u.a. 2005.

ders., US-amerikanisches Recht, 5. Auflage, München/Wien 2011.

Heinemann, Andreas, Immaterialgüterschutz in der Wettbewerbsordnung – Eine grundlagenorientierte Untersuchung zum Kartellrecht des geistigen Eigentums, Tübingen 2002.

Heinze, Christian, Einstweiliger Rechtsschutz im europäischen Immaterialgüterrecht, Tübingen 2007.

Heydn, Truiken/ Schmid-Petersen, Frauke/ Vassiliaki, Irina, Durchsetzung von Rechen des geistigen Eigentums – Ansprüche Verfahren Vollstreckung, München 2009.

Hildebrandt, Ulrich, Marken und andere Kennzeichen – Handbuch für die Praxis, 3. Auflage, Köln 2015.

Hilpert, Hanns Günther, TRIPS und das Interesse der Entwicklungsländer am Schutz von Immaterialgüterrechten in ökonomischer Sicht , GRUR Int. 1998, 91–99.

Holzapfel, Henrik, Zum einstweiligen Rechtsschutz im Wettbewerbs- und Patentrecht, GRUR 2003, S. 287–294.

Holyoak, Jon (Begr.)/ Torremans, Paul, Intellectual Property Law, 3. Auflage, London, 2001.

Hye-Knudsen, Rebekka, Marken-, Patent- und Urheberrechtsverletzungen im europäischen Internationalen Zivilprozessrecht, Tübingen 2005.

I

Ibbeken, Arne, Das TRIPs-Übereinkommen und die vorgerichtliche Beweishilfe im gewerblichen Rechtsschutz, Köln u.a. 2004.

Ilzhöfer, Volker (Begr.)/ Engels, Rainer, Patent-, Marken- und Urheberrecht – Leitfaden für Ausbildung und Praxis, 8. Auflage, München 2010.

Immenga, Ulrich/ Mestmäcker, Ernst-Joachim (Hrsg.), Wettbewerbsrecht – Bd. 2. GWB Kommentar zum Deutschen Kartellrecht, 5. Auflage, München 2014 [zitiert als: Bearbeiter in: Immenga/Mestmäcker, GWB].

Ingerl, Reinhard/ Rohnke, Christian, Markengesetz, 2. Auflage, München 2003.

dies., Markengesetz, 3. Auflage, München 2010.

J

Janicke, Paul M., A Commentary on the New Patent Law of the United States, GRUR Int. 2011, 887–895.

Janson, Gunnar, Ökonomische Theorie im Recht – Anwendbarkeit und Erkenntniswert im allgemeinen und am Beispiel des Arbeitsrechts, Berlin 2004.

Jauerning, Othmar, Bürgerliches Gesetzbuch Kommentar, 14. Auflage, München 2011.

K

Kaltner, Jonathan A., USA – CAFC Delineates Patent Protection from Trade Secret Protection, GRUR Int. 2012, 391–392.

Karg, Tanja, Interferenz der ZPO durch TRIPS – Auswirkungen auf den einstweiligen Rechtsschutz im Urheberrechtsprozess, ZUM 2000, 934–945.

Kindl, Johann/ Meller-Hannich, Caroline/ Wolf, Hans-Joachim (Hrsg.), Gesamtes Recht der Zwangsvollstreckung – ZPO / ZVG / Nebengesetze / Europäische Regelungen / Kosten – Handkommentar, 2. Auflage, Baden-Baden 2013.

Klaka, Rainer, Die einstweilige Verfügung in der Praxis, GRUR 1979, 593–602.

Klingler, Anita „Patentstreit mit Nokia: LG Mannheim gibt IPCom statt", 20.04.2012, abrufbar unter: http://www.zdnet.de/41561766/patentstreit-mit-nokia-lg-mannheim-gibt-ipcom-recht/.

Knaak, Roland, Die EG-Richtlinie zur Durchsetzung der Rechte des geistigen Eigentums und ihr Umsetzungsbedarf im deutschen Recht, GRUR Int. 2004, 745–750.

Köhler, Helmut/ Bornkamm, Joachim, Gesetz gegen den unlauteren Wettbewerb – Preisangabenverordnung Unterlassungsklagengesetz Dienstleistungs-Informationspflichten-Verordnung, 33. Auflage, München 2015 [zitiert als: Bearbeiter, in: Köhler/Bornkamm, UWG].

Kötz, Hein, Ziele des Haftungsrechts, in: Baur, Jürgen F./ Hopt, Klaus J./ Mailänder, Peter K. (Hrsg)., Festschrift für Ernst Steindorff zum 70. Geburtstag, Berlin u.a. 1990, S. 643–666.

Kötz, Hein/ Wagner, Gerhard, Deliktsrecht, 12. Auflage, München 2013.

Kötz, Hein/ Schäfer, Hans-Bernd, Schadensverhütung durch ökonomische Anreize, in: Archiv für civilistische Praxis 189 (1989), S. 501–525.

Kötz, Hein/ Schäfer, Hans-Bernd, Judex oeconomicus, Tübingen 2003.

Koziol, Helmut, Grundfragen des Schadensersatzrechts, Wien 2010.

Kraßer, Rudolf, Patentrecht, 6. Auflage, München 2009.

Kreibich, Sonja, Das TRIPs-Abkommen in der Gemeinschaftsordnung, Frankfurt a.M. 2003.

Kreindler, Richard, Technologiekonzerne klagen gern in Deutschland gegeneinander, Frankfurter Allgemeine Zeitung vom 01.08.2012, S. 19.

Krieger, Ulrich, Nochmals: Die Aussetzung des Patentverletzungsprozesses, GRUR 1996, 941–943.

Krüper, Julian (Hrsg.), Grundlagen des Rechts, 2. Auflage, Baden-Baden 2013.

Kübler, Friedrich, Effizienz als Rechtsprinzip – Überlegungen zum rechtspraktischen Gebrauch ökonomischer Argumente, in: Baur, Jürgen F./ Hopt, Klaus J./ Mailänder, Peter K. (Hrsg)., Festschrift für Ernst Steindorff zum 70. Geburtstag, Berlin u.a. 1990, S. 687–704.

Kunz-Hallstein, Hans-Peter/ Loschelder, Michael, Stellungnahme zum Vorschlag der Kommission für eine Richtlinie über die Maßnahmen und Verfahren zum Schutz der Rechte am geistigen Eigentum, GRUR 2003, S. 682–685.

Kur, Annette, The Enforcement Directive – Rough Start, Happy Landing?, IIC 2004, 821–830.

L

Lange, Paul, Marken- und Kennzeichenrecht, 2. Auflage, München 2012.

Landes, William/ Posner, Richard, The Economic Structure of Tort Law, Cambridge (Mass.) u.a. 1987.

Landes, William/ Posner, Richard, The Economic Structure of Intellectual Property Law, Cambridge (Mass.) u.a. 2003.

dies., Trademark Law: An Economic Perspective, Journal of Law and Economics, 1987, Bd. 30, S. 265–309.

Larenz, Karl, Lehrbuch des Schuldrechts, Bd. I Allgemeiner Teil, 14. Auflage, München 1987.

Larenz, Karl/ Canaris, Claus-Wilhelm, Lehrbuch des Schuldrechts, Bd. II/2, 13. Auflage, München 1994.

Lehmann, Michael, Bürgerliches Recht und Handelsrecht – eine juristische und ökonomische Analyse, Stuttgart 1983.

Leipold, Dieter, Grundlagen des einstweiligen Rechtsschutzes im zivil-, verfassungs- und verwaltungsgerichtlichen Verfahren, München 1971.

ders., Strukturfragen des einstweiligen Rechtsschutzes, ZZP 90 (1977), 258–270.

Lettl, Tobias, Urheberrecht, 2. Auflage, München 2013.

Leubsdorf, John, The Standard for Preliminary Injunctions, Harvard Law Review, Vol. 91, No.3, Jan., 1978, S. 525–566.

Lidle, Günter, Der Bereitschaftsdienst der Patentstreitkammer Braunschweig während der Hannover Messen, GRUR 1978, 93–96.

Loewenheim, Ulrich, Handbuch des Urheberrechts, 2. Auflage, München 2010 [zitiert als: Loewenheim/(-Bearbeiter), Hdb. d. UrhR].

Loth, Hans-Friedrich, Gebrauchsmustergesetz, München, 2001 [zitiert als: Loth, GebrMG].

M

Machlup, Fritz, Wirtschaftliche Grundlagen des Patentrechts – Teil I, GRUR Ausl. 1962, 373– 390.

von Maltzahn, Falk, Die Aussetzung im Patentverletzungsprozeß nach § 145 ZPO bei erhobener Patentnichtigkeitsklage, GRUR 1985, 163–173.

Markfort, Carsten, Geistiges Eigentum im Zivilprozess, Frankfurt a.M. 2001.

Mathis, Klaus, Effizienz statt Gerechtigkeit? – Auf der Suche nach den philosophischen Grundlagen der Ökonomischen Analyse des Rechts, 3. Auflage, Berlin 2009.

Maunz, Theodor/ Dürig, Günter (Begr.), Grundgesetz – Kommentar, München, Stand: 73. Ergänzungslieferung, Dezember 2014 [zitiert als: Maunz/Dürig/ Bearbeiter, GG].

Mayer, Hans-Peter, Richtlinie 2001/29/EG zur Harmonisierung bestimmter Aspekte des Urheberrechts und der verwandten Schutzrechte in der Informationsgesellschaft, EuZW 2002, 325–329.

Mayer, Hans-Peter/ Linnenborn, Oliver, Kommunikation & Recht 2003, 313–322.

Mayer, Richard L./ Schlenk, Manfred, Das US-Patent, 4. Auflage, Köln 2012.

Meier-Beck, Peter, Die einstweilige Verfügung wegen Verletzung von Patent- und Gebrauchsmusterrechten, GRUR 1988, 861–867.

Mes, Peter, Patentgesetz Gebrauchsmustergesetz, 4. Auflage, München 2015 [zitiert als: Mes, PatG].

Metzger, Axel, Abuse of Law in EC Private Law – A (Re-)Construction from Fragments, in: de la Feria, Rita/ Vogenauer, Stefan (Hrsg.), Prohibition of Abuse of Law: A New General Principle of EU Law?, Oxford, Portland 2011, S. 235–251 [zitiert als: Metzger, in: de la Feria/Vogenauer].

Metzger, Axel/ Jaeger, Till, Open Source Software, 3. Auflage, München 2011.

Metzger, Axel/ Wurmnest, Wolfgang, Auf dem Weg zu einem Europäischen Sanktionenrecht des geistigen Eigentums?, ZUM 2003, 922–933.

Möhring, Philipp/ Nicolini, Käte, Urheberrechtsgesetz Kommentar, 3. Auflage, München 2014.

Möhring, Philipp/ Nicolini, Käte, Urheberrechtsgesetz Kommentar, 2. Auflage, München 2000.

Morrison, Alan B., Fundamentals of American Law, New York 1996.

Müller-Stoy, Tilman/ Wahl, Jörg, Düsseldorfer Praxis zur einstweiligen Unterlassungsverfügung in Patentsachen, Mitt. 2008, 311– 313.

Musielak, Hans-Joachim/ Voit, Wolfgang, Kommentar zur Zivilprozessordnung, 12. Auflage, München 2015.

N

Nack, Ralph, Anmerkung zu US Court of Appeals for the Federal Circuit , Urteil vom 23.07.1998, State Street Bank & Trust Co. v. Signature Financial Group Inc., GRUR Int. 1999, 633–638.

Nelson, Phillip, Information and Consumer Behaviour, Journal of Political Economy, 1970, S. 311–329.

ders., Advertising as Information, Journal of Political Economy, 1974, S. 729–754.

Nieder, Michael, Die Patentverletzung – Materielles Recht und Verfahren, München 2004 [zitiert als: Nieder, Die Patentverletzung].

Nirk, Rudolf/ Kurtze, Helmut, Geschmacksmustergesetz Kommentar, 2. Auflage, Köln u.a. 1997 [zitiert als: Nirk/Kurtze, GeschMG].

Ntouvas, Ioannis, Unterlassungsanspruch bei Patentverletzung: neue Erkenntnisse des US Supreme Court, GRUR Int. 2006, 889–893.

O

Ohly, Ansgar, „Patenttrolle" oder: Der patentrechtliche Unterlassungsanspruch unter Verhältnismäßigkeitsvorbehalt? Aktuelle Entwicklungen im US-Patentrecht und ihre Bedeutung für das deutsche und europäische Patentsystem, GRUR 2008, 787–798.

Osterrieth, Christian, Patent-Trolls in Europa – braucht das Patentrecht neue Grenzen?, GRUR 2009, 540–545.

Ott, Claus/Schäfer, Hans-Bernd, Die ökonomische Analyse des Rechts – Irrweg oder Chance wissenschaftlicher Rechtserkenntnis?, Juristenzeitung, 1988, 213–223.

P

Pansch, Rüdiger, Die einstweilige Verfügung zum Schutze des geistigen Eigentums im grenzüberschreitenden Verkehr, Köln 2003.

Palandt, Otto (Begr.), Bürgerliches Gesetzbuch, 74, Auflage, München 2015 [zitiert als: Palandt/Bearbeiter, BGB].

Parisi, Francesco/Rowley, Charles K., The Origins of Law and Economics – Essays by the Founding Fathers, Cheltenham, 2005 u.a.

Polinsky, A. Mitchell, Ökonomische Analyse als ein potentiell mangelhaftes Produkt: Eine Verbraucherinformation zu Posners „Ökonomische Analyse des Rechts“, in: Assmann, Heinz-Dieter/ Kirchner, Christian/ Schanze, Erich, Ökonomische Analyse des Rechts, Kronberg/Ts. 1978, S. 113–145.

Posner, Richard, Economic Analysis of Law, 8. Auflage, New York u.a. 2011.

R

Rauscher, Thomas/ Wax, Peter/ Wenzel, Joachim (Hrsg.), Münchener Kommentar zur Zivilprozessordnung mit Gerichtsverfassungsgesetz und Nebengesetzen, Band 1: §§ 1–354, 4. Auflage, München 2013.

dies., Münchener Kommentar zur Zivilprozessordnung mit Gerichtsverfassungsgesetz und Nebengesetzen, Band 2: §§ 355–1024, 4. Auflage, München 2012.

Rehbinder, Manfred/ Peukert, Alexander, Urheberrecht, 17. Auflage, München, 2015.

Rehmann, Thorsten, Anmerkung zu OLG Düsseldorf, Urteil vom 08.12.2011, I-2 U 79/11, GRUR-Prax 2012, 222.

Reinbothe, Jörg, Trade-Related Aspects of Copyright: The Enforcement Rules in TRIPS, in: Jehoram, Herman Cohen / Keuchenius, Petra/ Brownlee, Lisa M. (Hrsg.), Trade Related aspects of Copyright, Deventer, 1996, S. 41–51.

ders., Die Umsetzung der EU- Urheberrechtsrichtlinie in deutsches Recht, ZUM 2002, S. 43–51.

Retzer, Konrad, Widerlegung der „Dringlichkeitsvermutung” durch Interessenabwägung?, GRUR 2009, 329–332.

Rogge, Rüdiger, Einstweilige Verfügungen in Patent- und Gebrauchsmustersachen, in: Erdmann, Willi/ Mees, Hans-Kurt/ Piper, Henning u.a. (Hrsg.), Festschrift für Otto- Friedrich Freiherr v. Gamm, Köln u.a. 1990, S. 461–475.

Rudolph, Matthias/ Frey, Dieter, EU-Richtlinie zur Durchsetzung der Rechte des geistigen Eigentums, ZUM 2004, 522–530.

Rühl, Gisela, Statut und Effizienz, Tübingen 2011.

S

Säcker, Franz Jürgen/ Rixecker, Roland (Hrsg.), Münchener Kommentar zum Bürgerlichen Gesetzbuch, Band 2: Schuldrecht – Allgemeiner Teil §§ 241–432, 6. Auflage, München 2012 [zitiert als: Bearbeiter, in: MüKo BGB].

dies., Münchener Kommentar zum Bürgerlichen Gesetzbuch, Band 6: Sachenrecht §§ 854–1296, WEG, ErbbauRG, 6. Auflage, München 2013 [zitiert als: Bearbeiter, in: MüKo BGB].

Saenger, Ingo, Zivilprozessordnung FamFG Europäisches Verfahrensrecht – Handkommentar, 6. Auflage, Baden-Baden 2015 [zitiert als: Saenger/Bearbeiter, Zivilprozessordnung].

Schack, Haimo, Urheber- und Urhebervertragsrecht, 5. Auflage, Tübingen 2010.

Schäfer, Hans-Bernd/Ott, Claus, Lehrbuch der ökonomischen Analyse des Zivilrechts, 5. Auflage, Berlin u.a. 2012.

Schellhammer, Kurt, Zivilprozess – Gesetz-Praxis-Fälle, 14. Auflage Heidelberg u.a. 2012 [zitiert als: Schellhammer, Zivilprozess].

Schickedanz, Willi, Patentverletzung durch den Einsatz von geschützten Bauteilen in komplexen Vorrichtungen und die Rolle der Patent-Trolle, GRUR 2009, 901–907.

Schiemann, Gottfried, Argumente und Prinzipien bei der Fortbildung des Schadensrechts – dargestellt an der Rechtsprechung des BGH, München 1981.

Schlobach, Klaus, Das Präventionsprinzip im Recht des Schadensersatzes, Baden-Baden 2004.

Schmidtchen, Dieter, Die ökonomische Analyse des Rechts, in: Schmidtchen, Dieter/ Weth, Stephan (Hrsg.), Der Effizienz auf der Spur – Die Funktionsfähigkeit der Justiz im Lichte der ökonomischen Analyse des Rechts, S. 9–34.

Schricker, Gerhard/ Loewenheim, Ulrich u.a., Urheberrecht Kommentar, 4. Auflage, München 2010 [zitiert als: Schricker/Loewenheim/Bearbeiter, Urheberrecht].

Schröder, Jan, Recht als Wissenschaft, 2. Auflage, München 2012.

Schulte, Rainer (Hrsg.), Patentgesetz mit Europäischem Patentübereinkommen – Kommentar auf der Grundlage der deutschen und europäischen Rechtsprechung, 9. Auflage, Köln 2014 [zitiert als: Schulte/Bearbeiter, PatG].

von Schultz, Detlef (Hrsg.), Markenrecht Kommentar, 1. Auflage, Heidelberg 2002.

ders., Kommentar zum Markenrecht, 3. Auflage, Frankfurt a. M. 2012.

Schultz-Süchting, Rolf, Einstweilige Verfügungen in Patent- und Gebrauchsmustersachen, GRUR 1988, 571–577.

Schuschke, Winfried/ Walker, Wolf-Dietrich, Vollstreckung und vorläufiger Rechtsschutz, 5. Auflage, Köln u.a. 2011.

Spindler, Gerald, Europäisches Urheberrecht in der Informationsgesellschaft, GRUR 2002, S. 105–120.

Staehelin, Alesch, Das TRIPs-Abkommen – Immaterialgüterrechte im Lichte der globalisierten Handelspolitik, Bern 1997 [zitiert als: Staehelin, TRIPS].

von Staudinger, Julius (Begr.), Kommentar zum Bürgerlichen Gesetzbuch mit Einführungsgesetz und Nebengesetzen, Buch EGBGB/Internationales

Privatrecht (Internationales Wirtschaftsrechtrecht), Neubearbeitung 2010 [zitiert als: Staudinger/*Bearbeiter*].

ders., Kommentar zum Bürgerlichen Gesetzbuch mit Einführungsgesetz und Nebengesetzen, Buch 3 Sachenrecht §§ 985–1011, Berlin 2013 [zitiert als: Staudinger/*Bearbeiter*].

ders., Kommentar zum Bürgerlichen Gesetzbuch mit Einführungsgesetz und Nebengesetzen, Buch 3 Sachenrecht §§ 903–924, Berlin 2002 [zitiert als: Staudinger/*Bearbeiter*].

Stein, Friedrich/ Jonas, Martin, ZPO, 22. Auflage, Bd.9, Tübingen, 2002.

vom Stein, Werner, Zur vorläufigen Durchsetzung von patentrechtlichen Unterlassungsansprüchen, GRUR 1969, 281–285.

Stöckel, Maximiliane (Hrsg.), Handbuch Markenrecht, 3. Auflage, Berlin, 2013 [zitiert als: Bearbeiter, in: Stöckel, Hdb. Markenrecht].

Ströbele, Paul/ Hacker, Franz/ Kirschneck, Irmgard/ Knoll, Helmut/ Kober-Dehm, Helga, Markengesetz, 11. Auflage, Köln 2015 [zitiert als: Bearbeiter, in: Ströbele/Hacker].

Stürner, Rolf, Der einstweilige Rechtsschutz in Europa, in: Brandner, Hans-Erich/ Hagen, Horst/ Stürner, Rolf (Hrsg.), Festschrift für Karlmann Geiß, Köln u.a. 2000, S. 199–216.

S*ubramanian*, Sujitha, Different Rules for Different Owners – Does a Non-Competing Patentee Have a Right to Exclude? A Study of Post-eBay Cases, IIC 2008, 419–451.

T

Takenaka, Toshiko, Has the United States Adopted a First-To-File System through America Invents Act? A Comparative Law Analysis of Patent Priority under First-Inventor-To-File, GRUR Int. 2012, 304–312.

Terplitzky, Otto, Schutzschrift, Glaubhaftmachung und „besondere" Dringlichkeit bei § 937 Abs. 2 ZPO – drei Beispiele für Diskrepanzen zwischen Theorie und Praxis, WRP 1980, 373–375.

Thomas, Heinz/ Putzo, Hans (Begr.), Zivilprozessordnung, FamFG, GVG, Einführungsgesetze, EU-Zivilverfahrensrecht – Kommentar, 36. Auflage, München 2015 [zitiert als: Bearbeiter, in: Thomas/Putzo, ZPO].

Tilmann, Winfried/ Schreibauer, Marcus, Die neueste BGH-Rechtsprechung zum Besichtigungsanspruch nach § BGB § 809 BGB – Anmerkungen zum Urteil des BGH „Faxkarte", GRUR 2002, 1015–1022.

Towfigh, Emanuel, Petersen, Niels, Ökonomische Methoden im Recht – Eine Einführung für Juristen, Tübingen 2010.

V

Van den Bergh, Roger/ Lehmann, Michael, Informationsökonomie und Verbraucherschutz im Wettbewerbs- und Warenzeichenrecht, GRUR Int. 1992, 588–599.

Verhauwen, Axel, Wer darf klagen? – Noch einmal: Zur Aktivlegitimation im Patentverletzungsverfahren, GRUR 2011, 116–120.

W

Walker, Wolf-Dietrich, Der einstweilige Rechtsschutz im Zivilprozess und im arbeitsgerichtlichen Verfahren, Tübingen 1993 [zitiert als: Walker, Der einstweilige Rechtsschutz].

Wandtke, Artur-Axel/ Bullinger, Winfried, Praxiskommentar zum Urheberrecht, 3. Auflage, München 2009 [zitiert als: Bearbeiter, in: Wandtke/Bullinger, UrhG, 3. Aufl.].

Wandtke, Artur-Axel/ Bullinger, Winfried, Praxiskommentar zum Urheberrecht, 4. Auflage, München 2014 [zitiert als: Bearbeiter, in: Wandtke/Bullinger, UrhG].

Wieczorek, Bernhard/ Schütze, Rolf A., Zivilprozessordnung und Nebengesetze, Band 5, 3. Auflage, Berlin u.a. 1995.

Y

Yong-d'Hervé, Daphne, Pre-TRIPS International Legal Framework, TRIPS Structure, in: International Property & International Trade, Paris 1996, S. 8–11.

Z

Zöller, Richard, Zivilprozessordnung, 30. Auflage, Köln 2014 [zitiert als: Zöller/ *Bearbeiter*, ZPO].